本书系"2011计划"司法文明协同创新中心的研究成果

人民法学文存
Renmin faxue wencun

法治国家与行政诉讼

—— 中国行政诉讼制度基本问题研究

Governance by law and Administrative Litigation:
Basic Issues on Chinese Administrative Litigation Law

薛刚凌等　著

人民出版社

目　　录

实 务 篇

制 度 篇

引　论　行政诉讼法基本问题之思考

一、为什么要回归到行政诉讼法基本问题的研究？

行政诉讼法实施 23 年来迎来首次大修，引发社会各界广泛关注。学术界的各种修订版本意见纷呈，在立法目的、诉讼原则、受案范围、管辖制度、当事人制度、证据规则、法律适用、审理和判决制度以及执行制度等方面都提出了许多有益的修改建议。① 但这些修改意见仍局限于原有的制度框架，对行政诉讼制度的根本性问题，如行政诉讼的目标定位、行政诉讼的类型与构造等缺乏深入讨论，不能为行政诉讼法修改提供更宽的方向选择。2013 年 12 月 23 日上午，全国人大常委会分组审议了"行政诉讼法修正案（草案）"（以下简称"修正案（草案）"）。该"修正案（草案）"旨在破解实践中的"立案难、审理难、执行难"，在保障当事人诉权、拓展受案范围、完善管辖制度等十个方面对原有法律条文做了大幅修改②。对此修改，有赞扬的声音认为其找准了问题，在

---

① 马怀德：《〈行政诉讼法〉存在的问题及修改建议》，《法学论坛》2010 年第 5 期；莫于川：《我国行政诉讼法的修改路向、修改要点和修改方案——关于修改〈行政诉讼法〉的中国人民大学专家建议稿》，《河南财经政法大学学报》，2012 年 3 月；李广宇、王振宇、梁凤云：《行政诉讼法修订应关注十大问题》，《法律适用》2013 年第 3 期。

② 修订的十个方面为：保障当事人的诉讼权利、规范性文件的附带审查、管辖制度、诉讼参加人制度、证据制度、民事争议和行政争议交叉处理机制、判决形式、简易程序、人民检察院对行政诉讼的监督以及行政机关不执行法院判决的责任等。详见"关于《中华人民共和国行政诉讼法》修正案（草案）的说明"。中国人大网：http://www.npc.gov.cn/npc/lfzt/2014/2013 - 12/31/content_1822189.htm。

1

原有的制度基础上有新的突破,也有许多学者在基本肯定的前提下认为修法还有很多可提升的空间,还有批评意见认为该"修正案(草案)"趋于保守,除了将司法解释的规定和司法实践的经验上升为法条外,缺乏新意,许多应该扩展的内容没有在"修正案(草案)"中得到反应。① 对"修正案(草案)"的不同意见表明在学术界和实务界对行政诉讼法修订的基本问题上远没有达成共识,这种共识的缺乏最终反应在《行政诉讼法》修正案中,11 月 1 日上午,第十二届全国人民代表大会常务委员会第十一次会议审议通过《全国人民代表大会常务委员会关于修改〈中华人民共和国行政诉讼法〉的决定》(以下简称《决定》)。在研究不成熟的背景下,《决定》更多地着眼于具体的制度问题,着眼于对现实突出问题的回应,对于行政诉讼法的宏观层面的结构与功能,本轮修法并未深度解及。但从行政诉讼的功能来看,行政诉讼作为现代国家治理的一项不可替代的重要制度,连接着公法与私权、政府与社会、司法与行政,其具象问题只是结构问题的映象,其最终完善依赖于行政诉讼结构的整顺,这也使得即便在《行政诉讼法》第一次大修帷幕刚落之际,本书对行政诉讼宏观结构层面的研讨仍有理论意义与现实必要。

二、本次《行政诉讼法》修订目标观察

《行政诉讼法》修改要达到什么目的? 全国人大法工委在"关于《中华人民共和国行政诉讼法修正案(草案)》说明"中认为,此次修法主要是为了解决实践中比较突出的"立案难、审理难、执行难",以及行政诉讼制度与社会经济发展不相适应、不相协调等问题,适应依法治国、依法执政和依法行政共同推进,法治国家、法治政府和法治社会一体建设的新要求。可以看出,本次《行政诉讼法》修订的主要目的是为了破解实践中"立案难、审理难、执行难"问题,实现对公民、法人和其他组织合法权益的有效保障。把修法目的定位在解决行政诉讼制度实践中的问题,这种思路无疑值得肯定。但综观整个"修正

---

① 这些意见来源于《行政诉讼法立法研讨会》中与会者的发言,该研讨会于 2014 年 1 月 16 日召开,由中国法学会主办、中国行政法学研究会承办。

案"文本,在结构层面仍存在阻碍目标达成的纠结。

　　就宏观角度分析,"三难"现象的存在,某种意义上其实是《行政诉讼法》运行的一种必然结果。我国《行政诉讼法》本身存有先天性缺陷,即目标定位不清,诉讼构造呈现主观诉讼与客观诉讼"内错裂"的状态,从法律文本来看,主观诉讼集中体现在关于行政诉讼目的和原告资格的规定上。如《行政诉讼法》第二条明确规定:"公民、法人或者其他组织认为行政机关和行政机关工作人员的具体行政行为侵犯其合法权益,有权依照本法向人民法院提起诉讼。"《最高人民法院关于执行〈中华人民共和国行政诉讼法〉若干问题的解释》第十二条规定:"与具体行政行为有法律上利害关系的公民、法人或其他组织对该行为不服的,可以依法提起行政诉讼。"但在行政诉讼的受案范围、诉讼标的、审理规则、裁判权限和效力等方面,我国行政诉讼又似乎更倾向于客观诉讼。如《行政诉讼法》第五条规定:"人民法院审理行政案件,对具体行政行为是否合法进行审查。"这种"构造错裂",使得我国既不是完整意义上的主观诉讼,也非完整意义上的客观诉讼,导致行政诉讼在制度设计上缺乏一以贯之的标准,规则设计难以实现预设的诉讼目标,不仅无法对相对人权利进行有效救济,而且也不能充分保障客观的公法秩序①,就此而言,行政诉讼"三难"的存在,实际是诉讼运行无法避免的结果。以"三难"中最突出的"立案难"为例,我国学者以往对此分析,多将其归为受案范围狭窄、法院受行政干扰严重、法院消极不作为等,而鲜有考量其背后的深层次原因。客观来讲,行政诉讼存在"立案难",固然有行政干预的因素,但将矛盾都集中在行政干预上,也不符合现实。事实上,由于行政诉讼采取"主观诉讼进来、客观诉讼出去",在入口上强调权利的救济性,但在出口上,却又是强调对行政行为的合法性判断,往往使法院在审理案件时处于一种两难境地,由于不好对案件作出处理,为防止"惹火上身",法院采取回避政策自然就在意料之中。再者,虽然我国《行政诉讼法》以合法性审查为原则,但由于抽象行政行为通常并不直接影响相对人的合法权益,"规范审查之诉"没有存在的必要,而在法院不享有规范审查权力的情况下,即使行政行为据以作出的规范性文件不符合上位法

──────────

① 　关于行政诉讼构造"内错裂"的详细分析,参见薛刚凌、杨欣:《论我国行政诉讼构造:"主观诉讼"抑或"客观诉讼"?》,《行政法学研究》2013 年第 4 期。

规定,由于无法对其依据进行评判,对违法的具体行政行为,法院只能是"心有余而力不足",在既不足以救济相对人又不足以纠正行政行为违法的情况下,对案件不予受理或驳回起诉,也不失为一种节约司法资源的选择。

本次修法将行政诉讼法第一条修改为"为保证人民法院公正、及时审理行政案件,解决行政争议,保护公民、法人和其他组织的合法权益,监督行政机关依法行使职权,根据宪法,制定本法。"其在内涵上将法院的功能定位为解决行政争议,行政诉讼的目的在于保护公民、法人和其他组织的合法权益,同时监督行政机关依法行使职权。修正案删除了原第一条中的"维护"两字,仅从文字解析,行政诉讼的主观意味得到了强化,但依然保留着客观诉讼的监督功能。但在具体的审查对象方面,修改后的行政诉讼法第六条依然坚持了"合法性审查"原则,而合法性审查被认为是客观诉讼的重要特征之一,当然其亦附带的具有主观诉讼的功能,与行政诉讼法第一条主观诉讼之间的匹配度不高。仅"诉"与"审"的对应而观,本次修法并未深度触及行政诉讼的基本构造,因此,修改并未能从根本上改变行政诉讼存在的结构性问题,这使得其力图破解"立案难"、"审理难"的目标上在落实上可能有所减损。

因此,笔者认为,如果我们要想真正实现行政诉讼"保护公民、法人和其他组织的合法权益,监督行政机关依法行使职权"的话,在今后行政诉讼法的修改中,可考虑将目标更多地着眼于宏观层面:

第一,维护和保障客观法律秩序,推进国家治理体系和治理能力的发展。

放到更高的国家治理层面来说,行政诉讼是推进国家治理体系和治理能力发展的重要手段。"国家治理体系和治理能力是一个国家制度和制度执行能力的集中体现。国家治理体系是在党领导下管理国家的制度体系,包括经济、政治、文化、社会、生态文明和党的建设等各领域体制机制、法律法规安排,也就是一整套紧密相连、相互协调的国家制度;国家治理能力则是运用国家制度管理社会各方面事务的能力,包括改革发展稳定、内政外交国防、治党治国治军等个方面。"①国家治理体系是一套复杂的系统,但从法律制度上可归纳为私法制度和公法制度两方面,行政诉讼在促进公法制度的理性、保障公法

---

① 习近平:《切实把思想统一到党的十八届三中全会精神上来》,《人民日报》2014 年 1 月 1 日。

制度目标达成和维护公法秩序上都具有不可替代的作用。因为,国家治理能力在很大程度上就是一种诉诸制度、诉诸理性的能力,行政诉讼正是通过理性的方式来评判政府的行为,来实现国家治理能力的提升。

在20世纪80年代《行政诉讼法》制定时期,我国的国家政治、经济体制改革还没有完全启动,公共行政带有浓厚的传统伦理色彩,以"一元利益"为基础,以"管制行政"为中心,以"命令服从"为运行机制。然而,随着国家政治、经济体制改革的逐渐深入,国家行政开始从高度集权走向有限分权,中央在确保分权改革不突破底线的基础上,开始鼓励地方、地区和行业进行改革创新。然而,行政改革在给社会带来活力,带来新秩序萌芽的同时,也给社会造成了一定程度的无序与失控。从当前来看,在多元利益格局的背景下,由于缺乏明确的利益调整机制,加之传统治理模式的失灵,中央和地方在利益追求上展开了激烈的博弈,地方政府和部门各自为政,中央对地方、上级对下级缺乏有效的监督和控制,已经成为我国当前行政管理中的严重问题。我国历史上中央对地方、上级对下级政府的控制,主要是依靠伦理控制和政治控制,强调通过干部的人事任免来实现,侧重于对人的控制而不是对行为的控制。由于这种对人的控制方式只能对人的整体情况进行取舍,并不是一种精细化的控制方式,加之高昂的运作成本,在利益多元化的今天,其本身固有的缺陷也日益显露。由于它无力将地方官员和地方政府的行为控制在"善治"范围之内,那么大量政府失控行为的出现也就不足为奇。我们有必要将法律监督与控制功能纳入到行政诉讼制度中,运用司法的"论理"方法,界定好各类行政主体的权利和自由空间、各类行为和方式的正当性标准、确保公法秩序的相对稳定和可接受性,从而推进国家治理体系和治理能力的发展。

第二,构建有效的主、客观诉讼格局。

行政诉讼法的再完善有必要因应行政诉讼致力于解决的公法问题,将主观诉讼与客观诉讼相分离,根据其各自的特点分别架构相应的审理规则。在主观诉讼中,"公民、法人或者其他组织的诉讼请求是否成立、其权益是否应当获得保护,应成为行政诉讼制度的中心,包括受案范围、审理和裁判等在内的行政诉讼运转均应围绕这一中心展开。原则上,只有在公民、法人或者其他组织的诉讼请求是否成立、其权益是否应获得保护,需要以对行政行为是否合法作出判断为前提时,行政行为才能成为审理和裁判的重点。"①有必要构建与主观诉讼相契合的系统的审理规则与判决规则,以从根本上解决"诉"与"审"分离的弊端。而对客观诉讼,因其"是着眼于国家和公共利益,对事不对人的诉讼种类。这种诉讼的目的和出发点就是为了维护国家和公共利益,保证行政行为的合法性,保证行政法得到客观和正确地适用。"②由于现行诉讼构造多为客观诉讼取向,不妨在现行规定的基础上略作调整,构建以合法性审查为中心的监督和评价体系,将抽象行政行为纳入行政诉讼受案范畴。

三、我国行政诉讼的类型化与构造发展

目标需要借助手段来实现,行政诉讼目的的实现也不例外。行政诉讼的类型化③发展是当今各国行政诉讼制度不能回避的问题。这既与行政诉讼制度的功能相关联,也与公共行政活动的多元性,公共管理的复杂性相呼应。为了确保行政诉讼权利救济和公法秩序维护功能的顺利实现,在未来行政诉讼的修订中有必要进一步推进行政诉讼的类型化,根据诉讼类型的特点分别设计诉讼程序。

(一) 类型化发展的必要性分析

在近些年的修法讨论中,有很多关于行政诉讼类型的讨论,如有法官认为我国行政诉讼缺乏科学的诉讼类型划分,④解决我国行政诉讼制度中存在的缺陷和问题,最重要也最有效的办法是引入行政诉讼类型化的思想。⑤ 也有学者认为现行行政诉讼制度上有碍其原有功能发挥的最集中、最全面的体

---

① 杨伟东:《行政诉讼架构分析——行政行为中心主义安排的反思》,《华东政法大学学报》2012 年第 2 期。

② 于安:《行政诉讼的公益诉讼和客观诉讼问题》,《法学》2001 年第 5 期。

③ 根据划分标准,可对行政诉讼类型进行不同分类,本文探讨的行政诉讼类型是从功能角度来理解的。

④ 参见江必新:《完善行政诉讼制度的若干思考》,《中国法学》2013 年第 1 期。

⑤ 参见李广宇、王振宇:《行政诉讼类型化:完善行政诉讼制度的新思路》,《法律适用》2012 年第 2 期。

现便是行政诉讼类型制度的不完善。① 不少学者对行政诉讼的类型与构造还做了具体设计。② 但《决定》只吸纳了部分观点,没有彻底建立行政诉讼类型化。

有学者将目前学界对行政诉讼类型的主要功能总结为如下三项:一是可以拓展行政诉讼受案范围,二是有利于行政诉权的扩展,三是有利于行政诉讼结构与程序的完善。但该学者认为行政诉讼类型化制度的上述功能实际上并不存在。③ 笔者认为,造成不同认识的原因是源于对行政诉讼类型化的不同理解和对分类标准的不同把握,对行政诉讼类型制度的研究不能局限于法条,而要将其置于国家治理的框架体系中去探讨,也要尊重行政诉讼的发展历史,直接面对现实需求。

从宏观层面对行政诉讼进行分类,涉及行政诉讼制度的功能目标和整体构造。在英美法系,行政诉讼制度在历史上是私人救济的普通法制度和基于保障公法秩序的特权令状制度(司法审查)演变而来,自然形成私法诉讼和公法诉讼两大类。美国继承了英国的传统,只是特权令状基本为法定审查所取代。再如在大陆法系国家以目标和功能定位为划分标准,将行政诉讼分为客观诉讼和主观诉讼。客观诉讼的功能主要是保障客观的法律秩序不受侵害,追求的是客观的秩序价值,而主观诉讼则以救济个人,保障合法权益为目的,强调的是保护主观权利。法国是以客观诉讼为主的国家,而德国则偏重于主观诉讼,德国的客观法律秩序的维护和保障主要由宪法诉讼承担。从上述国家行政诉讼制度的历史来看,行政诉讼的类型发展是缘于国家治理模式的选择、权力斗争的结果、行政管理的需要以及人权保障的要求,不完全是人为设计的结果,尤其是英美法系国家,行政诉讼的类型发展是建立在经验基础上,不是靠建构完成。

从微观层面对行政诉讼进行分类,是在基本类型之下按照一定标准再进行的划分,决定了行政诉讼制度的精细化程度。如德国行政诉讼在主观诉讼为核心的框架下按照诉讼请求,又细分为确认之诉、形成之诉、给付之诉和规

---

① 参见赵清林:《行政诉讼类型研究》,法律出版社 2008 年版,第 96 页。
② 参见章志远:《行政诉讼类型构造研究》,法律出版社 2008 年版;吴华:《行政诉讼类型研究》,中国人民公安大学出版社 2006 年版。
③ 参见刘飞:《行政诉讼类型制度的功能》,《法学研究》2013 年第 5 期。

范审查之诉等。① 英国法上则根据令状性质把司法审查(公法救济)又细分为调卷令、阻止令和训令,把普通法的救济(私法救济)分为强制令和宣告令等。②

行政诉讼究竟有无类型化发展的必要? 回答无疑是肯定的。理由有三方面:其一,不同类型(功能意义上的分类)的行政诉讼差异很大,受案范围、原告资格、起诉条件、审理规则、法官的审判权限以及行政裁判的效力等都不相同,难以用同一套诉讼规则来支撑。我国现行《行政诉讼法》就是在没有"类型"意识的前提下将主客观诉讼混同规定,目标定位以救济权利的主观诉讼为核心,而制度架构则以合法性审查的客观诉讼为主体,结果是行政诉讼的两种功能都大打折扣。同时由于缺乏精细化的诉讼"亚类型"的规定,主观诉讼有许多漏洞和缝隙,导致许多影响百姓公法权利的争议不能进入行政诉讼程序。

其二,行政诉讼在公法秩序建构和保障中的独特地位决定了需要拓展行政诉讼的类型。现有行政诉讼制度比较侧重个人权利救济,以主观诉讼为主,没有考虑到保障客观的法律秩序的必要。而从行政诉讼的历史发展来看,维护和保障客观的公法秩序在行政诉讼中占有更为重要的地位。只是在德国,由于客观的公法秩序保障由宪法诉讼完成,行政诉讼偏重于主观救济。客观的公法秩序的建构和保障为何需要以诉讼方式完成? 这是因为参与公法秩序运行的主体众多,对法律的理解可能存在差异,更由于利益机制的影响,在法律的运行过程中会出现偏离目标的行为,通过司法程序来纠正偏差是最为理性的一种选择,这种两造对抗、论辩说理的方式可以最大程度地保证最终裁判的理性。而公法律秩序建构的目的也就是要实现国家的理性统治。因此,可以说行政诉讼的类型化发展,尤其是客观诉讼的建立和成熟,是推动国家法治转型的需要。

其三,建构型的发展模式决定了行政诉讼类型化发展的需要。和西方行政诉讼制度的起源和发展不同,我国的行政诉讼制度是舶来品,完全是建构型

---

① 其中,确认之诉、形成之诉和给付之诉属于主观诉讼的范畴,而规范审查之诉则属于客观诉讼。详见刘飞:《德国公法权利救济制度》,北京大学出版社 2009 年版,第 77 页以下。

② 参见张越主编:《英国行政法》,中国政法大学出版社 1987 年版,第 685 页以下。

的。无论是宏观目标定位,诉讼类型还是具体制度构造都是基于立法者的选择。我国1989年制定《行政诉讼法》时,由于时代的局限,将行政诉讼制度定位在救济上,强调主观诉讼,但在具体制度构造上,则是主客观诉讼不分,不能有效回应相对人的诉讼请求,从而极大影响了其救济功能的发挥。因此,从诉讼实践需求看,需要梳理清楚,完善行政诉讼的类型。

至于在修法时是否要明示诉讼类型?这并不十分重要。关键在于在修法时要明确和肯定类型化发展的目标,在具体的制度构造上能够满足不同类型的诉讼要求。

(二) 行政诉讼的类型选择

行政诉讼制度如何在类型发展上作出选择,如果要从理想的角度考量,与行政诉讼的救济目标和秩序保障目标相对应,行政诉讼也需要同时发展保障客观公法秩序的客观诉讼和救济个人权利的主观诉讼。至于我国行政诉讼在类型取向上究竟应以主观诉讼为主,还是以客观诉讼为主,从行政诉讼的功能来看,虽然维护客观法律秩序起着基础性的作用,但就我国目前而言,实行诉讼的权利救济功能却无疑更为现实,从我国几十年来行政诉讼的功能作用、社会接受程度以及司法能力等角度考量,笔者认为,在诉讼类型的取向上,我国应建立起以主观诉讼为主、客观诉讼为补充的诉讼结构体系,具体理由如下:第一,行政诉讼作为"民告官"的制度实施了二十多年,其作为主观诉讼、救济相对人的功能定位已经为全社会所认可,不容改变。第二,政府的法治状况还不是很好,依法行政虽然为政府所强调,但依法行政的水平还不是很高,为了切实保障个人的合法权益,需要对个人的权利提供救济。第三,目前国家正处在全面转型期,经济社会变革,个人的权利义务经常受到影响,从衡平的角度考虑,需要法律手段来弥补转型期所带来的对个人的不公或超额负担。第四,按照《宪法》、《国务院组织法》、《地方各级人民代表大会和各级人民政府组织法》等法律规定,我国各级国家权力机关和各级政府都有维护客观法律秩序的职能①,但权力机关在

---

①　《中华人民共和国宪法》第六十二条第二款规定全国人民代表大会行使下列职权:(二)监督宪法的实施。第八十九条规定了国务院的职责包括:(十三)改变或者撤销各部、各委员会发布的不适当的命令、指示和规章;(十四)改变或者撤销地方各级国家行政机关的不适当的决定和命令;等等。

性质上是政治性的机关,其活动更多的是体现民意,难以满足法律专业化的要求、通过具体案件的审理维护公法秩序。建立德国式的宪法诉讼也许是一种理想的方案,但这种方案在我国缺乏现实基础。各级政府对下级政府和行政机关的监督符合传统的治理模式,但难以完全超脱自身的利益。因此,比较可行的是将一部分客观的法律秩序的维护职能交由行政诉讼制度承担。

(三) 诉讼类型的具体构造

行政诉讼的类型需要具体的诉讼构造来成就。现行《行政诉讼法》存在的"主观诉讼、客观构造"的状况,不仅使主观诉讼的救济目标定位难以达成,也使得客观诉讼的秩序保障目标无法实现。因此,有必要根据主观诉讼与客观诉讼各自特点,分别建立相应的诉讼程序构造。

1. 主观诉讼的构造

就主要精神而言,主观诉讼不是为了给予行政机关否定性评价,也不是为了纠正公共行政上的错误,更不是为了保障客观的公法秩序,而是为了救济相对人,恢复相对人受损害的权益。因而,主观诉讼的核心是为相对人提供全面救济,可以淡化对抗而旨在救济,尤其在法律不健全的社会转型期,行政机关即使没有违法,也可能导致相对人的不公平待遇,在此情况下也不排除衡平救济。

从诉权范围分析,行政诉讼不应把个人的行政诉权限定在法律行为上,行政事实行为侵权,也应当允许相对人提起诉讼。只要行政机关的行为侵害了相对人的权益,包括不履行职责、不履行合同义务以及因侵权造成的损害等,都可以提起行政诉讼。现行法律规定只能对具体行政行为提起行政诉讼、而不能对事实行为提起行政诉讼,是考虑到具体行政行为作为一种法律行为,影响到法律秩序,而事实行为虽然影响个人利益,但不具有"对世"的效力,因而不能起诉,这里是把行政诉讼当作了客观诉讼,把诉讼的主要目的变成了维护客观的法律秩序,而不是救济个人。在行政诉讼实践中,许多案件法院不受理的原因就是因为引发争议的行为不是法律行为而是事实行为。在德国,行政诉讼作为典型的主观诉讼,对相对人的救济是全方位的,包括对法律行为不服可以起诉,对事实行为(包括作为或不作为)不满都可提起行政诉讼。①

---

① 参见刘飞:《德国公法权利救济制度》,北京大学出版社 2009 年版,第 84—85 页。

就审理而言,审理对象不应定位于行政行为的审查,审理的是原告的诉讼主张是否成立,而不应将每一个行政决定都视为一个独立的诉,①而应该对有争议的行政行为一并审查。审查的内容不限于合法性审查,还要包括原告的权利是否存在,是否受到损害。主观诉讼在很大程度上类似于民事诉讼,因而在行政诉讼法规定不全或行政实体法缺乏规定时,应可以适用民事法律规则,如诚实信用原则、公平原则等。

在裁判方面,法院虽然受制于"不告不理"原则,不能超越原告请求,但不应受请求方式的局限,为了切实保障对个人救济,法官可以作出情况判决,采取其他救济手段,保障救济到位,包括临时处分。而且采用调解也是符合主观诉讼的内在要求。主观诉讼的判决效力主要约束当事人,当事人以外的人不受影响。

2. 客观诉讼的构造

在英国和法国,行政诉讼都是以客观诉讼为中心构建,其建立的基础是基于对行政的监督权和控制权。从目的上看,客观诉讼不在于保护个人利益,而是为了维护客观的公法秩序。当然,客观诉讼有时会与主观诉讼发生重合,如撤销一个违法的处罚行为既是对相对人的救济,也是对客观法律秩序的恢复。但在很多时候,客观诉讼与主观诉讼往往是相对独立的。在客观诉讼的构造上,要着眼于客观的公法秩序的建构,包括公法体系的完备和内在的严谨与一致,包括多元行政秩序的认可,行政主体法律地位的确立和行政权力运行的合法等。

我国虽然在立法上目标定位侧重于主观诉讼,如只能"民告官",不能由有监督权的国家机关启动诉讼程序,但修订后的《行政诉讼法》却有大量客观诉讼的规则。如《行政诉讼法》第六条规定:"人民法院审理行政案件,就行政行为的合法性进行审查",行政诉讼法中关于受案范围、诉讼标的、起诉不停止执行、审理规则和裁判方式等,都与客观诉讼有关。《行政诉讼法》第九十五条关于非诉执行的规定实际上就是一类典型的客观诉讼。

从法治中国建设的长远角度看,我国行政诉讼需要拓展客观诉讼的类型,来建构和保障客观的公法秩序。从目前来看,除非诉执行制度外,还可以建立

---

①　如房屋强制拆迁案件有许多前置行为,需要分别起诉,会引发上十个诉讼。

和发展"规范审查之诉"、"监督诉讼"等。其中,"规范审查之诉",是指法院可以对规范性文件进行审查的诉讼,"监督诉讼"是指法院经检察机关申请对涉及公益的行政行为进行审查的诉讼。

从范围上考量,客观的公法秩序内容宽泛,除了部分会对特定相对人造成影响外,多数情况是对不特定人都会产生影响,如政府发布的针对不特定对象的规范性文件就是如此。另外,行业组织和基层自治单位内部管理上发生的争议,包括中央和地方政府间的冲突也可归于客观诉讼解决。所以在原告的资格上,客观诉讼不应局限于当事人,可适当扩大到检察院和有监督权的行政机关。

在客观诉讼中,原告不是基于自身的权利请求救济,而是主张对行政违法行为的纠正,原告主要是基于监督权而起诉,法院同时要参与公法秩序的建构。与主观诉讼对应,客观诉讼主要是对行政行为的审查,其判决具有对世的效力。法院在客观诉讼中,要处理好司法权与行政权的关系,主要是对法律行为的合法性审查,不能代替行政机关行使权力,要有"自谦性"。

从审理和裁判的角度看,客观诉讼涉及司法权与行政权的关系,法院不能超越权力框架来代替行政机关行使职权,合法性审查是十分必要的,同时,法院也不能命令行政机关作出相关行为,因此,撤销诉讼和宣告确认诉讼也就成为客观诉讼的典型手段。

至于客观诉讼的具体构造,需要在审理规则上根据不同种类的特别需求做出具体规定。如规范审查诉讼,不仅要进行简单化的合法性审查,在法律规定不很完备以及缺位的情况下,还要基于更高的国家利益考量作出价值判断和选择。再如需要赋予国家检察机关启动行政诉讼的资格,作为国家的法律监督机关,基于法律监督权对国家行政和社会行政中违法行为,损害客观的公法秩序的行为,代表国家或公共利益提起行政诉讼。因此,客观诉讼的建构,不仅需要赋予法院更大的权限,也需要相关配套制度的建构,否则,客观诉讼也难以发挥应有的作用。

《行政诉讼法》的完善不仅要立足于从具体的运行机制上破解"立案难、审理难、执行难",要把行政诉讼实践中积累的经验以及行政实体法制度上的改革通过立法予以肯定,还需要通过建立科学有效的行政诉讼制度来促进和支持公共行政的现代化转型,并推进国家治理体系和治理能力的发展。在行政诉讼制度的目标定位方面,考虑其在不同国家的历史发展和所发挥的功能,结合我国的实践,应当将我国行政诉讼制度定位在以救济目标为主,同时也需要拓展其建构和保障客观法律秩序的功能。在一定程度上来讲,行政诉讼的秩序建构和保障功能可能更为基础。没有健全的公法秩序,不仅行政运行极易侵害个人的合法权益,而且也给事后的司法诉讼实现完全的个人权利救济造成极大障碍。但是,在现阶段,构建完善的行政诉讼的秩序保障功能条件还并不完全具备,在目前司法力量还不是很强大的情况下,以救济目标为主,积极推展秩序保障功能无疑是更为现实的选择。关于行政诉讼的类型和构造,首先要强化行政诉讼类型化发展的意识。作为行政诉讼制度发展成熟的路径,类型化是许多国家行政诉讼制度发展演化的客观结果。我国也无法例外,我们需要通过合理的设计来推动行政诉讼的类型化。与行政诉讼的目标定位相对应,我国要进一步健全完善主观诉讼,实现救济个人的目标,也要扩大发展客观诉讼,以推进公法秩序的建构和国家法治转型。在具体的诉讼构造上,要彻底改变现行制度中"主观诉讼、客观构造"的混乱状况,通过诉讼构造的改进来真正实现主观救济的目标,同时,也要根据客观诉讼的发展需求,在具体构造方面做出相应规定。

《行政诉讼法》的完善确实是一项浩大的工程,涉及国家整个权力架构、治理模式的选择,也影响到具体规则、具体制度的规定,需要反复斟酌、互相争辩,更需要开放式的全方位的思考,这样才能让制度设计更为理性,让其运行更为顺畅,也更能符合经济和社会变革以及法治中国建设的需要。

理 论 篇

第一章　行政诉讼制度的社会基础

　　行政诉讼的社会基础,是"指它作为一项法律制度得以存在和发展的各种基本条件,或者说是行政诉讼制度得以存在和发展的气候和土壤"①。任何一项法律制度的建立与变革,无不是各种社会因素共同作用的结果。美国学者 H.W.埃尔曼说过:"法律文化的重心和它发展的主要动力不应在由政府所设置的司法制度中寻求,而应见之于社会本身。"②行政诉讼制度的建立和发展,与国家的民主法治、经济社会、文化心理有着天然联系。改革开放以来,经济领域改革引发的社会变迁,将中国推向了由一元到多元、由计划到市场、由伦理到法治的全面转型,使得 1989 年出台的行政诉讼法实施面临诸多困境,"立案难、审理难、执行难"的问题极大制约了行政诉讼功能的发挥,出现权利救济和秩序保障的双重式微。这些困境的产生,有转型时期特殊的时代背景和社会基础。"在我们做出应然价值评判之前,我们首先要理解我们面对的怎样的一个真实世界。"③中国行政诉讼制度改革应当深入到形成困境的社会基础当中,立足国家治理转型背景,积极回应时代和社会发展的需求。

---

① 谭兵:《论我国行政诉讼的基础》,《现代法学》1993 年第 1 期。
② [美]H.W.埃尔曼:《比较法律文化》,贺卫方、高鸿钧译,清华大学出版社 2002 年版,第 200 页。
③ 强世功:《中国法律社会学的困境与出路》,《文化纵横》2013 年第 5 期。

一、中国行政诉讼制度改革的经济基础

（一）市场经济对行政诉讼的影响

改革开放以来,中国社会发生变化最早是从经济领域开始的。市场经济的建立与发展,引起了社会利益关系的巨大变革,带来了政府与社会、政府与市场、政府与公民关系的深刻变化,这些都对行政诉讼产生了深远影响。

1. 市场经济追求市场自治、主体平等和自由竞争,要求对政府权力进行严格的限制,而现行行政诉讼监督行政的能力明显不足

从根本上说,市场经济是自主经济,所有参加市场交易的主体独立、自主、平等、公正地展开竞争,他们依法平等使用生产要素、公开公平公正参与市场竞争、同等受到法律保护,生产要素和产品应当通过市场来分配,反对任何形式的边界封锁、部门分割和贸易壁垒。市场经济的这些特征,要求从法律上科学划分行政与市场的范围,厘清政府对市场干预的边界。但是,中国在政府与个人、政府与市场、政府与社会之间,权力的边界并不清晰,经常出现管理错位、越位的现象,权力膨胀、过度干预、与民争利的情形时有发生。例如,郑州市曾先后设立"馒头办"、"西瓜办"这样的机构,对馒头生产实行审批制,2007年央视暗访发现,瓜农花钱买4个章才能进城卖瓜。由于政府不想还权于市场,因而在权力的来源上想方设法增设权力,诸如行政垄断、地方保护主义、侵犯市场主体权益等破坏市场法则的行为仍然存在。对此,行政诉讼因为司法地方化和行政化的体制弊端,很难对地方政府违法干预市场的行为进行有效监督。

2. 市场经济释放出强劲的权利意识,要求司法全面有效地回应相对人的权利诉求,而现行行政诉讼权利救济的功能严重受限

市场经济的建立和发展,将人从依附于国家、依附于单位的集体主义当中解放出来,释放出各类强劲的主体利益动力,极大促进了公民权利意识的复苏,也直接导致私人利益的扩大化及合法化,进而在法律领域产生了公与私的界分、对峙和冲突。实践中,市场经济持续推动人们不断提出新的利益诉求,而行政诉讼制度因为立法的滞后性则显得跟不上节拍,尤其是在受案范围、原告资格、裁判方式、执行效果等方面,日渐显现出这一制度在回应公民权利诉求上的短板。例如,按照权利救济的定位,很多事实行为也应当具有可诉性,像政府针对企业的违法调查行为,有时足以构成对市场主体利益的损害,但是却遭遇受案范围的瓶颈。中国行政诉讼出现立案率低、实体判决率低、撤诉率高、上诉率高的"两低两高"总体态势,每年行政诉讼受理案件一直徘徊在 10 万左右,一审撤诉率高达三分之一,而在判决的案件中原告胜诉率不到 10%,司法在救济权利的功能上极为有限。与此形成鲜明对比的是,中国每年都有大量信访案件。近年来在发生的群体性事件中,维权类群体性事件占总数的 55%①。面对权利救济诉求的高涨,行政诉讼难以满足和回应这种诉求,使得大量纠纷溢出司法渠道而排向信访或群体性事件。

3. 市场经济导致利益多元和复杂的矛盾冲突,要求立足国家治理有效解决社会冲突,而现行行政诉讼实质性化解矛盾纠纷的作用并不突出

市场经济的发展不仅改变了经济结构,也深刻改变了社会结构,传统中国的一元社会出现利益分化,产生不同的利益群体,出现利益多元化的格局,不同群体间的利益冲突和矛盾纠纷日益增多。中央与地方、国家与个体、政府与企业、企业与个人之间,都存在利益冲突。据数据统计,从 1993 年到 2003 年十年间,群体性事件数量由 1 万起增至 6 万起,参与人数从 73 万人增至 307 万人。② 有研究根据新闻媒体的公开报道,对 2000 年 1 月 1 日至 2013 年 9 月 30 日发生在中国境内、规模在百人以上的群体性事件进行统计分析,发现共有 871 起;其中参与规模在千人以上的 281 起,占 32.2%,且 2010 年以来是群体性事件的高发期③。据全国总工会统计,2012 年 1 月至 8 月,全国共发生围绕工资纠纷的规模在百人以上的集体停工事件 120 多起,发生在 19 个省、规模在 30 人以上的 270 多起。从这些事件的类型看,因征地拆迁冲突、环境污染冲突和劳动争议为主的维权引发的群体性事件占 80%④。尤为严重的是,

① 参见李林、田禾主编:《中国法治发展报告(2014)》,社会科学文献出版社 2014 年版,第 275 页。

② 参见卢继元、吴冬冬:《论群体性事件研究的阶段划分》,《理论建设》2014 年第 2 期。

③ 参见李林、田禾主编:《中国法治发展报告(2014)》,社会科学文献出版社 2014 年版,第 272 页。

④ 参见焦娅敏:《利益范畴与社会矛盾》,复旦大学出版社 2013 年版,第 194 页。

市场经济释放了民众和政府对于利益追求的巨大欲望，老百姓基于财产权不断伸张权利诉求，地方政府不断加剧经济发展的冲动，二者在缺乏充分的法治调整机制下，产生激烈的利益冲突，社会戾气日盛。化解日益激烈的利益冲突，需要借助司法程序，创建更充分的利益表达和救济机制。但是目前在国家治理当中，行政诉讼的功能并未受到重视，地方治理忽略行政诉讼在化解利益纠纷上的主渠道作用，甚至发文抵制法院介入一些敏感类案件，将大量利益诉求和矛盾纠纷阻隔在司法程序之外，最终萎缩了行政诉讼的应有功能，使得纠纷演变为更为激烈的社会冲突。

（二）行政诉讼制度的回应

1. 回应市场主体的权利诉求，畅通行政诉讼在权利救济上的障碍

在行政诉讼制度的发展过程中，权利意识强化导致行政诉讼制度作出回应乃是一条重要线索，其中"保护权利在这个过程中一直处于中心位置"[①]。市场经济条件下，市场主体的权利诉求不断高涨，但是在制度设计上，行政诉讼法呈现出一种结构性矛盾。根据2014年修改后的行政诉讼法第6条，法院仅就被诉的行政行为的合法性进行审查，而非直接针对原告的诉讼请求作出判决；但是从诉讼请求出发，由于我国行政诉讼确立的是"被害者诉讼"的原告资格标准，要求原告必须是受到行政行为损害的相对人（第2条）。这便是学者所描述的"主观诉讼进来，客观诉讼出去"的一种诉讼构造[②]。虽然在入口上体现了行政诉讼回应权利诉求，但是在实质性的纠纷审判上，却只对行为进行合法性审查，容易将原告诉讼请求中的实体权利保护置于一边，在判决形式上也很难有效全面回应原告的权利诉求。

这种困境在面对相对人的财产权诉求上更是如此。近年来，相对人基于财产权而提出的行政诉讼占据越来越大的比重，公民财产权受到公权力侵害的现象也极为突出。例如，政府在改善投资环境及治理经济秩序方面，制定出较多与市场经济内在规律相违背的政策和规定，乱设卡、乱收费、乱罚款现象

---

① 章剑生：《〈行政诉讼法〉修改的基本方向——以〈行政诉讼法〉第1条为中心》，《苏州大学学报》2012年第1期。

② 参见薛刚凌、杨欣：《论中国行政诉讼构造："主观诉讼"抑或"客观诉讼"?》，《行政法学研究》2013年第4期。

严重,地方保护主义盛行,行政垄断现象突出,官商一体、权力寻租等不断。从近年来的行政诉讼受理案件情况看,多为财产权受到侵犯的案件。虽然2014年行政诉讼法的修改,在判决形式上努力回应原告的诉求,增加了给付判决种类;但是由于行政诉讼法并未区分主观诉讼和客观诉讼并构建相应的诉讼机制,使得司法很多时候仍然难以直接针对相对人受损的财产权作出判决,也不能针对侵犯财产权的公权力进行更有效的监督。

可见,市场经济使人们的利益诉求空前高涨,维护权利的意识日渐觉醒,但是现有的制度安排并没有很好回应公民的权利诉求,无论是受案范围、审查限度还是判决种类,一定程度上都回避了对公民权利的救济功能。这使得行政诉讼制度的改革完善,必须寻求权利救济上的逻辑一致性的规则设计,区分主观诉讼与客观诉讼,根据其各自的特点分别架构相应的审理规则。尤其是在主观诉讼的构造上,应当以保障相对人的合法权益的视角来重新审视和设计相关制度,扩展和保护相对人的行政诉权,回应相对人的诉讼请求,降低对抗程度,给予法院更大的灵活处置的裁量权,切实保障相对人的合法权益。①

2. 保障自由竞争的市场秩序,拓展行政诉讼在监督行政上的功能

市场经济需要一个相对自主的、不受公共权力任意干预的空间,市场主体遵循着等价有偿、自由竞争的原则平等往来;同时,市场秩序的维护又需要政府有限的干预,有效运用法律手段来规范市场,为市场主体之间的平等竞争创造良好的社会条件。行政诉讼是重要的监督和制约机制,既要防止政府失灵,又要防止政府过度干预,这需要积极拓展行政诉讼监督行政、保障法秩序的客观诉讼功能。

与直接救济相对人权益的主观诉讼不同,客观诉讼的目的是保障客观法秩序,重在审查规则与行为的合法性,以有效监督政府依法行政。中国目前的市场经济发育还不成熟,一方面在规范市场经济秩序当中,必然要运用大量的行政手段;另一方面,政府干预市场的权力尚未得到严格的规范,大量行为都是通过政府设定规则的方式出现的,一些地方保护、地区封锁和部门行业垄断,往往是通过制定与法律、法规相抵触的规则和其他规范性文件

① 参见薛刚凌:《行政诉讼法修订基本问题之思考》,《中国法学》2014年第3期。

实现的。这便在政府权力和司法监督之间形成一种张力。因为社会飞速发展,每时每刻都产生新的需求,而每一种新的需求,对政府来说都是一个新的权力源泉,法院的行政范围始终是固定不变的,而政府的行政范围是活动的①。总体上看,现行行政诉讼制度将立法目标局限于权利救济,忽略了行政诉讼的组织法功能,在限制和规范政府权力上尚未设计出完善有效的司法审查机制。一方面,行政诉讼法将"具体行政行为"统一修改为"行政行为",从而为司法对抽象行政行为的审查打开了大门;但另一方面,行政诉讼法对抽象行政行为确立的只是"附带审查",认为规范性文件不合法时也只能向制定机关提出建议,使得司法在审查违法规则上仍面临困难。而市场经济确立了以"市场在资源配置中起决定性作用"的法则后,未来更多的行政诉讼可能会涉及司法能否真正贯彻"市场决定"的法则。在对涉及行政垄断的抽象行政行为是否符合市场理念进行审查,甚至通过司法个案审理促进对违反市场化的规范性文件的清理等诸方面,行政诉讼能否积极跟进,无疑还是个重大考验。

因此,面对政府对市场经济规则的违反甚或破坏,防范政府以行政手段任意干预经济运行,以及杜绝行政权力沾染上不当利益,行政诉讼制度改革理当充分拓展其客观诉讼的功能,相应增加合理的诉讼类型,既包括解决权力来源合法性和市场规则合法性的规范审查之诉,也包括与整顿规范市场经济秩序有关的非诉行政案件的执行之诉,实现对政府行为的控制和规范,保障自由竞争的市场秩序。

3. 化解多元利益冲突,发挥行政诉讼在实质性解决社会矛盾上的作用

如何将顺市场经济带来的错综复杂的利益关系,及时化解各种利益矛盾与冲突,并在此基础上构建理性、和谐、稳定的社会秩序,需要行政诉讼制度作出回应。目前很多社会冲突中,官商勾结、与民争利、执法腐败现象严重是重要原因,背后凸显出政府管理模式落后、官民沟通不畅、群众利益表达受阻、纠纷解决机制失灵等问题。例如,在对某省"涉及土地类"的群体性事件实证分析中,与政府违法行政、滥用公权力甚至腐败相关的占到75%②。而传统行政

---

① 参见[法]托克维尔:《旧制度与大革命》,冯棠译,商务印书馆 2013 年版,第 101 页。
② 参见梁平、陈焘:《群体性事件:"老问题"与"新动向"的交织与治理策略——基于 H 省的实证调研》,《河北法学》2013 年第 5 期。

诉讼制度过于强调公权与私权的价值对立,并不符合秩序和谐的目标,容易造成公权与私权同时失范,相互展开越来越激烈的冲突,一些人像托克维尔所形容的那样,"蜷缩于狭隘的个人主义之中,公益品德完全被窒息",这样的制度"使人们的思想从公共事务上转移开","使贪婪之心横行无忌"①;面对私人膨胀的欲求与不合理的利益诉求,公共权力也失去耐心,变得蛮横粗暴、不可理喻。例如在征地拆迁和城管执法领域,"刁民"与权力的"黑恶化"现象同时并存,政府部门暴力执法与公民暴力抗法陷入恶性循环。

因此,行政诉讼应立足于利益矛盾的有效化解和社会秩序的和谐安定,进一步开放司法在平时化解矛盾冲突的通道,强化司法程序的平和、理性、便捷,不断参与到秩序构建中来。例如在城镇化、城市化过程中,政府部门征地拆迁的粗暴侵权与被征地拆迁用户维权之间发生激烈冲突,行政诉讼法修改将"征收、征用决定及其补偿决定"纳入受案范围,对此作出了回应;在城市管理中执法人员的粗暴执法与城市个体商贩等弱势群体维权之间的激烈冲突,应当通过更为便捷、有效的司法程序予以化解;在医疗、教育、住房等领域改革不到位导致社会中下阶层与政府管理部门或服务机构之间的激烈冲突,提示行政诉讼应当加强对社会组织的监管;在国有企业改制的过程中,各种侵占、转移、毁损和灭失的国有资产流失现象严重,应当通过公益诉讼进行有效的监督。可见,利益多元化的社会结构,纷繁复杂的矛盾冲突,对行政诉讼制度的改革完善提出了多方面的需求。它既要求立法者从系统论的角度整体考量行政诉讼在国家解决纠纷正式机制中的功能定位,协调好司法与政治、司法与行政、行政与民事之间的关系,恰切区分行政诉讼与行政复议、民事诉讼、国家赔偿以及信访机制的功能,既不能将所有的利益纠纷全部纳入行政诉讼范围,也不能放弃对涉及公共利益的冲突进行审查的职责,又要求正视官民冲突加剧、公共利益受损、公法秩序紊乱等严峻现实,站在更高的视野设计行政诉讼制度,提高行政诉讼的效率和公正,切实强化行政诉讼在化解利益冲突上的实际功效。

---

① ［法］托克维尔:《旧制度与大革命》,冯棠译,商务印书馆 2013 年版,第 35 页。

二、中国行政诉讼制度改革的行政基础

（一）公共行政对行政诉讼的影响

"一国的行政诉讼制度总是与一定时期该国的行政理念、行政方式密切相关"①。世界范围内，公共事务由"统治（government）"向"治理（governance）"的转变方兴未艾，带动了行政法治的回应性变革。与此同时，中国当前正处于转型时期，市场经济引发了公共行政领域的改革，传统单一、强制、对立的行政方式受到挑战，新的多元行政、柔性行政和合作行政尚未发育成熟，城市化、工业化进程中的治理有效性问题突出，区域共治的探索也提出了制度变革的深度需求，这些都对行政诉讼发展产生深刻影响。

1. 多元行政对行政诉讼的监督限度提出新需求

面对转型时期复杂的利益关系，公共治理很难依靠政府单方力量就可以实现善治目标，各个领域都需要社会组织乃至私人机构参与到治理中来，从而出现了公共行政多元化、柔性化、合作化趋势。这将深刻改变传统的行政诉讼对公共行政的监督模式，但目前的行政诉讼制度在回应公共行政监督需求上仍存在"短板"。

一是行政诉讼对公共行政主体的审查范围有限。社会自治使得传统行政主体的一元格局被打破，越来越多的公共权力被授予社会组织，公共行政领域内出现"私有化"、"外包"、"民营化"、"社会行政主体"等新现象。但是与西方发达国家相比，我国社会组织尚不发达，在公共治理中政府和社会组织的权限不清，还没有形成政社分开、权责明确、依法自治的现代社会组织体制，大量组织处于政府权力的笼罩之下。政府依然保留了大量原本可以下放给社会的权力，社会组织行使公共管理权力又缺乏相应的组织法律制度支撑和保障。在这种背景下，行政诉讼法将"法律、法规规章授权的组织"纳入审查范围，一定程度上回应了行政主体的发展趋势，但仍然无法发挥对政府和社会组织权力冲突的审

---

① 贺译萍：《新公共行政之于我国行政诉讼制度的挑战》，《成都行政学院学报》2013年第5期。

查功能,也很难对授权之外行使公共权力的社会组织进行有效监督。

二是行政诉讼对柔性治理方式的监督有缺憾。传统行政强调手段的单一性,通过政府的强制力予以实施,这种强制力也构成了行政诉讼的审查理由。随着社会自治和民主的进步,政府开始以服务行政为导向,改进自身工作流程、整合程序规则,通过"市场机制"让相对人拥有更多的选择权。行政方式的柔性化使得行政契约、行政合同、行政资助、行政指导等柔性行政手段备受推崇,公共行政正从以"权威——依附——服从"为导向的权力机制,转向以"商谈——合作——服务"为导向的治理机制,行政方式也从以往以"命令"、"控制"与"处罚"为主的硬性管制,逐渐转变为以"激励"、"指导"与"服务"为主的软化治理。但是目前,对于这些柔性行政方式,由于缺乏足够的法律规制,使得行政诉讼对其审查判断缺乏法律标准,行政诉讼法将大量柔性行政行为排除在受案范围之外,放弃了监督。

三是行政诉讼促进合作行政的机制功能不明显。在社会转型大背景下,"权利—权力"关系由对立层面转化到互动层面乃大势所趋,"概括言之,就是公众广泛参与公共管理的过程,是由公共管理元素与公民参与元素整合而成——公共治理=公共管理+公众参与"[1]。这种合作行政"意味着政府与公民之间横向的平等关系,意味着政府与公民一道来关心和解决公共利益问题"[2]。在强调公平、参与、回应、民主的合作行政背景下,非权力行政、非制式行政、协作行政、参与行政等公共行政新样态必然引起行政法领域的相应变化,影响着现有的行政诉讼制度。近年来,我国多次重大行政决策的信息公开问题引发社会较大的信息波动,由于缺乏足够的公众参与,使得决策备受质疑。例如北京、天津、杭州等地的汽车限号政策,决策公开与社会稳定的关系相冲突,一些政府敏感性政策是"半夜鸡叫"。对于这种缺乏参与的公共行政,行政诉讼还缺乏应有的纠治机制。

2. 工业化、城市化进程对行政诉讼保障公法秩序提出新要求

伴随改革开放的是急剧的工业化、城市化进程,工业生产唯GDP、城市建设求大求全等发展思路,带来了很多社会问题,使得社会矛盾日益复杂尖锐,

---

① 袁曙宏、宋功德:《统一公法学原论》,中国人民大学出版社2005年版,第299页。

② 贺译葶:《新公共行政之于我国行政诉讼制度的挑战》,《成都行政学院学报》2013年第5期。

造成了公法秩序的混乱和公共治理的失效。集中表现在:①食品安全事故频发。这些年,大头娃娃、苏丹红、地沟油、瘦肉精、三聚氰胺、染色馒头、牛肉膏、毒豆芽、反式脂肪酸、甲醛毛血旺、塑化剂、毒胶囊等等频频出现。调查显示,我国城市居民中有 77.8% 的人认为目前的食品安全状况比较或非常差,40.2% 的人认为我国食品安全状况不会有好转,还有 14.5% 的人认为会越来越严重①。②矿难事故屡治不绝。如 2000 年贵州木冲沟矿难 159 人死亡,2002 年黑龙江鸡西矿难 124 人死亡,2004 年陕西陈家山矿难 166 人死亡,2004 年河南大平矿难 148 人死亡,2005 年辽宁孙家湾矿难 214 人死亡,2005 年黑龙江东风矿难 171 人死亡,2005 年广东大兴矿难 121 人死亡,2005 年河北唐山刘官屯矿难 108 人死亡,2005 年山西新窑矿难 105 人死亡,2007 年山东华源矿难 181 人死亡,2008 年山西襄汾尾矿库溃坝事故 254 人死亡,2009 年鹤岗矿难 104 人死亡。③环境污染查处不力。一些地方政府以牺牲环境为代价获取经济利益,在地方发展中重蹈"先污染后治理"的老路,陷入"企业污染、居民受害、国家买单"的恶性循环。例如,中国水资源总量的 1/3 是地下水,而全国 90% 的地下水遭受不同程度的污染,其中 60% 严重污染。据新华社报道,有关部门对 118 个城市连续监测数据显示,约有 64% 的城市地下水遭受严重污染,33% 的地下水受到轻度污染,基本清洁的水只有 3%。全国有 80% 以上的河流受到不同程度的污染②。2014 年 4 月 17 日,环保部和国土资源部发布的《全国土壤污染状况调查公报》显示,全国土壤总的点位超标率为 16.1%,其中耕地点位超标率为 19.4%,同时还有 10% 的林地和 10.4% 的草地被污染。

在城市化进程中,政府管理出台大量违背法治原则和法治精神的法规、规章和规范性文件,由于缺乏直接的司法审查机制,违法行政往往造成群体性利益损害;户籍制度改革步履维艰,二元体制造就了很多利益不公的现象和案件,流动人口的权利保障状况不佳,那些附加在户籍上的教育、医疗、社会保障、住房等公共服务待遇不公,无法获得有效的司法救济;在征地拆迁中积攒了大量官民矛盾,行政机关违反土地管理法规和保护国土资源的国家政策,违法占地、批地,大搞开发区等形象工程,因补偿不到位造成的暴力性事件不断;

---

① 参见李培林等主编:《2014 年中国社会形势分析与预测》,社会科学文献出版社 2013 年版,第 166 页。

② 参见韩雪:《新移民报告:他们为什么"逃离"祖国》,《中国民商》2014 年第 6 期。

城管执法冲突加剧,执法存在程序缺位、方式不当、自由裁量滥用等现象,造成一系列暴力执法与暴力抗法事件,在百度输入"城管暴力执法",得到相关结果约 4320000 个,司法在化解暴力执法与暴力抗法的功能上极其有限;在劳资纠纷领域,因为司法介入不够,多由政府出面协调,一旦发生群体性事件,政府便动用警力,更容易引发冲突。

上述种种治理困境,与地方保护有关,也与行政体制有关,更与缺乏公法秩序保障的手段有关。现实中,大规模环境污染和食品安全案件往往无法进入诉讼程序,而是依据地方党政机关协调处理,利益的补偿与均衡取代了公法秩序的纠治。更重要的是,面对行政部门权力分工不清晰、职能交叉、行政碎片化等体制的不理性,行政诉讼被告规则难以应对分散的行政执法体制,让单个的被告承担整个体制不理性的后果和风险,必然造成对行政诉讼的抵制与不满。这些都折射出行政诉讼保障客观法秩序功能不足,无法应对转型时期处理复杂社会矛盾的需求。针对上述现象,有必要反思行政诉讼这种解决纠纷、预防行政权力滥用或腐败的制度的科学性和有效性。

3. 区域共治为行政诉讼制度的创新发展带来新挑战

中国地广人多,存在极大的区域共治需求空间①。无论是基于经济、环境,还是公共安全治理目的,区域共治"并不是市场的自发秩序,而是国家通过公权力强力推进的。这就一方面体现为国家与社会的关系,即公权力对市场的调控,另一方面又表现为多种公权力相互间的关系,即国家的内部组织结构。公法学必须关注这种调控的合法(宪)性,必须解释实施这种调控所发生的组织结构上的变化"②。早期的区域共治主要表现为组织机构上的探索,但随着深入发展,已进入到法律治理领域。其不仅仅是组织法的问题,更给司法带来了巨大挑战。区域共治所涉及产业布局、环境保护、资源分配、基础设施建设等,充满着政府和市场、中央和地方、地方政府之间、政府和公民、政府和社会组织等多重主体间的复杂利益关系,共治可能会损害一方辖区的公民权益或第三方区域的公民权益,出现的纠纷显然无法靠中央命令或政策措施来

---

① 例如从长三角、珠三角到环渤海,再到中西部地区的新疆乌昌(乌鲁木齐市—昌吉回族自治州)、东北辽吉黑三省、长(沙)株(洲)(湘)潭、武汉城市圈、成(都)渝(重庆)、安徽皖江城市带和河南中原经济区,以及京津冀一体化等。

② 叶必丰:《区域经济一体化的法律治理》,《中国社会科学》2012 年第 8 期。

"临时性解决",而需要有专门的司法渠道进行审查、评价和化解。例如,"当前区域经济一体化的法律治理机制,有区域行政协议、区域性组织、区域协作立法、区域行政规划和区域行政指导"①。行政协议是政府机关之间缔结的协议,当其合法性遭受质疑或存在法律争议时,该如何寻求正当的法律救济机制? 区域性组织主要有区域合作组织和区域合作领导机构两类,其法律地位如何? 能否成为公法上的诉讼主体? 区域协作立法能解决区域共治对规则的需求,却无法满足规则执行中化解冲突、提供救济的诉求。区域行政规划和区域行政指导,一旦出现基于地方部门利益的争议后,该寻求何种法律解决机制? 这些都是行政诉讼制度发展所应当考虑的现实问题。

(二) 行政诉讼制度的回应

公共行政的现代化转型离不开公法秩序的建构。公共行政的转型就是要实现从一元到多元、从伦理到理性、从人治到法治的转变,其中重要的就是要建构一套客观的公法秩序并确保其有效运行。而客观法秩序的建构不能完全依赖立法机关和政府,立法所建立的法律秩序在运行中会存在许多问题,需要法院积极参与法秩序的维护、矫治与建构。行政诉讼制度发展,应当全面回应当下及未来的公共行政转型,针对国家治理有效性的不足,通过制度的完善保障客观法秩序,推动国家治理能力的提升。

1. 拓宽适用范围,保障社会行政的客观法秩序

在多元化的社会行政发展趋势下,"新的组织形式和新的行政权行使方式的出现,对行政诉讼制度构成了相当大的冲击,而对行政诉讼审查范围的影响尤为突出"②。中国行政诉讼制度还难以有效回应对多元行政的监督和救济需要,不仅传统具体行政行为与抽象行政行为的区分没有意义,就是行政行为概念本身也受到极大挑战③。行政行为的背后是行政权,但大量公共主体的行为将很难判断是不是行政行为。面对社会自治程度越来越高的多元化行政趋势,

---

① 叶必丰:《区域经济一体化的法律治理》,《中国社会科学》2012 年第 8 期。

② 曹达全:《行政诉讼审查范围的难题——以公法与私法的划分为出发点分析》,《行政法学研究》2008 年第 1 期。

③ 2014 年行政诉讼法修改,将"具体行政行为"修改为"行政行为",这固然能够拓展行政诉讼的审查范围,但固守"行政行为"的概念,从未来公共行政改革的视野看,仍然是一种抱残守缺的立法思维,无法因应公共行政改革发展的需要。

传统行政诉讼根据行政主体理论构建起来的标准面临困境。德国等大陆法系国家之将行政诉讼客体规定为"公法上争议",而不像中国采用"行政行为",中国台湾地区也是采取"公法上争议"。有学者认为,法国采取的是公共需要标准,英国采取的是公共因素或公共职能标准,虽有差异,但更多是从行为后果而非行为本身、更非行为来源来加以判断①。面对涉及社会行政的案件不断进入司法实践,以及公共行政对司法审查专业性和技术性的要求,行政诉讼制度的长远发展应当改革传统的审查标准,在诉讼标的和被告范围上进行拓宽,全面回应社会行政的监督需求,有效保障社会行政的公法秩序和相对人的合法权益。

2. 扩大受案范围,保障柔性治理和合作行政的客观法秩序

面对不断涌现的"混合行政"、"行政合同"等新的行政方式,未来行政诉讼制度理当有所回应,尤其是在柔性治理的背景下,如何判断非强制性规则的法律效力? 如何审查被强制推行的柔性执法方式? 如何划分公私合作情境下的法律责任? 行政合同如何受司法审查? 目前,在行政规划、行政指导和行政合同等方面,新的行政诉讼法还没有畅通监督和救济机制。这需要进一步扩大受案范围,将更多非强制性的行政行为纳入监督当中。同时,现行行政诉讼制度构造立足于行政主体与相对人之间的对峙,在官民矛盾的修复、促进合作治理上无所体现。近三十年中国行政法治模式采取"控权",政府与社会之间的关系越发紧张,行政诉讼的机制并没有缓和这种紧张,促使政府与社会的合作治理;相反,控权模式下的"民告官"诉讼,一直强调官民之间的对立,造成官民关系紧张,使得双方都将压力施加在法院身上,行政诉讼成为矛盾集中的焦点。在这种背景下,政府和相对人有时陷入一种"囚徒困境",双方的博弈呈现出两种可能:一是在有效的利益沟通和协调机制下,双方都选择守法、合作;一是在缺乏有效地利益沟通和协调机制下,双方都选择违法、对抗。很多现实案例表明,后一种情况比较严重。因此,行政诉讼制度的改革完善,还应当立足于构建官民合作的新型公法秩序。

3. 拓展诉讼类型,建立公共利益司法保护机制

行政诉讼法修改后相应扩大了审查范围,但仍以行政行为违法且对相对人造成直接损害为标准,极大限定了司法的监督范围,使其很难应对公共治理领

---

① 参见杨伟东:《权力结构中的行政诉讼》,北京大学出版社 2008 年版,第 150 页。

域的各种失范和失效现象。例如,由于缺乏维护公共利益的行政诉讼种类,大量损害纳税人利益的现象得不到及时监督和有力纠治。安徽省阜阳市颍泉区一栋办公大楼的建设费用占了全年财政收入的近三分之一;河南郑州市惠济区办公新址山水景观式的建筑格局占地 530 亩,整个区政府新址及四周道路建设投资超过 7 亿元;河南桐柏县年人均纯收入不过两三千元的国家级贫困县,却有上亿巨资建设 5 万平方米办公楼的"政绩";娄底市在湖南省 14 个地级州、市中经济排名全省靠后,然而 2006 年启用的娄底市政府新大楼,主体建筑占地 247 亩,造价超过 5 亿元,其中有七栋大楼采用了酷似美国白宫的圆顶建筑,被民众称为"白宫建筑群"。这些个案凸显出对政府财政监督的缺失,也迫切要求增加纳税人诉讼或公益诉讼种类,进一步完善相应的诉讼制度。在环境保护、公共安全治理等领域内,允许相对人以普通公民的身份,为了国家和社会的公共利益提起诉讼,能够有效延缓或避免治理的失范与失效。例如在菲律宾,政府有关部门决定砍伐一片原始热带雨林,42 名儿童以自己的名义提起行政诉讼,请求有关部门停止大规模出租供砍伐的原始热带雨林。行政机关在法庭上认为,砍伐森林与儿童的利益无关,儿童不具有原告资格。可戴维德法官指出:"我们发现没有任何困难判决他们能够为他们自己、他们的同代人及后代人提起诉讼,因为就平衡和健康的生态而言,他们代表后代人提起诉讼的资格只能依据几代人责任的概念。"①近年来我国也出现一些类似案件,如一批青岛市民以青岛市规划局批准在音乐广场北侧建立住宅区,破坏了广场景观,"损害了自己的优美环境享受权"为由,将青岛市规划局告上法庭。东南大学两教师施建辉、顾大松以南京市紫金山建成的观景台,"破坏了其享有自然景观带来的精神上的愉悦"为由,对南京市规划局提起行政诉讼。无论是现实中的困境,还是司法实践中提出的需求,都要求行政诉讼制度作出回应性改革。

三、中国行政诉讼制度改革的政治基础

(一) 政治发展对行政诉讼的影响

当前,行政诉讼制度陷入的困境,某种程度上与中国政治体制改革不到位

---

　　① 孙林主编:《环境法与可持续发展》,中国环境科学出版社 1996 年版,第 300 页。

有关。作为监督行政权的司法制度,行政诉讼制度的发展完善原本就很难脱离一国的政治发展现状。中国的政治发展对行政诉讼的影响主要体现在:

1. 一元化的政治结构限制了司法权的扩张

与西方三权分立的政治架构不同,中国采取的是一元化的政治体制模式,而不是分权制衡结构。这种一元化政治结构,使得国家司法权的设计与配置,不可能走西方那种与行政权、立法权并行监督的分权制衡模式。例如司法权对行政权的审查限度,究竟是合法性审查还是合理性审查,就向来被上升到司法权与行政权的关系层面,进行政治性考量。而学界提出设置行政法院的建议,也需要置于政治体制改革的视野,有待中央对司法体制改革作出顶层设计。再例如在扩大行政诉讼范围的讨论中,虽然学术界抱有赋予法院审查立法的理想主义,但中国的人大体制制约了司法对抽象行政行为的审查,更遑论对立法的审查了。法院由人大产生并向人大负责的体制,从根本上决定了司法无法对法律进行审查,而现实中很多行政案件恰恰是法律本身存在问题,此时司法便陷入难以获致公正裁判的困境。即便是对规范性文件的审查,由于很多都涉及政府的公共政策选择,公共政策涉及重大利益调整,有时是政治利益的调整,行政诉讼难以评价,这方面的监督很大程度上也属于人大的职权。当然,中国正迈向法治,传统的一元控制模式很难适应现代法治多元化的需求。在处理各种社会问题的灵敏性上,司法机关"有机会对它在某一案件的具体情形中所宣布的普遍原则进行归纳和检验。这样的机会是立法机构不可能享有的,因为立法机构是面向未来的,因而在某种意义上是抽象的提出一般规则的……法院的判断是事后作出的,是表达于立法者的希望与预言在我们的社会的实际运作中经受了检验之后作出的"①。出于此,我们需要发挥司法更大的政治功能。但现实是,与一元政治结构相适应,中国并不具备司法至上的传统、个人主义的传统和多元的社会结构以及理性精神,缺乏这些与现代法治多元机制相匹配的社会环境,对司法权的扩张显得更加困难。

2. 传统的行政控制模式排斥司法对行政的监督

在多元化的政治结构中,行政控制模式主要采取法治方式,无论是中央与地方的关系,还是行政与社会的关系,都通过法律程序进行调整,由此也决定

---

① 转引自周刚志:《论部门法规范冲突的宪法调适》,《法商研究》2011 年第 3 期。

了司法在行政控制中具有重要的功能。但是,中国传统的行政控制模式并未根本改变,更多依靠政策治理,而非法律治理,解决纠纷的程序也不是严格意义上的正当法律程序,而是科层制下的"政策实施型法律程序",司法对公共政策后果的控制功能极其微弱。

以央地关系为例。在改革中,央地关系因为利益分化而出现某种程度的失衡,但中国并未形成由法律来调整央地关系的控制模式,而是继续强化财政、人事、政策等控制手段,使得中央对地方行为失控,政令有时出不了中南海。"地方政府在执行中央政策的过程中,基于自身的实际情况和利益得失,按照自己的理解和目的,有意识地运用讨价还价、交易、变通等合法或不合法的手段和策略执行政策,进而导致中央的政策意图不能圆满实现甚或完全落空的一种或明或暗的博弈活动"①。由于缺乏必要的法律调控机制,实践中政令不畅的情况尤为严重,中央与地方职能权限模糊,权力运行规则缺失,诸如房价失控、债务失控、环保受阻、统计失真、违规建设、矿难频发、教育乱收费等现象普遍存在,对公民权利构成普遍性威胁。以建设用地为例,1999—2009年中国土地违法主体中,各级地方政府(包括村集体)和企事业单位在土地及耕地违法上均占的比重约为八成,地方政府的违法土地面积居高不下②,其中蕴含着极大的公民财产权风险。再以房地产调控为例,2010年、2013年国务院先后发布《关于坚决遏制部分城市房价过快上涨的通知》和《关于继续做好房地产市场调控工作的通知》,但地方政府不断以各种形式试探中央调控政策的底线,寻找实现自身利益最大化的方式,而中央"形式上以严厉管控为主,具体则以选择性的默认或否定显示调控的立场和底线,勉力维持中央对房地产调控的最高权威以及对地方行动的否决权"③。这种缺乏规则预期和程序透明的"央地博弈",无疑是央地关系失衡的一个缩影,也增强了地方政府牺牲公民权利获取地方利益,并作为与中央政府"讨价还价"筹码的胆量。

其实,司法审查在很多国家是作为中央控制地方的重要机制,行政诉讼对

---

① 丁煌、定明捷:《"上有政策、下有对策"——案例分析与博弈启示》,《武汉大学学报》(哲学社会科学版)2004年第6期。

② 参见李尚蒲、罗必良、何一鸣:《中央与地方博弈:来自1999—2009年土地审批与违法用地的证据》,《上海经济研究》2013年第11期。

③ 冯辉:《房地产调控中"央地关系"的失衡及其法律规制》,《法商研究》2013年第5期。

政府行为的审查标准主要是国家的法律法规和中央的政策规定,其本身就是贯彻落实中央政令的重要手段。但是,因为整个行政控制模式的法治化因素不高,中央政府不仅未能重视这一控制地方的司法手段,反而从心里排除司法对行政的监督,也就丧失了司法维护中央权威的机会。

3. 日益增长的民主权利诉求凸显行政诉讼的局限

随着市场经济和民主法治的进步,中国社会正处于一个激活宪法的时期,公民根据宪法争取和维护公法权利的热情空前高涨,基于选举权、知情权、监督权、结社权、劳动权、社会保障权、受教育权、环境权等公法上的权利而提起的诉讼也日益增多,虽然行政诉讼法修改后将保护的权益范围由人身权与财产权拓展为合法权益,但司法实践中主要还是限定在公民的私法权利范围内。司法限于狭隘的功能定位,难以有效处理公民基于知情权、参与权、请求权、监督权、结社权等公法权利提起的诉讼,也失去了推动政府及时回应公法权利诉求、构建新的合作型公法秩序的机会。而现实中,诸多社会冲突的根源在于民众公法权利诉求的增长与公权力机关回应的相对不足之间的矛盾。民众通过参与程序和互动机制参与到法律规则的制定和实施中来,形成一种不同于过去支配型的新的公法秩序——合作型公法秩序。公法权利意识的苏醒和私法权利意识的繁荣不同,后者主要和利益意识的觉醒密切相关,而前者的出现则意味着一种主体意识的生长。"保证主体公法权利的实现,是实现民主法治和自由的基本条件"①。因此,除了有效回应公民基于私法上的权利诉求,行政诉讼还应该积极拓展公民基于公法上的权利提起诉讼,这样行政诉讼制度才能更加积极的参加国家民主政治的构建。

4. 尚不成熟的法治现状带来诸多行政审判困境

目前行政审判的很多困境,既与司法本身的体制机制有关,也与中国大的法治环境不完善有关。例如立法缺位或滞后的问题,在诸如行政合同、行政收费等很多行政行为还没有实体法规则的情况下,法院对政府行为的审查往往无法可依。中国行政程序立法不完善,很多正当程序原则缺乏细致的法律规定,使得违背程序正义的行政行为,很难受到司法的监督。

---

① 朱淑娣、张华:《主体公法权利与宪法法律特性的回归》,《国家行政学院学报》2002年第2期。

由于法治自身不成熟,还有一些"恶法"存在,依法行政往往表现为依恶法在行政,这也将行政诉讼置于尴尬境地。还有法律规范的冲突,部分法律法规规定不统一造成行政体制不顺,进而出现的纠纷给司法带来困难。例如:规划部门和国土部门因《城市规划法》第 40 条和《土地管理法》第 76 条规定重叠而存在职权争议;规划部门和绿化主管部门因《城市规划法》第 32 条和《城市绿化条例》第 28 条重叠而出现在城市新区占用绿地违法建设查处上的职权争议;消防部门和房管部门因《消防法》第 25 条和《物业管理条例》第 66 条重叠而存在对损害居民楼消防连廊违法行为查处上的职权争议;消防部门和海事部门因《消防法》第 4 条和《内河交通安全管理条例》第 51 条重叠而存在对江河水域船舶火灾事故管辖职权争议;烟草部门和工商部门因《烟草专卖法》第 35 条和《烟草专卖法实施条例》第 46 条重叠而出现在对无证零售卷烟行为查处上的职权争议;海洋渔业部门与水利部门因《海域使用管理法》第 7 条和《江苏省水利工程管理条例》第 4、6 条重叠而产生海堤向外 200 米以内海域执法上的职权争议①,等等。法律文件之间出现冲突,给司法裁判带来困难,而法官又不能拒绝审判。在司法没有审查法律规则的权限下,这种法律规则的冲突很容易陷司法于绝境。

(二) 行政诉讼制度的回应

行政诉讼制度改革,被视为国家政治体制改革的内容之一,应当立足于中国政治体制运作的现状及未来民主政治发展的需求。既不能脱离两个最基本的政治事实:一是中国共产党领导的最高政治原则,二是人民代表大会的根本政治制度。行政诉讼制度的改革完善不能超脱政治体制框架而照抄照搬西方模式;同时也要提高司法权在国家权力结构中的地位,让行政诉讼承载起必要的保障公法秩序的功能,发展与主观诉讼相匹配的客观诉讼,不断回应国家治理的需求。

1. 着眼政治体制改革需要,改革完善行政诉讼体制

现实中,"司法依赖行政并不仅仅是政治体制格局的权力呈现,更重要的

---

① 参见王宝明:《法治政府:中国政府法治化建设的战略选择》,研究出版社 2009 年版,第 55—59 页。

是,司法为了完成有效解决纠纷任务的经济性考量和功利化做法"①。倘若继续将司法定位于解决纠纷,法院注定无法强大起来。司法只有参与规则创设、秩序构建、国家权力资源配置等,才能让法院强大起来,融入国家核心的治理机制,发挥出司法对国家治理的功效。而这依赖于更加独立自主的行政诉讼体制。例如抽象行政行为主要是公共政策选择问题,如果不对司法制度作出更大的调整,法官就没有能力进行审查。以"会议纪要"为例,现实中通过"会议纪要"的方式违法行政的现象并不鲜见。如河南开封一座投资数亿元、占地1.5万平方米的海洋馆,2014年4月25日建成正式开业,却一直没有办理用地和施工等审批手续。《土地管理法》和《城乡规划法》都敌不过一份《会议纪要》,司法之所以难以对"会议纪要"进行有效的监督,就是因为"会议纪要"带有强烈的党政一元化控制模式。因而需要改革行政诉讼体制,将深嵌入地方体制之内的司法机关适度超脱出来,在不违背宪法体制的框架下,将行政诉讼制度的完善与当下深化司法体制改革结合起来,力争在行政诉讼领域取得更大的体制性改革成果。

2. 适应民主政治发展需求,扩充行政诉讼对公法权利的保障

针对受案范围,学者建议采取负面清单的列举方式,但是立法机关担心法院的实际审判能力,尤其涉及公民的政治权利、公务员管理及党管干部等问题时,进入行政诉讼面临很多问题,最终行政诉讼法修改还是采取了正面列举与负面排除的方式,侵犯公法权利的行为处于受案范围的"模糊地带"。我们认为应当从深化司法体制改革的前瞻性出发,回应公民公权利诉求高涨和公共监督的需求。相对人基于选举权、知情权、监督权、结社权、劳动权、社会保障权、受教育权、环境权等公法上的权利而提起的诉讼,理应被纳入行政诉讼受案范围。以监督权为例,当前"三公消费"居高不下,预算执行制度、预算监督制度、人大监督制度都面临一定程度的失灵,而借助普通纳税人的监督,能有效遏制这一行政腐败现象。为此,行政诉讼有必要为公民基于监督权而提起的公益诉讼敞开通道,将监督权落到实处,同时也发挥出司法对行政的监督功能。不仅如此,还应当对一些人为政治化的案件进行"脱敏"处理。现实中,一些司法机关对政治敏感性问题采取回避态度,比如社会敏感问题不立案

---

① 栗峥:《国家治理中的司法策略:以转型乡村为背景》,《中国法学》2012年第1期。

(同性恋组织登记案件、群体性事件中的行政案件、涉及面广的行政侵权损害案件等)、影响地方经济发展的问题不立案、历史遗留问题不立案,主动放弃了对受案范围内案件的审查。又如政府信息公开诉讼,《信息公开条例》虽然规定了"公开为原则,不公开为例外",但实践中对于很多信息公开申请,政府部门都以涉密或不属于公开范围而拒绝公开,进入到法院的诉讼,则对于公开的范围不作实质性审查,公民的知情权很难获得行政诉讼的真正保障。对于这些所谓的敏感案件,需要进行制度"脱敏",让其顺利进入司法审查通道。

3. 促进法律规范的协调统一,建立健全规范审查机制

基于立法主体的多元化,传统的"法律治国"某种程度上变为"规章治国"乃至"规范性文件治国"。在中国特定的经济与社会背景下,行政立法的地位比较突出,特别是创制性立法占据着相当大的比例,法律在社会管理和公共领域中在不断地向行政妥协。这意味着立法机关制定的法律对行政的控制逐渐减弱,从具体的条文变为抽象的目标,这使我们在判断行政行为是否有合法性的时候,更加模糊、难以把握。① 而在审查体制上,法律、法规和规章的合法(宪)性审查,立法法规定了人大监督程序,从而限制了行政诉讼对法冲突的审查监督功能。站在维护行政法制统一的角度,行政诉讼应当在处理规范冲突上发挥更大的作用。从国际交往上看,我国已加入 WTO,WTO 规则要求各国政府对外经济贸易管理的所有行政行为都要能接受司法审查。随着今后地方性法规的制定权下放到所有地级市,地方性法规与法律、行政法规相冲突的问题必将更加突出,法院如何适用将是难题。② 就我国目前的现实状况以及可操作性来看,行政法规因其制定主体的特殊性、审查难度以及司法体制与行政体制对应上的问题等原因,目前将其纳入行政诉讼接受法院的审查还不具备成熟的条件和可行性,但把地方性法规、规章纳入行政诉讼受案范围则具有可行性。因此,一方面可以建立司法机关对法规的附带审查机制,发现法规冲突或与上位法抵触时,可以向人大或制定机关提出司法建议;另一方面建立对规章及规范性文件的独立审查机制。

---

① 参见冯英、李一凡:《论依法行政所依之"法"面临的挑战及路径选择》,《首都师范大学学报》(社会科学版)2012 年第 5 期。

② 参见何海波:《〈行政诉讼法〉修改的理想与现实》,《中国法律评论》2014 年第 4 期。

4. 立足行政内部关系调整，加强行政诉讼的法治化保障

中国的政治体制目前仍是一个行政化体制，奉行行政至上而非司法至上，更多依赖行政权的纵向控制而非不同权力之间的横向控制。这种一元化的垂直控制，在新的时代背景下出现了中央对地方的失控以及部门职权冲突等不良现象，影响了行政体制的有效性和稳定性。采取法治化手段调整行政内部关系，这是时代发展的必然趋势，为此，行政诉讼既要实现对政府的监督，同时也要积极介入政府之间的职权和利益冲突。因为司法是最为平和理性的手段，能够将权力冲突的损耗降到最小，并从组织法上保障行政权的有序配置和规范化运行。国家应对将行政诉讼作为中央控制地方的有效法治化手段，借助司法保障中央政令畅通。同时，当前地方行政体制改革和制度创新处于活跃状态，地方政府的机构改革预留了自主创新空间，也使得权力的配置更容易出现冲突和交叉，更需要建立相应的机制予以处理，减少权力之间冲突产生的内耗并损及权利。例如早在 1995 年，四川省技术监督局稽查一队查封乐山市夹江县彩印厂一案中，省工商局认为技术监督局的行为是越权行为。这就是典型的行政机关权力纠纷方面的机关行政诉讼。夹江县法院请示四川省高院，省高院认为：法律和法规没有明确规定两部门在打击假冒伪劣商品中的分工，政府部门间的分工属政府的职权，法院无权确定，认为二者之间的职权纠纷应该通过最高院请示国务院解决。该案暴露出我国在机关诉讼上的立法缺陷。相反在国外，大多有类似的机关诉讼，中央可以告地方，机关之间也可以互相起诉。例如日本机关诉讼有两个显著的特点：一是机关诉讼的直接动因只能是行政机关之间的权限争议，其目的是为了维持客观的法律秩序或者保护公共的利益；二是机关诉讼的提起必须以相关法律的明确规定为前提①。这样的立法经验值得借鉴。

5. 适应行政诉讼独立性、专业性需求，不断提高司法职业能力

行政诉讼要发挥出政策后果控制、规则制定监督、中央地方关系法治化促进等方面的功能，除了建立一个相对独立的行政审判体制，还需要提高法官的职业能力。当前，无论是司法的独立性还是行政的专业性，行政法官仍存在较大短板。法官认定事实、重构事实的能力仍显不足，大量案件在事实证据的审

----

① 参见［日］盐野宏：《行政法》，法律出版社 1998 年版，第 429、436 页。

查上不严,其逻辑分析能力和运用证据展示事实的能力也有待加强。这需要改革行政法官的遴选机制和职业保障机制。特别是在遴选机制上,应强化对法律专业和行政专业的双重素质要求,可以尝试从行政系统内具有法律职业资格的人员中遴选,或者要求行政法官具备一定的行政工作经历。

四、中国行政诉讼制度改革的伦理基础

(一) 传统伦理治国对行政诉讼的影响

中国社会正经历从伦理到契约、从德治到法治的转型,其前脚还没有踏进法治的大门,后脚所立足的传统在市场经济的结构下逐渐坍塌。这种转型中的社会,对现代行政诉讼制度产生了复杂的影响。

1.伦理治国的传统排斥行政诉讼功能的发挥

现代行政诉讼制度起源于西方,是欧洲文化在近代的结晶,人权观念、分权理论与法治观念为现代行政诉讼制度的诞生提供了文化基础。从本质上说,行政诉讼是一个理性的制度,主要依靠司法的程序平台,通过证据的理性判断和逻辑推理来化解纠纷。这种建立在西方理性基础上的行政诉讼制度,在中国面临着伦理治国传统的内在张力。与西方社会不同,中国的治理模式是伦理治国,所谓“修身、齐家、治国、平天下”,讲求由家庭伦理关系推演开来的社会伦理对社会秩序的维护,更强调治理中的人情、道德、关系等情感因素,无论是处理国家大事还是村民规约,传统伦理的影响无处不在。这鲜明区别于西方的横向博弈的纵向治理模式,使得纯理性的制度设计与以情感为主的中国社会格格不入。电影《秋菊打官司》所刻画的伦理与法理的交织冲突,秋菊的困惑其实也是法治的困惑,是制度理性面对乡土人情的困惑,是正式法律规则体系面对民间伦理秩序的困惑,它暴露出现代司法制度与中国传统伦理文化的不兼容的一面。即便现代社会,中国人习惯于通过建构关系来实现社会交往,无论是与政府部门打交道还是与他人打交道,都奉行关系人情法则,公私权之间也寻求伦理上的纽带,一旦出现纠纷打官司,则不好评判感性交往的合法性与正当性,这也使得行政诉讼面临困境。在伦理人情的心理干预下,相对人一般不愿与当地政府部门“撕破脸皮”对簿公堂,即便相对人赢了官司,日后如何与公权力机关

相处成为不少人的心理负担。而政府部门负责人也从心理上不接受自己当被告上法庭的事实,甚至迁怒于原告并寻求日后在管理中进行合法性报复。其带来的后果是,双方都不愿意寻求通过诉讼的渠道解决法律争议。在这种情况下,相对人更愿意将诉求和正义的救赎寄托在更高级别的领导身上,选择信访不信法。因为与诉讼相比,信访更加符合人们传统意识里的"清官"情结,这也正是中国信访案件数量居高不下的重要原因。根据信访部门统计,目前我国每年的信访总量中,涉法涉诉信访约占70%左右。

2. 契约理念和法治精神的增长呼唤行政诉讼的崛起

虽然伦理治国的痕迹明显,但经过急剧的社会变革,传统治国所依赖的伦理基础逐渐失去,以儒家思想为核心的下级服从上级伦理受到现代民主法治意识的挑战,自由、平等、民主的思想逐渐深入人心,宗族力量、伦常秩序、道德规范、风俗习惯、面子人情等传统治理术明显式微,难以自成体系地独立完成某些规制功能。在缺少强大政治人物权威性、凝聚力的现代多元社会,依靠传统政治实现对地方和下级的控制已经失去其伦理基础条件。因此,转型中国对国家的治理、对社会的控制,都必须寻求法治的思维和法治的方式。尤其是市场经济刺激了契约理念的生长,必然让司法成为化解纠纷的主渠道。这种趋势又将中国的行政诉讼制度置于重要的期待性地位,造成了囿于传统而步履维艰的行政审判在价值期待上背负了更重的使命,从而产生制度变革与现实的巨大落差。

（二）行政诉讼制度的回应

法律制度的变革,离不开对自身传统的关照。托克维尔十分重视"民情"对国家民主制度的影响。在分析美国的民主时,他将民情列为"有助于美国维护民主共和制度的原因"之一,并认为法制比自然环境更有助于美国维护民主共和制度,而民情比法制的贡献更大[①]。因此,行政诉讼制度改革完善,也必须高度重视中国自己的"民情"。

1. 发挥司法修复官民关系的功能

在社会生活中,中国人主要靠感受、体验来认识世界,强调自己对权利的

---

① 参见[法]托克维尔:《论美国的民主》(上卷),董果良译,商务印书馆1988年版,第354页。

主观判断,而不寻求客观理性推理。尤其是在乡土社会,村民对纠纷的理解并不是建立在对具体案件证据的收集和事实的论证之上,也不注重法律规则的推敲,他们更多地表现出利益上的讨价还价与协商的精神:将各种矛盾粘连起来统一论价,并相互抵消,以确定双方的利益得失。而据以力争之理也非法律规则,而是夹杂了乡土秩序调整中的道德、伦理、纲常、习俗与人情,很难用纯粹的单一权利义务轻易区分①。这种伦理治理下的乡土社会,需要行政诉讼着眼于真正的利益协商,采取更温和而非激烈对抗的诉讼机制。行政诉讼法基于行政主体对行政权没有处分权,原则上禁止行政诉讼调解结案,但是司法实践中普遍以和解规避调解,近年来全国法院行政案件的协调和解率甚至高达近50%。这说明调解机制具有很强的社会适应性。从解决纠纷的效果上看,调解制度有助于官民关系修复而非进一步扩大裂痕,实现法治效果、社会效果、实际效果的统一。"法治效果指向案件处理的合法性,实现诉讼标的的合理分配;社会效果指向社会关系的修复性,实现资本权力的平衡;实际效果指向生活安排的互惠性,实现生存利益的共赢"②。为了追求这种效果上的共赢,行政诉讼就不能像西方理性法治国家那样,单纯侧顾于法律效果这一面,而不顾及乡土社会和熟人关系的维系。为此,2014年行政诉讼法修改,将行政赔偿、补偿以及行使自由裁量权案件列为可调解范围,是一个进步。今后在司法实践中,进一步完善调解制度,甚至引入多元纠纷解决机制,符合中国人的伦理心理和构建和谐社会需求。

2. 促进国家治理从伦理向法治的转型

面对具有深厚伦理传统的社会转型,行政的理性化、法治化乃是必要的前提。行政诉讼应当通过对行政体制非理性行为的审查监督,引导公共行政率先实现伦理到法治的转型。当前,还有很多行政机关在社会治理时不顾社会民情,采取粗暴、笨拙的行政手段。例如在殡葬改革领域,就发生过2012年河南周口平坟运动,2013年安徽安庆强推殡葬改革涉嫌引发老人自尽事件,都反映出公共权力行使中对伦理和民众心理的不敬畏,甚至引发群体性事件。原本在类似公共治理中,可以借助司法的力量,但是在行政诉讼公信力不高的

---

① 参见栗峥:《国家治理中的司法策略:以转型乡村为背景》,《中国法学》2012年第1期。
② 栗峥:《国家治理中的司法策略:以转型乡村为背景》,《中国法学》2012年第1期。

背景下,对于伦理问题的介入更容易使得司法落下与行政同谋的不良效果。也正因为如此,更需要加强对非理性行政的审查监督。再比如,中央正在推进信访制度改革,将涉法涉诉信访从普通信访体制中分离出来,统一由政法机关受理,并建立涉法涉诉信访终结程序。行政诉讼制度的完善应该对这些改革作出相应回应,在程序机制上进行完善。

3.寻求避免伦理干扰的独立性机制

在伦理社会,如何防止人情关系对司法的干扰,光靠司法体制改革并不能解决所有问题。即便是实现了省以下统管改革或是建立了行政法院,但司法机关仍然与行政机关少不了打交道,无论是法院盖房、法官孩子上学等,都离不开与政府部门交往。只要有交往,传统的伦理就在悄然起作用,并可能在日后影响具体的行政审判。立足于人情关系无处不在的社会现实,不妨在行政诉讼程序中探索第三方机制,例如在审判中引入第三方力量,采取不确定的法官确定机制等,防范伦理人情的不当干扰,通过程序机制的变革充分保障司法的独立公正。

总之,制度是内生的,它的形式和功能依赖于它产生和持续的各种条件,行政诉讼制度的改革与完善离不开对当下中国社会的准确把握。"如果不深入地考察行政诉讼所处的特殊时代背景及其背后所隐藏的激烈权力冲突,那么微观制度的盲目修改也终究难以产生多少实际的效果。"①行政诉讼制度的现状是与国家整体的经济、政治和文化的发展水平相适应的,行政诉讼制度的发展也必须放置到整体社会结构的大背景中加以审视。经过三十多年的改革开放,市场经济体制日益健全,民主政治体制逐步发展,行政法治建设不断进步,行政法治理论越发成熟,社会的变迁为行政诉讼制度的进一步完善提供了根本动力、政治条件、实践基础及理论前提;与此同时,社会结构的急剧变迁客观上需要行政诉讼制度做出整体回应,作出前瞻性的制度设计,既要有一定的自信,针对现实问题从制度上进行大刀阔斧的改革;更要有一定的智慧,着眼于未来社会发展需要和建设法治中国的要求,预留出足够的施展抱负的发展空间,从而实现其自身的制度变迁。

---

① 杨海坤、章志远:《社会转型时期的行政诉讼法修改》,《江苏行政学院学报》2007年第1期。

第二章 行政诉讼制度的功能定位

一、为什么要研究行政诉讼的 公法秩序保障功能？

1989 年颁布的《行政诉讼法》是中国民主化进程的重要法律制度,开启了新中国民告官制度的先河。但由于时代变迁迅速,二十多年前制定的《行政诉讼法》已经跟不上实际需求,因此,2014 年 11 月 1 日第十二届全国人民代表大会常务委员会第十一次会议通过了关于修改《中华人民共和国行政诉讼法》的决定,对《行政诉讼法》的受案范围、审理对象、程序、判决种类等主要内容进行了修订。但法律修正案不可能解决行政诉讼制度在实践中面临的所有问题,从功能设定上看,修改后的《行政诉讼法》在目的与功能一条规定了三个层面的内容:"为保证人民法院公正、及时审理行政案件,解决行政争议,保护公民、法人和其他组织的合法权益,监督行政机关依法行使职权"。尽管在原有法条基础上增加了"解决行政争议"的表述,但功能设定上基本将行政诉讼制度定位为救济法。行政诉讼制度的完善涉及对行政诉讼制度最原始的认识。从一项法律制度的构建及运作来看,制度最初的预设功能与目的直接影响整个制度的内容及运行效果。行政诉讼制度究竟应具有哪些功能？有哪些其他诉讼不具有的特质？是仅仅定位于救济相对人、解决行政纠纷,还是要站在国家治理的层面,从公法秩序的建构和运行来定位行政诉讼的功能？如何在行政诉讼构造和诉讼手段上进行改革以实现其预设的功能目标？这些问题都需要认真对待和研究。因此,从行政诉讼制度发展与完善的角度,在十八届四中全会将依法治国提高前所未有的历史重要性的背景下,对行政诉讼的功能进行全面梳理与分析具有非常重要的现实意义。

二、西方国家行政诉讼制度的功能分析

行政诉讼制度发源于西方,其所以成为西方现代国家治理的核心制度之一源于其独特的功能。对其梳理分析,将有利于我们对行政诉讼制度的准确把握。

（一）行政诉讼原始功能是为了实现国王的统治而不是救济个人权利

从历史发展来看,无论英美法系还是大陆法系,行政诉讼制度的产生都是基于国王统治或国家对行政的监督与控制的需要,而不是为保护公民权利设立。英美法系没有行政诉讼的术语,只有司法审查(judicial review)的概念。从产生来看,英国司法审查制度并非一种"民告官"的制度,而是国王监督下级机关是否符合王令的方式。英国司法审查制度的产生离不开英国法律特殊的发展机遇。1066 年诺曼公爵威廉征服了英国,作为外族征服者,为了确立自己的统治地位,威廉通过建立统一的司法机构加强中央集权。威廉将以前英国境内的郡法院、百户法院、领主法院等分散的司法机构统一纳入到国王的审判机构中,要求司法机构以国王的名义进行审判。同时,建立了由僧侣贵族及高级官吏组成的"御前会议"(the King's Council)作为国王的咨询机关,行使立法、行政、司法职能。为了保证王令在全国的统一,从御前会议中分离出来的王座法院(the Court of King's Bench)有权用英王的名义,对下级法院和行政机关行使监督权,禁止它们的活动超出各自的权限范围,维持法律和秩序,这是司法审查制度的雏形。从 1066 年至十三、四世纪这一时期,英国司法审查制度一直充当着维护王令统一的功能,法院负责审查一个行为是否与国王的命令相符,如果与王令相背则予以撤销,保证国王对全国行政与司法的控制;同时,监督对象不仅包括行政机关,还包括下级法院。[1]

---

① 参见张越主编:《英国行政法》,中国政法大学出版社 2004 年版,第 17—18 页;以及 John Alder,General Principles of Constitution and Administrative Law,Forth edition,Palgrave Macmillan,2002,p.120。

　　大陆法系行政诉讼制度产生于"行政法母国"法国，由于受特殊的历史因素影响，法国行政法院的设立和行政诉讼制度的建立与其他国家有较大不同。行政法院的前身参事院是作为重大行政决策、立法的辅助、参谋角色。在法国大革命时期，基于代表旧势力的普通法院和代表革命力量的行政机关处于对立状态，为防止法院利用司法权力对革命进行干涉，法国人以法律明确了司法与行政的完全分立，这意味着普通法院不能审理行政案件，行政争议只能在行政系统内部解决。行政法院不属于司法机关，而是行政系统的一部分。法国行政诉讼制度产生之初并不具有现代民主制度的特征，它更多的是为了保护行政机关的特权、达到行政权优于司法权这一政治目的。正因如此，英国学者戴雪曾在1885 年的《宪法研究导论》中认为，行政法是法国的制度，是行政法院给予官吏特殊保护的制度，与英国的法治原则不相容。[①] 但不可否认的是，法国行政诉讼制度围绕行政权的监督与控制，在国家治理方面发挥了重要作用。

　　由此可见，从发生学意义上看，无论在英美法系还是大陆法系，行政诉讼制度的设立均不是为了救济公民个人，主要目的是为了实现统治目标和法律的统一适用，针对的是国家治理中的上下级监督与控制，这是行政诉讼制度最初、最基本的功能，它与民事诉讼制度强调纠纷解决的功能有着本质区别。

（二）行政诉讼是保障公法秩序实现的最终手段

　　在法治国家，公法秩序的实现最终依赖于行政诉讼。在西方国家，行政机关作为主动行使管理职权的部门，拥有的执行权非常有限。因此，一项行政决定、行为、命令的最终执行，行政机关往往需要通过法院的支持来完成。在行政机关缺乏普遍强制执行权力的情况下，行政诉讼制度（尤其是执行诉讼）就成为完成行政管理的一个非常重要的环节。在英国，强制令（Injunction）是英国法院强制执行行政决定或者命令的通用手段。英国的行政强制执行体制是，行政机关没有强制执行权，凡强制执行必须申请法院。法院要对行政机关的强制执行申请进行实质性审查，与其他案件审理没有区别。[②] 在美国，除了不需要当事人另有作为或不作为的行为，如取消许可证、拒绝给予某种利益等

---

① 参见王名扬：《英国行政法》，中国政法大学出版社 1987 年版，第 267 页。
② 参见张越：《英国行政法》，中国政法大学出版社 2004 年版，第 690 页。

44

行政处罚外,其他的行政行为或决定,一般都需要通过司法程序由法院审查决定强制执行。有一些行政主体,如州际商业委员会、全国劳资关系委员会等,法律甚至没有规定任何行政执行手段,[①]通过申请法院执行成为执法的最后方式。在大陆法系国家,尽管行政体制、强制执行体制与英美法系有较大差别,如德国、法国、日本等国家的行政机关均不同程度享有一定范围的强制执行权,但涉及对公民人身自由等基本权利的限制时,法院仍然是最后的屏障与审查主体,行政机关必须申请法院才能实现行政行为或命令。因此,行政诉讼制度是行政机关确保行政决定或命令得以实施的重要方式,也是确保所有相对人对公法秩序遵循的最后手段。

（三）行政诉讼日益拓展了保障个人权利的救济功能

不可置疑的是,随着现代民主意识的觉醒和人权范围的扩展,行政诉讼制度已不仅仅是国家治理的工具,也成为保护个人权利免受行政机关侵害的重要制度。德国的行政诉讼作为主观诉讼的代表,其最突出的功能就是救济个人权利。[②] 法国的行政诉讼制度虽以客观诉讼为主,强调对公法秩序的保障,但保障个人权利的救济功能日益得到重视。在英美法系国家,普通法诉讼中包含了对个人的救济。无论个人权利受到侵害是来自于其他个人还是行政当局,都可诉诸法院,寻求救济。英美法系的司法复审制度虽然是基于监督权和控制权而启动,但在现代社会都凸显了保障个人权利的救济功能。这一方面是由于现代社会个人权利的实现对国家或社会组织的依赖加重,另一方面是现代人权意识的生长对行政权的运行有了更高的要求。

（四）行政诉讼支撑着现代行政多元秩序的建构和运行

随着时代与社会的发展,公共行政逐渐呈现出多元化的特点,国家作为一元行政主体的行政格局被打破,地方自治团体、公务法人等间接行政主体的出现,使中央与地方的分权、政府与社会的分权逐步通过多元行政主体制度得以确立。[③] 在行政主体多元化发展的条件下,各类主体之间的权限划分、活动空

---

① 参见朱新力主编:《外国行政强制法律制度》,法律出版社 2003 年版,第 35 页。
② 参见刘飞:《德国公法权利救济制度》,北京大学出版社 2009 年版,第 45 页。
③ 参见薛刚凌:《行政主体之再思考》,《中国法学》2001 年第 2 期,第 9—11 页。

间与行为边界需要法律确定与保障,而西方国家正是通过行政诉讼制度,为各种公法主体划定权限边界,建立交往规则,确立竞争和合作的秩序。尤其是在调整中央与地方行政主体之间的关系上,行政诉讼制度发挥了重大作用。如何在地方行政主体享有越来越广泛自治权的条件下,确保一国公法秩序的稳定及中央的统一与权威性是现代各个国家治理中普遍面临的问题。而西方国家正是通过行政诉讼制度实现了对行政多元秩序的建构、运行与保障。

以法国行政诉讼为例,其在建构和保障多元行政秩序中发挥了独特的作用。法国行政诉讼是从法律上界定中央对地方关系,确保中央对地方的监控与维护中央统一性的重要手段。在1982年以前,法国地方政府作出的大多数决议和决定必须经过国家代表或中央政府批准才能生效。但所有重要决议都必须由中央批准存在明显的成本高、周期长等弊端。为此,法国进行了行政体制中的分权改革。1982年之后,地方政府的决议只要不违反国家法律和法令,就无须中央政府批准,重要决议只需完成文件转交(la transmission des actes)手续即可生效。1982年7月22日,法国将地方决议分为应转交大区长等国家代表和不必转交两大类。前者一般为重大决议,如法规性决定,有关治安方面的决定,地方政府签订的关于供应、借款、工商业公务特许或租赁等方面的重要合同等;其生效条件是决议已由地方议会正式公布,并告知当事人;决议文本已转交国家代表手中。后者则是一些不太重要的日常事务性决议,自公布之日起自动生效,无须转交国家代表。但中央政府仍保有对地方政府决议的监督权,无论哪一类决议,国家代表都有权对其合法性进行监督,且监督的主要形式都是通过行政法院提起行政诉讼进行法律监督。尤其对于第一类重要决议,当国家代表认为地方政府的决议不合法,或有碍国家利益或公民权利时,可以在收到文件的两个月内向行政法院提起诉讼,行政法院只就文件的合法性作出裁决。当行政法院认为国家代表的请求有理时,应宣布撤销地方政府的决议;在国家代表认为必要时,可在提请行政法院裁决的同时,要求暂时停止执行受审查的决议,行政法院可在正式判决之前发出暂停执行的命令。① 由此可见,法国由大区长等国家代表对地方的诉讼控制模式,使得国家

---

① 关于法国中央对地方的司法监督,参见潘小娟:《法国行政体制》,中国法制出版社1997年版,第137页。

代表有权对地方政府违反中央的行为提起行政诉讼,成为法国维护中央权威与法治统一的重要方式,也有效地保障了多元行政条件下的公法秩序。

而英美法系的司法审查制度也一直发挥着维护公法秩序、确保多元行政与国家法治统一的重要功能。英国的提审令至今仍是上级对下级进行监督的重要令状,美国则在英国司法审查制度框架的基础上进一步创造性地发展并挖掘了司法审查制度的其他形式。由于美国是联邦制国家,联邦没有绝对的优势来通过行政手段让各州的行为不违背联邦的意志。在联邦政府建立初期,其借助司法审查制度,通过法院判决说理的方式一步一步确立了美国宪政的基本秩序:美国银行案确立了联邦最高原则,各州的法律、决议必须符合联邦宪法和法律;马丁诉亨特承租人案确立了联邦法院对联邦宪法和法律解释相比州法院具有更高效力,进一步丰富和发展了联邦最高原则……大量司法审查的案例涉及公法秩序、多元行政主体之间的关系。

由此可见,行政诉讼基本包含救济个人权利和保障公法秩序两大重要功能。保护公民合法权益成为行政诉讼制度的重要宗旨,但维护公法秩序与法治统一一直都是行政诉讼制度的最直接目标。现代法治国家尽管都把保护公民权利作为行政诉讼的基本目标,但没有将公民权益保护这一目的绝对化。英美法系的司法审查制度从产生到发展的整个历程一直具有维护中央权威与法治统一的功能,且这一功能在利益多元化的今天显得越来越重要,司法审查制度在处理联邦和州的关系或中央与地方关系等方面发挥着重要作用。而大陆法系的代表国家法国,行政诉讼的性质是较典型的以客观诉讼为主,行政诉讼制度更多承担着公法秩序的统一与权限划分功能,如以行政规定的合法性作为审查对象的规范之诉。此外,在大陆法系国家普遍存在的机关诉讼类型也属于客观诉讼。① 与公民作为原告的诉讼类型相对,机关诉讼专门解决机关权限争议、职权划分等公法秩序问题。德国虽以主观诉讼为主,但也在规范

---

① 如日本《行政案件诉讼法》第6条明确规定了机关诉讼类型,即"关于国家或者公共团体的机关相互间权限的存在与否或者其行使的纷争的诉讼"。行政机关相互间的权限争议是行政内部的纷争,本应该在行政内部来解决,不属于"法律上的争讼",但也存在法律特别要求公正的法院判决,要求采取诉讼程序来解决的情形。德国对于机关诉讼虽无明文规定,但各邦判例均承认机关诉讼。我国台湾地区"行政诉讼法"第2条规定:"公法上之争议,除法律另有规定外,得依本法提起行政诉讼"。在行政诉讼的主要类型上,根据原告请求判决的内容,我国台湾地区行政诉讼可划分为撤销诉讼、确认诉讼、给付诉讼、机关诉讼、维护公益诉讼、选举罢免诉讼六大基本类型。

审查、机关诉讼等客观诉讼方面做出了很大努力。

三、我国行政诉讼制度的产生及现有功能定位

（一）我国行政诉讼制度的历史沿革

行政诉讼制度在我国的产生与建立是较晚近的事,在此前漫长的封建等级社会里,行政诉讼制度没有建立与存在的空间。虽有明代洪武皇帝时期老百姓可将贪腐官吏捆绑至上级部门受审的规定,清末亦有杨乃武小白菜冤案中杨乃武姐姐滚钉板告御状成功之事例,但整个封建时期由于存在严重的官民不平等,"刑不上大夫、礼不下庶人",平民要想挑战官吏的合法性,除了冒着生命危险向上一级官员告状,至直告御状之外,没有其他合理的途径质疑政府的行为。到了清末,社会等级秩序开始松动,西方国家用坚船利炮打开闭关锁国的中国,清王朝被迫开始了全面的法制改革。其中民事、刑事方面都出台了《大清民律》、《大清新刑律》等相关法典。但建立行政诉讼制度的《行政审判院官制草案》由于触及官僚体系的根本利益,迟迟未能出台。《行政审判院官制草案》主要是仿照日本《行政裁判法》制定,规定行政审判院作为行政诉讼案件的审理法院、行政审判的一审终审制及行政诉讼程序等内容,是我国第一部真正意义上的行政诉讼法草案。但直至1911年10月辛亥革命爆发,《行政审判院官制草案》仍未颁布,行政审判院也未成立,清王朝即已灭亡。

辛亥革命后,1912年3月11日南京临时政府公布了《中华民国临时约法》,约法明确规定法院依法律审判民事诉讼及刑事诉讼,但关于行政诉讼及其他特别诉讼,另以法律定。"人民有陈述于行政官署之权","人民对于官吏违法损害其权利的行为,有陈述于平政院之权。"这一规定成为行政诉讼制度建立的宪法依据。但由于政权存在时间短暂,行政诉讼单行法与相关制度来不及建立。1914年,北洋政府颁布了《平政院编制令》、《行政诉讼条例》,第一次正式从法律制度上建立起了行政诉讼制度。1925年,鲁迅先生(时任教育部佥事,相当于科长)还向平政院提起了轰动北京的行政诉讼案件,起诉教育部,要求法院撤销教育部对鲁迅的免职令,这场诉讼以鲁迅全胜告终。南京国民政府基本上承袭了北洋政府的行政诉讼模式,于1932年颁布了《诉愿

法》、《行政诉讼法》。1945 年又公布了《行政法院组织法》。① 但由于长时间战乱,国民政府的行政诉讼制度基本没有得到施行。

　　1949 年新中国成立之后,旧的法律制度被全面废弃,加之建立起全社会利益一元化、主体一元化的高度集中的计划经济体制,行政诉讼制度再次从法律中消失。直至 1978 年实施改革开放,发展商品经济、实行政企分开、权力下放,各种企业、组织之间的经济利益逐渐独立,使企业从行政机关的附属物转变为独立核算、自主经营的经济实体,需要完备的法律制度保护其合法权益。② 与此同时,中国政府为了打消外资投资的顾虑,必须建立保障外资合法权益的法治环境,其中规范政府行为的法律是核心内容。为此,在政府的主导下,全国人大在 1980 年通过法律的形式明确了外资对政府征税行为不服有权提起诉讼,这是当代中国行政诉讼最早的法律依据。③ 随着私营经济在国民经济中的比重日益增大,私营企业逐渐成为中国经济发展的巨大推动力量之一,其与政府之间争议也需要合法的解决与维权途径。1982 年,全国人大通过的《民事诉讼法(试行)》第三条规定,"凡在中华人民共和国领域内进行民事诉讼,必须遵守本法。法律规定由人民法院审理的行政案件,适用本法规定",首次将行政诉权由外资主体扩展到所有国内主体。但实践中,虽有 1982 年《民事诉讼法(试行)》的规定,当时单行法中规定可以由人民法院审理的行政案件并不多,因此,1982 年《民事诉讼法(试行)》颁布以后,全国的行政案件仍然寥寥无几。在行政诉讼试行阶段中具有里程碑意义的法律是 1986 年的《治安管理处罚条例》。该条例规定了当公安机关在实施治安管理过程中对违反治安管理的当事人采用了违法的治安处罚时,当事人不服,可以向上一级公安机关申请复议;如果对上一级公安机关的复议决定不服,可以依照《治安管理处罚条例》及《民事诉讼法(试行)》的规定,向人民法院起诉。公安机关是与老百姓打交道最多的行政机关,公安行政管理向来是行政纠纷产生最多的领域之一。《治安管理处罚条例》关于公民有权就公安机关的违

---

　　①　参见林莉红:《中国行政诉讼法学研究状况及其发展趋势》,《法学评论》1998 年第 3 期,第 1 页。

　　②　参见林莉红:《中国行政诉讼法学研究状况及其发展趋势》,《法学评论》1998 年第 3 期,第 3 页。

　　③　1980 年 9 月 10 日全国人大通过的《中华人民共和国中外合资经营企业所得税法》第十五条规定:"合营企业同税务机关在纳税问题上发生争议时,必须先按照规定纳税,然后再向上级税务机关申请复议。如果不服复议后的决定,可以向当地人民法院提起诉讼。"

法行政行为起诉的规定,使当时全国一下子涌现了许多治安行政案件。为了更好地受理大量出现的治安行政案件,全国法院开始建立行政案件审判庭。截至1988 年 6 月底,全国已有 21 个高级法院、224 个中级法院、1154 个基层法院正式建立了行政审判庭,受理包括治安行政案件在内的各种行政案件,改变了过去行政案件由人民法院经济审判庭来负责受理的状况,为我国建立健全行政诉讼制度工作进入了一个新的发展阶段。① 经过几年行政诉讼制度的试行,1989 年全国人大常委会通过了《行政诉讼法》的立法草案,《行政诉讼法》于 1990 年在全国范围内开始生效。至此,新中国的行政诉讼制度完全建立。

(二) 我国现行行政诉讼的目标定位:"民告官"与"合法性审查"

回顾我国行政诉讼制度曲折的产生过程,不难看出我国行政诉讼制度的产生有以下几个特点:第一,只有公民、法人、社会组织逐渐独立于政府,行政诉讼制度才有其存在的基础;第二,我国行政诉讼制度的产生是基于保护公民、法人、社会组织的权益,防止遭受政府及官员的侵害,是从救济法的角度对行政诉讼制度进行的建构;第三,行政诉讼制度虽然也强调对行政权的控制,但是最终要服务于对个人的救济需求。

毫无疑问,1989 年《行政诉讼法》的出台是中国民主法制建设的重要里程碑,在保护公民合法权益方面发挥了巨大的作用。对很多学者而言,《行政诉讼法》不仅是"一个旧的时代——人治时代的终结,更把它视为是一个新的时代——法治时代的开始"②。但这部承载着国人厚重法治理想的法律在实施过程中越来越遭遇阻力③:法院的行政庭并未像人们设想那样门庭若市,法院在实践中也很难彻底纠正行政机关的违法行为④,公民个人与行政机关的博

① 参见张尚鷟:《试论我国的行政诉讼制度和行政诉讼法》,《中国法学》1989 年第 1 期,第 5 页。
② 龚祥瑞主编:《法治的理想与现实》,中国政法大学出版社 1993 年版,第 148 页。
③ 参见何海波:《行政诉讼撤诉考》,《中外法学》2001 年第 2 期,第 1 页。
④ 1990—1995 年《行政诉讼法》实施的头五年里,全国各级人民法院受理行政案件总数为141949 件,其后的几年虽有增长,但与同期的民事、刑事案件相比,所占比重仍然非常小。如1998—2002 年五年全国各级人民法院受理的行政案件总数为 464689 件,仅占所有案件总数的1.7%。2003、2004、2005、2006 年全国各级人民法院受理的行政案件总数分别为 114896 件、92192 件、95707 件、95052 件,分别占该年所有案件总数的 2%、1.8%、18.6%、18.3%。数据来源:曹康泰:《贯彻行政诉讼法,促进依法行政》,《行政法学研究》1995 年第 4 期,第 7 页;2003 年、2004 年、2005 年、2006 年、2007 年《最高人民法院工作报告》。

弈似乎很难促进行政权力在既定的法治轨道内行使。

同时,对1989年出台的《行政诉讼法》进行文本分析发现,行政诉讼在具体构造上侧重于对具体行政行为的"合法性审查",而"合法性审查"是对行政活动的法律控制,强调对客观的公法秩序的保障,对主观的权利救济缺乏有效回应。行政诉讼究竟是以主观诉讼的救济功能为目标还是以客观诉讼的公法秩序保障为宗旨,在法律文本上并不清晰,行政诉讼的功能目标定位十分模糊。① 但就行政诉讼程序只能由相对人启动而言,行政诉讼的主要功能可定位于救济个人,换言之,行政诉讼的核心功能是救济权利。

在《行政诉讼法》生效二十多年后的今天,行政诉讼制度的实施困境已经走到节点:一方面社会失控程度加大,上级对下级、政府对社会缺乏有效的控制手段;另一方面行政诉讼制度在救济法层面的功能也未能发挥,公民通过行政诉讼纠正行政机关的违法被现实证明几乎无法实现。行政诉讼制度实施艰难的核心原因之一在于对行政诉讼功能定位不清晰,而且其目标定位缺乏充分的诉讼构造和诉讼手段支撑。此次《行政诉讼法》的修改虽扩展了受案范围,强化了纠纷解决的救济功能,但在目标、功能定位上没有大的突破。从行政诉讼制度发展、完善的角度,有必要站到行政诉讼制度的外围,从国家治理视角对行政诉讼功能进行全面梳理与重新思考。

(三) 行政诉讼救济功能定位的局限

将行政诉讼制度的功能定位于救济个人权利虽是人权保障和市场经济改革的需要,但其局限性十分突出。

1. 公民个体对抗整个行政系统违法的博弈能力明显不足

在将行政诉讼定义为民告官的制度前提下,行政系统的违法与错误由公民通过法院去纠正,而公民对抗整个行政系统违法的博弈能力明显不如行政机关。作为公民借以维权的法院,理论上是独立判案,但它所面对的往往不是一个机关,而是一个系统——一个以被告为中心,由利害关系编织而成的、范围不一的党政部门组成的系统。法院人、财、物均受制于这个系统,连二审法

---

① 参见薛刚凌、杨欣:《论我国行政诉讼构造:"主观诉讼"抑或"客观诉讼"?》,《行政法学研究》2013年第4期。

院也可能无法超脱于系统之外。① 用新制度经济学的语言来描述,中国的上下级公共权力机构之间实际上存在着"双边垄断"关系,②上级机构依赖于下级机构对它的政治支持,下级机构依赖于上级机构的服务。法院在这样的利益关系网络中很难做到超脱、中立进行裁判。公民不具有与整个行政系统博弈或对抗的能力,由公民承担纠正行政机关违法行为的角色脱离了公民与政府力量对比关系的现实。

2. 权力上游无序化程度较高却无法进入法律调整范围,法律实施缺乏保障手段

从整个行政系统的违法行为数量来看,与公民之间发生的行政争议仅占非常小的比例;而这些争议符合《行政诉讼法》规定的受案范围和条件的则更加少。中国行政系统面临的问题更多是组织法层面的权限划分、权力配置、权力制约等权力结构的基础性问题,而不是在与公民打交道时表现出来的具体行政行为问题。将行政诉讼制度界定为民告官且局限于具体行政行为,无异于把整个行政系统上游权力配置的合法性问题排除在行政诉讼制度之外,而大量行政权力结构上游矛盾无法通过下游争议解决。权力上游的无序化程度较高,法律实施缺乏保障手段,处于断裂状态。行政诉讼是连接立法与实施形成闭环不可缺少的环节。但对行政诉讼单一的功能定位却使行政诉讼无法作为法律实施的最后保障手段。传统的命令服从方式根本上说是以人治和道德约束为核心的,无法作为法治链条中的一个环节。

3. 法院在调整公民与政府争议中解决能力有限,单一的功能定位导致了法院与政府之间的冲突与抵制

由于法院在人、财、物上存在对政府的依赖,政府对法院的定位除了公正解决纷争之外,还将法院定位为确保社会经济发展、为政府完成各项工作提供保障的职能部门。用贺欣的话来说,中国的司法权必须首先依赖行政权、并且与行政权进行合作,以完成党委交给的社会控制任务。③ 这样一来,法院在调

---

① 参见何海波:《行政诉讼撤诉考》,《中外法学》2001 年第 2 期,第 6 页。

② [美]R.科斯、A.阿尔钦、D.诺斯等著:《财产权利与制度变迁——产权学派与新制度经济学派译文集》,刘守英译,上海三联书店、上海人民出版社 1994 年版,第 343 页。

③ He Xin, "Law, Power and Politics in the Decision-making of Chinese Courts", *International Journal of Law in Context*, 2007(3).

整公民与政府争议中的解决能力就变得非常有限,一些敏感或难处理的案件法院采取各种方式尽量使自己从社会矛盾的漩涡中摆脱。① 而有关学者的调查也显示了相对人心中对法院的不完全信任。关于法院是否有能力或有权威处理行政诉讼,完全相信的仅占 26.08%,比较相信的占 26.98%,信心不足的占 32.82%,不相信的占 14.12%。② 中国法院身处的环境与西方的法院截然不同,它不能像西方法院那样通过对行政权的对抗而扩展司法权,而只能通过与行政权巧妙的合作而赢得更多的生存空间。"在这个意义上,当我们在对法院能否独立解决争议提出疑问时,我们首先应当问的是法院是否有能力独立地解决这些争议。"在很多重大案件中,③"法院采用司法独立的态度对法院本身并不有利。""在当下的权力关系网络中,法院必须与行政权保持一定的距离,而不是去争取司法独立。""如果法院在处理与行政权的关系中一味争夺权力、扩大法院审理的案件范围,那么法院很可能遭遇极大的困境,甚至威胁到法院或法官的生存。"同时,对行政诉讼功能的单一化定位导致了法院与政府之间的冲突与抵制,而真正法治社会中政府与法院的关系是既有博弈又有合作。与政府处于法律上的对立地位导致政府对法院的抵制,加剧了法院的边缘化地位。④ 处于社会权力结构边缘的法院难以调整公民与行政权力之间的博弈,将行政诉讼制度定位为民告官而由法院来承担此种调整功能脱离了中国法院的能力与现实。

　　因此,从救济法层面将行政诉讼制度定位为救济方式,界定为民告官制

---

　　① 如 2005 年《最高人民法院关于当事人达不成拆迁补偿安置协议就补偿安置争议提起民事诉讼人民法院应否受理问题的批复》中明确了"拆迁人与被拆迁人或者拆迁人、被拆迁人与房屋承租人达不成拆迁补偿安置协议,就补偿安置争议向人民法院提起民事诉讼的,人民法院不予受理";2004 年广西高法下发了关于集资纠纷、土地纠纷、职工下岗纠纷等十三类"涉及面广、敏感性强、社会关注"的案件暂不受理的通知。

　　② 参见夏勇主编:《走向权利的时代》,中国政法大学出版社 1995 年版,第 62 页。

　　③ 如贺欣专门分析过的 MOW 案件及北京高校的行政诉讼案件,详见 He Xin, "Law, Power and Politics in the Decision-making of Chinese Courts",(贺欣:《中国法院决策中的法律、权力与政治》) *International Journal of Law in Context*,(2007)3;王霁霞:《行政法实施效果研究》,中国法制出版社 2012 年版,第 88 页。

　　④ 参见 He Xin, "Law, Power and Politics in the Decision-making of Chinese Courts"(贺欣:《中国法院决策中的法律、权力与政治》),*International Journal of Law in Context*,(2007)3, pp. 208-223. 此外,关于威胁法官生存的一个典型例子就是河南洛阳中级人民法院一名叫李惠娟的法官在判决中宣布一部地方性规定无效而被撤职。

度,带来的后果是非常严重的:一方面造成了组织法的失控,行政组织内部的法治化程度与法治秩序长期处于行政法调整的真空;另一方面由于行政系统的抵制,行政诉讼救济法层面的作用也无法发挥。

通过比较中国与西方行政诉讼制度产生的历史,我们可以看到无论大陆法系或英美法系,行政诉讼制度都不是一种纯粹救济法上的制度,更不是严格的民告官制度,中国行政诉讼制度是学习西方制度的结果,为什么会在制度性质、功能定位上存在如此大的差异?其原因在于:

第一,对西方行政诉讼理论与制度研究不深入造成误读。早期的法学研究多注重西方法律制度条文的借鉴,缺少对制度生成的社会条件、历史原因及运行机制等方面的深层次研究,且研究群体与人员的规模与今日的法学研究不可同日而语。在研究能力有限的前提下,对西方行政诉讼理论与制度研究不够深入造成对概念、制度的曲解,误读在所难免。在对行政诉讼制度的引入上,我国主要学习和借鉴的是德国行政诉讼制度。德国行政诉讼确实是以主观诉讼为主,在很大程度上是为了救济公民个人的合法权益。但德国以主观诉讼为主对行政诉讼的定位,并没有将行政诉讼局限为民告官,而是通过主观公权利等一系列理论,将公共行政多元主体关系的调整都纳入行政诉讼范围。此外,德国除了行政诉讼制度之外,还存在宪法诉讼,后者承担了最终的保障公法秩序功能。

第二,中国社会官民不平等以及"行政至上"的历史传统导致对行政诉讼功能作出片面性选择。中国社会两千多年一直存在深刻的官民不平等的历史传统,古代社会民要告官需要"滚钉板",是不同于民告民的一类诉讼。这样的历史传统对我国现代法律制度的选择与建构产生了很大的影响。另外,"行政至上"的治国模式让学界误认为行政机关具有无限的权威和手段,无须司法权的支持就能保障国家行政的有效运行。

第三,错误认为"救济"和"控权"是一体两面的事情,救济了个人也就控制了权力。事实上,救济个人和控制权力不完全重合。有时两者是重合的,如对违法的行政处罚行为的撤销既是纠正违法、控制权力又是对个人权利的救济。有时救济个人与控制权力不重合,导致个人权利受影响的可能是如立法不科学或立法不作为,或者是行政管理体制上的非理性,如行政机关缺乏实现目标的手段。这些不足都将影响个人权利的实现,但不是简单的行政权的违法运行造成,而真正的症结是公法秩序自身不健全和不完善。在此情况下,救济个人不一定要以否定行政权的运行为条件,而是整个公法秩序的不完备造成了个人权利受损。在我国现阶段,法治建设尤其是公法体系的建设还很不完备,而把这些公法秩序建构上的缺陷都归于行政权的违法行使是不理性的,极易引发行政与司法的对抗。"救济"的目的不完全是为了纠错,而是为了给予受害人以公平补救,"控权"的目的不完全是为了"问责",而是发现公法秩序上的不足,而加以修补与完善。

四、扩展行政诉讼公法秩序保障功能的必要性与可行性

行政诉讼救济个人权利的目标定位决定了其公法秩序保障功能的单薄,站在更高的国家治理层面来重新检讨行政诉讼的功能,需要在原有的定位基础予以扩展。

(一) 扩展行政诉讼公法秩序保障功能的必要性

中共中央十八大报告明确提出了法治中国建设的宏伟目标,法治中国的应有之义就是要促进公共行政的现代化转型,建立健全公法秩序。

1. 公共行政的法治化转型需要拓展行政诉讼的公法秩序保障功能

建立在市场经济基础上的现代公共行政必定是利益多元、管理理性,并有一套完备的法律制度保障。西方国家行政诉讼制度的产生正是基于国家治理层面公法秩序建构的需要。我国将行政诉讼功能界定为救济法层面的单一功能,不难自觉地参与到公法秩序的建构和运行,不利于公法秩序的生长。自1978 年改革开放以来,为促进地方政府的积极性,中央在各地方政府及官员之间开展了一场以 GDP 为核心指标的"晋升锦标赛",①地方政府获得了较大的自由空间,也带来了中国经济持续三十多年的快速增长。但与此同时,转型时期的地方失控现象日益严重。各地违法开发土地成风,小产权房屡禁不止,

---

① 周黎安:《中国地方官员的晋升锦标赛模式研究》,《经济研究》2007 年第 7 期,第 3 页。

在所有手段失效的情况下国土资源部不得不采用卫星监控方式确保耕地的18亿亩红线;矿产资源丰富的地区违法开采难以控制,矿难频发;教育乱收费、环境污染项目违法开工、地方保护主义盛行等问题不断冲击中央的政策、法律,地方政府违背中央政策法律的做法已经不是个别现象。有官员称目前中国最大的问题在于中央政令不通,更有学者把政令不畅称为"中国政治的头号杀手"。① 如果不强化对地方的控制,不加强全国的法治统一,中央的权威将因此被削弱,中国的改革也将变成地方政府各自为政的恶性竞争。行政诉讼的公法秩序保障功能正是转型时期确保公法秩序建构和运行的重要目标。

2. 社会经济条件、结构的变化使国家治理需要通过行政诉讼达到保障公法秩序的目标

80年代对行政诉讼制度一元化的定位与当时的社会条件、背景、经济、伦理有一定匹配性,但到了今天,社会条件发生了较大变化,一元化的定位无法满足国家治理的需要,通过命令—服从方式要求下级行政机关服从上级已经失去了伦理、经济与社会条件。

第一,传统政治所依赖的效忠/服从伦理基础已经失去,政治人物个人左右全局的权威性松动甚至不复存在。传统社会里下级服从上级的伦理基础是以儒学为核心的效忠伦理,君君、臣臣、父父、子子奠定了封建社会的基本伦理等级关系。在现代中国社会,儒学已经失去两千多年的思想统治地位,自由、平等、民主的思想已经深入人心,单纯通过"忠诚/命令"的效忠伦理传统道德原则来约束下级行政机关及官员的行为已经难以实现。而且,在今天的中国社会,已经难现革命战争年代左右全局的权威型政治领袖。在缺少强大政治人物权威性、凝聚力的现代多元社会,依靠传统政治实现对地方和下级的控制已经失去其伦理基础条件。

第二,改革开放带来的利益多元化促使下级行政机关拥有独立于上级的利益,下级完全服从上级失去了经济条件。在改革开放之后,地方与地方官员逐渐拥有独立于中央的利益:中央将全社会利益作为其执政目标和出发点,但是地方政府的私利性决定了其不仅能够通过完成中央的指令和政策目标来实

---

① 任玉岭:《政府执行力不能被削弱》,《同舟共济》2007年第4期,第1页。

现自身利益,还可以通过掠夺地方实现收益。① 在利益逐步分化的情况下,强调效忠伦理的传统道德原则已经完全不足以成为有效整合地方力量的规则,也完全不足以保证地方官员心悦诚服地为中央目标服务。已有研究和贪腐案例不断证明,传统依靠地方官员道德良心和组织原则控制其行动的道德原则已经失灵。② 因此,在转型时期社会失控加剧的情况下,传统社会控制方式的式微决定了必须寻求新的社会控制方式,将地方官员与地方政府行为控制在善治范围内,不能建立在国家某些政治领袖的天纵英明和大胆试验的基础上,而必须建立在法治的平台上。③

3. 传统政治控制手段的缺陷需要扩展行政诉讼公法秩序保障功能以实现法律层面对行为的精细化控制

　　我国现有的中央对地方监督与控制的有效方式包括:人事权、财政转移支付与项目建设审批权,其中,核心的控制手段是人事权,即对人的控制方式。如前文所述,现代社会单纯依赖对人的控制方式已经不足以确保地方服从中央,传统政治手段已经失去其赖以存在的基础与条件。从本质上看,对行政诉讼进行国家治理层面的界定是为了实现行政系统中对行政机关行为的控制手段。对人的控制与对行为的控制存在以下几个主要的区别:一是控制手段是否能够经常使用。对人的控制是政治手段,只能在特殊时期进行任免时使用;而对行为的控制则是一种日常性的手段,可以经常使用。二是对人的控制手段只能对人的整体情况进行取舍,不是一种精细化的控制方式,且成本非常高;对行为的控制手段是一种精细化的控制方式。三是对人的控制与取舍更多是一种感性的结果,多种因素都对政治任免产生影响;但对行为的控制则是一种理性的监督,需要针对具体的行为进行合法性、合理性的分析。因此,在人的控制手段之外,必须寻求能够进行日常性与精细化控制的对行为的控制手段,才能解决现实中社会失控现象严重的问题。

---

　　①　参见魏建、彭涛:《中国社会转轨中的控制者:中央政府的作用》,《社会科学战线》2011年第12期,第4页。

　　②　参见任剑涛:《党权、异地任职与中央控制——从三个案例看地方治理的权力畸变与制度矫正》,《江苏社会科学》2010年第6期,第3页。

　　③　参见任剑涛:《党权、异地任职与中央控制——从三个案例看地方治理的权力畸变与制度矫正》,《江苏社会科学》2010年第6期,第8页。

（二）行政诉讼公法秩序保障功能的实现条件

行政诉讼的公法秩序保障功能需要相应的匹配条件才能实现,从各国的行政诉讼或司法审查制度来看,主要包括以下几个核心条件:

1. 公法秩序、法律体系基本形成

行政诉讼的公法秩序保障功能是在公法秩序与法律体系基本形成的基础上展开的,这也符合经典的立法者与法官的功能角色区分。大部分国家行政诉讼或司法审查制度的基本原则都是在议会立法体系不断完善的过程中逐步确立的。以英国为例,17 世纪英国资产阶级光荣革命,确立了议会主权和国王统而不治的基本原则。资产阶级革命后建立的近代宪政国家对英国司法审查制度产生了重大的影响:一是议会主权确立后制定法明显增多,国会的立法成为英国法律体系的重要渊源,取代了封建时代判例法的一统天下。二是议会主权原则直接衍生出越权无效原则,构成法院对行政机关进行司法审查的根据。[①] 越权无效原则即如果行政机关的行为超越了议会授予的权力范围则无效,越权的表现包括违反自然公正原则、程序上的越权和实质的越权。[②] 法律规则的形成本身主要由议会来完成,法官的审查是在已形成的法律体系与框架基础上进行对照和补漏,这也是曾经占主导地位的形式法治的基本含义:法官一般情况下必须按照法律的规定进行审判,法官不能代替民选机关对法律作出实质性改变。人民如果对法律不满意,应当通过政治途径修改法律,法官的职责是忠于法律。第二次世界大战后实质法治与自然法学开始回归,弥补形式法治的机械化与僵化,肯定了法官的裁量权,并且对法的内涵理解包括法的精神与原则。经过几百年的经济与法治的发展,西方国家基本形成了较为完备的公法秩序,横向三权的分配也非常清晰:大的法律框架问题已经在立法层面确定与解决,法院大多数审查的是行政机关的自由裁量权是否违法,行政机关明显违反法律规定的现象并不多见。如何在形式合法的前提下审查行政机关自由裁量权行使是否合法、合理,成为西方国家行政诉讼或司法审查的重要任务;法官的角色也是在公法秩序完备的前提下进行的审查与补漏,而不是在几乎没有规则与框架的基础上通过行政诉讼来建构。

---

① 参见王名扬:《英国行政法》,中国政法大学出版社 1987 年版,第 150 页。
② 参见王名扬:《英国行政法》,中国政法大学出版社 1987 年版,第 151 页。

2. 审判主体具有纠偏能力与素养，在制度上参加公法秩序的建构

无论是英美法系国家还是大陆法系国家，承担公法秩序保障主体的法官均具有较高素养。在英美法系国家，司法权的内部构造使得法官有能力承担保障一国公法秩序的重任：①首先，从法官构成上来看，英美法系国家法院的法官集中了全国的法律、政治精英，法官资格要求的严格性、社会地位的优越性以及法院长期以来判决的公正性使法官在公民心中享有崇高的声誉，法院是一个代表着社会智慧、理性、正义、公平的标志，人民有理由相信，代表了社会精英阶层的法院有能力在时代变革的关键时刻作出影响全国法律、政治发展方向的正确判断。其次，从人员结构上看，英美国家法院的法官与律师很早就形成了所谓的法律共同体，律师当中最优秀、出色的人才成为法官的备选，法官是律师职业生涯的顶峰，他们具有共同的信念、目标、气质、思维方式和利益，共同维护着司法独立与司法至上。再次，从普通法的经验性来看，普通法不是少数当代立法者的产物，也不是某些政治领袖的政治格言或命令的法律化，而是一代又一代出色的法官在无数个案中累积的经验的总和，因此，当朝当代的立法者或政治权威根本没有能力动撼历史久远的普通法，普通法在英国公民心中已经神圣化为一种来自远古的不可动摇的信仰，而唯一有能力解释普通法的人就是法官。法官在解释与律师在适用普通法时采用的是柯克所谓之"技艺理性"（artificial reason），这种理性非拥有相当社会阅历与经验，长期浸淫于普通法的精神之中，并能透过浩如烟海的判例洞见到普通法的真谛而不可得也。为此，柯克对于司法的生命在于理性有过一段著名的论述："因为理性乃是法律的生命，因而，普通法无非就是理性而已，它可以被理解为通过长期的研究、深思和经验而实现的理性之技艺的完美成就（artificial perfection of reason）"，"通过很多代人的实践，英国法才由无数伟大的、博学的人予以完善和细化，借助于漫长的历史，才成长得对于治理本王国而言是如此完美，就像古老的规则可以公正地证明的：没有人（仅靠他自己）会比普通法更有智慧，因为法律乃是理性之圆满状态。"②美国著名大法官霍姆斯也对普通法的理性有过经典的评价："法律的生命从来不是推理，它一直是经验。可

---

① 参见王霁霞：《行政法实施效果研究》，中国法制出版社 2012 年版，第 155 页。
② ［美］小詹姆斯·R.斯托纳：《普通法与自由主义理论——柯克、霍布斯及美国宪政主义之诸源头》，姚中秋译，北京大学出版社 2005 年版，第 36 页。

以感觉到的时代需要,流行的道德和政治理论,公开承认的或无意识的对政府政策的直觉认识,甚至是法官和他们的同胞们共同具有的偏见,这一切对确定人们必须服从的法规而言,它们的作用大大超过三段论法。"① 在大陆法系国家,承担行政诉讼审判的法官是行政法院的法官,而行政法院及其法官在大陆法系国家也具有崇高地位。如法国最高行政法院总人数为 200 人左右,均为永久性职务,其中 100 人在政府各部、委员会巡回,为各部长的助手,其他 100 人是专职的行政审判人员。② 行政法院,尤其是最高行政法院,全面参与到国家的治理与公法秩序的建构过程,通过行政诉讼方式来纠正偏离法治轨道的行为。

3. 行政诉讼内部结构具有逻辑一致性,能够合理涵盖多元行政关系调整等诉讼类型

无论是英美法系将对行政行为的合法性审查与立法行为的合宪性审查都纳入司法审查体系的方式,还是大陆法系的行政诉讼与违宪审查二元结构,其制度能够保障公法秩序的统一,都离不开其行政诉讼/司法审查制度内在的逻辑一致性,其诉讼构造与功能定位是一致的。如前文所述,在英美国家,启动司法审查程序的主体不仅包括普通公民,还包括各类公法主体,以及自身权利并未受到实质损害但基于维护公共利益而获得的诉权主体,如私人检察总长、司法部等,这一启动主体使得法院以保障公法秩序为目的的诉讼得以开展。从其审查程序和标准来看,在司法审查中如果涉及对联邦宪法、法律的解释,即使是私人启动的程序,法院的审查也不局限于诉讼请求,而是可以开展附带性审查,对案件涉及的所有立法与行为的合宪性作出判断。开创美国司法审查制度先河的马布里诉麦迪逊案中原告马布里的诉讼请求只是要求麦迪逊颁发委任状,联邦最高法院却审理的是《司法条例》是否违宪的问题。在大陆法系,行政诉讼的功能与构造主要以法国和德国为代表,法国行政诉讼以客观诉讼为主,德国以主观诉讼为主。对于以客观诉讼为主的法国,行政法院对大量的行政立法和行为具有充分的审查权,启动主体也不局限于自身权利受到侵害的主体,其诉讼类型、判决种类、审查标准等匹配制度设计都与客观诉讼的

---

① [美]亨利·斯蒂尔康马杰:《美国精神》,南木等译,商务印书馆 1988 年版,第 555 页。

② 参见王名扬:《法国行政法》,中国政法大学出版社 1988 年版,第 605 页。

要求相一致。而对于以主观诉讼为主的德国,通过主观公权利等一系列精细的制度设计,将多元行政关系中的公法主体也纳入启动主体,行政法院对多元行政关系中公法主体合法权利的维护,在客观上会起到保障公法秩序的效果。

（三）部分拓展行政诉讼公法秩序保障功能的可行性

对比我国的制度与国情现状,我们发现,现阶段我国全面拓展行政诉讼公法秩序保障功能不完全具备实现条件,无论是原告资格问题,还是现有法律框架与体系本身存在较多不合理性问题,或者目前的审判主体是否有能力承担公法秩序的纠偏与补漏职能,都与全面扩展公法秩序保障诉讼有差距。但在对现有制度框架不作重大突破与改变的前提下,仍然可以尝试部分拓展行政诉讼的公法秩序功能,其可行性主要包括:

第一,从国家治理层面部分扩展行政诉讼公法秩序保障功能与我国国情相符,实施阻力较小。部分扩展行政诉讼公法秩序保障功能可以先从调整一部分公法主体之间的法律关系诉讼开始,通过赋予公法主体,如上级行政机关行政诉权,以行政诉讼方式监督下级行政机关的行为,在操作实现层面比单纯由公民作为原告更为可行与有效。从实际博弈能力上看,公民与行政机关水平差距较大,由公民个人挑战整个行政系统的违法行为无异于以卵击石,而由上级行政机关对下级行政机关的违法行为进行司法监督则容易很多。英国的提审令可以为我们借鉴,通过对下级机关决定的审查监督下级机关行为是否合法、是否与上级政令一致。在人事任免等传统组织控制与道德控制式微的情况下,司法监督是上级行政机关控制下级行政机关的重要且可行的方式,尤其在非垂直管理的上下级条条关系中,也是未来法治社会的发展趋势。从我国国情与行政系统特点来看,强大的行政系统与行政权力是我国体制的特点,其中纵向控制较强一直是我国行政体制优点。行政诉讼制度恰好能为这种控制方式提供法律平台:赋予行政机关以起诉权,通过法律方式控制下级机关。此种方式对我国来说也是实施阻力较小的控制方式。相比而言,西方国家大量依靠个人与政府博弈的方式在我国实施阻力非常大,《行政诉讼法》颁布以来的实施困境充分说明了这一点。我国在社会理性程度、公民可接受性、公民与政府的博弈能力等方面与西方法治成熟国家有较大差距,法律制定一味强调公民与政府的对抗、博弈只会降低法律的实施效果。完全由公民承担纠正行政机关错误、违法行为的重任与我国国情不符,由行政机关等公法主体及代表公共利益的主体(如检察机关、公益组织)通过行政诉讼制度进行监督与控制与我国体制、国情相符,实施阻力较小。

第二,从国家治理层面部分扩展行政诉讼公法秩序保障功能与强化行政诉讼救济功能并不矛盾,多元化是行政诉讼功能的发展趋势。部分扩展行政诉讼公法秩序保障功能与强化现有民告官的行政诉讼救济功能并不矛盾。行政诉讼救济功能在转型过程中需要继续加强,扩大民告官案件的受案范围。而增强行政诉讼法律监督控制功能有利于从组织法层面理顺各个公法主体之间的关系,从而从源头上杜绝对公民权利造成的巨大侵害,与行政诉讼救济功能是相辅相成的。从大陆法系与英美法系行政诉讼/司法审查制度的发展历史来看,均一定程度包括实现中央对地方的控制,确保一国法治的统一的客观功能。我国在引入行政诉讼制度时将行政诉讼界定为民告官的单一内涵源于对西方行政诉讼制度的误解,对公民作为单一原告的理解存在明显的表面化、绝对化倾向:对英美法系司法审查均以公民作原告的理解存在明显的误区,英美司法审查中的原告基本由争议当事人充当,但当原告基于公共职位或职务提起诉讼时,其实质角色相当于公权力主体。因此,恢复行政诉讼制度的本来面貌,将公法秩序保障功能重新纳入本属于行政诉讼制度的内涵之中,符合行政诉讼制度的本意,与行政诉讼原有的主观诉讼救济功能并不矛盾。

五、行政诉讼公法秩序保障功能的扩展构想

(一) 扩展行政诉讼公法秩序保障功能的构想

结合各国保障公法秩序的诉讼类型及我国的实际情况,在现阶段可以有条件地逐步确立以下保障公法秩序的诉讼类型:

第一类:公法秩序不健全带来的权限冲突的解决

公法秩序是各个公法主体在法律上形成的相互关系,在西方国家通过行政主体制度进行确立。行政主体制度使得一国从纵向上(国家与地方行政主体)与横向上(国家与公务行政主体)进行了公务分权,各主体之间具有相对确定的权限范围,形成了较为稳定的法律地位与关系。在这一前提下,如果对

于特定事项发生了各个行政主体之间的权限争议,则可以通过行政诉讼或司法审查制度来解决。我国目前尚未建立多元的行政主体制度,各类公法主体的权限不明确,公法秩序本身尚处于逐步建构的过程。由于公法秩序本身的不健全,带来各类主体之间的权限冲突或行为的合法性争议(很可能没有公民作为权利受害人),应当纳入行政诉讼的范围。在制度设计上可以借鉴德国,德国行政诉讼中非常重要的诉讼类型是多元公法主体之间的权限冲突诉讼,以主观公权利理论为基础,使公法主体基于自身权限受侵害提起诉讼,获得原告资格;我国现阶段对公法秩序冲突诉讼类型的审查法院必须确定在较高级别的法院之上。

第二类:规范之诉

西方国家的规范之诉是针对行政立法行为及自治团体的自治章程进行合法性审查的诉讼,是保障公法秩序的最重要类型,行政诉讼/司法审查制度除了纠偏具体的行政行为之外,对于违反法律或宪法的行政立法行为,更应当承担起维持公法秩序统一性的作用。对我国现阶段而言,在不对现有制度进行重大突破的情况下,规范之诉只能扩展到规章以下的规范性文件的审查,以及自治章程的合法性审查之诉,法院不能对规章以上的行政立法的合法性进行审查,但应当在法律体系框架内给予法官规范性文件的选择权,①且对规章以下规范性文件的审查法院必须确定在较高级别的法院之上。

此外,还可以借鉴大陆法系的经验,有条件时放开一部分预防性诉讼或事先审查的诉讼。预防性诉讼或事先审查的诉讼主要是强调法院可以在行为生效前进行审查,如法国行政法院和宪法委员会有权对特定立法进行事先审查。对我国而言,也可以在有条件的情况下对特定的规范性文件适用事先审查方式,进一步确保法律体系和公法秩序本身的合理性。

第三类:上级对下级的法律控制

在中央与地方的关系中,上级对下级的法律控制缺位是我国国家治理结构中存在的突出问题。随着效忠服从等传统政府上下级控制手段的失效,建立法律控制手段迫在眉睫,在政府组织系列中非垂直管理的上下级条条关系

---

①　规范性文件的选择权即法官可以依据《立法法》和法律原则,在不同规范性文件均对同一问题作出规定时,选择最符合法律要求与最恰当的规范适用。

中表现尤为明显,非垂直管理关系的条条上下级之间缺乏监督手段。条块关系是目前我国政府组织中的基本特点与关系,下级条条受本级政府与上级条条的双重领导。但由于本级政府掌握了下级条条的人事任免权、财政权等核心权力,在本级政府与上级条条的命令发生冲突、矛盾时,基于利益选择,下级条条往往会选择服从本级政府。此时,上级条条由于缺乏人事任免权等权力而对下级条条违反上级条条命令的行为无可奈何,现有法律制度未提供任何监督方式能纠正下级条条违反上级条条规定或命令的行为。实践中,上级条条为了强化对下级条条的控制,只能不断增设垂直管理机构,通过人事权来实现对下级的控制。但垂直管理机构不能无限增设,必须建立法律层面的上下级纠错与监督制度。在诉讼类型上,可以增加上级机关针对下级行政机关违法行为的诉讼类型,但法院级别也必须定位在较高级别法院上。

第四类:执行诉讼

客观诉讼本质上是中立的,无论是行政机关还是个人来破坏,都需要纠正,目标是为了保障客观秩序。对秩序破坏最有效的纠正方式是通过司法途径来纠正。因此,在行政机关不拥有普遍强制执行权的情况下,执行诉讼普遍存在于西方国家,起诉主体包括行政机关和相对人,是典型的客观诉讼。对我国来说,执行诉讼一直作为非诉执行程序处理,需要将其纳入正式的行政诉讼程序与类型。由于执行诉讼是确保相对人对公法秩序遵循的最后手段,法院对执行诉讼的审查也应当采取实质性审查,对行为的合法性作出判断。

(二) 影响行政诉讼公法秩序保障功能的制度设计

结合前文分析的行政诉讼公法秩序保障功能的实现条件,对比我国的制度与国情现状,我们发现,现阶段我国全面拓展行政诉讼公法秩序保障功能不完全具备实现条件,或者说存在几个影响行政诉讼公法秩序保障功能的关键制度:

1. 受案范围

受案范围一直是行政诉讼修改的重要问题,在保障公法秩序功能的前提下,对受案范围的扩展需要明确以下原则:第一,受案范围必须破除具体行政行为的限制。从系统学的角度来看,公共行政转型的重要特征在于体系与治理结构的理性和现代化。没有系统和体系的理性,其输出是不会合理的。如果整个公法秩序存在不合理不健全的地方,我们只纠正输出结果(具体行政行为)远远不能满足现实需要。因此,有必要将整个公法秩序的合理性纳入审查范围,扩展至部分抽象行为,以及自治章程。第二,受案范围必须打破人身权、财产权受影响的民事权利界限。即使以主观诉讼为主的德国,行政诉讼的受案范围也早已不局限于人身权、财产权等民事权利,而是通过主观公权利理论,将公法主体的公法权限争议等行为都纳入受案范围。幸运的是,在此次修法中,受案范围上述两个原则已经被修正案所明确。

2. 原告资格

如果要把行政诉讼功能扩展至保障公法秩序,涉及客观诉讼的原告资格问题,或者说,客观诉讼应当由谁来启动,谁有权来代表国家或地方主体来启动法院对公法秩序的纠偏程序。在美国,司法部作为代表国家进行起诉的部门,可以通过司法审查程序纠正各州或其他主体偏离公法秩序轨道的行为;在法国,大区长等国家代表可以启动行政诉讼程序由法院来审查地方政府行为的合法性。在我国现阶段,仅依靠公民启动公法秩序的纠偏程序显然不现实。而救济主观权利与维护客观秩序在很多情况下是不完全重合的,通过权利受损害的公民来启动维护客观秩序的程序不具有可行性。实现公法秩序保障功能,不能完全像现有制度定位一样,启动主体交由公民来完成。即使在以主观诉讼定位为主的德国,启动主体也包括公法权限受到其他公法主体侵害的公法主体。启动主体必须突破现有的"民告官"思维和公民恒定原告的做法,将代表公共利益的主体纳入行政诉讼的启动主体。在现阶段,可以将检察机关、公益组织、行政机关及自治团体纳入启动主体。

3. 审理对象

由于公法秩序保障的功能定位,审理对象必须着眼于整个法秩序的合法性与合理性,而不是诉讼请求是否应当支持。而以保障公民权利为目标的主观诉讼,核心的审理对象首先是原告是否受到了侵害、原告的主张是否应当得到支持。因此,公法秩序保障诉讼的审理对象与救济公民的主观诉讼不同,法院可以扩展审理到案件涉及的所有相关行为、规范的合法性,只不过规范的合法性如前文所分析现阶段只能及于规章以下规范性文件与自治章程的审查。在此次修法中,规章以下规范性文件也一并纳入附带审查的范围,是行政诉讼制度的重大突破。

4. 裁判方式及效力

以公法秩序保障为主的裁判方式与救济公民权利的主观诉讼也存在区别:在公法秩序诉讼案件中,司法权不能代替行政权作出决定,司法权要保持对行政权、尤其是行政裁量权的尊重,裁判方式以撤销判决、确认(违法)判决为主;在救济公民权利的主观诉讼中,法官的权力应当以救济个人权利为目标,对于直接涉及公民民事权利的案件,尤其是行政赔偿诉讼和以民事权利为基础展开的行政诉讼,可以借鉴法国的完全管辖权之诉,由法官直接作出确定民事权利义务内容的判决。在裁判效力上,救济公民个人的主观诉讼裁判效力只对相对人有效,不涉及整体的公法秩序,甚至可以在不纠正行政行为的前提下给予权利受到特别损害的公民予以救济;而公法秩序保障诉讼的裁判效力则扩展至整个公法体系,使得案件涉及的行为或规范性文件在司法系统不发生效力(不能出现一个行为或规范已经在案件中被撤销或确认违法了,在其他案件中又仍然作为合法行为存在),以达到公法秩序的纠偏效果。此次修法一定程度解决了主观诉讼中的个人权利救济问题,对裁判方式进行了相应的完善。

5. 法官权限

客观诉讼最重要的实现条件之一在于审判主体的素质。法官必须有参与到公法秩序建构与保障的能力与素养,因为其权衡与判决的不是简单的行为合法性问题,而是涉及中央与地方在具体事项上的权限划分、如何保障公共行政多元化等重大问题。而对我国来说,法官素质不高一直是制约司法改革的重要因素。在目前法官素质的前提下,完全扩展客观诉讼功能存在较大的困难。在下一步行政诉讼功能扩展中,法官如果对客观公法秩序没有任何审查权限,只能完全依照和适用,行政诉讼公法秩序保障功能无法真正实现。必须建立途径使法院能够参与到客观秩序的建构中,应当适当扩展法官的权力,赋予法院部分审查和补漏权限,如法院对规章以下规范性文件应当有部分审查权。在具体扩展法官权力时,需要同时明确两方面的内容:一是通过各种途径提高法官素质,使法官真正有能力进行公法秩序的建构与补漏;二是对于规范性文件、规划等重要事项的合法性审查,应当确定在级别较高的法院进行,以保证审查质量。法官审判权限的扩展在此次修法中已经得到了部分体现,无论是级别管辖的规定,还是法官有权附带审查规章以下规范性文件,都释放出了明确的提高法官权限的信号。

（三）理顺诉讼功能与结构是行政诉讼制度发展与完善的基础

制度设计必须与功能选择相匹配,行政诉讼法的修改应当秉承这一基本原则。主观诉讼或客观诉讼的定位决定了一国行政诉讼的基本构造,[1]如法国的行政诉讼以客观诉讼为主,其诉讼类型、判决种类、审查标准等匹配制度设计都与客观诉讼的要求相一致;德国的行政诉讼以主观诉讼为主,其原告资格、诉讼类型、裁判方式等,也都与主观诉讼的要求相符合。而我国现有行政诉讼制度在结构上呈现出"内错裂"状态,这种"内错裂"使得我国行政诉讼既不是完整意义上的主观诉讼,也不是完整意义上的客观诉讼[2]:功能定位是救济法,保护公民个人合法权益,但审查标准是合法性审查,且诉讼种类、判决方式等,无法实现真正对个人权益保护。诉讼构造上的这种扭曲导致我国行政诉讼既不能有效回应相对人的诉讼请求,也不能充分的保障客观公法秩序。在行政诉讼制度的发展与完善中,应当从理顺行政诉讼构造入手,依据主观诉讼与客观诉讼的不同特质,构建与之相匹配的诉讼规则。[3] 在保障公民个人权利功能方面,行政诉讼制度的发展与完善要加强对个人救济功能的设计,对受案范围、审理规则、判决方式、判决效力以及行政赔偿诉讼等方面进行符合主观诉讼要求的完善;同时,还应当针对行政附带民事争议案件,尤其是形式上包含行政行为但本质上是民事争议的案件,建构匹配的制度内容予以解决。在扩展公法秩序保障功能方面,则如上文所分析的需要通过原告资格、审理对象、法官权限等关键因素方面逐步扩展公法秩序不健全带来的冲突的解决、规范之诉等诉讼类型。

行政诉讼制度在 80 年代定位为救济个人有其时代背景,当时国家改革没有完全展开,政府的权力过于单一,过于庞大,对公民的救济是非常必要和正确。但随着社会转型与多元利益的出现,整个社会正在经历从计划到市场,从

---

① 参见薛刚凌、杨欣:《论我国行政诉讼构造:"主观诉讼"抑或"客观诉讼"?》,《行政法学研究》2013 年第 4 期,第 1 页。

② 参见薛刚凌、杨欣:《论我国行政诉讼构造:"主观诉讼"抑或"客观诉讼"?》,《行政法学研究》2013 年第 4 期,第 6 页。

③ 参见薛刚凌、杨欣:《论我国行政诉讼构造:"主观诉讼"抑或"客观诉讼"?》,《行政法学研究》2013 年第 4 期,第 4 页。

封闭到开放,从一元到多元的转型过程,公共行政也相应开始转型,从伦理行政转型到法治治理。公共行政的多元秩序保障完全依靠行政自身已经无法完成,传统的效忠服从方式已失去其有效的基础与条件,需要通过法律途径来保障。这一转变带来对行政诉讼公法秩序保障功能的认识与扩展,为以后加快社会转型和治理结构的提升提供支撑。党的十八届四中全会决定将依法治国上升到前所未有的历史高度。行政诉讼制度是国家治理层面强化权力监督、制约与确保公法秩序的重要方式。在主观诉讼的基础上,逐步地、有条件地拓展公法秩序保障的客观诉讼,是解决转型时期社会失控现象的现实要求,也符合党的十八届四中全会的改革方向及行政诉讼的历史发展规律。

第三章　行政诉讼类型的发展

被誉为"当代中国人治时代的终结和法治时代的开始"①的 1989 年《行政诉讼法》在实施二十余年之后，"日渐显露出诸多结构性缺陷和深层次矛盾"②，这些缺陷仅靠司法解释已经无法彻底解决，全国人大常委会关于修改《行政诉讼法》的决定通过之前，受立法部门和法学会的委托，行政法学界就《行政诉讼法》的修改进行了广泛研讨，提出多个修正方案。③ 就方案内容来看，这些方案比较集中的认为，我国行政诉讼法的修改应针对实施中存在的主要问题，着眼于救济行政相对人权益，扩大行政诉讼受案范围、拓宽原告资格标准、改革行政审判体制、增加公益诉讼、充分判决种类等具体规则设计。在具体规则之外，也有方案主张行政诉讼法的修改应从原则入手，将严重的行政不合理纳入法院审查对象。④ 前述以救济相对人权利为目的，以规则为线索的修正方案，回应了我国《行政诉讼法》实施过程中出现的具象问题，在规则层面达成诸多共识。但综观多个方案，其回应具体问题的观察视角，未能对我国行政诉讼的定位有足够的检视。

　所谓行政诉讼定位，是与行政诉讼功能相关联的概念，是功能之下的制度

---

　① 龚祥瑞：《法治的理想与现实——〈中华人民共和国行政诉讼法〉实施现状与发展方向调查研究》，中国政法大学出版社 1993 年版，第 148 页。

　② 莫于川、雷振：《我国〈行政诉讼法〉的修改路向、修改要点和修改方案》，《河南财经政法大学学报》2012 年第 3 期。

　③ 例如：应松年教授主持的课题组提出的《〈行政诉讼法〉修正案》，莫于川教授主持课题组提出的人民大学《〈行政诉讼法〉修正案》，北京大学宪法与行政法研究中心向全国人大法工委提交的修改建议稿等。

　④ 参见姜明安：《修改〈行政诉讼法〉，重点应修改什么？》，《中国改革》2012 年第 4 期。

选择,也即行政诉讼在整体构造上是做以救济相对人为主线的制度设计,还是做以保障客观公法秩序为主线的制度设计。尽管这两种定位在最终结果层面上有重合和相通之处,但具体的制度选择仍各具特色。

当前我国行政诉讼在构造上存在的突出问题是原告"有理",法官也依法裁判,但相对人无法得到有效救济。例如:无裁量余地的行政许可案件①、政府信息公开案件②、行政裁决案件、行政赔偿案件等。这种"告有理,判合法,但无法解决问题"的吊诡情形不仅损害了《行政诉讼法》的权威,而且损害了公众对司法的信心,导致相对人"宁信上访,不信诉讼"的法治尴尬。

当下,正值我国《行政诉讼法》修订出台,在诉讼类型化以及具体的诉讼规则讨论之外,实有必要从宏观的诉讼定位的角度检视我国1989年《行政诉讼法》存在的结构性问题,明确我国行政诉讼的主导性定位,在诉讼构造的界域下对我国《行政诉讼法》的各项规则予以重新整理。

一、行政诉讼的基本定位:客观诉讼与
主观诉讼的分类

(一) 分类的起源

客观诉讼(contentieux objectif)与主观诉讼(contentieux subjectif)最早是由法国波尔多大学教授莱昂·狄骥于1911年创立,在狄骥学说提出之前,广为接受的传统分类是19世纪爱德华·拉弗里埃尔在其名著《行政裁判概论》中提出的四分法,这种分法是从法官审案的角度看问题的,将法官可能受理的诉讼归纳在四个大标题之下,每个标题之下就是一类诉讼。③ 这样行政诉讼

---

① 《行政许可法》实施前,最高人民法院曾预测行政可诉案件会出现井喷,但这种情况并没有发生,我国课以义务诉讼的缺乏,导致行政许可诉讼中相对人的诉讼请求往往无法通过一个诉讼得到满足。

② 政府信息公开诉讼在起诉及审理上与传统的撤销诉讼相去甚远,由于旧行政诉讼法没有针对此类诉讼提供一整套对应的程序规则,法院司法审判的效果并不明显。详见章志远:《信息公开诉讼运作规则研究》,《苏州大学学报》2006年第3期。

③ 参见[法]让·里韦罗、让·瓦利纳:《法国行政法》,鲁仁译,商务印书馆2008年版,第782—783页。

就被分为了四个类型:撤销法规诉讼、全权裁判诉讼、解释之诉、处罚之诉。传统的四分法是在行政法院运行的基础上产生的,这种分类被批评是不科学的。因而,狄骥认为更应该根据讨论的问题的性质进行分类。

这种不同的分类法变更成为二分法:(a)是关于行政机关在与公民打交道时违反了应遵守的普遍适用的某些规则和法律;或者(b)争论的问题是否关于违反了原告独享的某些权利。分类(a)称为客观诉讼,最好的例子就是撤销之诉;第二种分类(b)成为主观诉讼,其中的赔偿之诉非常典型。因为违反行政合同仅仅是触犯了合同另一方主体的权利,或者说行政机关的侵权行为仅仅只使受害方受到侵害。

虽然传统的分类更为简单并且为法院所普遍接受,但主、客观的分类方法仍是有价值的,因为它解释了撤销之诉和完全管辖权之诉的两个区别,就是:(1)前者所要求的诉讼资格更宽泛、更自由,后者仅仅是合同的一方主体或仅仅是提起赔偿之诉的侵权行为的受害者;(2)撤销之诉的判决有普适性的效力,而赔偿之诉的判决只在双方主体之间生效。① 在客观诉讼与主观诉讼中,法院在案件中拥有的权力,作出的判决,对诉求回应的质量都是不同的。

(二) 分类的意义

从各国《行政诉讼法》的内容来看,在法律条文层面均无主观诉讼或客观诉讼的直接表述,即使是法国,主观诉讼与客观诉讼也停留在理论层面或审判指导层面,这就产生了一个问题,区分主观诉讼或客观诉讼的实益何在? 目前国内学界关于行政诉讼结构的讨论主要集中在"类型化",主张以诉讼类型为主线重构《行政诉讼法》,诉讼类型的讨论是否可以替换行政诉讼定位的讨论? 综合国外行政诉讼的实践,笔者认为,行政诉讼定位是行政诉讼类型的上位概念,对行政诉讼做主观诉讼或客观诉讼的定位,至少具有以下三个层面的意义:

1. 决定行政诉讼规则的选择

行政诉讼包括法院的行为和诉讼当事人的行为,是一个以解决行政争端为目的复合行为。② 当事人的诉讼请求与法院的审理,是行政诉讼最基本的

---

① 参见[英]L.赖维乐·布朗、约翰·S.贝尔:《法国行政法》,高秦伟、王锴译,中国人民大学出版社 2006 年版,第 172 页。

② 参见王名扬:《法国行政法》,中国政法大学出版社 1997 年版,第 636 页。

两个方面,如果行政诉讼以保障客观的公法秩序为基本定位,那么,其必然在原告资格方面放宽标准,行政相对人可以与行政行为没有直接的利害关系,可以受影响的第三者身份提起行政诉讼。"比如学生可以就学校的某项制度或者颁布的规章提起诉讼,可能制度或规章与他没有直接的利害关系,他也有权提起诉讼。在这个时候,是由法官来决定诉讼的范围。由于以维护客观法秩序为目的,相对人提起诉讼,针对的不一定是成文的行政行为,也可以是一个官员的某句有效力的话,也可以构成客观诉讼",①宽松的原告资格标准可以使客观诉讼拥有广泛的公法秩序的监督者。而如果行政诉讼定位为救济相对人,那么其势必对原告资格进行利害关系层面的限定。由此可见,行政诉讼定位的不同,将直接影响诉讼规则的选择。

2. 决定行政诉讼类型的设计

我国学界已有学者关注到我国行政诉讼救济乏力的现象,主张参考国外经验,实现行政诉讼类型化,国外行政诉讼也多以诉讼类型为进路设计,行政诉讼类型似乎是行政诉讼的顶层结构,但事实不然。诉讼类型受制于具体的诉讼定位,是"隐性"诉讼定位的"显性"体现。以各国行政诉讼最基本的类型——撤销之诉——为例,由于诉讼定位的不同选择,法国与德国的撤销诉讼在具体规则上相差迥异。

在法国,撤销之诉(即越权之诉)被定位为典型的客观之诉,受客观诉讼定位的影响,法国的越权之诉呈现如下特点:首先,提起行政诉讼是针对单边的行政行为,它可能是一个行政法规、行政禁令,或者是涉及某种权利的命令。行政相对人认为该行政行为存在非法性,将其诉至法院,法官会将行政行为与高位阶的法律进行比对,法官要去检查所有的法律文件,如果行政行为是最高行政机构作出的,进行比对的应是宪法与法律。其次,就法官的审判权而言,法官在越权之诉中主要是宣布非法的被诉行政行为无效,法官不能参与行为的变更。宣布无效看似是一项单一的权利,但它的力量是巨大的,它可以让一整套的行政行为消失。②

---

① "法国的主观诉讼与客观诉讼",法国波尔多大学公法教授高德松 2013 年 6 月在中国政法大学法学院所做的讲座。

② "法国的主观诉讼与客观诉讼",法国波尔多大学公法教授高德松 2013 年 6 月在中国政法大学法学院所做的讲座。

在德国,受《基本法》第 19 条的约束,行政诉讼在宏观层面被定位为主观诉讼。服从于主观诉讼定位,德国的撤销之诉呈现出与法国明显不同的特点:首先,就原告资格而言,撤销之诉的原告须受到"权利侵害","如果行政行为虽然客观上是违法的,但原告自身的权利并未因此受到侵害,那么其诉讼就不具备理由,因为此时缺乏主观上的请求权。也就是说,《行政法院法》第 113 条第 1 款第 1 项和第 5 款第 1 项,是行政法院法第 42 条第 2 款中的诉权的实体性对应者"。① 其次,就法官的审判权而言,撤销之诉在判决上也注重回应相对人的救济请求,"只要行政行为违法,且原告的权利因此受到侵害,根据《行政法院法》第 113 条第 1 款,法院就可以撤销行政行为和复议决定,法院可以全部或部分撤销行政行为,但以不超出请求的范围为限。"②"为了救济相对人,《行政法院法》第 113 条第 4 款也服务于程序经济原则,在后果消除请求之外,法院除了撤销行政行为,也可以普遍判决作出某一给付(例如,撤销解决处分和判决继续支付工资),这种调整就使得原告不必在撤销判决产生既判力之后,继续提起义务之诉或给付之诉。"③

表1　德国与法国撤销诉讼简要比较

项目 ＼ 国别	德国	法国
诉讼定位	主观诉讼	客观诉讼
原告资格	权利侵害	利益关联
审查目的	权利救济	维护客观公法秩序
判决形式	类型多样	宣告无效

3. 保证行政诉讼规则之间对仗工整

不管定位于主观诉讼还是客观诉讼,目前几乎没有国家只存在单一的主

① [德]弗里德赫尔穆·胡芬:《行政诉讼法》,莫光华译,法律出版社 2003 年版,第434 页。

② [德]弗里德赫尔穆·胡芬:《行政诉讼法》,莫光华译,法律出版社 2003 年版,第588 页。

③ [德]弗里德赫尔穆·胡芬:《行政诉讼法》,莫光华译,法律出版社 2003 年版,第589 页。

观诉讼或单一的客观诉讼,行政诉讼构造的意义更多的在于构建与之相匹配的诉讼规则,有效地实现不同的诉讼目的,这是区分主观诉讼与客观诉讼的实益。在主观诉讼或客观诉讼的构造选择之下,行政诉讼各项规则将保持内在一致性。同样以撤销诉讼为例,如果撤销诉讼定位于客观诉讼,那么其将具有宽松的原告资格标准,客观的法院审判,为了鼓励当事人起诉,可以免除律师代理,诉讼费用低廉;而如果撤销诉讼定位于主观诉讼,那么其将具有较严格的原告资格标准,同时拥有具有较强回应性法院审理模式,原则上必须由律师代理,诉讼费用与民事诉讼相当。

二、国外行政诉讼定位的基本样态

(一) 以客观诉讼为主的模式

1. 法国:规范模式的起源

法国行政诉讼起源于行政系统内部的特点,决定了客观诉讼是其起源和主流。法国客观诉讼包括撤销违法的行政行为、审查行政行为的合法性、复核专门行政法庭的终审判决、处罚违反不动产公产保管规则的行为、决定行政性选举的合法性等诉讼。主观的行政诉讼包括关于行政合同、行政主体赔偿的行政诉讼。解释行政行为的意义,依被解释行为的性质,有时为客观诉讼,例如解释条例;有时为主观诉讼,例如解释行政合同。

由于在客观诉讼与主观诉讼中,诉讼规则存在较大差异,因此,法官对于当事人提起的诉讼,其有诉讼构造的选择权,有权决定当事人提起的诉讼请求是主观性质的还是客观性质的。

目前法国的行政法官在处理客观诉讼中,通过程序再造,行使了越来越大的权力,行政法官有权根据法律以及对宪法的适用制裁各种各样的行政行为。相较于客观诉讼,法官在主观诉讼中主要是审查确定行政相对人的权利是否存在,是否合法,所遵循的程序与客观诉讼是不同的。第一,如果提起的是主观诉讼,对行政相对人要求比较多,范围狭窄,不像客观诉讼那样广;第二,在主观行政诉讼中,法官权力的种类比客观诉讼多。可以判决变更,可以判决补偿,可以发布一定形式的行政法院命令。客观诉讼只有宣布无效等有限权力。

值得说明的是,法国的客观诉讼与主观诉讼之间关系复杂,即使在客观诉讼占主流时,客观诉讼中也包括主观诉讼的因素,不可能只谈客观诉讼的几个因素,而把主观诉讼清除出去。客观诉讼也吸收了主观诉讼的某些成分,如回应性。例如,行政专员拒绝一个私人主体提起的建筑许可要求,如果私人主体向行政法院起诉,法官可以判决取消专员的行政决定,并可以判决给予建筑许可。再如,对行政法院的判决,行政相对人可以到更高一级法院上诉,如果相对人上诉,原审判决将被全面审查,行政机关在二审中变成具有抗辩权,这里有许多的主观因素。一审是客观诉讼,中心是行政行为是否合法。到二审时,行政机关和原告双方都主张自己的权利,都提出自己的主张,有许多的主观因素。这是法律规定与法理相结合产生的一种状态。二审法官不仅辨识行政行为的合法性,法官也要看事实本身。最近,法国也在讨论操作中如何区分客观诉讼与主观诉讼,标准仍在不断的修改之中。现在呈现这样一个趋势:客观诉讼与主观诉讼都倾向于保护行政相对人的个人权利。[1]

2. 英国:普通法下的公法秩序维护之路

在英国,行政诉讼类型与令状制度密切相关。英国行政诉讼最基本的类型是按照行政诉讼程序的性质进行的,分为普通救济诉讼和特别救济诉讼。[2]普通救济诉讼是一种私法救济,在功能上相当于主观诉讼。完全从民事诉讼发展而来,这种诉讼的目的主要是为了救济个人。[3] 特别救济诉讼是一种公法救济,在功能上相当于客观诉讼。直到 19 世纪以前,特权救济的主要功能是监督各地治安法官的活动。因各地的治安法官不仅行使司法职能,而且行使着广泛的行政职能。[4] 通过监督来保证国王对下级法院和行政官员的控制。[5] 由于这两类救济方式在适用的程序、时效、起诉资格要求,甚至实际进

---

① 以上法国主观诉讼与客观诉讼的发展均引自法国波尔多大学公法教授高德松在中国政法大学法学院所做的讲座"法国的主观诉讼与客观诉讼"。

② 参见[英]威廉·韦德:《行政法》,徐炳等译,中国大百科全书出版社 1997 年版,第233—334 页。

③ 参见[英]彼得·莱兰、戈登·安东尼:《英国行政法教科书》(第五版),杨伟东译,北京大学出版社 2007 年版,第 233—247 页。

④ 参见[英]彼得·莱兰、戈登·安东尼:《英国行政法教科书》(第五版),杨伟东译,北京大学出版社 2007 年版,第 269 页。

⑤ 参见薛刚凌:《行政诉权研究》,华文出版社 1999 年版,第 150 页。

行的审理方式,完全不同,给当事人的选择带来了难题。因此,1977年英国的司法改革决定建立审理行政案件的单一程序,即所谓的司法审查程序。改革后的司法审查程序,在功能上更倾向于客观诉讼,但也容纳了部分主观性因素。其客观性表现在,"救济是有限的。法院有权判定公共机关的原决定无效,但对所涉及的问题法院无权作出最后的决定。"①"司法审查始终限于审查合法性,而且即使胜诉可能也只是让痛苦更长久,花费更多的钱,而最终没有任何获得成功结果的现实可能。法院可能会撤销原决定,但并不保证会出现有利的结果。"主观性——也被认为是此次改革唯一的创新——体现在允许在五种救济方式中附带提出赔偿请求,当然前提是一般的赔偿请求能够成立,如侵权或违约,此次改革并没有引入新的赔偿根据。②

1998年《人权法案》对英国行政诉讼构造产生重大影响,尽管司法审查的目的仍在于对行政行为的司法控制,但法院在审理时开始关注人权保护的主观因素,《人权法案》第6条第(1)项规定:"公共机关以与公约中的权利不一致方式行为是不合法的。"该条的一个确定的影响是,把司法审查范围拓展到《人权法案》所保护的所有公约中的权利,实践中,大多数司法审查的申请者都可能把基于公约中的权利的主张结合进来,它可能会导致完全不同的结果。例如,上诉法院在审查禁止同性恋参军的政策时,不得不考虑《欧洲人权公约》第8条规定的私人生活受到尊重的权利。③

(二) 以主观诉讼为主的模式:德国经验

虽然同为大陆法系国家,德国在行政诉讼定位的选择上与法国不同。德国行政法受到了1949年《基本法》以及联邦制本身相当大的影响。④ 与法国源于公共利益的出发点不同,德国行政诉讼的出发点是保护个人权利。"立

① 参见[英]彼得·莱兰、戈登·安东尼:《英国行政法教科书》(第五版),杨伟东译,北京大学出版社2007年版,第261页。
② 参见[英]彼得·莱兰、戈登·安东尼:《英国行政法教科书》(第五版),杨伟东译,北京大学出版社2007年版,第270页。
③ 参见A.W.布拉德利、K.D.尤因:《宪法与行政法》,刘刚、江青等译,商务印书馆2008年版,第711—712页。
④ 参见[英]L.赖维乐·布朗、约翰·S.贝尔:《法国行政法》,高秦伟、王错译,中国人民大学出版社2006年版,第262页。

法者划分诉讼类型的目的在于为行政诉讼受案范围内的每一种国家权力行为都设置一种诉,以期当公民权利受其侵害时,至少有一种类型的诉可供选择并藉此获得法律保护。"①在保护公民权利的进路之下,德国行政诉讼的典型定位是主观诉讼,一般认为,行政诉讼中主要有如下类型的诉:撤销之诉、义务之诉、确认之诉、一般给付之诉、规范审查之诉、机构之诉②、其他形成之诉等。基于对"自己的权利"这一限制性规定,在德国没有公益诉讼。"因为一方面而言,公民个人并不是公共利益的适格的卫士;另一方面,行政法院也不是评价公共利益的适当的机构。……公益代表只能参与诉讼,而不能提起诉讼。"③

值得注意的是,虽然德国战后的传统是保护个人权利,但现在也逐渐加入保护一般利益的因素,例如,德国在法定的撤销之诉和给付之诉以外,法院通过审判实践发展出的规范审查之诉虽然被作为确认之诉的亚类型,但严格而言,规范审查程序不仅是一般的旨在保护公民权利的诉讼程序,而且同时还是一种客观的对抗程序,法院对规范审查申请作出的裁判具有普遍性效力,该程序中的双方分别被称为申请人和被申请人,而不是原告和被告。④ 另外,通过审判实践发展的机构之诉(也被称作内部机构争议程序),涉及的是同一法人或法定主体内部不同机构之间的公法争议,其既有保护个别利益的功能,也有维护组织法秩序的功能。

(三) 初步观察

综合前述法国、英国、德国等行政诉讼的定位,可以有如下几点发现:第一,相同的词汇,在不同的制度语境下,可能有完全不同的内涵。在法国,越权之诉是典型的客观之诉,而在德国,类似的撤销之诉却因维护人权的目的被看

---

① 转引自刘飞:《德国行政诉讼制度》,薛刚凌主编:《外国及港澳台行政诉讼制度》,北京大学出版社 2006 年版,第 34 页。

② 严格而言,机构之诉并不是诉的一种类型,而是有关内部机构争议的各种程序的总称。在机构之诉中通常采用的是诉讼类型有一般给付之诉、一般确认之诉和规范审查等。

③ 转引自刘飞:《德国行政诉讼制度》,薛刚凌主编:《外国及港澳台行政诉讼制度》,北京大学出版社 2006 年版,第 39 页。

④ 转引自刘飞:《德国行政诉讼制度》,薛刚凌主编:《外国及港澳台行政诉讼制度》,北京大学出版社 2006 年版,第 34 页。

作主观的。第二,各国行政诉讼在构造上呈现趋同性,法国的传统是保护公益、一般利益,德国战后的传统是保护个人权利。法国现在发展是更加注重保护个人权利,德国现加入保护一般利益的因素在其中,二者在不同的起点上,现在更趋同了。第三,在趋同化的背景下,各国行政诉讼规则依据其构造的发展进行了程序不一的完善,依据主观诉讼或客观诉讼的"隐形"选择,新的完善从原告资格到法院判决均遵循了与其定性相适应的诉讼规则,对仗工整,这是其类型化得以发挥作用的关键。

三、客观诉讼与主观诉讼的判断指标归纳

结合前述国外行政诉讼构造的实践及发展,笔者认为,判断一国行政诉讼主要是客观诉讼抑或主观诉讼,可以参考如下两个层级的指标体系:

(一) 第一层级的指标:诉讼目的

"目的是全部法律的创造者。每条法律规则的产生都源于一种目的,即一种实际的动机"。[①] "所谓行政诉讼目的,是指国家设立行政诉讼制度所希望达到的理想目标"[②],其是决定行政诉讼是主观诉讼还是客观诉讼的起点与基础。

对诉讼目的理解的不同,可能导致同一类型的行政诉讼在不同的国家有不同的定性,以及不同的规则选择,前述作为示例的撤销诉讼就是这方面的典型。诉讼目的或者由客观现实需要决定,如法国,其行政法起源的特殊性决定了其对于维护客观法秩序的选择;或者由宪法作指导,如德国,其主观诉讼的定位直接来源于《基本法》第 19 条。

(二) 第二层级的指标:诉讼规则

诉讼目的是决定行政诉讼性质的基础性指标,是考察行政诉讼定位的起

---

① [美]博登海默:《法理学——法律哲学与法律方法》,邓正来译,中国政法大学出版社 1999 年版,第 109 页。

② 王贵松:《行政诉讼目的论解释》,《行政法论丛》第 9 卷,法律出版社 2006 年版,第 148—177 页。

点,然而,这种定位能否完成,以及构造是否"工整",还需依赖于具体的规则。依据行政诉讼纠纷解决的特质,与诉讼目的联系最为密切的规则主要有以下五项:

1. 原告资格

主观诉讼与客观诉讼有不同的原告资格标准。由于主观诉讼的目的是为了救济公民权利,因此,其原告资格往往限于行政行为的"利害关系人"。

而客观诉讼鉴于其维护客观法律秩序的目标,原告资格的要求相对宽松,但为了防止滥诉,也要求原告对被诉事项享有利益,"没有利益,就同有诉讼"①。以法国为例,尽管最高行政法院急于打击行政机关的非法行为,但它并不希望看到每一位公民都可轻易获得的"群体行为"的发生,因为这可能会导致它的滥用,而且可能会阻碍正常的行政决定的有效实施。出于这个目的,判例法走了一条中间路线。财政利益、公共设施的使用权益、地方纳税人挑战地方财政的反射性利益等得到了行政法院的认可,这个范围要远超过主观诉讼的原告资格。

2. 诉讼标的

诉讼标的最初被视为实体法范畴,具体指实体法上的请求,但这一观点在面对消极确认之诉时遭遇了解释困境。② 20世纪初期,赫尔维格提出应将原告的权利主张作为诉讼标的确定的标准,即作为诉讼标的的是诉讼上的请求,而不是实体请求权。③ 目前,尽管存在多种争议及挑战,但大陆法系国家基本上都是采用了此种理论。

诉讼标的是区别行政诉讼是主观诉讼还是客观诉讼的重要指标。通常客观诉讼以行政行为为诉讼标的,而主观诉讼以某项权利为诉讼标的。在法国,向行政法院提起诉讼,起诉人的诉讼标的须同各具特色的起诉方式相符,否则法庭将拒绝受理。起诉者必须遵守的这些方式,就是各种行政诉讼。④ 例如,越权之诉针对的是违反法律准则的某类行为,而完全管辖权之诉针对的是受

---

① ［英］L.赖维乐·布朗、约翰·S.贝尔:《法国行政法》,高秦伟、王锴译,中国人民大学出版社2006年版,第158—160页。

② 参见江伟、韩英波:《论诉讼标的》,《法学家》1997年第2期。

③ 参见梅夏英、邹启钊:《请求权:概念结构及理论困境》,《法学家》2009年第2期。

④ 参见［法］让·里韦罗、让·瓦利纳:《法国行政法》,鲁仁译,商务印书馆2008年版,第782页。

侵犯的某项权利。原告可以根据起诉目的选择诉讼标的，比如行政赔偿诉讼中可能涉及行政诉讼的撤销，但原告可以选择通过附带的方式，将行政决定的非法性问题向法官起诉，即以权利受到侵犯作为主要的诉讼标的，在完全管辖权之诉中请求撤销行政法规。①

3. 审理规则

客观诉讼与主观诉讼有着不同的审理规则。以法国为例，越权之诉主要是法律审，法官在其中的权力非常大。相对人起诉后，法官会将行政行为与高位阶的法律进行比对，法官要去检查所有的法律文件，除了成文法之外，通过程序再造，法官在审判中也给行政机关立了越来越多的"法"。目前行政法官有权根据宪法以及对宪法的适用制裁各种各样的行政行为。法官在审判中发展出了基本的法律原则，比如合法性原则、司法稳定性原则等。这些原则并没有写入某一法律之中，是法官在审理案件中逐步形成的，是法官对多部法律精华的整合，法官可以将其应用于审判。此外，行政法官不仅可以宣布行政行为无效，而且可以控制之后行政行为的履行。②

主观诉讼着眼于救济相对人权利，其更倾向于全面审查。这里特别值得一提的是德国的义务之诉。前已述及，在客观诉讼之下，如果原告要求撤销一个行政行为的目的是为了使行政机关作为一个有益于己的授益行为，它须先提起撤销之诉，在行政行为被法院撤销后，再向行政机关提出申请，对行政机关行为不服再行起诉。而在德国的"义务之诉"下，原告可以不必走前述繁琐的程序，其可直接请求法院判决行政机关作出被拒绝的、或者停止作为的行政行为。例如，处于一个竞争格局中的原告自己想要获得某种授益。如果行政机关已经把这种授益赋予第三人，那么，这个授益决定对于原告显然是不利的；但是对未得到照顾的原告而言，仅仅通过撤销之诉撤销对竞争对手的授益，通常不足以实现其本来目的。倘若原告自己想要取得有争议的那种法律地位，义务之诉是适当的诉讼种类。③ 在义务之诉中，法院可以全面审查行政

---

① 参见[法]让·里韦罗、让·瓦利纳：《法国行政法》，鲁仁译，商务印书馆 2008 年版，第785—787 页。

② "法国的主观诉讼与客观诉讼"，法国波尔多大学公法教授高德松 2013 年 6 月在中国政法大学法学院所做的讲座。

③ 参见[德]弗里德赫尔穆·胡芬：《行政诉讼法》，莫光华译，法律出版社 2003 年版，第284 页。

行为,作出给付性质的判决。

4. 判决种类

主观诉讼与客观诉讼有不同的判决种类。主观诉讼回应于相对人诉讼请求的特点,决定了其判决种类的多样性。而客观诉讼监督行政机关依法行政的特点决定了其判决种类主要围绕于行政行为违法或越权作出裁判。例如,法国越权之诉作为客观诉讼,其实质判决只有两类:一类是驳回起诉,适用于行政法规没有起诉人所指控的瑕疵,也没有即便起诉人疏忽而由法官自己发现的瑕疵。另一类是撤销判决。这通常是撤销整个法规,但若法规中只有完全涉及个人的一部分违法,也可以只撤销相关部分。① 而作为主观诉讼的完全管辖权之诉,法官可以判决撤销、变更行政机关的决定,判决行政主体赔偿,也可以遣回当事人和行政机关谈判,由行政机关根据法院的精神重新决定。② 在德国,撤销之诉作为主观诉讼,法院可以作出多种判决,并且"为了救济相对人,行政法院法第 113 条第 4 款也服务于程序经济原则,在后果消除请求之外,法院除了撤销行政行为,也可以普遍判决作出某一给付,这种调整就使得原告不必在撤销判决产生既判力之后,继续提起义务之诉或给付之诉。"③

5. 判决的效力

客观诉讼下的判决与主观诉讼下的判决有不同的效力。法国越权之诉中,法官作出的撤销判决具有溯及力,"被撤销的行政决定认为自始没有存在。追溯到其开始采取当时丧失效力,不能发生任何效果,当事人的地位恢复到被撤销的决定采取以前的状态。"④由于撤销的溯及力有时可能破坏社会生活的安定,2004 年法国出台法案,给予法官变造或改造无效宣告的权利。法院在宣布行政行为无效时,可以不宣布自始无效,而是可以根据时间和情形,决定从其中一个时间点无效,如在 1980 年作出的行政行为,法官可以宣布1984 年至 1990 年这一阶段无效。判断标准是,如果自始无效,是否会出现显

---

① 参见[法]让·里韦罗、让·瓦利纳:《法国行政法》,鲁仁译,商务印书馆 2008 年版,第823—824 页。

② 参见王名扬:《法国行政法》,中国政法大学出版社 1997 年版,第 708 页。

③ [德]弗里德赫尔穆·胡芬:《行政诉讼法》,莫光华译,法律出版社 2003 年版,第 589 页。

④ 王名扬:《法国行政法》,中国政法大学出版社 1997 年版,第 704 页。

著的权利损害或者显著的经济损失,这吸收了主观诉讼中情况判决的特点。①对比之下,作为主观诉讼的完全管辖权之诉,其判决的效力限于当事人之间。②

四、我国 1989 年《行政诉讼法》 下行政诉讼定位解析

(一)基本判断:扭曲的"内错裂"

关于我国行政诉讼是主观诉讼还是客观诉讼,学界有着截然不同的认识,一派学者认为我国行政诉讼是客观诉讼。主张"客观诉讼是指以监督行政公权力行为为主要意旨的诉讼类型,在具体制度中表现为法院仅仅就行政公权力行为的合法性进行审查",根据 1989 年《行政诉讼法》第五条,法院仅就被诉行政公权力行为的合法性进行审查,不能针对原告的诉讼请求作出判决,因此,"从总体上讲,我国现行行政诉讼法确立的是一种客观诉讼制度。"③另一派学者认为"主观诉讼是以保护公民个人的权利和利益为直接目的的诉讼,"④,从诉讼请求出发,由于我国行政诉讼确立的是"被害者诉讼"的原告资格标准,因此"1989 年《行政诉讼法》确立的行政诉讼制度属于主观诉讼制度"。⑤ 有必要扩展建立客观诉讼制度,其中的突破口是公益诉讼。⑥ 笔者认为,我国行政诉讼既不是完整意义上的主观诉讼,也不是完整意义上的客观诉讼,诉讼请求的主观性与法院审判的客观性使得我国行政诉讼在构造上呈现出一种扭曲的"内错裂"形态。

首先,在行政诉讼目的层面,我国 1989 年《行政诉讼法》第一条开宗明义

① 以上法国主观诉讼与客观诉讼的发展均引自法国波尔多大学公法教授高德松在中国政法大学法学院所做的讲座"法国的主观诉讼与客观诉讼"。
② 参见王名扬:《法国行政法》,中国政法大学出版社 1997 年版,第 708 页。
③ 梁凤云:《行政诉讼法修订的若干理论前提》,《法律适用》2006 年第 5 期。
④ 林莉红、马立群:《作为客观诉讼的行政公益诉讼》,《行政法学研究》2011 年第 4 期。
⑤ 于安:《发展导向的〈行政诉讼法〉修订问题》,《华东政法大学学报》2012 年第 2 期(总第 81 期)。

⑥ 例如:林莉红、马立群:《作为客观诉讼的行政公益诉讼》,《政法学研究》2011 年第 4 期。

规定"为保证人民法院正确、及时审理行政案件,保护公民、法人和其他组织的合法权益,维护和监督行政机关依法行使行政职权,依据宪法制定本法",围绕第一条学界提出了诸如"三重目的说"①,"双重目的说"②,"单一目的说"或"主导目的说"③等学说。在这些学说中,"三重目的说"与"二重目的说"的差异在于是否将"法院的功能保障"列为行政诉讼的目的,参考《民事诉讼法》第二条的规定,"正确、及时审理案件"是诉讼法的共有功能,不宜将之列为与"维护权利"、"监督行政"平行的行政诉讼目的。其次,"双重目的说"与"单一目的说"或"主导目的说"的差异在于是否认为行政诉讼法设立了并列的诉讼目的。仅从《行政诉讼法》第一条的文字表述来看,确实很难读出"维护权利"与"监督行政"孰为主、孰为次,回观我国1989年《行政诉讼法》制定时的客观环境以及全国人大常委会对《行政诉讼法》的介绍,二者"兼顾"应该是我国《行政诉讼法》的立法目的。它宣示行政诉讼一方面要保护公民、法人、其他组织的合法权益;另一方面也要维护和监督行政机关依法行政。也就是说,单纯从目的以观,行政诉讼法试图构建的是主、客并存的诉讼构造。但吊诡的是,《行政诉讼法》出台前后的宣传,几乎一面倒的将"民告官"这个主观性目的作为行政诉讼制度正当性的基础④,"监督行政机关依法行政"似乎成为了"民告官"的副产品,是民告官的"一体两面"。这种认知与法律规定上的差异似乎已经注定了我国行政诉讼在构造实现上难以谱写"和谐之曲"。

其次,在诉讼规则层面,我国《行政诉讼法》并没有实现双重构造的预设理念,"就规则论规则"的惯常思路使得《行政诉讼法》在规则设计上出现了忽而偏向主观、忽而偏向客观的"怪象":

1. 主观向度的原告资格标准。《行政诉讼法》在第一条提出了"双重目的"之后,并没有对原告资格上做对应的不同安排。《行政诉讼法》第四十一条将适格原告确定为"认为具体行政行为侵犯其合法权益"。《最高人民法院

①　梁凤云:《〈行政诉讼法〉修改的若干理论前提》,《法律适用》2006年第5期。

②　王贵松:《行政诉讼目的论解释》,《行政法论丛》第9卷;罗豪才:《民主与法制建设的一大成果——纪念行政诉讼法颁布十周年》,《法制日报》1999年4月2日。

③　宋炉安:《论行政审判权》,《行政法论丛》第1卷,法律出版社1998年版,第359—362页。

④　《人民日报》、《法制日报》等主流媒体均简称为"民告官"。代表通俗知识的百度百科对"民告官"的解释"是行政诉讼或行政官司的俗称"。行政诉讼是"官"民矛盾的化解机制。

关于执行〈行政诉讼法〉若干问题的解释》（以下简称《若干解释》）第十二条将原告标准进一步明确为"与具体行政行为有法律上利害关系"，也有学者将之定性为"受害者"标准，①这一标准将不具有法律上利害关系，但具有"关联利益"的行政诉讼原告排除在外，且将原告身份限定为"公法、法人或其他组织"这个"民"的范畴，是一个相当纯粹的主观性标准。②

2. 模糊不清的诉讼标的。在"法律上利害关系"这个主观性标准之下，似乎对应的应是主观性的诉讼标的，即某项受侵害的权利。但受制于《行政诉讼法》第五条，相对人的诉讼请求只能针对某一侵犯其合法权益的具体行政行为，究竟是"权利"还是"行政行为"是诉讼标的，尚须依赖于法院审查规则的选择。

3. 客观取向的审理规则。从《行政诉讼法》第五条并结合第五十四条的规定来看，在法院的审查规则领域，行政诉讼的主观性戛然而止了。"合法性审查"作为一个客观性审判标准，被所有的行政诉讼法教科书无批判的列为行政诉讼的基本原则之一，③其直接对应的是"监督行政机关依法行政"这个客观目的，④该原则从客观上限定了法院的审查范围以及法院的功能，"人民法院对行政案件应当依法进行审理，但不要对行政机关在法律、法规范围内的行政行为进行干预，不要代替行政机关行使行政权力，以保障行政机关依法有效地进行行政管理。"⑤《行政诉讼法》第五十四条第（四）项赋予法院对行政处罚显失公正的变更权，并不意味着对行政行为的合理性进行审查，只是将达到显失公正程度的严重不合理认定为不合法。⑥"合法性审查"事实上将行政诉讼标的限定于"行为"，即使当事人提起的诉讼请求是权利性质的，也不能不回归到"行为"层面。

---

① 林莉红、马立群：《作为客观诉讼的行政公益诉讼》，《行政法学研究》2011 年第 4 期。

② 受原告资格的主观性影响，《行政诉讼法》第十一、十二条关于受案范围的规定也是行政行为侵犯公民、法人、其他组织的某种合法权益来构建的。

③ 例如：应松年主编：《行政诉讼法学》，中国政法大学出版社 2001 年版，第 43 页；姜明安主编：《行政法与行政诉讼法》，北京大学出版社、高等教育出版社 2008 年版，第 460 页。

④ 《行政诉讼法》第五条规定："人民法院审理行政案件，对具体行政行为是否合法进行审查"。第五十四条则进一步细化了合法性审查的标准，从主体、程序、内容、证据四个角度提出了合法性审查方案。

⑤ 全国人大法工委前主任王汉斌所做的"《行政诉讼法》草案说明"，人民网。

⑥ 观点可见崔卓兰：《论显失公正行政处罚的不合法》，《法学研究》1990 年第 6 期；胡建淼：《行政法学》，法律出版社 1999 年版，第 77 页。

4.客观取向的判决形式。根据合法性审查的结果,《行政诉讼法》第五十四条规定了四种判决形式:具体行政行为合法,判决维持;具体行政行为作为违法,判决撤销;具体行政行为不作为违法,判决履行;具体行政行为显失公正,判决变更。由于这四种判决形式在设计上均对应于常态化的合法性审查,无法应对特殊情况,例如,原告起诉被告不作为理由不成立;或者具体行政行为违法,但不具有撤销内容,因此2000年《若干解释》增加了驳回诉讼请求判决(第56条)、确认判决(第57条)。这些判决均是法院合法性审查的直接或间接结果,回应的均是行政行为这个诉讼标的。

5.主观取向的判决效力。依据主观诉讼与客观诉讼的判决标准,如果判决是客观性质的,则其具有溯及力与对世的效力,及于所有与行为相关的主体。但从我国行政诉讼判决的效力看,受制于原告资格的主观性,行政诉讼判决虽具有对世的效力,但这种对世的效力是理论上的,"并不是该判决内容对其他主体具有约束力,而是撤销判决所发生的法律后果,即原被诉行政行为被撤销而不再存在的事实,具有对世的效力。因为法院的撤销判决是对原告合法权益受到行政行为的侵害并主张撤销对其发生效力的行政行为的诉求的一种回答,其形成效力原本只是及于诉讼当事人",①对其他主体只是产生一定的影响。此种判决效力虽有一定的客观性质,但更倾向于主观性,强调对案件各方主体的约束力。

表2　我国行政诉讼构造考察一览表

应然构造 判断指标		主观诉讼	客观诉讼
诉讼目的		√	√
诉讼规则	原告资格	√	
	诉讼标的		事实上是
	审理规则		事实上是
	判决种类		主要是
	判决效力	主要是	

---

① 马怀德主编:《行政法与行政诉讼法》,中国政法大学出版社2007年版,第430页。

（二）二个特殊类型的行政诉讼定位判断

在普通行政诉讼之外，我国行政诉讼还存在两个特殊的类型，一类是侵权赔偿诉讼，一类是执行诉讼。与普通行政诉讼双重定位选择不同，这两类诉讼有各自清晰的单一定位。侵权赔偿之诉是《行政诉讼法》第九章单独提出的一类诉讼（《国家赔偿法》将之称为行政赔偿），其目的是为了回应相对人针对行政侵权提出的赔偿请求，可以说是最为典型的一类主观诉讼。而执行诉讼由《行政诉讼法》第六十六条以及《若干解释》第九十一至九十五条所创建，针对的是行政机关申请法院强制执行的案件，体现了司法权对行政权的监督，是一类典型的客观诉讼。

在这两类诉讼中，执行诉讼由于相对简单，且有专门的依据，从目的到规则基本保持了客观诉讼的特色。而行政赔偿诉讼，由于在审理规则部分与普通行政诉讼多处重合，其主观性的原告资格、权利性质的诉讼请求直接遭遇了法院的客观审判，"违法确认"[①]"实质是将赔偿请求权作为客观合法性监督的派生权利，附庸于行政诉讼，从而消解了主观权利的主导地位"。[②] 虽然新修订的《国家赔偿法》去除了违法确认环节，但依据《国家赔偿法》第三、四条，在非事实行为侵权赔偿中"违法确认"依然是一道跨不过去的隐形门槛，相对人的主观诉求与法院的客观审判在此直接发生遭遇战。

（三）影响及原因探析

我国行政诉讼在定位上的"内错裂"对于相对人权益的保护乃至整个公法秩序均产生了难以通过司法解释修补的负面影响。

负面影响之一在于，法院审判无法有效回应当事人除撤销诉求以外的诉讼请求，[③]一旦原告的主观诉求与法院的客观审判不对应，例如，原告的提出

[①]　违法确认程序非由《行政诉讼法》或《国家赔偿法》提出，其由最高人民法院在 1997 年出台的《关于审理行政赔偿案件若干问题的规定》确立，规定直接含有"违法确认"字样的条款有 5 条之多，涉及受案范围、起诉、受理、审理、判决甚至诉讼费等各个环节。

[②]　陈国栋：《主观诉讼视角下的行政赔偿诉讼》，《甘肃政法学院学报》2011 年第 1 期。

[③]　并非在任何诉讼中都会影响相对人权利的救济，在相对人认为其权益受到损害提起的撤销诉讼中，相对人的主观诉求与法院的客观审判尽管出发点不尽相同，但两者在最终效果上保持了一致，通过撤销或变更违法的具体行政行为，相对人的合法权益会得到救济，客观的行政法治也会得到维护。

的诉讼请求是给付性而非形成性的,即诉讼标的针对的是权利而非行为,原告诉求与法院审判之间就会出现"自说自话"现象,相对人即使赢了官司,权利依然得不到救济。这种情况在行政赔偿案件以及"行政与民事交织"的案件中已有"惨烈表现",①对相对人的物质与精神均造成难以承受的负担。

　　负面影响之二在于:虽然行政诉讼审判环节构建的是客观诉讼的规则,但受制于"民告官"的主观定位,行政诉讼并没能有效地发挥维护客观公法秩序的功能。首先,行政机关不能成为原告,这使得"机关诉讼"这一客观诉讼类型无存身之处,大量的源于行政权力结构的上游矛盾无法得以解决;其次,由于抽象行政行为通常并不直接影响相对人的合法权益,因此,"规范审查之诉"似乎也没有建立的必要性,这使得行政立法特别是规范性文件的制定失于司法的监督;再次,"公益诉讼"由于其目的不在于救济个人权利,因此,《行政诉讼法》将其排除在外,这使得仅具有"利益关联"的社会组织等无法通过行政诉讼救济公共利益。可以说,行政诉讼构造上的主、客观扭曲致使《行政诉讼法》的立法目的直接处于落空危局。

　　我国行政诉讼在定位上为什么会出现这种"内错裂"? 学界对此并无直接研究,间接研究主要是围绕行政诉讼类型进行,分析我国行政诉讼没有实现类型化的原因。代表性观点有"三原因说"与"四原因说"。"三原因说"认为我国行政诉讼没有类型化的原因在于"对行政诉讼权理解狭隘"、"缺乏相应的司法传统"及"行政诉讼制度建立的特定背景";②"四原因说"认为我国行政诉讼没有类型化的原因在于"行政诉讼强制性制度变迁的必然结果"、"作为方法论的行政行为形式论的局限"、"以撤销诉讼为中心的立法模式的影响"、"粗放式学术研究路径产生的负面效应"。③ 前述观点着眼于从应然层面重构我国行政诉讼类型,但由于其分析前提多为我国行政诉讼类型单一,有必要实现类型化,并没有指出我国行政诉讼构造目前存在的主要问题,因此其发现整体偏向宏观。

---

　　① 河南焦作一起房产纠纷案,曾历时十余年之久,法院先后判决 18 次。详细分析可见王贵松:《行政与民事争议交织的难题——焦作房产纠纷案的反思与展开》,法律出版社 2005 年版。

　　② 薛刚凌:《行政诉权研究》,华文出版社 1999 年版,第 172 页。

　　③ 章志远:《行政诉讼类型构造研究》,法律出版社 2007 年版,第 79—85 页。

笔者认为导致了我国行政诉讼定位"内错裂"的原因涉及不同的层面,在这些不同的层面中,理论准备的不足恐怕是最为基础的因素。我国作为大陆法系国家,法学理论在立法中所起的作用就是为立法提供理论支持和理论上的结构框架,①这种框架要能够容纳社会需求的现状及可能发展。行政诉讼制度作为一个典型的"舶来之品",学界在参与立法时不可避免地要借鉴国外理论。《行政诉讼法》立法之时,我国对国外行政诉讼制度的了解尚处于表层,对于一些细致化的结构问题尚缺乏深入认识和共识,特别是对于行政诉讼的功能。受"控权论"影响以及对行政权滥用的恐惧,主流认知将行政诉讼的功能片面的理解于"民告官",未能将《行政诉讼法》规定的秩序维护功能看作并列的诉讼目的。这种认知直接影响了学界对国外,特别是英国、法国等国客观诉讼的功能、地位及规则建构的理解,从单一的主观诉讼目标出发去观察国外主、客观兼容的诉讼构造,其后果必然是借鉴的碎片化,德国式主观诉讼的原告资格,法国式客观诉讼的合法性审查,杂糅在一起,形成"雌雄难辨"的"中国特色"行政诉讼构造。

五、"供给与需求"视角下我国行政诉讼的定位选择
——《行政诉讼法》修正后的定位评价

我国《行政诉讼法》在第一条提出主观诉讼与客观诉讼并列的诉讼定位之后,在认知和宣传层面均将行政诉讼直接提炼为"民告官",尽管如前述,"民告官"这个主观偏向的定位遭遇了法院的"客观审判",行政诉讼在构造上出现了"内错裂"。但从改革的角度看,尽管可以坚持这个主观定位,修正审判规则的客观性,参考德国或我国台湾,以"类型化"回应现行《行政诉讼法》回应性不足的问题。因此,如果依循以诉讼定位统领诉讼类型、设计诉讼规则的逻辑,那么,我们必然面临的一个问题就是:行政诉讼法在定位上是采取"扬弃型"方案,即对现有的主观诉讼进行完善?还是采取"革命性"方案,转向客观诉讼?这不是一个可以凭偏好回答的问题,正如美国学者考默萨所言:

---

　　① 参见［美］约翰·亨利·梅利曼:《大陆法系》,顾培东等译,法律出版社 2004 年版。

"法律是什么,能够是什么,以及应该是什么,取决于制定、解释、实施法律的过程的特性。这些过程之间的互动决定了法律的供给与需求"。① 在供给与需求的关系中,需求是原初性的,供给的有效性取决于对需求认知的程度。法律作为一项制度供给,意在于解决某类问题。对于修订后的《行政诉讼法》而言,其将采取何种的制度定位,选择何种构造,在根本上应取决于对我国当前行政诉讼所要解决的主导性问题的认识,基于需求进行制度供给。

(一) 对我国行政诉讼当前急需解决的问题的认识

行政诉讼作为公法领域的争议解决制度,其有必要回应公法领域存在的突出的非宪法性问题。对于当下我国而言,公法领域面临的最大问题是法律得不到遵守。

在改革开放以来的国家转型过程中,行政法由于涉及国家管理秩序以及公共安全、公共服务等政府的基本职能,受到了国家乃至民众的高度重视,20世纪80年代以来,以"部门"作为立法主力,行政法体系迅速构建且呈现不断增长趋势,每当社会中出现新问题,人们惯性地仰赖政府,希望政府加强管制,出台新法。然而,在规模化的行政立法背后,问题并未消弭,譬如,2011年《国有土地上房屋征收和补偿条例》取消了行政强拆模式,可各地依然有政府大规模动用国家机器强拆的案例发生,相对人反抗,检察机关就以"危害公共安全罪"提起公诉,②而违法的政府部门鲜有承担法律责任,弱势的相对人难以通过行政诉讼阻止违法征地、拆迁,某省高院干脆直接发文不受理此类案件。政府的规模性违法是地方政府"土地财政"得以持续的基础。再如,环境污染问题,中国在此领域的立法不可谓不健全,可依然有重污染的企业通过环评,甚至不批先建,如大连在2011年8月9号梅花台风中暴露出来的PX项目,事后亦未见负责的政府部门、行政首长被追究责任。法律的生命在于执行。鲜活的、一再重复的事例不断提示,中国行政法急需解决的问题,是保证法律得以遵守,保证违法的政府行为得以追究。而一再跳入公众视野的公民权利受损只是政府行为违法的负产品。如果政府在基本的层面守法,不会出现"唐

① [美]尼尔·K.考默萨:《法律的限度——法治、权利的供给与需求》,申卫星、王琦译,商务印书馆2007年版,第3页。
② 参见冉金:"暴力抗拆=反社会",《南方周末》2011年8月18日。

慧事件",不会出现"王帅事件"。只有确保法律得到政府普遍性的遵守,个别公民权利受损的现象才可能规模性降低。

因此,为了保障政府守法,首要的关键是从制度层面建立对政府行为的监督,由中立的司法机关对政府行为的合法性进行审查。其次,是通过对个人权利的救济,纠正政府的违法行为,保障公法秩序。

(二) 单向度主观诉讼或客观诉讼定位的不足

关于我国行政诉讼的定位,有观点主张完善"民告官",借鉴德国模式,建构以主观诉讼为导向的定位;也有观点主张针对我国当前存在的问题,完善以合法性审查为中心的客观诉讼。笔者认为,无论是单向的主观诉讼或客观诉讼都不足以解决我国当前存在的问题。

首先,就单向的主观诉讼而言,1989 年《行政诉讼法》关注到行政权对公民权可能造成的侵害,将个人权利救济放在了主导地位,其时,境外一些学者在赞誉我国《行政诉讼法》的同时,对该法的前景表达了相当程度的担忧,其所采用的《以卵击石——中国的行政诉讼》的标题,[1]直接点出了其担心的关键,以区区公民个人之力,是否真的可以实现个人权利救济?可以使政府普遍性的遵守法律?《行政诉讼法》实施 20 余年后,这种担心已是昭然事实,"当今人们对《行政诉讼法》的讨伐和批评,甚至超过二十几年前对《行政诉讼法》的赞誉。"[2]

如果《行政诉讼法》修正依然选择当下这种以救济个人权利为主要目的的主观定位,同时佐以行政诉讼的类型化,那么,其确实可以在一定程度内解决问题,这个程度就是法院受案范围内判决的回应性问题,可以针对当事人的诉讼请求作出具有针对性的判决,减少"告有理、判合法,问题得不到解决"的怪象。但对于其他困扰行政诉讼的更具普遍性的问题,如公民"不愿告、不敢告"问题、法院在国家权力体系中地位低下问题、没有直接利害关系人的公益维护问题等,单纯的规则修改几近无力,更逾论行政法领域存在的影响更为广泛的"法律优位"得不到遵守问题,行政机关之间的权限争议问题,中央与地

---

① Susan Finder, "Like Throwing an Egg Against a Stone? Administrative Litigation in the People's Republic of China", Journal of Chinese Law, Vol.3, No.1, 1989, p.10.

② 杨伟东:《权力结构中的行政诉讼》,北京大学出版社 2008 年版,第4—5页。

方关系问题等,这些问题均可能在更深远的层面的影响公民权益。

或许,不得不承认一个现实,在政府"依法行政"依然是一个努力目标的背景下,选择以救济个人权利为主导的行政诉讼定位,依靠孤单的个人维权,依靠"民告官",或许可以在个案中实现公正。但其对于普遍性的行政法得以遵守这样一个"法治国"目标来说,"民告官"确实是"以卵击石"。

这里,可能有学者会论及德国,其行政诉讼就是以主观诉讼为基本定位,也确实发挥了作用。笔者认为,德国等国之所以可以将行政诉讼整体定位为主观诉讼,主要依赖于两项制度支持:一是其有成熟有效的宪法诉讼,可以在宪法的界域内,最大程度的保证政府守法,保证最高利益的法秩序;二是作为一个宪法层面的"法治国"(《基本法》第 20 条),其普遍性的政府守法问题已经得到解决,政府违法侵犯公民个人权利,特别是明显的违背法律已成为个别事件。这两项制度支持都是当下的中国所不具备的,这也决定了我国不具有借鉴德国经验的制度基础。

至于是否可以寻找其他主体,在政治体系中主要指人大,成为行政法秩序的主要监督者,而由法院发挥救济个人权利的功能? 关于此问题,已有学者做了详尽考察和分析,其结论是,期待人大担负起对行政的主要监督职责,是政治性宪法的幻影,"我国人大制度并未或从未达到制度设计原初的理想状态,带有制度执行不力或运行不良的病症","在我国,固守人大监督优于一切,坚持政治性宪法,如同英国批评政治性宪法坚持者那样,'不屈不挠地坚信政治性宪法优于法律性宪法,似乎部分源于无法改变的乐观主义,就像醉酒者一样,在它们的眼中杯子不是半空,而是半满的'"。[1]

其次,就单向的客观诉讼而言,有学者认识到了当前行政诉讼在法律上的局限,"它的局限性首先来自于法律的规定,也就是说,制度赋予它的功能是有限的",[2]在"民告官"的定位下,对规章和规范性文件的合法性争议,公民、法人、其他组织与行政行为不具有利害关系的争议都被排除在法院审查范围之外,"提升行政诉讼的地位,强化司法审查行政的作用,是学者的共识和清晰易辨的社会要求。"[3]

---

[1]　杨伟东:《权力结构中的行政诉讼》,北京大学出版社 2008 年版,第 27 页。

[2]　何海波:《行政诉讼法》,法律出版社 2011 年版,第 35 页。

[3]　杨伟东:《权力结构中的行政诉讼》,北京大学出版社 2008 年版,第 4—5 页。

对于提升的路径,有观点主张,可以从转换行政诉讼的定位起始,将行政诉讼塑造为客观诉讼。

在客观诉讼之下,法院将成为国家治理的重要环节,成为行政法秩序的捍卫者,其主导性职能是监督行政机关依法行政。法院可以通过判决全面消除违反法律的政府行为的影响,为行政机关确立细化的合法性标准,从而突破我国行政法实施中存在的"行政机关中心主义"路径依赖,打通行政立法与行政执法之间的路径阻隔。①

与当下以主观诉讼为主导的定位不同,客观诉讼将具有两个明显的特点:一是原告标准的相对宽松化,其将摒弃相对狭窄的"法律上的利害关系"标准,允许与违法行为有"利益关联"的主体提起诉讼,不仅公民、法人、其他组织,政府部门也可以成为行政诉讼的原告。如处于流域下游的地方政府可以诉上游地区的地方政府违反国家环境保护的相关法律、国土部门可以诉地方政府违法征地。这种以维护客观法秩序的定位,以及政府部门在特定情况下也可以做原告的设置,有助于消除行政机关对行政诉讼的敌意,消除其在"民告官"的定位下,恒定被告身份的潜在反感。二是法院审查的目的在于纠正违反法律的行为,"法律优位"将成为法院捍卫的重点,其次是"法律保留",这种意在保持国家法律一致性、保证国家法律得以遵守的定位,将有助于突破现行撤销诉讼关于时效的限制,具有容纳"无效行政行为"的空间。

但同时客观诉讼也有难以克服的不足,任何诉讼究其本义,是为解决争议,如果单纯以客观诉讼为主导,会造成公民请求权与法院审判之间不可避免的分裂,依然难以克服当前存在的告与审分离的怪象,导致民众对行政诉讼的疏离与不信任,最终将影响行政诉讼功能的发挥。

(三)行政诉讼法修正案"主、客观并重"定位的坚持与制度完善

承如前文所述,目前几乎没有国家只有单一的客观诉讼或主观诉讼,二者并存是各国行政诉讼发展的趋势,事实上,各国在其行政法治演进的过程中,始终都在努力寻找最契合本国国情的类型构造模式,并"力图通过对外国的

---

① 详细分析请见杨欣:《我国行政法实施的路径依赖探析》,2011 年中国行政法学年会论文集。

批判性研究所析出的共同要素发现共同法,并以此作为改革的指针。"①国外行政诉讼构造的发展表明,在以客观诉讼为主导的国家,主观诉讼也得到了迅速发展;而以主观诉讼为主的国家,也开始有客观诉讼的存在。而且无论客观诉讼还是主观诉讼在最终效果上是合流的,二者的差异在于首选的制度目标以及实现目标的规则设计,"诉讼类型化"是实现客观诉讼或主观诉讼的基本路径。

我国《行政诉讼法》修正案第一条在多方调查研究的基础上坚持了原有的并重模式,并在此基础上予以完善,将"解决行政争议"确定为法院的基本职责,同时删除了"维护"二字,将法院的功能定位于"监督"。修正后行政诉讼的基本定位为"保护公民、法人和其他组织的合法权益,监督行政机关依法行使职权",前者具有主观性,后者具有客观性。

在具体的制度建构方面,对于主观诉讼,修正案最为突出的完善在于明确建立了一般给付判决。给付判决是典型的主观诉讼判决类型,给付诉讼的特点是法院不仅要确认当事人之间存在行政法律关系,而且还要判令被告履行一定的给付义务。根据修正后《行政诉讼法》第七十二条的规定,我国的强制履行判决要求行政机关履行的法定职责,往往是一种行政行为。因此,在法律意义上,强制履行判决实际上就是大陆法系国家的课以义务判决。新增加的第七十三条规定:"人民法院经过审理,查明被告依法负有给付义务的,判决被告履行给付义务。"该条正式确定了一般给付判决。一般给付判决与课以义务判决二者之间是一般与特殊的关系,课以义务判决针对的是要求行政机关作出行政行为的诉讼请求,具有一定的特殊性和独立性。而一般给付判决是一个含义极其广泛的概念,在该判决的适用条件上,被告依法负有给付义务的,均得适用。这里的"依法"可以是依照法律法规所认可的名义,也可能是依照法律法规所认可的名义,如行政合同、行政允诺,先行行为等。一般给付判决的确立,使得法院可以运用判决直接回应当事人诉讼请求,特别是行政许可类涉及具体给付的请求。除了确立一般给付诉讼外,修正案件对 1989 年《行政诉讼法》存在的其他回应性差的问题,也作出回应,例如,删除了"维持判决"这类与原告诉讼请求不存在对应性的判决;扩大了行政附带民事案件

---

① ［日］大木雅夫:《比较法》,范愉译,法律出版社 1999 年版,第 72 页。

的范围,规定在涉及行政许可、登记、征收、征用和行政机关对民事争议所作的裁决的行政诉讼中,当事人申请一并解决相关民事争议的,人民法院可以一并审理;延长诉讼期间等。

对于客观诉讼而言,最主要的完善体现在两个领域:一是诉讼范围,修正案删除了具体行政行为的用语,增加了对规范性文件的附带审查;二是判决类型方面:首先,修正案改变了原驳回诉讼请求判决的适用条件,在合法性审查思路之下,将驳回诉讼请求判决限定于"行政行为证据确凿,适用法律、法规正确,符合法定程序"的情况下才能判决驳回。其次,确立无效行政行为标准,强化对无底线行政行为的监督。无效行政行为不同于违法行政行为,无效行政行为的"无效"具有如下特征:自始无效,即行政作为作出之时起就没有法律上的约束力;当然无效,即该无效不是由于法院的判决导致无效,而是其本身就无效,法院的确认只是对该事实予以宣告而已;绝对无效,如同行政行为从来没有存在过。修正后的《行政诉讼法》明确规定,行政行为有实施主体不具有行政主体资格或者没有依据等重大且明显违法情形,原告申请确认行政行为无效的,法院判决该行政行为无效。

(四) 依然存在的问题与改革选择

修正后的《行政诉讼法》在坚持主、客诉讼并重定位的同时,对与主观诉讼与客观诉讼相匹配的多项制度进行了调整,在制度层面增加了主观诉讼的回应性,以及客观诉讼对行政行为的监督。但从结构的角度而观,此轮修正尚停留在修补层面,未对整体结构做通体审视,因此,1989年《行政诉讼法》存在的"内错裂"现象并未得到系统性更正,例如,原告资格依然是主观性的,法院审查依然是客观性的;行政规章、行政法规这样对公法秩序起塑造作用的行政行为依然落于行政诉讼范围之外;行政公益诉讼依然没有建立。

对于一部法律而言,结构性问题是最为根本的,1989年《行政诉讼法》在定位上需要"内错裂"决定了行政诉讼法需要的是不零敲碎打式的修改,而是大刀阔斧的转换,是能带来这样巨大转换的崭新构想,为《行政诉讼法》的"大厦"建设一个与时代需求相契合的、"工整的"诉讼构造。这无疑只能寄希望于下一轮修法。

实 务 篇

第四章　现行规范的分析

　　行政诉讼类型的研究,尤其是主客观诉讼的研究对行政诉讼制度的设置有重大意义。主客观诉讼理论是西方国家的行政诉讼理论,主要是法国、德国的行政诉讼理论中常见的行政诉讼类型。主观行政诉讼,其宗旨在于救济相对人权利,法院对案件全面性审查并且强调审判必须回应原告的诉讼请求,其判决效力限于当事人之间的一种诉讼类型。客观行政诉讼,其宗旨在于保障客观公法秩序,法院对案件的审查限于法律审且法院的判决具有溯及既往的效力的一种诉讼类型。笔者基于主客观行政诉讼理论,对我国现行行政诉讼法规范之结构进行分析。

一、主客观行政诉讼分类标准[①]

　　主观诉讼和客观诉讼的不同之处在于诉讼目的、原告资格、诉讼标的、审理规则、判决种类、判决的效力等诸多方面。

　　1. 诉讼目的:主观诉讼的目的是服务于个人权利的救济。赔偿诉讼是典型的主观诉讼。客观诉讼的目的是维护客观的公法秩序。撤销之诉是典型的客观诉讼。

　　2. 原告资格:主观诉讼的原告资格限于行政行为的"利害关系人"。客观

---

　　①　本项下的内容是借鉴了薛刚凌教授和杨欣教授的论文,即薛刚凌、杨欣:《论我国行政诉讼构造:"主观诉讼"抑或"客观诉讼"?》,《行政法学研究》2013 年第 4 期。

诉讼是以维护客观法律秩序为目的,其原告资格的要求相对宽泛,但也要遵循"没有利益,就没有诉讼"的原则。

3.诉讼标的:主观诉讼以某项权利为诉讼标的;客观诉讼以行政行为为诉讼标的。

4.审理规则:客观诉讼主要是法律审;主观诉讼着眼于救济相对人权利,更倾向于全面审查。

5.判决种类:主观诉讼回应于相对人诉讼请求的特点,决定了其判决种类的多样性,其判决种类包括判决撤销、变更行政机关的决定,行政赔偿判决等;而客观诉讼监督行政机关依法行政的特点决定了其判决种类主要围绕行政行为违法或越权作出裁判,其判决种类包括驳回起诉、撤销判决等。

6.判决的效力:主观诉讼和客观诉讼的判决有不同的效力。例如,客观诉讼的撤销判决具有溯及力,被撤销的行政决定认为自始没有存在。当事人的地位恢复到被撤销的决定采取以前的状态。也就是说,客观诉讼的判决效力产生对世效力,而主观诉讼的判决效力不具有对世效力。

二、现行法条文结构的具体分析

(一) 行政诉讼目的

《行政诉讼法》第一条规定行政诉讼目的。本条文中"保护公民、法人和其他组织的合法权益"是属于主观行政诉讼目的;"监督行政机关依法行使职权"是包含客观行政诉讼目的。因此,本条文具有主客观诉讼之双重属性。在我国学术界很少有人从主客观行政诉讼的视角研究行政诉讼目的等诸多问题。在司法实践中司法机关对行政案件进行审查时,主要审查行政行为是否合法问题,而几乎不审查行政相对人的权益是否受到损害;只要行政行为合法,也就不再过问行政相对人的权益是否受到损害问题。这种审查方式注重行政诉讼之依法行政、监督行政的目的,且忽略了行政诉讼之保护公民、法人和其他组织的合法权益的目的。导致行政相对人的诉讼请求得不到应有的回应,引起很多信访案件、申诉案件。这是现行法对行政诉讼目的的定位不完善、行政诉讼目的与其他相关制度之间没有很好的衔接有关;也是因为学术界和实务界对行政诉讼目的的片面认识有很大的关系。承认保护行政相对人的合法权益和维护客观公法秩序为行政诉讼目的,并且不片面强调任何一个目的,二者的关系是有机统一的。本条文没有明确行政诉讼主客观目的的关系。而且行政诉讼具体制度中没有很好地回应行政诉讼目的。导致实践中出现对主观行政诉讼作出客观裁判的问题。从国家治理的角度出发,站在行政诉讼法之组织法上的功能层面讲,保护公民、法人和其他组织的合法权益与维护客观公法秩序是同等重要的。从制度上协调主观行政诉讼和客观行政诉讼的关系,有利于解决行政争议、更充分的保障行政相对人的合法权益,有利于行政诉讼制度的顺畅运行,更好地发挥行政诉讼应有的功能。

（二）行政诉讼审理原则

修订后的《行政诉讼法》第五条规定"以事实为根据,以法律为准绳"的审理原则。本条文看似中立性的条文,但是"以法律为准绳"的侧重点是维护公法秩序,偏重客观诉讼。在法律缺位时,行政案件如何处理呢? 随着时代的发展,各种新现象新问题的出现,使得现行法措手不及。比如说,有关同性恋办理结婚证相关的案件应不应该立案? 如果立案,依据是什么? 此时,法官有无裁量权,裁量权的界限是什么? 在"以事实为根据,以法律为准绳"的原则下,法律出现漏洞时,如何维护行政相对人的权益? 因此,法律缺位时,公法纠纷如何解决是一个值得深思的问题。

（三）行政诉讼受案范围

《行政诉讼法》第十二条、第十三条规定行政诉讼的受案范围。其中第十二条的内容具有主客观诉讼的双重属性;第十三条的内容具有客观诉讼的双重属性。我国《行政诉讼法》以列举式的方式规定行政诉讼受案范围。行政诉讼受案范围以行政行为和相对人的人身权、财产权之间的因果关系为主要内容。

1. "行政行为"是法院受理行政案件的前提条件之一

新《行政诉讼法》以"行政行为"代替"具体行政行为"概念。这是行政诉讼受案范围的突破。从行政诉讼受案范围的规定看,被诉行为必须是行政行为。如果被诉行为不是行政行为,该行为不属于法院受理行政案件的范围。**99**

法院受理行政案件首先判断的是被诉行为是不是行政行为,而不是判断相对人的"权利"是否被侵害。实践中,行政相对人以行政规范性文件、会议纪要、通知或通告、行政事实行为侵犯其合法权益为由提起行政诉讼的案件数量非常多。修订后第五十三条规定人民法院经当事人申请,可以对规范性文件进行附带性审查。这是在立法上的进步。

2. 现行法采取"列举式"的方式规定行政诉讼的受案范围

现行法采取"列举式"的方式,有其局限性。因为行政主体的行为不可能以"列举式"的方式全部列举出来。按照主客观诉讼的理论,行政诉讼的受案范围应该是"公法上的争议"。

(四) 行政诉讼管辖制度

《行政诉讼法》第十四~二十四条规定行政诉讼的管辖。新《行政诉讼法》关于管辖的条文基本上是中性条文,但是也有些条文倾向于主观诉讼或客观诉讼。第十九条、第二十条偏重客观诉讼。第十八条还规定跨行政区域的管辖制度。目的是排除地方行政对司法权的干预。该条文的内容偏重客观诉讼。目前,关于管辖方面的改革,最高人民法院开始试行设立最高人民法院的巡回法庭。学术界,对最高人民法院设立巡回法庭的方案持不同的意见。巡回法庭的最终效果如何,有待实践的检验。

(五) 行政诉讼当事人制度

新《行政诉讼法》第二条、第二十五条、第四十九条第一款规定行政诉讼原告资格相关的内容。行政诉讼原告资格的规定,针对原告的"合法权益",偏重于主观诉讼。新《行政诉讼法》第二十六条规定行政诉讼被告资格相关的内容。新《行政诉讼法》第二十七条规定第三人相关的内容。因此,总体上,行政诉讼当事人制度偏重向主观诉讼。下面对原告、被告和第三人规定进行简单分析。

1. 规定"行政诉讼原告资格"的条文的分析

行政诉讼原告包括三类主体,即公民、法人、其他组织。新《行政诉讼法》对于原告资格方面,采用的是"法律上的利害关系说"。依据"法律上的利害关系说",法律上的利害关系指的是当事人现实利益(这里,当事人提起的是主观诉讼);那么,公民、法人或其他组织的"可能性"利益受到行政行为侵犯时如何处理(主要指的是能否提起客观诉讼)?根据新《行政诉讼法》,在此情形下,不能提起客观行政诉讼。比如说,由于长期受雾霾天气影响,相对人的人身权等权利受到伤害,在现行行政诉讼制度下相对人不能提起行政诉讼。在我国现行法的框架中,存在主观诉讼条文和客观诉讼条文,但在主客观诉讼原告资格问题上,一律采取"法律上的利害关系"的标准。两种诉讼的原告范围应该是不同的。

2. 行政诉讼被告资格

新《行政诉讼法》第二十六条规定行政诉讼被告的内容。新《行政诉讼法》新增了复议机关和作出原行政行为的行政机关成为共同被告的情形以及原告以谁为被告提起行政诉讼的选择权。本条文主要针对的是"行政行为"偏重客观诉讼。修法之前,对被告的规定是针对行政行为的实施者;有些行政案件的被告是为实施上级的命令或者指示、政策而实施了行政行为,或者遵照上级的意思办事。行政机关本身针对上级机关的规范性文件等抽象行政行为必须服从,不可能改变上级机关的行为。而新法进一步解决了上述确定被告面临的实践中的难题,是一种进步。

3. 行政诉讼第三人

新《行政诉讼法》第二十九条规定行政诉讼的第三人制度。本条文是主观诉讼条文。1989 年的《行政诉讼法》,对第三人可否上诉问题没有明确规定。新法明确规定了第三人提起上诉的权利。本条文规定了作为第三人参加诉讼的条件和方式以及第三人提起上诉的情形。

（六）行政诉讼举证责任

1. 被告的举证责任

新《行政诉讼法》第三十二条规定被告举证责任。被告针对自己行为的合法性进行举证是属于客观诉讼。在实践中,对被告负举证责任的规定被扩大化;其实被告举证责任侧重点是被告所作出的行为是否合法性问题,而不是针对利害关系人的行为,与原告的举证责任是明显不同的。因为,主观诉讼和客观诉讼的标的不同,举证责任也不同。

2. 原告的举证责任

新《行政诉讼法》第三十八条明确规定原告举证责任的内容。其实基本上是把2000年《行政诉讼法若干问题的解释》的有关原告举证的内容给写进新法的条文当中了。而原告举证主要针对的是自己合法权益是否受到侵犯；这种举证责任重在保护权利，因此本条文属于主观诉讼条文。

（七）行政诉讼审理范围

新《行政诉讼法》第六条规定：人民法院审理行政案件，对行政行为是否合法进行审查。

本条文规定我国行政诉讼的审理范围——审查"行政行为"的合法性问题。从条文的内容上看，该条文是针对"行政行为"，属于客观诉讼。法院审理的重点放在行政行为的合法性问题上。可是这种审理规则确实引起很多问题。例如，在案件审理过程中，司法机关主要审查行政行为是否合法问题。在实务界形成了一种确认规则的理念。法院审理行政案件重点放在"行政行为"的合法性问题上。而相对人的权益是否受到损害的问题成为次要的问题。这里的问题是如何界定"行政行为"。新法去掉"具体行政行为"中"具体"两个字，似乎扩大了行政诉讼的受案范围；而受案范围采取的是列举式的方式，限定了行政行为的范围。

另外，第五十三条和第六十四条是互相关联的条文。两个条文分别规定对规范性文件是否合法问题进行审查以及如何处理的结果，属于客观诉讼条文。也是新法新增加的内容。赋予法院对规范性文件的合法性问题的审查权。但其处理是，不是法院对规范性文件直接处理，而是对不合法的规范性文件向其指定机关提出处理建议。虽然新增加的内容，在一定意义上具有进步性，但是司法权还是不能直接处理规范性文件。而且在条文中明确规定这种"规范性文件"不包含规章。在实践中，无论是部门规章还是地方政府规章都存在很大的缺陷，而且法院也不能对其进行审查。虽然规范性文件泛滥成灾，但是更重要的问题是在法院能否审查规章的问题上。所以，法院不仅审查规范性文件，而且应当考虑可否审查规章的问题；这也是本次修法的不足之处。

（八）行政诉讼之法律依据

第六十三条规定的是法院审理行政案件的审理依据。从其内容上看,本条文偏重客观诉讼。在我国司法实践中,法院无权审查法律、法规、规章的合宪性、合法性。一些法律法规或者规章已经不适应现实环境,虽然新法解决了我国行政规范性文件的泛滥,成为了审理行政案件的障碍的问题。但是,根据该条文的内容,既没达到保障客观秩序的目的,也没有保障相对人的合法权益。换句话说,司法权在强大的行政权、行政立法权面前微乎其微。在行政诉讼的制度设计和理论研究上应当注重对行政权力的制约问题。行政立法权是行政权的喉咙,只要规范行政立法权,行政法治是顺理成章的事情。

（九）行政诉讼裁判制度

1. 行政诉讼判决形式

新《行政诉讼法》第六十九条、第七十条、第七十二条、第七十三条、第七十四条、第七十七条规定了行政诉讼判决的形式。新《行政诉讼法》第六十九条规定了驳回上诉请求判决;第七十条规定撤销判决;第七十二条规定履行职责判决;第七十三条规定履行给付义务判决;第七十四条规定确认判决;第七十七条规定变更判决。第六十九条、第七十条、第七十二条、第七十三条是主要针对被告的"行政行为"而作出的判决形式,是属于客观诉讼条文。第七十七条规定的是变更判决既针对"行政行为"又针对原告的"权益",是属于主客观兼具的条文。新《行政诉讼法》对判决形式的规定,总体上偏重客观诉讼。从条文的内容看,这解决了"行政机关怠于履行职责"时,法院应当如何作出裁判的问题。

2. 行政诉讼判决效力

新《行政诉讼法》第八十五条、第九十条、第九十二条、第九十三条规定了有关行政诉讼判决效力的内容。判决的效力包括判决的确定力、执行力、拘束力等等。新《行政诉讼法》第八十五条规定行政诉讼判决、裁定的确定力,属于客观诉讼条文;第九十条规定原被告申请再审权,也就是说对已经产生确定力的判决推翻的可能性;从这一点上看,本条文属于主观诉讼;本条同时规定,提出再审申请时判决、裁定不停止执行;这是重在保障法秩序的稳定,是属于客观诉讼;因此,本条文具有主客观诉讼双重属性。第九十二条、第九十三条分别规定人民法院、人民检察院的推翻确定判决效力的情形。两者具有主客观诉讼双重目的:一是为了保护权利实现正义;二是保障法的秩序,维护社会的有序性。根据上述条文的内容,行政诉讼判决的内容对案件当事人有拘束力,对司法机关不产生既判力。虽然看似具有主客观诉讼双重属性,但是偏重主观诉讼。我国行政诉讼判决效力缺乏客观行政诉讼判决的"对世效力"。

(十) 行政诉讼执行制度

第九十四条、第九十五条、第九十六条、第九十七条四个条文规定行政诉讼执行制度的内容。行政诉讼的执行制度的相关条文是典型的客观诉讼条文。针对的是行政机关的"行政行为"。新法增加了对不予履行确定判决、裁定和调解书的行政机关将其情况予以公告、对行政机关主管人员或者负责人予以拘留的情况。这些规定,是促使行政机关执行生效判决,力度较大。

三、主客观诉讼理论对我国行政
诉讼制度研究的意义

(一)《行政诉讼法》对主客观诉讼的分类不清晰,结构上出现"内错裂"现象

我国行政诉讼是主观行政诉讼还是客观行政诉讼? 对此,学者们有不同的观点。有学者认为,我国行政诉讼是权利救济制度,属于主观诉讼[1];有学者认为,客观诉讼是仅仅就行政公权力的合法性进行审查。因此,我国行政诉讼确立的是一种客观诉讼[2]。我国行政诉讼到底是主观诉讼还是客观诉讼,学界很少有人对其进行深入研究。我国行政诉讼理论中对"法律上的利害关系"理论的研究受到了我国台湾地区和日本行政诉讼理论的影响。我国《行政诉讼法》规定,行政相对人以及利害关系人认为行政行为侵犯其合法权益

---

[1] 参见马立群:《主观诉讼与客观诉讼辨析——以法国、日本行政诉讼为中心的考察》,《中山大学法律评论》第8卷,第2辑。

[2] 参见梁凤云:《行政诉讼法修改的理论前提——从客观诉讼和主观诉讼的视角》,《法律适用》2006年第5期。

的,可以提起行政诉讼。也就是说,"只有在法律上有利害关系的"才能提起行政诉讼。这里的"法律上有利害关系"较接近日本的主观诉讼。《行政诉讼法》第一条规定行政诉讼的目的:即保护公民、法人和其他组织的合法权益、监督行政机关依法行使职权等目的。该条文中的"保护公民、法人和其他组织的合法权益",是具有主观诉讼属性;该条文中的"监督行政机关依法行使职权",是具有客观诉讼属性的。因此,我国行政诉讼的目的一定程度上涵盖了主客观诉讼的双重属性。但是《行政诉讼法》还规定,法院审理行政案件,对行政行为的合法性进行审查。这里出现的问题是行政诉讼的审理规则与行政诉讼目的不对应,偏重客观诉讼。问题的关键在于:原告因合法权益被侵害,提起主观诉讼,而法院审理行政案件的规则是具有客观诉讼属性的。在实践中行政诉讼"内错裂"的现象非常严重——主观诉讼客观判决;诉讼程序已结束,原告诉求没有得到应有的回应,纠纷始终未得到解决。

1. 行政诉讼目的与行政诉讼审理规则不对应

现行法第一条规定的是我国行政诉讼目的;第六条规定的是行政诉讼审理范围。根据第一条的内容,我国行政诉讼目的是含有主观诉讼目的和客观诉讼目的:即解决行政争议;保护权利;监督行政机关依法行使职权。第六条规定的是行政诉讼审理范围:即行政案件的审理规则是审查行政行为的合法性;行政案件的审理规则的重点在于行政行为的合法性问题,而不是直接审查权利是否受到侵犯的问题;是忽略了主观诉讼,强调了客观诉讼。我国行政诉讼目的中涵盖了主客观诉讼目的,而行政诉讼审理规则只强调客观诉讼,两者互不对应。事实上就是,行政诉讼目的兼顾主客观诉讼的重要性,而行政诉讼审理规则未能全面回应行政诉讼目的。这也是在实践中产生大量的申诉上访案件或者申请再审案件的主要原因。

2. 行政诉讼受案范围与行政诉讼目的不对应性

新法把"具体行政行为"改为"行政行为",并列举了可诉的和不可诉的行政行为。新法还规定法院对规范性文件进行附带性审查的权利,但是法院不能直接处理规范性文件。那么,这种规范性文件是行政行为吗? 如果是,可否直接提起行政诉讼,法院为什么不能直接处理? 如果不是行政行为,那又是什么? 人民法院对规范性文件的附带性审查是属于客观诉讼。新《行政诉讼法》的受案范围的内容虽然具有主客观诉讼的双重属性,但是偏重客观诉讼;

而忽略了主观诉讼，没有全面反映行政诉讼目的。

总之，新《行政诉讼法》的条文和条文之间的内错裂现象非常严重。从新法条文的宗旨上看，是以主观诉讼为主导，但是各条文之间互不对应，实质上产生了注重客观诉讼的效果。这种内错裂现象是在1989年的《行政诉讼法》中就存在，但是新法依然没有解决此类问题。

（二）权利与权力的博弈需要对权力的制约

随着社会和经济的发展，行政权越来越膨胀，侵入私人权利空间，大量出现行政权被滥用的现象。人们意识到对权力的依赖性日益增长，但同时也意识到了权力对权利的威胁。随着西方相关的学说思想传入中国，人权、民主、法治带动了人们的权利意识，而人权、民主、法治思想对权利与权力的互动提供了更宽泛的场域。权利与权力互动的过程中，权利在权力面前显得非常微弱，无法抵挡权力的优越性。人们意识到以权利约束或架空权力是一种"天方夜谭"。

1. 法律缺位时，司法权处于无奈之局

随着社会的发展，各种新现象不断发生。一些新问题、新现象、新纠纷，由于法律本身的滞后性暂时无法纳入司法的轨道。比如说，民政部门拒绝办理同性恋者的婚姻登记问题；"失独者进京申请国家补偿问题"（失独者向国家卫生和计划生育委员会提交了《关于要求给予失独父母国家补偿的申请》，对此，国家卫计委信访处答复称：现行的政策和法律法规没有相关的规定）；纳税人诉讼等公益类诉讼等现象现行法和制度都无法解决。上述社会现象中，公民的权益由于政策和法律的缺失受到了一定的损害。尤其是"失独者申请国家补偿"问题，他们确实严格遵守国家计划生育政策，可是出现"失独"之后政策和法律未规定如何处理的途径。现行法明文规定"以事实为根据，以法律为准绳"，但是实践中面临的问题是法律缺位时怎么办？法官对此有无造法之空间或者援引宪法原则解决纠纷之权？

2. 司法权面对行政立法权之弱势局面

所谓的"行政立法"通常指的是行政机关制定的行政法规和规章。新《行政诉讼法》规定，法院审理行政案件以法律、行政法规和地方性法规为依据，可以参照规章。但新《行政诉讼法》规定，法律本身不符合宪法原则和精神的

情况下法院是无权对法律进行违宪审查的;行政法规、地方性法规和规章在违法的情形下,法院也无权对其进行合法性审查。新《行政诉讼法》虽然规定了法院对规章以下的规范性文件的审查权,但是,法院对行政案件进行审理时面临的困难是对抽象行政行为无权进行审查,导致很多行政纠纷未能彻底解决。我国行政机关的行政职权之来源大体上有两种途径:一是宪法、法律的授权;二是行政机关制定的行政法规、规章。从某种意义上说,行政诉讼制度本身涵盖着控制行政权的功能。而在司法实践中,司法权无法对抗行政权;也就是说,司法机关无权审查抽象行政行为是一种司法权面对行政立法权处于弱势的状态。笔者认为,不否认行政机关制定行政法规、规章和行政规范性文件之权,但一定要遵循司法最终原则:行政权让位于司法权。行政法规、行政规章和行政规范性文件必须接受司法审查。行政法规、行政规章和行政规范性文件并不当然具有法律效力,如果其违宪或者违法,法院仍然对其进行审查或者拒绝适用。这样,打破司法权面对行政立法权或者行政权的弱势状态。

综上所述,目前我国行政诉讼制度存在主客观诉讼混乱的状态。无论是在理论还是在实践中,对主客观诉讼理论的理解和研究不够深入。从我国行政诉讼法文本上看,现行法的目的偏向主观诉讼,而审理规则偏向客观诉讼;这显然是一种怪现象:在实践中,只审具体行政行为的合法性问题,而不顾行政相对人权益是否受到侵害;确认了规则,纠纷未得到解决,导致引起大量的申诉、信访案件,损害司法权威。因此,行政诉讼法的构造上应当注重主客观诉讼的分类。主客观诉讼理论的深入研究,对于我国行政诉讼的研究有着重要的理论和实践意义。

第五章　现行制度的困境

一、行民交叉的困惑

在现代社会中,日趋复杂的社会生活使得国家对社会的积极干预已经成为时代的要求,人们在日常生活中对行政权的依赖程度也越来越高。随着行政权力广泛介入社会主体的民事活动,越来越多的民事主体的行为也被纳入国家的行政管制和约束之下,与之相伴随的,则是原本单纯的民事争议因行政权力的介入而变成了夹杂民事因素和行政因素的混合争议。尤其随着《物权法》等法律的公布实施,在审判实践中,这种行政案件与民事案件相交织的情形已经十分普遍。据一些高级法院行政庭的有关负责人透露,在其所遇到的案件中,这种行政与民事交叉的案例已达50%。[①] 但是,对这类案件怎么审理,我国《行政诉讼法》与《民事诉讼法》均未作出明确规定,而统一审理规则的缺失,不仅让法院在审理这类案件时判决前后矛盾,司法权威遭受重创,而且也让各方当事人在民事诉讼与行政诉讼中疲于奔命,痛苦不堪,如在著名的"焦作房产纠纷案"中,当事人历经18年诉讼,四级法院通过民事诉讼和行政诉讼,先后作出了30多份裁判,结果纠纷出现了没完没了的办证,没完没了的诉讼的局面,最后不仅各方当事人疲惫不堪,法院的公信力和司法权威也大受影响。[②] 因此,

---

①　参见陈煜儒:《学界司法界将联手攻关行政争端解决机制难题》,《法制日报》2008年12月8日(第8版)。

②　参见马如钢:《焦作"超级马拉松诉讼"伤害了谁》,《河南日报》(农村版)2011年1月24日(第4版)。

如何妥善解决行民交叉问题,是当前司法实践中不容回避的问题。

从审判实践来看,行民交叉案件在审理时主要涉及两个问题:一是在民事案件中,当行政行为作为解决民事争议的前提时,民事审判庭能否对行政行为的合法性进行审查;二是在行政案件中,当民事争议成为解决行政行为合法性的前提时,行政审判庭能否一并解决民事争议。由于在我国现行的司法审判体制下,不同性质的纠纷分别是由法院不同的审判庭来审理,如果上述两个问题处理不当,那么就极易引发行政判决与民事判决的冲突,而矛盾判决又进一步引发了"超级马拉松"诉讼。但是,对第一种情形,即在民事审判中遇到相关联的行政行为,当事人对该行政行为的合法性有争议,法院能否对行政行为予以审查? 学界和实务界对此都有不同的看法,我们认为,因当事人提起的诉讼是民事诉讼,而行政行为在诉讼中只是作为附属问题而存在,至于民事审判庭是将行政行为直接作为证据进行审查,还是应当中止诉讼,告知当事人另行提起行政诉讼,还需要在《民事诉讼法》中予以明确,并非《行政诉讼法》自身所能解决,限于本书主题,我们这里仅讨论第二种情形。

行政案件的审理以民事争议的解决为前提,一般多见于土地、房屋、林权、婚姻等领域,从行为的种类来看,涉及行政许可、行政确认等多种行政行为。从实务来看,这类行政案件大多有一个共同特点,即诉讼表面上看起来是行政纠纷,但背后真正争议的则是原告与第三人之间的民事法律关系,因此,只要解决当事人之间的民事纠纷,行政争议自然也就迎刃而解。如下面这个案例就是如此①:

> 1966 年,徐天浩因"知识青年上山下乡"到鄞县洞桥公社红峰大队 3
> 生产队上水矸自然村插队落户,根据当时的政策,鄞县洞桥公社红峰大队
> 为下乡知青建造了知青安置房,分配给徐天浩知青安置房一间(面积约
> 为 20 平方米)。1980 年 8 月 29 日,鄞县革命委员会出台了鄞革〔80〕106
> 号批转县知青办《关于清理知青经费、物资、住房问题的报告》的文件。
> 按照该文件的规定,鄞县洞桥公社红峰大队将分配给徐天浩的一间知青

---

① 徐天浩诉宁波市鄞州区人民政府房屋登记行政确认纠纷案,(2010)甬鄞行初字第
36 号。

安置房折价处理归徐天浩所有,产权编号为0000250。2000年6月,盛如宝(徐天浩与盛如宝系亲戚关系)在申请自己的一楼一平房屋所有权登记时,将原告上述一间平房同样以祖传无证件用地具结形式向鄞县人民政府一并申请了房屋产权登记。2000年7月12日,鄞县人民政府向盛如宝颁发了一楼二平(包括了讼争的一间平房)鄞房权证洞字第M200000562号房屋所有权证。徐天浩得知后,遂诉至法院,要求撤销该证。诉讼中,盛如宝称,徐天浩已于1983年将诉争房屋出卖给自己,而徐天浩则称不知此事,自己也没有收到过房款,双方根本不存在买卖关系。

在本案中,徐天浩与盛如宝之间是否存在房屋买卖是民事法律关系,而鄞县人民政府给盛如宝颁发房屋所有权证是行政行为,从表面来看,本案各方当事人争议的焦点是鄞县人民政府的颁证行为是否合法,但实质上,徐天浩和盛如宝谁对涉诉房屋拥有所有权这个民事争议是案件的实质焦点,也是解决纠纷的关键。只有解决了这一问题,鄞县人民政府颁发房屋所有权证的对象是否正确这一行政诉讼需要解决的问题才能得以顺利解决。法院在审理案件时,如果对民事争议置之不理,撇开当事人的主观权利诉求,单纯地从颁证的主体、程序、法律适用等方面来审查行政行为,那么就无法彻底解决当事人之间的争议,从根本上化解纠纷。因为一旦行政判决与当事人提起的民事诉讼所作出的民事判决相矛盾的话,那么争议将更加复杂,正如下面这个案件所演示的①:

　　一家开发商与张某签订了一个合同,约定把一套房子抵20万元的债务给张某。张某对房子进行装修后住了进去。可是,不知是什么原因,开发商又把这套房子以30万元卖给了王某,并给王某办理了房产证。但当王某拿着房产证去看房子时,却发现张某住在里面。无奈,他只好把张某告到法院,要求法院判决张某搬出住房(民事侵权诉讼)。张某一看自己当了被告,也急了,就起诉了房地产登记部门,请求撤销王某的房产证

（行政诉讼）。而在这一行政诉讼期间，张某又起诉开发商与王某签订的房屋买卖合同无效（民事合同诉讼）。

三个诉讼导致的结果是：民事侵权诉讼以等待行政诉讼裁判结果为由，裁定中止审理；行政诉讼以行政机关登记行为违法为由，判决撤销房产证；民事合同诉讼以房屋买卖合同有效为由，驳回张某的诉讼请求；民事侵权审理最后以行政判决为依据，驳回王某的诉讼请求。现在，王某每天拿着民事胜诉判决申诉。

在本案中，各方当事人发生争议的根源在于房屋所有权到底应当归谁所有，但三个诉讼的审理思路各不相同，结果判决相互矛盾，出现了"官了民不了"的尴尬局面。当然，对于纠纷的解决，当事人选择民事诉讼抑或行政诉讼是当事人的权利，法院只能予以指导，无权加以限制，但行政诉讼的提起，却毫无疑问地使简单的民事争议趋于复杂化。对这类案件的处理，我国《行政诉讼法》（1989年）未作出任何规定。2000年《最高人民法院关于执行〈中华人民共和国行政诉讼法〉若干问题的解释》第五十一条规定，"案件的审判须以相关民事、刑事或者其他行政案件的审理结果为依据，而相关案件尚未审结的，中止行政诉讼。"据此，在审理行政案件时，如果当事人已经提起民事诉讼的，法院应中止审理，等民事诉讼结束后，再恢复行政案件的审理，并以民事判决的结果来处理行政案件。然而，对于当事人没有提起或不愿意提起民事诉讼的，法院应如何处理，司法解释则缺乏规定。法律和司法解释的缺位，给法院在审理方式上留下了广阔的发挥空间。由于此类案件的处理，对法院实质性化解纠纷、促进案结事了、维护司法权威、减少当事人诉累有着重要意义，因此，最高人民法院先后通过司法解释、批复、人民法院案例选、审判案例要览等形式对案件的审理方式都提出了积极的处理意见。然而，通过整理分析最高人民法院的各种司法解释和指导案例，我们却发现，在不同时期、不同领域、针对不同的问题，最高人民法院对行民交叉案件的指导意见并不相同，甚至互相冲突。总体来看，我国法院在处理此类案件时约有以下几种方式：

一是由法院行政庭审理，通过行政附带民事诉讼的方式将行政争议与民事争议一并解决。这是近年来最高人民法院积极倡导的一种解决方案，并且开始在一些地方法院进行试点，如前述的徐天浩诉宁波市鄞州区人民政府房屋登记行政确认纠纷案便是宁波市鄞州区法院试行行政附带民事诉讼的成果。2009年6月26日,最高人民法院在《关于当前形势下做好行政审判工作的若干意见》中明确提出,"要充分发挥行政诉讼附带解决民事争议的功能,在受理行政机关对平等主体之间的民事争议所作的行政裁决、行政确权、行政处理、颁发权属证书等案件时,可以基于当事人申请一并解决相关民事争议。要正确处理行政诉讼与民事诉讼交叉问题,防止出现相互矛盾或相互推诿。"从法院试行效果来看,行政附带民事诉讼,不仅能"减少诉累"和"节约法院审判资源",还可以有效地解决"同案不同判,判决结果不统一"等问题。另外,行政和民事合并到一起,更有助于法官还原事实真相,充分了解民事部分。①但是,这种方式最大的缺陷是缺乏法律依据,而且行政诉讼能否附带民事诉讼,理论上也不乏质疑之声。②

二是由行政庭直接对民事争议作出判断,然后据此审理行政行为。如在李子汉诉遂川县公安局扣押财物案③中,法院认为"上诉人李子汉与朱××签订的收购废电瓶协议违反国家强制性规定,属无效合同。上诉人李子汉与朱、杨两人正在对李子汉修理部的废电瓶进行过称、登记、上车,买卖双方还正在交易中,朱、杨二人也未支付价款给李子汉,已过称、登记、上车的废电瓶的所有权并未转移给朱、杨二人,该废电瓶的所有权仍属李子汉。被上诉人遂川县公安局认定该废电瓶系朱、杨二人非法收购的,证据不足,理由不充分。被上诉人将上诉人的废电瓶认定为朱、杨二人非法收购的予以扣押,其扣押行为违法。"这种做法实际上是上述第一种方式的简化版,即法院直接略过民事诉讼程序,直接在行政诉讼中对民事权益的归属予以判断。然而,这种审理方式本身存在一定的局限性,其所解决的民事争议只能局限在简单明了的民事法律关系上,如果民事法律关系趋于复杂,法院通过行政诉讼程序来进行审理就会

---

① 参见陈东升、马岳君:《宁波鄞州法院开审全国首例行政附带民事诉讼案》,http://www.legaldaily.com.cn/legal_case/content/2010-09/20/content_2295699.htm? node=20772,2014年3月30日访问。

② 参见翟晓红、吕利秋:《行政诉讼不应附带民事诉讼》,《行政法学研究》1998年第2期;何文燕、姜霞:《行政附带民事诉讼质疑》,《河南省政法管理干部学院学报》2001年第2期;韩思阳:《行政附带民事诉讼之难以逾越的障碍》,《行政法学研究》2006年第4期。

③ 最高人民法院中国应用法学研究所编:《人民法院案例选》2005年第1辑(总第51辑),人民法院出版社2005年版,第456—460页。

相当困难,从而势必会重新引入民事诉讼程序。

三是告知当事人提起民事争议,由法院的民庭与行政庭分案审理。如2010 年11 月18 日起实施的《最高人民法院关于审理房屋登记案件若干问题的规定》第八条规定,"当事人以作为房屋登记行为基础的买卖、共有、赠与、抵押、婚姻、继承等民事法律关系无效或者应当撤销为由,对房屋登记行为提起行政诉讼的,人民法院应当告知当事人先行解决民事争议,民事争议处理期间不计算在行政诉讼起诉期限内;已经受理的,裁定中止诉讼。""民行分开,先民后行"的审理模式考虑到当事人之间真正的争议是民事纠纷,囿于行政诉讼无法对民事法律关系进行审查,因此要求当事人先通过民事诉讼确定权利归属,民事裁判一旦形成,行政诉讼自然也可顺利解决。这种做法能够在一定程度上避免行政判决与民事判决的相互矛盾,对于最终解决纠纷,减少当事人讼累有着积极意义,但是,这种"民事先行一刀切"做法在实务中也面临着"当事人坚持行政诉讼""行政诉讼恢复难"等问题。①

四是不考虑民事争议,由行政庭径行作出裁判,如在上海建灵置业有限公司诉上海市工商行政管理局闵行分局工商行政登记②一案中,法院认为,"登记机关只具有对法定申请材料进行审查的义务,如果这些材料符合法定要求,则依法予以登记;登记机关无权、也无力对相关民事争议进行审查、判断。对相关民事争议,当事人应另行提起民事诉讼。因此,上诉人建灵公司转让股权的基础法律关系存在,各方当事人对此意思表示真实,并已通过上海联合产权交易所完成了产权交割手续等基础事实清楚,被上诉人闵行工商分局作出的股权变更具体行政行为认定上述主要事实清楚,执法程序适当,适用法律并无不当,被诉工商变更登记具体行政行为可予维持。"从纠纷解决的实际效果来看,这种方式的法律风险很大,因为如果不考虑民事争议,一旦当事人再提起民事诉讼,而民事判决与行政判决相抵触的话,那么法院的司法权威不仅丧失殆尽,而且当事人也会随之陷于司法泥潭。

---

① 参见吴洁梅、李红英、沈惠玲:《房屋登记民行交叉案件的裁判路径——〈最高人民法院关于审理房屋登记案件若干问题的规定〉第八条的实践困境及破局之路分析》,http://smxzy.hn-court.org/public/detail.php? id=5630,2014 年3 月30 日访问。

② 参见最高人民法院中国应用法学研究所编:《人民法院案例选》2009 年第3 辑(总第69辑),人民法院出版社2010 年版,第400—409 页。

比较上述四种方案,不难发现,虽然第一种方案在立法上缺乏依据,但相比较其他三种方案,却无疑是最便捷有效的解决方式。也许正是出于这种认识,2014年修改后的《行政诉讼法》第六十一条明确规定,"在涉及行政许可、登记、征收、征用和行政机关对民事争议所作的裁决的行政诉讼中,当事人申请一并解决相关民事争议的,人民法院可以一并审理。在行政诉讼中,人民法院认为行政案件的审理需以民事诉讼的裁判为依据的,可以裁定中止行政诉讼。"由此,理论与实务上备受争议的行政诉讼附带民事诉讼终于在立法上获得了合法化的依据。

修订后的《行政诉讼法》这一规定吸收了理论研究成果和司法实务经验,旨在解决实践中行民交叉难题,其积极意义值得肯定。但在当前《行政诉讼法》所确定的框架下,这一规定能否真正做到"案结事了",还有待于进一步观察。如上所述,当前行民交叉案件之所以出现"超级马拉松",主要是在于行政判决与民事判决相冲突,行政附带民事诉讼设立的初衷也正是为了避免这种现象的发生。然而,由于行政审判和民事审判在举证责任、审查标准、事实认定上都有所不同,从某种程度上讲,这种矛盾冲突实质上是无法避免的,因此,行政附带民事诉讼,在制度设立上本身就存在难以逾越的障碍。① 当然,我们指出这一点,并不是否认行政附带民事诉讼的积极意义,而是要在这种"深刻异质性"的基础上,探求如何去破除障碍,使行政诉讼真正能够融合民事诉讼,让行政附带民事诉讼真正起到"定纷止争"的作用。

从根源上分析,我国行政审判与民事审判之所以会产生"异质性",主要是因为两者的审查对象不同。在民事诉讼当中,法院审理的对象是原告的诉讼请求——原告通过法院向对方提出的权利主张——能否成立,而在行政诉讼中,法院审理的对象则是被告作出的行政行为是否合法。审理对象的不同,决定了两种诉讼在举证责任、审理标准、事实认定等事项上都存有差异,"异质性"的产生自然难以避免。然而,这种"异质性"是否是一种应然现象呢?从诉讼目的上看,虽然我国《行政诉讼法》将行政行为作为自己的审查对象,但"保护公民、法人和其他组织的合法权益"却始终是《行政诉讼法》强调的立法目的,行政相对人提起行政诉讼的目的也是为了保护自己的权益。在权益

---

① 参见韩思阳:《行政附带民事诉讼之难以逾越的障碍》,《行政法学研究》2006年第4期。

救济这个终极目的上,两个诉讼可谓具有一致性,然而,实践中为何会产生民行"打架",官了民不了的尴尬局面呢? 其实,这一怪状的出现,根源在于我国行政诉讼构造的"内错裂"。① 《行政诉讼法》虽然将保护公民、法人和其他组织的合法权益作为自己的立法目的,但又将行政行为的合法性审查奉为圭臬,为法院构建了客观导向的诉讼规则,在主、客观"内错裂"的诉讼构造下,行政诉讼运行的实际效果必然会造成当事人的权益保护与行政行为的合法性审查存在紧张关系,带来的后果则是诉讼必然以牺牲一方当事人的权益为代价。我们来看下面这个案例:②

　　2006 年 12 月 4 日,原告沈晏平和第三人诸仿琴一起到被告德清县民政局的婚姻登记处申请办理离婚登记,当场共同递交了婚姻证明、离婚协议书、身份证、户籍证明等材料。婚姻登记员就有关事项对双方进行询问后,又由双方在担任监誓人的婚姻登记员面前分别亲自填写了《申请离婚登记声明书》,随后被告审查作出了"符合离婚条件,准予离婚"的意见,并于当天向两人颁发了离婚证。2007 年 4 月 29 日,沈晏平的父母以沈晏平的名义向德清县人民法院提起行政诉讼。

　　在本案审理过程中,德清县人民法院根据原告方的申请,委托浙江省立同德医院对原告沈晏平办理离婚登记当天和鉴定时的精神状态、行为能力进行鉴定。鉴定结论为:沈晏平办理离婚登记时患有双相障碍(躁狂相),为限制民事行为能力;鉴定时处于缓解期,具有民事行为能力。法院另查明,至本案开庭审理时,原告沈晏平和第三人诸仿琴均未与他人另行登记结婚。

　　德清县人民法院经审理认为:根据《婚姻法》第三十一条、第三十二条的规定,男女双方离婚可通过行政程序,亦可通过诉讼程序。而离婚作为一种民事法律行为,根据《民法通则》的规定,行为人必须具有相应的民事行为能力。本案中,原告沈晏平和第三人诸仿琴通过行政程序离婚,

① 关于我国行政诉讼构造"内错裂"的详细分析,可参见薛刚凌、杨欣:《论我国行政诉讼构造:"主观诉讼"抑或"客观诉讼"?》,《行政法学研究》2013 年第 4 期。

② 沈晏平诉德清县民政局民政行政确认纠纷案,德清县人民法院(2007)德行初字第 5 号(2007 年 8 月 20 日)。

从形式上看,双方系自愿离婚,且已对子女、财产等问题协商一致并共同签署了离婚协议书,但经审理查明,原告沈晏平于1990年即已罹患精神疾病,从当年至2006年期间曾多次住院治疗,和第三人离婚当天亦处于患双相障碍(躁狂相)阶段,属于限制民事行为能力。根据《婚姻登记条例》第十二条第(二)项的规定,婚姻登记机关不予受理属于限制民事行为能力的当事人的离婚登记,故原告沈晏平和第三人诸仿琴离婚不能适用行政程序,不属于婚姻登记机关受理范围。被告德清县民政局作为德清县婚姻登记机关,按照相关规定办理本县居民离婚登记是其法定职责,但其在办理原告沈晏平和第三人诸仿琴的离婚登记时,未严格审查当事人的民事行为能力,在原告沈晏平客观上不能完全真实表达自己意愿的情况下,对双方的离婚登记申请予以受理审查并登记颁证,违反了法定程序,该离婚登记依法不能成立。第三人诸仿琴作为完全民事行为能力人,采用欺瞒手段进行离婚登记,违反了《婚姻登记条例》的相关规定,扰乱了婚姻登记机关正常的登记秩序,应承担相应的法律责任。据此,依照《行政诉讼法》第五十四条第(二)项第三目之规定,判决:撤销被告德清县民政局向原告沈晏平和第三人诸仿琴颁发的离婚证。

这是一起非常典型的当事人权益保护与行政行为合法性审查相冲突的案件。在所诉行政行为是否合法以及法院如何判决上,法院审理时争议极大,形成了四种观点:第一种观点认为,只要登记机关尽了审查职责,就应当确认合法并判决维持;第二种观点认为,婚姻登记机关的行为超越职权并违反法定程序,应当判决撤销婚姻登记机关颁发的离婚证;第三种观点认为,婚姻登记机关的行为违法,但法院不宜作出撤销判决,而应当确认婚姻登记机关颁发离婚证的行为违法;第四种观点认为,行政行为合法,但基于对事实的尊重认可判决撤销,此种撤销判决并不构成行政机关负赔偿责任的前提。从判决结果来看,法院认为"尽管存在是否对行政机关确定了过高审查标准之争议,但在现行法律框架下具有正当性",最终采纳了第二种观点。[①] 然而,不可否认,这种

---

① 关于四种观点的详细介绍,可参见危辉星:《试论离婚登记的可诉性及司法审查》,《行政执法与行政审判》2012年第5集(总第55集),中国法制出版社2013年版,第56—59页。

正当性却是以牺牲被告的利益为代价的。

《婚姻登记条例》第十二条规定,"办理离婚登记的当事人有下列情形之一的,婚姻登记机关不予受理:……(二)属于无民事行为能力人或者限制民事行为能力人的。"第十三条规定:"婚姻登记机关应当对离婚登记当事人出具的证件、证明材料进行审查并询问相关情况。对当事人确属自愿离婚,并已对子女抚养、财产、债务等问题达成一致意见的,应当当场予以登记,发给离婚证。"根据这两条的规定,对不具有完全民事行为能力的人,婚姻登记机关不应当颁发离婚证。然而,在离婚登记时,婚姻登记机关应如何判断当事人是否具有民事行为能力?对此,法律没有给出具体的判断标准,但实务中一般认为,"离婚一方是否属于无民事行为能力或者限制民事行为能力人,婚姻登记机关无法通过材料进行核实,只能通过当事人或者相关人的主张或者一般的精神状态判断。如果离婚一方有意隐瞒对方精神疾病,而从对方表现又无法识别其精神状态,登记机关只能依法作出离婚登记,该登记行为并不具有违法性。"[1]如在曹玲不服重庆市涪陵区民政局离婚登记案[2]中,法院认为,"曹玲的法定代理人曹有才所提供的证据可以证明曹玲有精神病既往史且在离婚后又被诊断为精神分裂症患者,但不能证明曹玲在婚姻登记过程中,精神处于不正常的状态。被上诉人曹玲在接受涪陵区民政局婚姻登记员的询问以及在办理离婚登记的过程中,没有表现出明显的精神异常。上诉人涪陵区民政局将曹玲视为完全民事行为能力人为其与戴江办理离婚登记手续,不违背《中华人民共和国婚姻法》和《婚姻登记条例》的规定。"因此,实务中对婚姻登记机关采取的是"理性人"标准,即只要行政机关尽到了一个正常人应有的合理注意义务,就没有违反《婚姻登记条例》的规定。

然而,在本案中采取这种观点,认定所诉行政行为合法,显然对保护原告的合法权益不利,于是法院陷入了一个"两难境地":为了保护原告的合法权益,不得不撤销行政行为,但据此认定行政行为违法,显然对行政机关又要求过苛,尤其在当前很多地方将败诉率纳入行政执法责任制来对行政机关进行

---

① 贺荣主编:《行政执法与行政审判实务——行政许可与行政登记》,人民法院出版社2005年版,第327页。

② 参见重庆市高级人民法院编:《重庆审判案例精选》(第1集),法律出版社2006年版,第380页。

绩效考核时,这种做法不仅无法让行政机关心服口服,甚至会引起行政机关的强烈反感。为了克服这种尴尬冲突,法院不得不费力解释道,"如果婚姻登记机关已尽审慎合理审查职责的,法院在判决的事实认定和说理中,宜对登记机关已依照法定程序履行了审慎合理审查职责予以确认,登记机关亦无须承担登记错误的赔偿责任"。也就是说,如果已尽审慎合理审查职责,那么即使违法了,也无须承担法律责任。然而,事实上这样解释却又与《国家赔偿法》相悖,按照《国家赔偿法》确定的违法归责的原则,如果行政行为违法并造成损害的,那么行政机关就应当赔偿,无须考虑行政机关主观过错。

因此,本案最佳的解决方案其实是第四种观点,即确认行政行为合法,但基于对事实的尊重仍可判决撤销。"这种做法较好地解决了后续行政赔偿问题,也为行政机关所接受,但此种处理办法有违现行行政诉讼法对行政行为的合法性进行司法审查的立法规定——即只有违法行政行为才可以予以撤销。"① 由此,行政行为的合法性审查与当事人权益保护之间的紧张关系凸显无疑,即当事人提起诉讼是为了保护自己的权益,而行政诉讼却把当事人的诉讼请求被法院搁置一旁,围绕行政行为来进行展开,也许在立法者看来,监督了行政机关依法行使职权,当事人的合法权益就得到了保障,但事实上,监督行政与权益保护并非是硬币的两面,而是存在着一定的冲突关系。而这种冲突,却正是导致行民判决"打架"的主要原因。

当然,我国《行政诉讼法》这种局面的形成,有其深刻的历史原因。由于《行政诉讼法》制定时,我国行政诉讼制度刚刚起步,经验不够丰富,立法机关对行政行为的理解基本上仅限于司法实践中常见的、一定范围内的行政处罚行为。因此,行政诉讼制度在很大程度上是以行政处罚案件为模型而建立起来的。② 在这种诉讼模式中,公民的权利诉求和行政行为违法撤销具有天然的亲和性,即撤销了行政处罚,公民的合法权益自然就得到了保护。然而,随着时代的变迁发展,法院受理的行政案件,早已不再局限于行政处罚,而是扩展到了行政许可、行政确认、行政登记等一系列行政行为上,"这类行为一般涉及平等主体之间的权属纠纷,虽然提起是针对行政权力行使的诉讼,但其背

---

① 危辉星:《试论离婚登记的可诉性及司法审查》,《行政执法与行政审判》2012 年第 5 集(总第 55 集),中国法制出版社 2013 年版,第 58 页。

② 参见江必新:《完善行政诉讼制度的若干思考》,《中国法学》2013 年第 1 期。

后的争议实乃公民之间的权属纠纷,并非真正意义上对抗行政权力之行使。"①在这种情形下,如果仍以行政处罚为模式来构架诉讼框架,显然已经脱离了诉讼现实。但是,从本次修法来看,《行政诉讼法》仍然将"保护公民、法人和其他组织的合法权益"和"监督行政机关依法行使职权"作为行政诉讼的两大目的,在诉讼构造上,诉讼请求的主观性与法院审判的客观性所形成的"人格错裂"状况并未得到改善。可以预见,如果这种"主观诉讼、客观裁判"的局面得不到纠正,那么行民交叉案件将依然会成为我国司法实践中的棘手问题。

二、连环诉讼的烦恼

连环行政诉讼,简称连环诉讼,是指由相同或相关当事人基于相同的诉讼目的,针对多个相互关联的行政行为而提起的一系列行政诉讼。近年来,此类诉讼在司法实务中呈现出上升趋势,一般多见于征地拆迁案件,原告人数多少不一,具体现象如下所示:②

> 某房管局 2006 年 10 月向某房地产开发公司颁发房屋拆迁许可证,对某区域的房屋实施拆迁。三年多来,被拆迁人郑某等 8 人有分有合,先后提出行政起诉 42 件,法院立案 38 件,被告涉及发改局、规划局、国土局、房管局、建设局、环保局、公安局、市政府、省政府等多家行政机关,具体行政行为分别为建设项目立项审批、建设项目环境影响评价、土地征用、用地规划许可、用地审批、土地划拨审批、房屋拆迁许可、拆迁裁决、房屋评估机构确定等。诉讼案件中,被诉具体行政行为相互有关联的案件共 29 件,连环诉讼案件占该批案件总数的 76.3%。经分析,上例中的连环案件,原告 8 人,只有 8 个实质性争议,却进行了近 40 起、80 场诉讼,

---

① 黄其辉:《行政诉讼一审审判状况研究》,《清华法学》2013 年第 4 期。
② 参见陈圣国:《连环行政诉讼诉权问题探析》,http://ouhai.zjcourt.cn:88/art/2010/6/24/art_472_1275.html,2014 年 3 月 1 日访问。

案件数量与实质性争议数极不相称。

和传统行政诉讼现象相比,这类诉讼有两点特征:

1.案件数量众多,但实质争议单一。在连环诉讼中,当事人往往针对多个行政行为连续提起行政诉讼,涉及多起行政争议,但从起诉目的分析,当事人多次起诉的最终指向均是一致的,都是为了解决一个争议,可谓"万变不离其宗"。如在征地拆迁的连环诉讼中,据调研,当事人起诉的动机主要有四种:一是希望拆迁公开公平,补偿平等合理。这种当事人约占1/2弱,较理性,大多能接受拆迁,但对比拆迁补偿款与飙升的房价使其产生不平衡心理;或者是郊区安置房不方便、回迁房价格不优惠等,寄希望于司法更倾斜于保护其利益,获取事后补偿(事后后悔型)。二是希望以此手段施压以获取更高补偿。这种当事人约占1/3,类似于"钉子户",相信"爱哭的孩子有糖吃",利用诉讼成本低、拆迁期限有限等特点,增加要求高额补偿款的"谈判砝码"(事前争取型)。三是前期不了解拆迁权利、缺乏准备,后期寄希望于司法给行政行为"挑错"来争取利益,约占1/6(事中无备型)。四是希望追求民主正义等,仅占1%(追求民主型)。① 可见,当事人虽提起多个行政诉讼,但起诉的目的实质上是对安置补偿数额不满,至于多起诉讼,只不过是当事人达到其要求获得更高补偿数额这一目的的手段而已。

2.诉讼标的众多,彼此分离而又相互关联。在现代社会中,社会事务的管理往往会涉及多个部门,基于部门之间的权责界限与分工,在某一事务的管理上,这些部门作出的行政行为往往相互牵连和制约,形成一环扣一环的系列行政行为,共同对相对人产生影响。以上述案例为例,可以看到,房屋拆迁涉及发改、规划、国土、住建、市政府等多个部门,作出的行政行为有建设项目立项审批、土地征用、用地规划许可、房屋拆迁许可、拆迁裁决等等。在实践中,由于当事人往往对补偿安置不满意,在对补偿裁决起诉的同时,往往也会选择对拆迁许可、用地规划许可等前置行政行为分别诉讼,试图以此来否定补偿裁决的合法性,从而实现获取更多补偿的目的。这些行政诉讼虽然彼此独立,诉讼

---

① 参见杨晓玲:《城市拆迁引发"连环诉讼"之对策研究》,《北京政法职业学院学报》2011年第3期。

标的各不相同,但基于行政管理的关联性,这些行政诉讼的诉讼标的又具有牵连关系,行政判决彼此相互影响,形成"关联诉讼"。

连环诉讼给行政审判带来的冲击是巨大的。连环诉讼经过多次裁判,历时长达数年,甚至十几年,但纠纷解决效果却往往不甚理想:原告反复争讼不休,但鲜有能"修成正果",多数最终走向了申诉上访之路,同时,大量的行政机关不断被牵涉其中,不仅影响了社会事务的管理,而且相关第三人也往往深受其害,而各级法院在诉讼中更是疲惫不堪,司法资源大量浪费,诉讼各方参与主体最后均没有"赢家"。如何从根本上解决连环诉讼,妥善处理此类案件,真正实现案结事了,是《行政诉讼法》修改需要认真考虑的问题。但遗憾的是,这次修法却并未涉及此一问题。

从根源上看,连环诉讼形成的原因较为复杂,有司法方面的原因,但也有立法和行政执法方面的原因,并非单纯的《行政诉讼法》修改所能解决。如在拆迁连环诉讼中,当事人对拆迁补偿数额不满,有时在于补偿标准过低,但补偿标准通常由政府制定,即使落后于市场价格,因法院无从置喙,当事人仅靠起诉补偿裁决根本无法达到诉讼目的,不得不寄希望于连环诉讼,通过不断起诉前置行政行为来给政府施压,以谋取更高的补偿。因此,要想从根源上杜绝连环诉讼的发生,需要立法、行政和司法的合力,不能仅靠司法一家而毕其功于一役。然而,值得我们思考的是,为什么一个单纯的争议最终能够演化为多个争议,使得当事人对此争讼不休而出现连环行政诉讼呢? 这恐怕就和我国行政诉讼制度的缺陷有很大关系了。

关于连环诉讼是如何形成的,我们先来看一个案例:[①]

> 宁波市镇海区城市土地储备中心经市房产管理局拆许字(2006)第24号房屋拆迁许可证核准,委托宁波市镇海区房屋拆迁事务所对"三角地地块"项目进行拆迁。沈刚伯位于镇海区招宝山街道三角地67号203室的房屋列入该项目拆迁范围,该房屋在拆迁过程中,因拆迁双方多次协商达不成拆迁补偿安置协议,宁波市镇海区城市土地储备中心向被告申

---

① 沈刚伯诉宁波市房产管理局、第三人宁波市镇海区城市土地储备中心房屋拆迁行政裁决案,参见最高人民法院中国应用法学研究所编:《人民法院案例选》2009 年第 4 辑(总第 70 辑),人民法院出版社 2010 年版,第 495—502 页。本书在选编时略有删节。

请行政裁决,2008 年 10 月 28 日,宁波市房产管理局作出甬房拆裁〔2008〕290 号房屋拆迁行政裁决,并于 2008 年 11 月 10 日送达被申请人沈刚伯,沈刚伯不服,遂诉至法院。

原告诉称:"三角地地块"拆迁项目手续不全,程序不规范,被告违背市政府全面实施"阳光工程"的决定,不公开老城区低洼地块改造方案的规划,"三角地地块"先储备后规划没有法律依据,违反市政府甬政发(2005)第 66 号文件,强迫原告接受被告的安置方案,已经违反国办发(2004)46 号文件精神。违反规定如下:(1)从 2006 年 6 月 14 日开始模拟拆迁以来,剥夺原告的知情权和监督权;(2)房屋拆迁许可证没有在拆迁范围内公示,原告从 2006 年 6 月份开始要求看有关拆迁资料,但至今未看到,且拆迁许可证虽盖有宁波市房产管理局的公章,实际上是由镇海区房地产管理处审批签发,违反了拆迁许可证的发放主体、责任主体只能是市、县人民政府房屋拆迁管理部门的规定;(3)宁波市镇海区城市土地储备中心不具有拆迁人资格,拆迁许可证不是建设部制定统一组织实施的标准文本,违反拆迁原则;(4)拆迁许可证延长期限不公示和不告知拆迁延长期限;(5)拆迁公告不符合规定,建设项目名称、城市建设规划、部分保留建筑的批文、拆迁期限和搬迁期限等必备内容不公示;……综上所述,被告所作出的甬房拆裁〔2008〕290 号行政裁决书违反法律规定,侵犯了原告合法权益,要求人民法院依法撤销甬房拆裁〔2008〕290 号行政裁决书。

镇海区人民法院经审理后认为:

……

2.行政诉讼是对被诉具体行政行为的合法性进行审查,本案审理的是被告宁波市房产管理局作出房屋拆迁行政裁决行为的合法性,原告针对拆迁实施单位等剥夺原告的知情权和监督权,拆迁公告不符合规定,被告违反《中华人民共和国信息公开条例》规定对原告置之不理等提出的异议,不属于本案的审理范围,原告就此提出的异议,本院不予采纳;

3.具体行政行为一经作出即具有先定力、拘束力和执行力,参照建设部《城市房屋拆迁行政裁决工作规程》第八条规定,"有下列情形之一的,房屋拆迁管理部门不予受理行政裁决申请:(一)对拆迁许可证合法性提出行政裁决的",被告作出房屋拆迁行政裁决时,强调的是有无用地批准文件、房屋拆迁许可证等前置行为的作出,并未对拆迁许可证等前置行政行为进行合法性审查,拆许字(2006)第24号浙江省城市房屋拆迁许可证经被告宁波市房产管理局于2006年7月15日颁发,并于2008年6月26日经依法批准延期至2009年6月30日,被告颁发房屋拆迁许可证及其延期行为,在未经法定程序撤销前应认定为合法有效,原告沈刚伯就此所提出的异议,本院不予采纳;

……

综上所述,被告在本辖区内作为城市房屋拆迁行政主管部门,依法享有对未达成拆迁协议的拆迁安置事项进行裁决的行政职责,被告受理行政裁决申请后,依法进行了审查,并组织原告与第三人就拆迁补偿安置相关事宜进行调解,在原告对评估报告有意见的情况下,组织市区房地产价格评估专家委员会对评估报告进行鉴定,保障了拆迁当事人在行政裁决过程中的权利,并在审核相关资料、组织调解的基础上核实补偿安置标准,对原告房屋拆迁补偿安置补偿方式符合法律规定。据此,依照《最高人民法院关于执行〈中华人民共和国行政诉讼法〉若干问题的解释》第五十六条第(四)项的规定,判决驳回原告沈刚伯要求撤销被告宁波市房产管理局于2008年10月28日作出的甬房拆裁[2008]290号房屋拆迁行政裁决的诉讼请求。

原告不服一审判决向宁波市中级人民法院提起上诉,宁波市中级人民法院判决:驳回上诉,维持原判。

本案是一起常见的房屋拆迁裁决纠纷案,但却给"连环诉讼是如何发生的"作了一个极好的解释。以房屋拆迁连环诉讼为例,在实践中,连环诉讼一般是原告先由起诉拆迁裁决或拆迁许可开始,并在诉讼过程中或诉讼结束后,逐次扩展到起诉与其相关联的前置行政行为上,如规划许可、建设项目批准等等。当事人为何会作出这样的选择? 本案作了极好的解释。在本案中,原告起诉要求撤销行政裁决,理由众多,有两个值得注意:一是拆迁公告违法;二是拆迁许可证违法。在原告看来,拆迁裁决所依据的这些前置行政行为本身就是违法的,那么裁决自然也谈不上合法,这是一种朴素的正义理念,正所谓

"皮之不存,毛将焉附"。然而,对原告的这两个理由,法院一是以"拆迁公告违法不属于本案审理范围"为由不予采纳,二是以"作出房屋拆迁行政裁决时,强调的是有无用地批准文件、房屋拆迁许可证等前置行为的作出,并未对拆迁许可证等前置行政行为进行合法性审查"为由,认为即便拆迁许可证违法,但也不能否定行政裁决在作出时的合法性。显然,在法院看来,前置行政行为是否合法,并不在法院的审查范围之内,依据"不告不理"原则,法院只能审查原告提起诉讼的具体行政行为,原告未提起诉讼的,法院无权予以审查,正如编辑在案后评析中所言,"原告沈刚伯不服房屋拆迁主管部门拆迁裁决,向人民法院提起行政诉讼,其诉讼标的是被告宁波市房产管理局作出房屋拆迁裁决的具体行政行为。人民法院审查的对象应是被告作出房屋拆迁裁决的具体行政行为,审查内容应是该被诉行政行为是否合法。"①因此,法院在诉讼中不应当对前置行政行为的合法性予以置评,但若抛开前置行政行为,对原告提出的理由不作实质性回应,如此判决,势必难以让原告服判息讼,而原告一旦败诉,也会对前置行为再次提起行政诉讼,以否定与拆迁裁决相关行为来达到否定拆迁裁决合法性的目的,要求更多的补偿利益,连环诉讼也由此展开。②

可以看出,连环诉讼之所以发生,是因为在行政诉讼案件当中,法院只围绕着被诉行政行为来进行审查,缺乏对行政管理过程的回应。现代行政事务日趋复杂,行政管理活动大多都是一个过程,管理活动由一系列连续多个行政行为所构成,这些行政行为前后相连、环环相扣,最终共同对相对人发生影响。如果法院在诉讼中只针对一个环节、某一单一的行政行为来孤立进行审查,对整个行政管理活动合法性不置可否,"就案论案"式来审查被诉行政行为的合法性,势必会引发连环诉讼。如何克服这一难题,一些学者和法官都提出了自己的看法,如有的法官认为,对前置行为,可以按照"无效排除、可撤销保留"的非诉审查标准进行审查,据此,在拆迁许可诉讼中,如法院尚未作出一审判决,被拆迁人就前置行为依法提起诉讼的,拆迁许可诉讼应当中止审理,待前

---

① 最高人民法院中国应用法学研究所编:《人民法院案例选》2009年第4辑(总第70辑),人民法院出版社2010年版,第501—502页。

② 事实上,本案也的确如此,本案诉讼后,原告又提起了关联诉讼。详情参见袁裕来:《民告官手记6》,中国检察出版社2010年版,第469—496页。

置行为诉讼裁判生效后恢复审理。法院对拆迁许可诉讼作出一审判决后，被拆迁人对前置行为提起诉讼的，法院不予受理。① 也有法官认为，应采纳行政行为有限公定力理论，将前一行政行为作为审查被诉行政行为中的证据，从证据的真实、关联、合法等来进行审查。② 但是，将前置行政行为作为证据，应采取什么样的标准从"三性"上审查，该观点并不明晰。对于原告在诉讼后能否对前置行政行为再提起行政诉讼这一问题上，该作者一方面认为，作为证据审查的前置行为与作为诉讼标的审查的被诉行为，所受司法审查的力度是不可能一致的，仅以既判力理论即主张对前置行为不予受理，缺乏理论支持。但另一方面又认为，应结合案件中原告诉讼请求、法院裁判中对前置行为的审查程度等综合予以认定。③ 从其随后论述来看，实际上又回到了前述"无效排除、可撤销保留"的办法上。

客观来看，对前置行政行为进行适度审查，在一定程度上对原告诉讼理由作出回应，能部分缓解原告对行政判决的不满情绪，但能否就此阻止原告针对前置行政行为再次提起行政诉讼，其效果恐怕不容乐观。在后诉中，法院如以该行政行为已作审查为由对原告诉权进行限制，其做法更是值得商榷。首先，在前诉中，法院依据什么来对前置行政行为进行审查，即便是按照"非诉审查标准"，也需要有行政行为作出所依据的证据与规范性文件，④而在前诉中，作出前置行政行为的行政机关既未参与诉讼，对其所作出的行政行为也未进行主张和举证，更没有对前置行政行为所涉及的事实问题和法律问题进行积极的抗辩与防御，在未做到"程序参与"的情况下，法院的这种"适度审查"，在多大程度

① 原文使用的是"违法排除、可撤销保留"的表述，但从上下文表达的意思来看，"违法排除"应是"无效排除"之意，为防止发生不必要的歧义，本书在引用时作了修改。参见王达：《拆迁行政案件审理中的八个实体问题》，《法律适用》2005 年第 5 期。

② 参见江勇、管征：《行政审判实务问题研究》，中国法制出版社 2009 年版，第 296 页。

③ 参见江勇、管征：《行政审判实务问题研究》，中国法制出版社 2009 年版，第 293—294 页。

④ 《最高人民法院关于执行〈中华人民共和国行政诉讼法〉若干问题的解释》第九十一条规定，行政机关申请人民法院强制执行其具体行政行为，应当提交申请执行书、据以执行的行政法律文书、证明该具体行政行为合法的材料和被执行人财产状况以及其他必须提交的材料。同样，《最高人民法院关于办理申请人民法院强制执行国有土地上房屋征收补偿决定案件若干问题的规定》第二条亦规定，申请机关向人民法院申请强制执行，除提供《条例》第二十八条规定的强制执行申请书及附具材料外，还应当提供下列材料：（一）征收补偿决定及相关证据和所依据的规范性文件……

上能够保障审查结果的准确性,值得怀疑。如审查后径行认定前置行政行为合法,并以此限制当事人诉权,更是有违"程序保障"理念。其次,这种做法与判决既判力理论不符。按照传统大陆法系对既判力的理解,法院的终局判决一旦获得确定,该判决针对请求之判断就成为规范今后当事人法律关系的基准,当同一事项再度成为问题时,当事人不能再对该判断提出争议,也不能提出与之相矛盾的主张,同时,法院也不能作出与该判断相矛盾或抵触之判决。① 一般认为,当前诉中作为审判对象的事项在后诉中再次成为问题时,既判力的作用就会显现出来。② 在判断前诉判决对后诉是否具有遮断作用时,大陆法系传统理论认为,仅法院在判决主文中对诉讼标的所作的判断具有既判力,而法院针对诉讼中攻击防御方法层面所作出的判断(即判决理由中的判断)并不具有既判力。③ 据此,在前诉中,由于诉讼标的是原告所起诉的具体行政行为,因此,能够发生"前诉判决遮断后诉"之既判力作用的,只能是法院对所诉具体行政行为的判断,至于法院在诉讼理由中对前置行政行为合法与否的判断,并不能起到禁止当事人对同一纠纷进行重复争执的效果。此外,从实践来看,这种做法因无法律依据,往往无法取得原告谅解,如果法院强行不予立案受理,反而容易激发当事人对法院的不满,引发涉诉信访案件,更是将矛盾趋于复杂化。

问题似乎已经走入了死胡同,变成了无解难题。为何会出现这样的结果?其实,根源正在于我国行政诉讼"内错裂"的诉讼结构上。我们仍以最常见的拆迁连环诉讼案件为例。在拆迁诉讼中,表面看,当事人起诉是要求撤销拆迁许可或拆迁裁决,但诉讼的真正目的却在于谋求更多的补偿金额。双方争议的焦点虽与"行政行为是否合法"有关,但实际上应是"原告应当获得多少拆迁补偿数额"这一问题。从诉讼性质来看,诉讼实为主观诉讼而非客观诉讼。然而,囿于《行政诉讼法》第六条的规定,原告在提起行政诉讼时,却不得不将其诉讼请求限定为拆迁许可或拆迁裁决违法,使得形式诉求与实质诉求相分离,而"合法性审查"则为法院铺就了客观取向的审理规则,从客观上又限定

---

① 参见[日]新堂幸司:《新民事诉讼法》,林剑锋译,法律出版社 2008 年版,第 472 页。

② 参见林剑锋:《民事判决既判力客观范围研究》,厦门大学出版社 2006 年版,第 34 页。

③ 参见林剑锋:《民事判决既判力客观范围研究》,厦门大学出版社 2006 年版,第 5 页;刘宗德、赖恒盈:《台湾地区行政诉讼:制度、立法与案例》,浙江大学出版社 2010 年版,第 363—364 页。

了法院的审查范围以及法院的功能,这样一来,结果必然是"诉讼制度所关注的、法院所裁判的争议,与当事人的实际争议存在明显差异"①,法院对当事人的要求补偿这一实质诉求视而不见,而是围绕"行政行为是否合法"进行审理和判决,原告诉求与法院审判出现"各说各话"的局面,行政判决难以对原告诉求进行实质回应,即使判决最终撤销了拆迁许可或行政裁决,但因难以满足原告的实质权利诉求——获取更高补偿利益,原告自然难以服判息讼。

因此,解决连环诉讼的方案,并不在于限制原告对前置行政行为提起行政诉讼,而是应彻底改造现有的行政诉讼结构,扭转"诉讼请求的主观性"与"法院审判的客观性"相拧而呈现出的"内错裂"状态,建立起真正的主观诉讼,将法院审理的重点从行政行为的合法性审查转移到对原告的权利诉求的审查上,重点审查原告的诉讼请求是否成立、理由是否具备,实现对原告诉讼请求的实质回应。这样做的好处是显而易见的。首先,围绕原告的诉讼请求进行审查,在判决主文中对原告的权利诉求进行判断、回应,不仅能实现诉判对接,增强当事人对判决的认同度,而且,将权利诉求作为行政诉讼的标的,基于"诉讼标的=既判力客观范围"这一传统公式,判决也可有效地防止原告就同一争议再度起诉争议,从而维护法律秩序的稳定性。其次,因主观诉讼着眼于救济相对人权利,在审理上实行全面审查,行政诉讼因而也能够将与原告权利诉求相关的行政行为全部纳入法院审查的范围中,避免连环诉讼。当然,如此设计,势必要对我国《行政诉讼法》进行大刀阔斧的改造,在程序设计上也要重新规划,如怎么确定适格的被告,原告应向何地法院起诉,所涉行政机关应如何参与诉讼、如何在确保权利救济的基础上提高诉讼的效率,等等,都与传统的单一诉讼程序有所不同,如何在实现行政相对人权利有效救济的基础上,提高诉讼审理的经济和效率,这些都还需要我们去进一步思考和研究。

三、举证责任的错位

行政诉讼的举证责任是指由法律预先规定,在行政案件的真实情况难以

---

① 耿宝建:《行政纠纷解决的路径选择》,法律出版社 2013 年版,第 96 页。

确定的情况下,由一方当事人提供证据予以证明,其提供不出证明相应事实情况的证据则承担败诉风险及不利后果的制度。① 在行政诉讼中,举证责任主要是为解决当作为裁判基础的事实出现真伪不明时,法院如何裁判的难题,即法院此时应依据举证责任来确定由何方当事人来承担败诉结果,从而使案件得以终结诉讼程序。所谓举证责任的分配,就是指按照一定的标准,将事实真伪不明时所要承担的不利后果确定由哪一方当事人来承担。由于负担举证责任的一方如不能充分证明其主张,要承担败诉的风险。因此,举证责任的分配实质是在当事人之间分配了诉讼能否成功的风险,举证责任分配规则也因之成为证据制度的核心问题之一。②

关于行政诉讼举证责任的分配,我国《行政诉讼法》第三十四条作了明确规定,"被告对作出的行政行为负有举证责任,应当提供作出该行政行为的证据和所依据的规范性文件。"即行政行为的合法性由被告承担举证责任。一直以来,这一原则被认为是我国行政诉讼法独具特色之规定,虽然学界对此不乏质疑之声③,但从此次《行政诉讼法》修改来看,我国立法机关显然尚无意作出根本改变,仅就举证责任作了部分调整。1989 年的《行政诉讼法》为何要确定由被告对被诉行政行为的合法性承担举证责任,因立法资料匮乏,我们现在已无从得知其缘由,但理论上一般认为,由被告负担举证责任,有三点理由:第一,这是被告行政机关在行政程序中必须遵循"先取证、后裁决"的自然延伸;第二,这有利于发挥行政机关的举证优势;第三,这有利于促进行政机关依法行政④。诚然,在那个立法规则大量缺失、执法意识普遍匮乏的年代,让被告承担举证责任,给行政机关带来的震动是巨大的,而以后的事实也证明,让被告承担举证责任,对于强化我国行政机关的证据意识,规范行政机关的执法行为、提高行政执法水平有着不可磨灭的贡献。然而,随着我国行政诉讼的发展,当越来越多不同种类的行政行为开始被纳入行政诉讼的时候,这种"以行

---

① 参见姜明安:《行政法与行政诉讼法》(第 4 版),北京大学出版社、高等教育出版社 2011 年版,第 463 页。

② 参见马怀德:《行政诉讼原理》(第 2 版),法律出版社 2009 年版,第 244 页。

③ 参见朱新力:《行政诉讼客观证明责任的分配研究》,《中国法学》2005 年第 2 期;成协中:《中国行政诉讼证明责任的分配模式与规则重构》,《北大法律评论》第 9 卷·第 1 辑,北京大学出版社 2008 年版,第 56—80 页。

④ 参见应松年:《行政法与行政诉讼法学》,法律出版社 2009 年版,第 505 页。

政处罚为模型构建起的举证责任分配原则"①开始感觉到日益有些力不从心。首先是来自司法一线的法院明确地察觉到这一变化,于是,在2000年的《最高人民法院关于执行〈中华人民共和国行政诉讼法〉若干问题的解释》和2002年的《最高人民法院关于行政诉讼证据若干问题的规定》中,最高法院不得不基于实践的需要对行政诉讼举证责任作了一定程度的修正,规定原告在某些情形下也需要承担举证责任。由于《行政诉讼法》并未规定原告要承担举证责任,最高法院的这一规定是否合法,在学界引起了不少质疑。但是,从本次修法来看,修改后《行政诉讼法》同样承认了"在有些情况下,如果原告不举证,就难以查清事实,作出正确的裁判,因此,需要原告承担一定的举证责任"②。根据这一思想,《行政诉讼法》对原告的举证责任作了明确规定,在立法上正式结束了这场争论。

但通观整个《行政诉讼法》,可以发现,我国现有的行政诉讼举证责任并未发生根本变化,修订后的《行政诉讼法》只不过是将先前司法解释的规定和法院判决所确立的规则予以了正式肯定,其规定并无创新之处。然而,由于监督行政机关与保护公民合法权益这"两种目的模式所隐含的理念及其所进行的制度设计可能有重大差异",《行政诉讼法》所沿袭的这种举证责任能否适应日益变化的行政诉讼实践,是值得怀疑的。在我们看来,让被告对被诉行政行为承担举证责任,其背后隐藏的是客观诉讼的审理理念,并不能完全契合以保护公民权益为目的的主观诉讼,强行将两者捏合在一起,反而容易让行政诉讼在举证责任上形成"人格分裂",我们来看下面这个案例③:

> 2005年,北京市国土局怀柔分局发出《责令限期改正违法行为通知书》,称庙城镇西台上村民们在基本农田上未经批准种植苗木,改变了基本农田用途,属违法行为,要求5日内自行改正,恢复原地貌,但事后90多户村民均未执行。2005年12月,当地政府联合执法,100多亩地上的

---

① 江必新:《完善行政诉讼制度的若干思考》,《中国法学》2013年第1期。

② 关于《中华人民共和国行政诉讼法修正案(草案)》的说明,http://www.npc.gov.cn/npc/xinwen/lfgz/flca/2013-12/31/content_1822050.htm,2014年3月9日访问。

③ 《北京12农民上百亩树苗遭铲除 告国土局败诉》,http://news.xinhuanet.com/local/2008-11/28/content_10424222_1.htm,2014年3月9日访问。

各种树苗被铲车铲除。

2006年12月，经村民起诉，东城法院判决，市国土局提供的证据不能证明涉案土地属于基本农田，无法证明树苗种植时间、地点以及面积，处理决定事实不清，主要证据不足，应对怀柔国土局作出的决定予以撤销。

收到国土局行政违法的判决后，12户村民又提出了国家赔偿。杜芝花说，她家的上万棵果树被夷为平地，损失20多万元。她家还不算多，最多的一户提出了107万元的索赔，仅为购买苗木的费用，增值部分未算。昨日，案件审理了近8个小时，双方围绕涉案土地是否为基本农田进行了激烈辩论。

和杜芝花一样，其他村民手里都拿着一个"大红本"，是怀柔区政府印发的《农户土地承包经营权证书》。他们认为，该证书和承包合同都写得很清楚：承包人有自主经营权，且上面未写明承包土地为基本农田。还有村民拿出照片称，土地如果是基本农田，旁边都有标志，而他们的地没有。

北京市国土局的代理人认可行政违法的判决，但提出，该行政违法行为未造成直接经济损失，因此不同意赔偿。他拿出了一幅《怀柔区土地总体利用规划图》，称该图明确标明了涉案片区为基本农田。镇政府和村委会还签了基本农田保护责任状，涉案承包地都在该范围内。至于设置标志，代理人认为，应由当地政府负责。

2008年11月，法院宣判，12户村民的索赔请求被驳回。主审法官解释，申请行政赔偿必须首先确定行政机关违法，这已确定；其次是村民权益是否受到侵害。该案村民无法提供涉案土地的性质，法院也无权确认，因此村民是否在该土地上享有合法权益无从认定。

法官表示，村民需要首先确定土地性质由哪家单位认证，提供出该土地非基本农田的证据，则还有获得赔偿的可能。昨日，记者拨打市国土局咨询电话，工作人员回答，土地性质的确认由区国土局定，并由具体科室负责，普通公民可通过信息公开窗口查询详细内容。

　　这是一起非常典型的"人格分裂"案件，从报道中我们可以看出，涉案土地的性质是本案中的重要事实,关乎行政机关的处罚是否正确,也决定着村民是否享有合法权益。然而,我们却发现,在两起诉讼中,法院在这一事实举证责任的分配上竟然有两个不同的判定,在行政诉讼中,法院认为市国土局提供的证据不能证明涉案土地属于基本农田,所作的处罚决定应予以撤销,即认为应由行政机关对此承担举证责任,但在随后的行政赔偿诉讼中,法院却又以"原告无法证明涉案土地的性质,其是否在该土地上享有合法权益无从认定"为由,判决驳回其索赔请求,将这一事实的举证责任又分配给了原告。从法律上分析,本案法院的判决似乎无可挑剔,按照《行政诉讼法》(1989年)第三十二条的规定,被告应当对被诉的具体行政行为的合法性承担举证责任,被告既然无法证明涉案农田是基本农田,那么作出的行政行为显属证据不足,而按照《最高人民法院关于行政诉讼证据若干问题的规定》第五条的规定,在行政赔偿诉讼中,原告应当对被诉具体行政行为造成损害的事实提供证据,原告既然证明不了自己的农田不是基本农田,那么其是否享有合法权益显然无法认定,要求行政机关赔偿的请求自然也不能成立。结果,在争议的解决上,法院的判决成了"双方各打五十大板",虽然从法律上看,法院的判决没有问题,但如此下判,却难以让原告服判息讼。事实上,如果我们还承认行政赔偿诉讼是行政诉讼的话,承认行政诉讼的目的是为了保护公民合法权益的话,那么这种判决相互矛盾现象就不应当发生,因为两个诉讼同属一种性质,怎么可能会发生这种"人格分裂"? 至此,我国行政诉讼举证责任僵化刻板的缺陷暴露无遗。

从立法框架来看,我国《行政诉讼法》以合法性审查为原则,在制度安排上采用了纯粹的、彻底的(具体)行政行为中心主义,①直接对应着"监督行政机关依法行使职权"这一客观目的,为法院建构起客观取向的审理规则。由于"客观诉讼是着眼于国家和公共利益,对事不对人的诉讼种类。这种诉讼的目的和出发点就是为了维护国家和公共利益,保证行政行为的合法性,保证行政法得到客观和正确地适用"②。在这种模式下,让被告对被诉行政行为承担举证责任自然是顺理成章的事情。然而,"监督行政机关依法行使职权"却并非是行政诉讼的唯一目的,从《行政诉讼法》第一条的规定来看,在"监督行

---

① 参见杨伟东:《行政诉讼架构分析——行政行为中心主义安排的反思》,《华东政法大学学报》2012年第2期。

② 于安:《行政诉讼的公益诉讼和客观诉讼问题》,《法学》2001年第5期。

政机关依法行使职权"的同时,我国《行政诉讼法》更强调的是"保护公民、法人和其他组织的合法权益",从这一目的来看,我国行政诉讼所构建的更应当是主观诉讼而非客观诉讼,即以原告的权利诉求为中心,为法院搭建主观取向的审理规则。在主观诉讼中,"公民、法人或者其他组织的诉讼请求是否成立、其权益是否应当获得保护,应成为行政诉讼制度的中心,包括受案范围、审理和裁判等在内的行政诉讼运转均应围绕这一中心展开。原则上,只有在公民、法人或者其他组织的诉讼请求是否成立、其权益是否应获得保护,需要以对行政行为是否合法作出判断为前提时,行政行为才能成为审理和裁判的重点。"①因此,如果继续延续这种客观诉讼下的举证责任,那么法院审理案件必然左支右拙、举步维艰。主观诉讼针对的是当事人的权利主张,法院主要是审查原告的诉讼请求是否成立,其权益是否应获得保护,在这种情况下,原告的举证能力有时未必会弱于被告,因此,再将举证责任完全归于被告就会显得极不合理,这也正是为什么在行政赔偿诉讼中会让原告承担部分举证责任的依据。因为,"让较少有条件获取信息的当事人提供信息,既不经济,又不公平",②我们来看下面这个案件:③

> 胡恩林与何榜容于 1957 年 2 月 18 日结婚,婚后收养一女胡仕容。2008 年 1 月 27 日,胡恩林、何榜容填写了全国农村部分计划生育家庭奖励扶助对象申报表,同时提交夫妻的结婚证明。申报表中载明:夫妇曾经生育子女数"女孩一个",夫妇现有存活子女数(含收养等)"女孩一个",夫妇曾经生育子女情况为 1959 年 4 月生育一女名胡仕梅,1953 年抱养一女名胡仕容。2008 年 1 月 27 日,重庆市南川区兴隆镇永福村村委会在胡恩林、何榜容的申报表上签注审议意见"请按法律规定,同意申报处理"。2008 年 3 月 6 日,重庆市南川区兴隆镇人民政府在胡恩林、何榜容

---

① 杨伟东:《行政诉讼架构分析——行政行为中心主义安排的反思》,《华东政法大学学报》2012 年第 2 期。

② [美]贝勒思:《法律的原则——一个规范的分析》,张文显等译,中国大百科全书出版社 1996 年版,第 67 页。

③ 胡恩林、何榜容与重庆市南川区人口和计划生育委员会计划生育行政奖励纠纷案,(2010)渝三中法行终字第 15 号,http://cqfy. chinacourt. org/paper/detail/2010/03/id/200019. shtml,2014 年 3 月 10 日访问。

申报表上签注初审意见"在拟批程序过程中,镇、村两级公示期间有群众举报不符合农村部分家庭奖励扶助对象,请部门定夺"。重庆市南川区兴隆镇人民政府将胡恩林、何榜容的申报表与群众的匿名举报材料一并上报南川区计生委,南川区计生委一直未作出审核意见。2009 年 6 月 8 日,胡恩林、何榜容向南川法院提起行政诉讼,请求判令南川区计生委履行审核、确认胡恩林、何榜容是否属计生奖励扶助对象的法定职责。诉讼过程中,南川区计生委于 2009 年 9 月 21 日作出《重庆市南川区人口和计划生育委员会关于兴隆镇永福村 1 组胡恩林、何榜容夫妇不属全国农村部分计划生育家庭奖励扶助对象的回复》,认定胡恩林、何榜容夫妇不符合全国农村部分计划生育家庭扶助对象的确认条件,不属全国农村部分计划生育家庭奖励扶助对象,且于同月 25 日送达胡恩林、何榜容。鉴于此,胡恩林、何榜容撤回请求判令南川区计生委履行法定职责的诉讼,3 日后向南川法院另行提起行政诉讼,请求撤销南川区计生委于 2009 年 9 月 21 日作出《关于兴隆镇永福村 1 组胡恩林、何榜容夫妇不属全国农村部分计划生育家庭奖励扶助对象的回复》,并判令南川区计生委重新作出具体行政行为。

在本案中,由于"奖励扶助对象不包括双方均未生育的夫妻",因此,原告胡恩林、何榜容是否生育过子女就成为案件判决的基础事实。然而,对这一关键事实应当由谁来承担举证责任,各方观点并不一致。原告认为,根据《行政诉讼法》(1989 年)第三十二条的规定,南川区计生委作为行政机关应对作出的具体行政行为的全部事实要件承担举证责任,因此,未生育子女的要件事实也应由被告来承担举证责任,如果被告不能证明,那么被告就应承担诉讼的不利后果。但这种观点却并未被法院所认可,二审法院认为:

> 从《重庆市人口和计划生育委员会关于严格农村部分计划生育家庭奖励扶助对象确认出现的紧急通知》(渝人口计生委发[2004]95 号)第一条"获得计划生育奖励扶助的申请人应提交本人身份证、结婚证、户口簿复印件等证明材料,必要时附婚姻和生育状况等说明"的规定看,该规范性法律文件将申请人婚姻和生育状况的证明责任直接分配给了奖励扶

助的申请人。从证明责任的分配规则看,胡恩林夫妇主张的是积极事实,即二人生育过子女;南川区计生委主张的是消极事实,即胡恩林夫妇未生育过子女。法律不能规定由主张消极事实的一方对不存在的事实承担证明责任,而应规定由主张积极事实的一方负担证明责任,故实体法律规范对该部分事实证明责任的分配与证明责任理论吻合。从举示证据的近因原理分析,是否生育过子女的证据具有一定的私密性和身份性,就证据距离而言该部分证据距生育子女一方当事人较近,故确定由胡恩林夫妇举示证据更为合理。前述分析与《行政诉讼法》第三十二条的规定并不矛盾,行政机关应当对具体行政行为的做出负有举证责任。本案中,南川区计生委对上诉人不符合奖励扶助对象阐明了理由,且已经提供了相应的事实证据和法律依据,而胡恩林夫妇的生育状况不属于被上诉人应当提供证据的范畴。

综上所述,胡恩林夫妇是否生育过子女的事实真伪不明,由上诉人承担请求撤销《重庆市南川区人口和计划生育委员会关于兴隆镇永福村1组胡恩林、何榜容夫妇不属全国农村部分计划生育家庭奖励扶助对象的回复》诉讼的不利后果,符合国家人口与计划生育委员会关于印发《农村部分计划生育家庭奖励扶助对象确认条件的政策性解释》的通知(国人口发[2004]39号)、重庆市人口计生委关于印发《重庆市农村部分计划生育家庭奖励扶助对象确认办法》的通知(渝人口计生委[2004]79号)、重庆市人口计生委《关于严格农村部分计划生育家庭奖励扶助对象确认程序的紧急通知》(渝人口计生委发[2004]95号)、《重庆市人口和计划生育委员会对云阳县关于个别对象难于确认奖扶资格请求的批复》(渝人口计生委发[2006]61号)等实体法律规定和相应程序法律规范。故上诉人提出的上诉理由不能成立,其请求不予支持。一审判决认定事实基本清楚,证据确实充分,审理程序合法,适用法律正确,依法应予维持。据此,依照《中华人民共和国行政诉讼法》第六十一条第(一)项之规定,判决如下:驳回上诉,维持原判。

显然,从判决的结果来看,对"胡恩林、何榜容是否生育过子女"事实的证明,法院将举证责任分配给了原告。分析判决的理由,可以看出,法院的依据主要有三个：一是实体法律规范已将申请人婚姻和生育状况的证明责任直接分配给了奖励扶助的申请人；二是主张积极事实者应承担举证责任，而主张消极事实者不承担举证责任；三是从近因原则看，原告相对被告而言，离证据更近，其举证能力强于被告。尽管二审法院在判决中认为，这种"分析与《行政诉讼法》第三十二条的规定并不矛盾"，但事实上，这一解释是非常牵强的。按照《行政诉讼法》第三十二条的规定，"被告对作出的具体行政行为负有举证责任，应当提供作出该具体行政行为的证据和所依据的规范性文件。"显然，从条文来看，立法在将具体行政行为合法性的举证责任分配给被告的时候，并未考虑实体法上的举证责任分配、事实性质、近因原则等问题。从措辞上看，立法使用的是"作出该具体行政行为的证据"，也并未将证据限定在对当事人是否有利上，从"事实清楚、证据确凿"的审查标准来看，行政机关在作出行政行为时，显然应全面收集证据，查清事实，不能只收集有利证据，不收集不利证据；反之亦然。因此，严格按照《行政诉讼法》第三十二条的规定，被告如果认为原告不符合奖励扶助的条件，那么就应当提供全面的证据，其中自然应包括原告未生育子女的证据。如果不能提供，那么说明计生委在作出行政行为时未查清事实，其行为应予以撤销。

但是，将这一事实的举证责任分配给被告，不仅有违举证责任分配的理念，而且也与行政执法实践不符。首先，举证责任的分配应当考虑其公平性，分配的公平性主要考虑的因素是双方当事人之间证明的难易、盖然性的高低、距离证据的远近以及谁承担证明责任更有利于权利保护和实现等。[①] 因此，"是否生育过子女的证据具有一定的私密性和身份性，就证据距离而言该部分证据距生育子女一方当事人较近，故确定由胡恩林夫妇举示证据更为合理"（二审判决），而把这一事实的举证责任分配给被告，显然已经超出了被告的举证能力。其次，从执法实践来看，与法院判决一样，行政行为的作出，同样也会面临着事实不清的局面，但囿于行政行为的时限，行政机关不可能无限期地拖延作出行政行为，在面临事实不清的时候，行政机关同样会适用一定的证明标准来作出行政行为。如果原告在行政程序中，未能提交让行政机关形成内心确信的证据，那么行政机关作出不利于相对人的行政行为就是合法的。

---

① 参见张卫平：《民事诉讼：关键词展开》，中国人民大学出版社 2005 年版，第 159 页。

从本案来看,计生委在接到举报后,对"胡恩林、何榜容是否生育过子女"这一事实进行了多次调查,但由于事实发生年代久远,事实真相已经无法还原,在无法查清事实真相并被以"不履行法定职责"告上法院以后,计生委已经不得不做出行政行为,在这种情况下,原告未能提供证据证明自己的生育情况,那么其不利后果自应由原告承担。从这一角度分析,应当说,法院的判决是妥当的,也是符合实际的。

事实上,这种举证责任分配的规定让行政机关在行政诉讼中陷于窘迫的情形并不鲜见,不仅在上述给付类行政案件中可以看到,在传统的行政处罚类案件中同样也可以看到其身影。① 这种情况不得不引起我们的反思,在主观诉讼中,仍然坚持由被告承担举证责任的做法是否合理? 事实上,从国外来看,在行政诉讼上坚持主观诉讼取向的国家,鲜有将举证责任一边倒分配被告的做法。如德国在行政诉讼举证责任的分配上,学说大多坚持的是民事诉讼法学者罗森贝克所倡导的"规范理论",这一观点同样为德国联邦行政法院所认可,并将其作为行政诉讼的举证责任分配标准,其基本公式为:谁负举证责任,只能从应适用之法条导出,事实无法证明,除法律本身有特别规定外,归于由该事实导出对其有利之法律效果之当事人负担②。在日本的行政诉讼上,法院在裁判实务上采取的仍然是与民事诉讼相近的举证责任理论,即"要件事实论"③,在我国台湾地区,依照其《行政诉讼法》第一百三十六条的规定,在举证责任的分配上,除本法另有规定外,准用《民事诉讼法》第二百七十七条的规定,即"当事人主张有利于己之事实者,就其事实有举证之责任。但法律另有规定,或依其情形显失公平者,不在此限。"从其学说和实务来看,采取

---

① 例如联合利华(中国)有限公司不服上海市工商行政管理局卢湾分局行政处罚案,国家法官学院、中国人民大学法学院编:《中国审判案例要览(2009年行政审判案例卷)》,中国人民大学出版社、人民法院出版社2010年版,第63—69页;厦门水务中环污水处理有限公司不服厦门市环境保护局海沧分局行政处罚决定案,国家法官学院、中国人民大学法学院编:《中国审判案例要览(2010年行政审判案例卷)》,中国人民大学出版社、人民法院出版社2011年版,第303—312页。

② 参见吴东都:《行政诉讼之举证责任——以德国法为例》,台湾学林文化事业有限公司2001年版,第143页。

③ "要件事实论"与德国罗森贝克的"规范说"一脉相承,关于日本行政诉讼举证责任的分配,参见王天华:《行政诉讼的构造:日本行政诉讼法研究》,法律出版社2010年版,第137—142页。

的也是罗森贝克的"规范理论"①。在这些国家和地区的行政诉讼中,显然并未一味地将行政诉讼的举证责任让被告来承担,而是均采取了与民事诉讼相近的举证责任分配原则,其中缘由的确值得我们去认真思考。

其实,一旦承认行政诉讼以主观诉讼为取向,目的在于救济相对人权利的话,那么行政诉讼采取与民事诉讼相近的举证责任分配就不是偶然现象。因为在主观诉讼中,法院审理的重心是原告的诉讼请求是否成立,其权益是否应获得保护。在这一过程中,原告如果欲维护和恢复其权利,就必须如民事诉讼一般,提供其权益主张得以成立的证据,因为,一般而言,主张权利者应对发生权利的事实承担举证责任,而相对一方则应对阻碍权利发生的事实、消灭已发生权利的事实承担举证责任。虽然从性质上看,行政诉讼与民事诉讼有较大差异,并不能全盘接受民事诉讼的举证责任理论,但这一基本的分配原则却并不因争议发生在民事诉讼抑或行政诉讼中而有所改变。② 这也正是国外和我国台湾地区虽然在行政诉讼中均对"规范理论"有所修正,但仍然基本上接受了这一理论的缘由。

因此,在行政诉讼举证责任的分配上,我国应当遵守类型化的思路,为主观诉讼与客观诉讼分配构建与之相适应的举证责任分配原则。即在主观诉讼中,以当事人的权利(力)主张为基础,按照"规范理论"的思路来分配举证责任,在客观诉讼中,不妨仍适用传统的由被告对被诉行政行为承担举证责任的原则。否则,上述举证责任"人格分裂"的现象还会不断地在我国司法实践中重演。

四、"立案难"的解读

新世纪以来,随着社会结构的调整和利益格局的变动,我国已进入社会的

---

① 参见刘宗德、赖恒盈:《台湾地区行政诉讼:制度、立法与案例》,浙江大学出版社 2011 年版,第 283 页。

② 关于"规范理论"在行政诉讼中的质疑与修正,朱新力教授曾作过详细归纳与分析,详情参见朱新力:《司法审查的基准:探索行政诉讼的裁判技术》,法律出版社 2005 年版,第 32—46 页。

高风险期,与之相伴生的,则是各种社会矛盾呈现集中爆发趋势。在这样一个社会矛盾集中的阶段,如何妥善处理行政纠纷显得极为重要,正所谓"官民关系定则天下定,官民关系乱则天下乱"。然而,从现实来看,作为行政纠纷化解主力的行政诉讼显然并未发挥有效作用。从当前披露的数据看,2012 年,全国法院不予受理和驳回起诉的情形占一审行政案件结案总数的 7.7%,是民商事案件的 7 倍以上。① 大量的行政纠纷无法进入司法渠道,很多地方法院对行政纠纷公然采取"不受理、不立案、不收材料"的"三不"政策,不仅使大量可以通过诉讼化解的纠纷变成了不断的信访闹访,影响了社会的稳定和谐,而且也引发了社会各界对法院系统的强烈不满与质疑,在最高法院开通的民意沟通信箱中,行政案件的"告状难"已经成为紧随"打官司难"之后,民意关注度排行第二的问题。正是在这种背景下,《行政诉讼法》本次修改将解决行政诉讼"立案难"作为修法的重点。为了畅通行政诉讼"入口",《行政诉讼法》在 5 个方面作出了改动:一是明确人民法院和行政机关应当保障当事人的起诉权利;二是扩大受案范围;三是明确可以口头起诉,方便当事人行使诉权;四是强化受理程序约束;五是明确人民法院的相应责任。② 然而,从这 5 点修改来看,除了第 2 点"扩大受案范围"外,其余均是从程序上对当事人的诉权进行保障,强化了法院受理程序约束。虽然立法机关保障当事人诉权的良苦用心值得赞赏,但这样"畅通入口"的规定到底能够在多大程度上解决行政诉讼的"立案难"问题,其效果不无疑问。

什么是立案难,从字面含义分析,立案是指法院通过对当事人的起诉进行审查,认为符合法律规定的受理条件,决定审理,从而引起诉讼程序开始的一种诉讼活动。③ 因此,所谓立案,实际上是当事人起诉与法院受理共同作用的结果,而立案难,显然是指当事人的起诉难以被法院所受理。正因为如此,在日常生活中,"立案难"往往也被称为"告状难""起诉难""受理难"等,更多反映了起诉人的一种主观心理感受,表达的是起诉不易被法院所接受而引发的一种愤懑情绪。

---

① 参见耿宝建:《行政纠纷解决的路径选择》,法律出版社 2013 年版,第 203 页。
② 详见"关于《中华人民共和国行政诉讼法》修正案(草案)的说明",中国人大网:http://www.npc.gov.cn/npc/lfzt/2014/2013-12/31/content_1822189.htm,2014 年 5 月 5 日访问。
③ 参见李中和:《人民法院立案审判工作理论与实务》,人民法院出版社 2006 年版,第 6 页。

　　在我国的行政诉讼实践中，"立案难"并不是一个新问题，不少学者对造成这一问题的症结与根源都做过理论分析和实证调查，大多将其归结为受案范围狭窄、法院受行政干扰严重、法院选择性立案等。[①] 但在我们看来，这些分析虽不乏真知灼见，但由于大多仍停留在对"立案难"现象的感性描述上，并未真正揭示出立案难背后的深层次原因，其对策往往不免落入"头痛医头、脚痛医脚"的功利主义道路，难以真正从根源上解决这一问题。

　　其实，在我们看来，行政诉讼"立案难"，是一个需要区别对待的问题。按照案件是否最终可以被法院所受理，立案难实际上可以分为两种：形式意义上的立案难和实质意义上的立案难。

　　1. 形式意义上的立案难，是指当事人向法院提起诉讼到法院受理诉讼的过程中，因诉讼程序的不便、复杂、烦琐等（如要求起诉人对起诉状进行反复更正、补充，立案受理的时间过长等）所引发的愤懑与不满。从结果来看，这种起诉的复杂、不便虽然给当事人带来不满，但在最终符合法院要求的情况下，其诉求还是能够得到受理。从根源上看，这种立案难的形成，固然有法院形式主义因素在内，如规定诉状要什么纸张、需要什么字体、诉求必须怎么写等等，但也有可能是因为一些法官在立案时审查过严，对起诉条件要求过高所导致。同时，也不排除有当事人自身原因，由于行政诉讼本身具有很强的专业性和技术性，而我国行政诉讼又不实行律师强制代理制度，一些当事人在起诉时难免无法准确表达诉求，等等，诸如此类原因导致诉状反复修改也不鲜见。此外，一些案件可能属于新类型案件，或对政府影响较大，法院往往需要向上级法院请示或与涉案政府进行协调，也难免会在受理时间上有所拖延。

　　值得一提的是，在这种立案难中，还有一种较为突出的现象，就是法院基于结案率的考虑，往往在每年的年终时不再受理案件，而是将案件放在下一年受理。虽然最高人民法院在 2009 年发布的《关于进一步加强司法便民工作的若干意见》中明确规定："人民法院不得因为提高结案率而在年底拒收当事人申请立案的请求。对符合立案条件的，不得延期立案。"但由于当前法院系统内部仍将结案率作为评价法院和法官业绩的一项重要依据，这一状况事实上

---

　　① 参见汪庆华：《中国行政诉讼：多中心主义的司法》，《中外法学》2007 年第 5 期；应星：《行政诉讼程序运作中的法律、行政与社会》，《北大法律评论》（第 9 卷第 1 期），北京大学出版社 2008 年版；应星、徐胤：《"立案政治学"与行政诉讼率的徘徊》，《政法论坛》2009 年第 6 期。

并未得到根本性转变,"年底不立案"依然是许多地方法院内部的一个不成文规定①。

2. 实质意义上的立案难,是指当事人提起诉讼,自认为符合起诉条件,但起诉却难以被法院所受理。和形式意义上立案难不同的是,这种"立案难"最终不会启动诉讼程序,也就是说,当事人的起诉不会被法院所受理。通常老百姓所说的"立案难",大多指的是此类情况。以法院不予受理的原因来划分,这种立案难又可分为如下几类:

一是法院以不符合法律规定不予受理。从实践来看,此类情况主要有:被诉行政行为不属于行政诉讼的受案范围;起诉人不具有原告资格;起诉已经超过起诉期限;受诉法院没有管辖权等②。客观来看,这种立案难的形成,情形较为复杂,有法律上的原因,但也有法外因素的影响。从法律文本上看,我国《行政诉讼法》(1989 年)本身就存在着一些对当事人诉权进行限制的规定。如关于受案范围的规定,行政诉讼法在制定之时,出于"行政法还不完备,人民法院行政审判庭还不够健全,行政诉讼法规定'民可以告官',有观念更新问题,有不习惯、不适应的问题,也有承受力的问题"③,对受案范围作了较为狭隘的限制,随着社会的发展,这些限制自然会对当事人的起诉形成障碍。此外,由于《行政诉讼法》(1989 年)使用语词概括抽象,对于当事人的起诉是否符合法律规定的起诉条件,法院往往难以决断,这从最高人民法院已经发布的大量关于受案范围、原告资格、起诉与受理等的司法解释就可以看出,因此,对处于模糊地带的案件,法院也有可能是因为对法律理解有误而将其排除在大门之外。当然,在某些情形下,"不符合法律规定"则更多的可能是法院掩盖不立案真正原因的一种做法,毕竟,这种办法能将法院面临的各种"风险"降到最低。

二是基于法院内部规定不予受理。这是指当事人的起诉虽然符合法律规定,但法院基于法院内部规定不予受理。如山东省高院在《新类型、敏感、疑

---

① 参见冉金、慕鹤:《法院为何年底难立案》,《南方周末》2011 年 12 月 15 日。

② 参见王令、李仁杰:《浅析行政诉讼立案难的几种典型表现》,http://www.cai-liang. com/newsview.asp? ID=1094,2014 年 5 月 6 日访问。

③ 王汉斌:关于《中华人民共和国行政诉讼法(草案)》的说明,1989 年 3 月 28 日在第七届全国人民代表大会第二次会议上的报告。

难案件受理意见（试行）》中指出，"受理新类型、敏感、疑难案件必须树立大局意识，提高立案审判工作的敏感性、前瞻性，避免因立案不当，陷入司法困境"，"对不符合诉讼利益和效益原则之诉，受理后社会效果不好或受理后难以裁判和执行，甚至造成审判资源浪费的，一般不予受理。"①再如广西高院在《广西壮族自治区高级人民法院关于当前暂不受理几类案件的通知》中也明确规定，"政府及其所属主管部门进行企业国有资产调整、划转过程中引发的纠纷案件、政府参与或者依据政府的指令而发生的政策性'债转股'纠纷案件"等均不属于法院受理范围。② 从司法实务来看，这种"立案难"，大多并不是因为当事人不符合受理条件，而是法院认为案件受理后社会效果不好，或受理后即使作出裁判也难以执行，反而会给社会稳定和法院形象带来负面影响，因此，不予受理更多的是法院考虑案件社会效果的结果。

三是法院对当事人的起诉实行"不收案件材料、不出法律文书、不予立案"的"三不政策"。这种不予受理属于典型的程序违法，而且往往没有任何理由，大多是法院在找不出不受理理由时采取的做法，也是社会各界对法院强烈不满的主要原因。

从上述分析可以看出，立案难的形成，原因其实各不相同，既有法律文本上的原因，也有法律文本之外的原因，既有主观上的原因，也有客观上的原因，只有"对症下药"，才能真正做到"药到病除"，泛泛而谈难以做到有的放矢。

对于形式意义上的立案难，症结主要在法院的受理程序上，可以通过简化起诉手续、明确立案标准、加强法院释明权力、强化受理程序约束、改革法院评价指标体系等来化解。从这次修法来看，修改后的《行政诉讼法》规定"书写起诉状确有困难的，可以口头起诉；起诉状内容欠缺或者有其他错误的，应当给予指导和释明，并一次性告知当事人需要补正的内容。不得未经指导和释明即以起诉不符合条件为由不接收起诉状"等等，这些规定对破解此类立案难，应该说具有重要意义。但对实质意义上的立案难，情况就较为复杂。如前所述，这种立案难的形成，或是当事人起诉不符合法定条件，或是法院考虑到

---

① 《新类型、敏感、疑难案件受理意见（试行）》（鲁高法发〔2006〕3号），http://www.flzx.com/lawyer/ssqlawyer/blog/35475.html，2014年5月6日访问。

② 参见罗昌平：《广西法院为何不受理13类案件》，http://www.people.com.cn/GB/shehui/2702836.html，2014年5月6日访问。

了案件的社会效果,但也有可能是法院程序违法所造成。如果是法院采取"三不"政策导致的立案难,问题相对容易解决,本次修法也专门对此作了规定。如《行政诉讼法》第五十一条规定,"人民法院在接到起诉状时对符合本法规定的起诉条件的,应当登记立案。对当场不能判定是否符合本法规定的起诉条件的,应当接收起诉状,出具注明收到日期的书面凭证,并在七日内决定是否立案。不符合起诉条件的,作出不予立案的裁定。裁定书应当载明不予立案的理由。原告对裁定不服的,可以提起上诉。对于不接收起诉状、接收起诉状后不出具书面凭证,以及不一次性告知当事人需要补正的起诉状内容的,当事人可以向上级人民法院投诉,上级人民法院应当责令改正,并对直接负责的主管人员和其他直接责任人员依法给予处分。"第五十二条规定,"人民法院既不立案,又不作出不予立案裁定的,当事人可以向上一级人民法院起诉。"从此次修法来看,其规定之详细,对破解此类立案难可以说具有很强的针对性。然而,对于前两种"立案难",则本次修法所起的作用显然不大。因为这两种立案难的形成,固然有法律文本上的原因,但实质上更多则可能是法院考虑其他因素的结果①。这显然不是单纯的修法所能解决。从这一点上看,这次修法仅靠扩大行政诉讼的"受案范围",完善行政诉讼的受理程序,其实无助于此类问题的真正解决。

当然,法院在立案时考虑其他因素,难免让人联想到法院受到了来自行政机关的干扰。客观来讲,行政诉讼存在"立案难",确实有行政干预的因素,这一点已经毋庸置疑,但将矛盾都集中在行政干预上,认为法院不受理行政案件大都是行政干预的结果,也不尽然符合现实。事实上,从近些年的情况来看,面对行政审判带来的严峻形势,法院系统做了相当多的工作,如最高人民法院于2009年发布了《关于保护行政诉讼当事人诉权的意见》,明确强调法院"要坚决抵制非法干预行政案件受理的各种违法行为,彻底废除各种违法限制行政案件受理的'土政策'""不得随意限缩受案范围、违法增设受理条件",在加

---

① 事实上,当事人的起诉是否符合法定条件,只不过是我国法院立案时考虑的一个因素。除法律规定外,案件的社会效果也是法院在立案时需要考虑的重要因素。对此,最高人民法院副院长沈德咏在《关于做好当前立案工作的几点意见》(1999年全国法院立案工作座谈会上的讲话)中曾明确指出,从事立案工作的同志要"把立案工作同我国当前的政治、经济、社会形势结合起来,从法律、政治、社会效果统一角度把好立案关"。参见沈德咏:《司法改革精要》,人民法院出版社2003年版,第134页。

强对法院行政案件受理工作监督的同时,文件还明确规定了法院"对于干预、阻碍人民法院受理行政案件造成恶劣影响的,应当及时向当地党委、纪检监察机关和上级人民法院反映,上级人民法院要协助党委和纪检监察机关作出严肃处理。"此外,为缓解行政干扰严重的问题,2008 年最高人民法院还专门颁布了《关于行政案件管辖若干问题的规定》,在全国范围推行管辖制度改革,旨在增强行政审判的抗干扰能力。这些措施和举动都表明在我国当前的行政审判中,法院系统并非完全受制于政府,那种认为法院行政审判完全处于政府的干预阴影之下的观点并不成立。然而,在当前对行政案件的受理数量已经实行量化考核,明确规定"对于违反法律规定,擅自对应当受理的案件不予受理,或者因违法失职造成严重后果的责任人员,要依法依纪严肃处理"的情况下,下级法院为什么还是不愿意受理行政案件? 个中缘由,值得深思。

当然,在很多情况下,法院"不予受理"真正的原因并不会在判决中明确表达出来,这就需要我们去认真挖掘。我们来看下面这个案件①:

因自己经营的公司被要求强制拆迁,拆迁补偿协商未果,河南郑州中牟县企业主史国旗多次起诉,但诉讼请求要么被驳回,要么根本不被立案受理,而且法院不出具任何书面文字。去找法官说理,迎接他的是一连串的雷人话语。在北京大学政府管理学院前日下午召开"行政权力规范与法治政府建设研讨会"上,史国旗提供的今年年初的视频对话中,曝光了法院人员的雷人话语。

在史国旗提供的视频对话中,郑州市中级法院立案庭副庭长李小青说,是市委领导不让立案,"现在拆迁案子都归市里面管","政府它(拆迁)存在一些问题,他们也说了通过自己的渠道解决","这种事就是立了案,法院也管不了","你也体谅我们下级的难处"。

在交涉中,史国旗对此表示质疑。李小青说,"这种情况,是咱们中国特色","我也可想给你立案,这种拆迁案件太多了……按照正常的,这种案件肯定能立,现在不是非正常状态么? 现在不都是中国特色了么?"

① 参见韩福东:《郑州中院立案庭副庭长回应被拆迁业主:拆迁不立案是中国特色》,http://www.nandu.com/nis/201303/26/28928.html,2014 年 5 月 6 日访问。

史国旗索要市委领导不准立案的文件。李小青回答说,她这个级别看不到,而且在市委领导下达通知后,不准立案的决定是郑州中院审判委员会做出的,不是她个人刁难史国旗。

视频中,李小青还表示,这是全国统一的不让立案。当史国旗的爱人质疑她说话不负责任时,李小青说,在司法实践中贯彻的精神就是这样,拆迁案子法院不立案。接下来,她建议史国旗夫妇"去找市信访局"。

史国旗因拆迁补偿问题提起的诸多诉讼中,唯一被受理的一件,也被郑州管城区法院驳回了他的诉讼请求。史国旗曾找到主审法官袁全旺,质疑为何没在判决书中列出原告理由:政府拆迁没有征收决定书、超期举证、没有评估报告书等。在他提供的视频中,袁全旺说,他写的判决书原本写了史国旗没收到征收评估报告等内容,但领导说这些都写上去就没法判了,"你这叫谁胜诉?"

拆迁、征地类案件的"立案难"是目前老百姓反映较多的一类情形,如果本案仅是一个个案,"立案难"可能只是一个偶然现象,但事实上,对于因拆迁、土地征收引发的纠纷,很多地方法院都采取了规避态度,作为一种普遍的司法现象,显然需要我们去深入挖掘其背后的原因。毋庸讳言,这类案件的确存在行政干扰,事实上,行政干扰可能还普遍存在。但如果认为行政干扰能达到让法院对这类案件完全采取"不受理"的程度,似乎也不符合现实。事实上,在我国法院每年受理的行政案件总数中,拆迁类行政案件并不在少数,以2008年至2012年9月这五年为例,在全国法院审结的一审行政案件中,法院审理涉及拆迁、房屋登记等城建行政案件一共115675件,占全部行政案件总数的20.2%,在所有类型的案件中排名第一。① 这也说明行政干扰对这类案件的影响有限。因此,不立案,实际上是法院"选择性立案"的结果。那么,法院为什么要有所选择,将一部分案件剔除,而将一部分案件又纳进来,值得思考。在我们看来,这部分案件法院之所以选择"不予受理",很大程度上是法院自我保护的结果。按照当前有关拆迁征收的法律法规,征地涉及占用农用

---

① 数据来源可参见刘泽:《全国法院近五年审理行政案件情况分析》,http://www.legaldaily.com.cn/zbzk/content/2013-01/21/content_4140687.htm? node=25497,2014年5月6日访问。

地时,必须办理土地征收和农用地转用,其中经国务院批准农用地转用或经省、自治区、直辖市人民政府在征地批准权限内批准农用地转用的,同时办理征地审批手续,不再另行办理征地审批,如超过征地批准权限的,才应按规定另行办理征地审批。可见,办理农用地转用是先决条件。而实践中,城市规划区范围内按批次用地批准后,要求短期内项目必须落地,但繁杂的征地程序根本无法满足。而城市规划区以外的征地主要来源于国家或省、自治区、直辖市批准的国家或省市重点工程,因此其农用地转用和土地征收均由国家批准,审批周期基本在几个月甚至几年,为了满足一些重点工程的施工进度,只能边施工、边办理用地手续,从而造成事实上的违法用地。① 在这种情况下,由于政府的行为违法在事实上无法避免,这类案件一旦受理进来后,法院就面临着两难选择:如果判决政府行为违法,则规划项目将无法继续实施,不仅政府项目的前期投入要打"水漂",还要影响地方政府政绩,给法院贴上"不顾政治大局"的标签,如果判决政府行为合法,显然又无法自圆其说,也不符合实际情况,同时囿于合法性审查、裁判手段有限等因素,法院又不好对相对人权益进行衡平救济,在协调难度较大的情况下,与其把案件收进来成为"烫手山芋",还不如回避案件,将问题推给政府,"不立案"就成为法院理性选择的结果。因此,这类案件之所以出现"立案难",主要是法院纠纷化解的手段与能力不足,无法给案件找到合适的"出口",由于无法对案件进行"消化",那么就不如将其排除出法院的大门。

可以看出,学界以往对立案难的分析,大多将问题的焦点集中在"入口"(受理)上,认为"立案难"是"入口"不畅所造成,但实际上,问题的症结并非出在"入口"上,而是出在"出口"(审理与执行)上,案件"进来出不去",法院自然就要紧把"入口"关,仅仅畅通"入口",而不考虑"出口",立案难恐怕仍然会是我国行政诉讼的一个顽疾。就此而言,行政诉讼"三难"本身是一个整体,"受理难"只不过是"审理难、执行难"在行政诉讼"入口"的反映和体现而已。从整个诉讼结构来看,由于我国行政诉讼采取的是"主观诉讼进来、客观诉讼出去",在"入口"上强调权利的救济性,但在"出口"上,却又是强调对行

---

① 参见国土资源部法律评价工程重点实验室编著:《国土资源法律评价报告(2012)》,中国法制出版社2012年版,第60页。

政行为的合法性判断,而一旦合法性判断缺乏依据,或合法性判断处于"两难"局面时,法院就会处于一种非常尴尬的境地,由于不好对案件作出处理,无法做到案结事了,为防止"惹火上身",给法院的审判与执行带来被动,还不如将这些案件直接挡在法院的大门之外。

事实上,从我国当前的情况来看,由于社会处于转型时期,许多行政纠纷表面看起来属于法律纠纷,但其中往往涉及政治和其他社会因素,并不是司法机关能够独立解决的。虽然我国已经制定了大量的法律法规,但由于立法的粗疏与不合理,加之社会关系的快速变动,使得许多行政领域的社会关系还不得不依赖于行政性、政策性的规范加以调整,此外,行政诉讼也并未被赋予参与国家治理的功能,法院"实际上是一个配合各级政府处理纠纷解决的行政化的机关"①,因此,将这些纠纷排除于法院大门之外,实际上是法院无可奈何的做法。"尽管在一些人的理想和观念中,司法应当具有最终裁决的能力,甚至可以具有实体上的创制能力和作为,并具有一种更为广泛的权力制约作用,但由于我国还不是自治型法治国家,这样的想法是极其乌托邦式的,司法实践中的一些尝试最终也以失败告终。"②因此,试图以行政诉讼的方式来解决客观法律秩序问题,已经远远超过了法院当前的实际能力,在现有的政治权力架构和司法体制下,要求法院对这类案件"立案审理",无疑是强人所难。因此,行政诉讼案件的"立案难",表面上看,是由于行政诉讼"入口"不畅所造成,但真正的根源却在于行政诉讼构造上存在的"内错裂",如果立法机关仍对诉讼构造存在的这种"内错裂"视而不见,行政诉讼的功能定位依然在主观诉讼与客观诉讼之间摇摆不定的话,那么"立案难"的破解就只能是立法机关的一厢情愿而已。

五、诉判分离的尴尬

诉判关系是行政诉讼的基础性问题。诉,是指原告针对被告向法院提出的,请求法院就特定的法律主张(诉讼请求)进行裁判的行为。判,是指法院

---

① 张卫平:《起诉难:一个中国问题的思索》,《法学研究》2009 年第 6 期。
② 张卫平:《起诉难:一个中国问题的思索》,《法学研究》2009 年第 6 期。

在行政案件审理终结时,根据事实和法律,对行政案件作出的处理决定。诉讼理论认为,诉与判是相对应的,诉是判的前提,判是对诉的回应。没有了原告的诉,法院的判决就成为无源之水,同样,没有了法院的判,原告的诉就是毫无意义。从内容上看,诉对判具有制约作用,判要受诉的严格限制,法院只能在诉的范围内进行判决,即:凡当事人依法提出的诉讼请求,法院不得拒绝,都应审理,法院对诉讼请求必须作出判决;凡当事人未纳入诉讼请求的事项,除法律另有规定外,法院不得作出判决。① 因此,诉与判之间应当是同一的。诉判一致是诉讼的一项基本原则,它意味着,在诉讼中,原告一旦表明诉讼请求,那么法院就必须针对原告的诉讼请求作出判决,任何超出诉讼请求范围或脱离诉讼请求所作的判决都被认为是对这一原则的违反。

　　一般认为,诉判一致原则是由司法权的性质所决定。司法权是一种中立性、被动性的权利,被动性是司法权区别于其他国家权力的一项重要特征。司法的被动性体现在程序和实体两个方面。从程序上看,司法实行"不告不理"原则,司法程序的启动依赖于当事人的诉求,没有原告的诉求,法院不得启动司法权力。从实体上看,法院一旦受理了当事人的诉讼请求,其裁判的范围就只能局限在当事人的诉讼请求上,不能主动扩大审理和裁判的范围。司法的被动性对维护司法的中立公正有着重要意义,因为只有保持消极的状态,法院才能在争议各方之间保持不偏不倚,树立中立裁判的形象,建起诉讼双方乃至社会公众对司法的信心。

　　然而,从目前来看,诉判不一或者说诉判分离却是我国行政诉讼实践中一个较为严重的现象,而不一致的根源正在于《行政诉讼法》构造上的"内错裂"②。从

① 参见黄启辉:《完善行政确认判决之若干思考》,《河南政法干部管理学院学报》2004 年第 6 期。

② 近年来,我国有学者认为诉判一致原则并不适合行政诉讼,行政诉讼中的诉判关系应当是一致性与非一致性的统一。在主观公权利保护模式下,诉判关系问题成为整个诉讼的基本问题,因此,行政诉请与判决的同一是行政诉讼的一个基本原则。而维护客观法秩序模式下的行政诉讼制度的功能主要在于行政创造或重建行政行为客观的合法性,表现在行政诉判关系问题上,客观法秩序维护模式下,具有行政诉判关系未必对应的特点。参见邓刚宏:《我国行政诉讼诉判关系的新认识》,《中国法学》2012 年第 5 期。我国行政诉讼到底是主观诉讼抑或客观诉讼,客观诉讼有无必要建立,这是一个有争议的话题,但行政诉讼"保护公民、法人和其他组织的合法权益"却是一个不争的事实,为了最大限度减少争议,我们这里仅讨论主观诉讼的诉判问题,暂且不涉及客观诉讼。

立法目的看,我国《行政诉讼法》将"保护公民、法人和其他组织的合法权益"与"维护和监督行政机关依法行使行政职权"并举,意味着行政诉讼兼具主观诉讼与客观诉讼两种性质,然而,由于主观诉讼与客观诉讼两者之间存在着内在的紧张关系,却使得这种"一人饰演二角"的想法在诉讼构造上顾此失彼,规则设计出现了"摇摆不定"的怪象:在"入口"(原告资格),强调权利救济目的与主观诉讼性质;在"过程"(审理)与"出口"(判决),突出监督行政合法性的目的与客观诉讼的性质。① 从原告起诉来看,虽然原告起诉的目的在于救济自己的权益,但因行政诉讼将"合法性审查"奉为原则,原告在诉求上只能以撤销行政行为为诉请内容,而不能直接将之界定为权益救济,从法院判决来看,法院以被诉行政行为合法与否为审理对象,判决也是针对行政行为是否合法而作出,通过撤销行政行为来实现对原告权益的救济。应当说,这种以具体行政行为为中心的诉讼架构在行政诉讼案件以行政处罚、行政强制类型案件为主的情况下,并无任何问题,撤销被诉的行政行为,原告的权益相应地就可以得到保护,但是随着行政不作为、行政许可、行政登记、行政确认等行政行为相继登上行政诉讼的舞台并在诉讼案件总量占据比重越来越大的时候,这种简单的"撤销=救济"做法就显得不堪敷用了。我们来看下面这个案件②:

> 1998 年 8 月,A 村引进外资,动工兴建二级电站,12 月,因在山场内架设压力管和建设机房,与 B 村发生山林权属争议。双方发生争议后,1999 年 12 月 23 日,B 村申请 C 市政府处理,C 市政府于 2003 年 8 月 29 日作出了 13 号处理决定书,认定 A 村所持有的《山权林权所有证》的第四栏和 B 村所持有的《山林权所有证》的第五栏的四至范围都包括了现争议山场,互相重叠,将争议山场从电站机房西、北面第一条坑冲为分界线,界线东、南面山场山权林权确权归 B 村集体所有,界线西、北面山场山权林权确权归 A 村集体所有。A 村不服,申请行政复议,D 市政府于 2004 年 3 月 15 日作出行政复议决定,维持 C 市政府 13 号处理决定书。A 村不服,向 C 市法院提起行政诉讼。

---

① 参见王天华:《行政诉讼的构造:日本行政诉讼法研究》,法律出版社 2010 年版,第 277 页。
② 该案为笔者在最高人民法院实习时所遇到的申诉案例,引用时作了相应的技术处理。

C 市法院经审理查明:A 村与 B 村争议的山场,A 村称龟形山,B 村称亚干(官)坡山,其中小地名有:鬼头。面积约 27 亩,其四至范围是:东至山脚河边到现电站压力管止,南至高程点(422.3)北面五拾米处止,西至山脊倒水为界,北至山脚河面止。在争议山场内,除了电站压力管侧边和靠近山顶部分山场种有树外,其余绝大部分山场都是灌木林。从解放后至 1998 年 12 月前,A 村与 B 村从来都没有发生过争议。1998 年 12 月在该山场山脚修建二级电站时才发生争议。A 村所持有的《山权林权所有证》,证内第四栏,山名老虎冲,面积 200 亩,东至沙铺亚干坡面交界,南至岭顶倒水为界,西至烂泥佛,北至河坑面。经实地核实,亚干坡是指现电站机房脚的一条拦河坝,这条拦河坝是沙铺经济社在七十年代用来灌溉农田时修建的,拦河坝面即是亚干坡面。因此,该证的四至范围已经包括了现争议山场。B 村持有的《山林权所有证》,证内第五栏,山名大山,面积 100 亩,东至坑坪面,南至大山冲仔,西至山脊,北至亚干坡山脊。经实地核对,该证的四至范围不在争议山场内。据此,C 市法院认为,原告 A 村持有的《山权林权所有证》第四栏,四至清楚,地名相符,其四至范围已经包括了争议山场,本院予以确认。对其诉请,本院依法予以支持。第三人 B 村持有的《山权林权所有证》第五栏所指的四至不在争议山场。被告 C 市政府认定事实不清,适用法律、法规错误,实体处理不当,对其所作出的处理决定,本院依法予以撤销。2004 年 6 月 7 日,C 市法院作出判决,撤销被告 C 市政府的 13 号处理决定,由被告 C 市政府依法重新作出山林权属处理决定。

2004 年 11 月 29 日,C 市政府重新作出 17 号处理决定书,A 村不服,申请复议,2005 年 5 月 8 日,D 市政府作出复议决定,撤销了该号处理决定,由 C 市政府重新作出具体行政行为。2007 年 12 月 5 日,C 市政府重新作出 11 号处理决定,处理决定结果和 13 号决定一致,只是该决定认为"两证有局部重叠,重叠部分的 27 亩就是争议地"。A 村不服,向 D 市政府申请复议。2008 年 10 月 7 日,D 市政府作出行政复议决定,维持了 C 市政府重新作出的 11 号处理决定。原告不服,向 D 市中院提起行政诉讼,请求撤销被告 C 市政府的 11 号处理决定书。D 市中院将本案移交 F 县法院审理。

　　F 县法院经审理后,判决维持了 C 市政府的 11 号处理决定。原告不服,上诉至 D 市中院,二审法院经审理后,判决驳回上诉,维持原判。

　　本案是一起山林确权案件,案情也并不复杂,但原告历经 2 次复议,3 次诉讼,始终不肯服判息讼,个中缘由值得深思。从案情来看,双方争议的是 C 市政府处理决定的合法性,但实质争议是涉案林地应当归谁所有,即 A 村与 B 村各自所持有的《山权林权所有证》是否重叠? 这本是一个事实问题。对此,C 市政府在 13 号处理决定中认为双方"相互重叠",并据此作出了 13 号确权决定,但 C 市法院经实地核对,认为两证并不重叠,争议山场在 A 村所持《山权林权所有证》的四至范围内,C 市政府认定事实错误,因此撤销了 C 市政府的 13 号处理决定,并责令 C 市政府重新作出山林权属处理决定。然而,在随后的行政程序中,C 市政府显然并没有理会法院在判决中所作的事实认定,作出的 11 号处理决定依旧认为两证"局部重叠",处理决定结果仍和 13 号决定一致。自此,原告在历经多次行政复议与行政诉讼后又回到了原点,《行政诉讼法》上"撤销=救济"制度设想的缺陷由此暴露无遗。当然,从法律上来看,确权决定应由 C 市政府作出,C 市法院无权直接作出确权判决,只能判决 C 市政府重作,判决并没有问题,但法院能否直接判决 C 市政府作出某项具体内容的行政判决呢? 我国《行政诉讼法》显然对此并未考虑,结果,简单的事实问题越判越复杂①,原告不满情绪也与日俱增。类似的情况,我们在行政机关不履行法定职责的案件中也时常可以见到。在这样的案件中,仅关注被诉行政行为的合法性显然是远远不够的,法院的判决不对原告的实质诉求予以回应,"一撤了之"的做法不仅无法让原告的实质权益获得救济,反而使得行政诉讼成了"锯箭疗法",变成了"半截子工程",由此给司法运行带来了严重的损害,这主要表现在两点:

　　第一,法院的判决对原告的诉讼请求缺乏回应,纠纷往往得不到实质性解决。行政判决不对原告诉求进行实质性回应,而是简单地一撤了之,带来的最终后果就是行政纠纷无法得到实质性解决,形成"案结事不了"的局面。由于

---

　　① F 县法院经审理,认为案件(第二轮诉讼案件)的关键问题是 C 市政府作出的 11 号处理决定是否违反了《行政诉讼法》第五十五条的规定,事实问题反而降到了次要地位。

原告的诉讼请求——救济权利——与行政机关行政行为的合法与否并非是一一对应的关系，因此，撤销被诉行政行为并不一定等于原告的权利就获得了救济。如在某继承房屋登记案中，养子将房屋以无其他继承人为由经村证明对房屋作了过户登记，其女儿以申请虚假为由要求撤销，法院经审理撤销后，该女以房子应归她现无法登记为由，多次到法院跪拜。① 显然，行政诉讼仅考虑被诉行政行为的合法性，不考虑当事人的诉求，无法让原告达到诉讼目的，服判息讼。此外，在有些案件中，原告虽起诉要求撤销行政行为，但真正的目的在于让行政机关作出对自己有利的行政行为，但法院基于"不要对行政机关在法律、法规规定范围内的行政行为进行干预，不要代替行政机关行使行政权力"的指导思想，无法针对原告诉求作出具体判决，导致行政纠纷被再次踢回行政程序中，原告的权利请求无法通过行政诉讼来实现，原告自然也无法服判息讼。

第二，不利于保持法院独立公正的司法形象，给司法的公信力带来了严重冲击。近年来，我国行政案件普遍存在着"两高四低"的现象，即上诉率高、申诉率高，实体裁判率低、被告败诉率低、发挥重审和改判率低、原告服判息讼率低。在法院审理的所有案件中，行政案件数量的比例在 1.5% 左右，但是申诉、上诉率通常是 20% 以上，甚至达到 30%。行政案件上诉率、申诉率远远高于其他类案件的上诉率、申诉率。此外，在所有上诉、申诉案件中，被告一方提出上诉或者申诉的仅仅占 1% 强，98% 以上的案件是由原告一方提出上诉或者申请再审。② 从根源上分析，造成"两高四低"现象的原因较为复杂，但行政诉讼制度的缺陷难辞其咎。从申诉、上访的案件来看，应当说大多数法院的判决从法律上看并没有太大的问题，但由于《行政诉讼法》本身的"构造错裂"，判决难以对原告诉求进行有效回应，导致原告权利无法得到真正救济，在此情形下，原告往往会怀疑法院受到了行政干扰，存在司法不公、司法腐败等问题，对审理法院产生强烈的抵触和不信任，使得审理法院纠纷化解变得异常困难，于是，赴省申诉、进京上访就开始成了当事人谋求纠正下级法院"错判"、寻求权利救济的必然途径。而这种现象通过媒体的报道和老百姓的口口相传，更使

---

① "第四届法官与学者对话行政附带民事诉讼理论与实务研讨会实录"张光宏的发言，http://www.calaw.cn/article/default.asp? id=4215，2014 年 3 月 14 日访问。

② 参见江必新：《完善行政诉讼制度的若干思考》，《中国法学》2013 年第 1 期。

得法院的司法公信开始受到了前所未有的挑战和质疑。

应当说,从本次修法来看,立法对诉判不一的问题似乎已经有所重视,在判决的种类上,修改后的《行政诉讼法》以判决驳回原告诉讼请求代替了维持判决,同时,增加了给付判决、确认违法或无效判决,扩大了变更判决的范围,在一定程度上缓和了诉判不一所带来的紧张关系。然后,由于整个立法框架仍然坚持"行政行为"中心主义的模式,形成诉判不一的根源并未得到完全消除,因此,可以预见,诉判不一将仍然会是行政诉讼今后实践中的一个较为突出的现象。

事实上,行政诉讼要想做到诉判合一,仅靠目前简单地对《行政诉讼法》小修小补是无法完成的,由于涉及行政诉讼构造的根本性改造,从某种意义上来讲,这种改造可能是颠覆性的,因为它将彻底推翻我们以往行政诉讼的一些"通说"性观点。我们来看下面这个案例:①

 2007年7月,原告李玉巧与第三人"杜明春"在民政部门登记结婚。在办理结婚登记时,李玉巧提供了本人身份证及派出所出具的常住人口登记卡;"杜明春"也提交了本人身份证及某县派出所出具的常住人口证明。婚后两人发生矛盾,"杜明春"于2007年9月中旬离家出走后下落不明。李玉巧通过查询得知,"杜明春"在登记结婚时提交的常住人口证明和身份证是虚假的。2008年5月,李玉巧提起离婚诉讼,因找不到"杜明春"而撤诉。2008年8月,李玉巧提起行政诉讼,状告民政部门要求撤销结婚登记,后因认为该案应由民事诉讼管辖撤回起诉。但在随后的离婚诉讼中,法院认定李玉巧的起诉没有明确的被告,裁定驳回了李玉巧的起诉。2010年5月,李玉巧再次提起行政诉讼,以民政部门审查把关不严为由,要求撤销结婚登记。

 卧龙区法院审理认为:"杜明春"在申请婚姻登记时的身份证明均系伪造,伪造的身份证明不能作为婚姻登记的依据,被告为李玉巧和"杜明春"所办理的结婚证缺乏合法存在的基础,其婚姻登记程序违法,依法应予撤销。遂判决撤销被告为李玉巧和"杜明春"颁发的结婚证。被告不

---

① 高广山、李景新:《以虚假身份证明办理的结婚证依法应予撤销——李玉巧诉南阳市卧龙区民政局婚姻登记案》,《中国行政审判案例》第4卷,第156号案例,中国法制出版社2012年版,第188—191页。

服，以民政部门只是按照《婚姻登记条例》第七条规定，对当事人提交的证明材料进行形式审查、材料的真假只能由当事人承担法律责任为由，提起上诉。南阳市中级人民法院二审判决驳回上诉，维持原判。

这是一起诉判一致做得非常成功的案例，但却颠覆了我们对行政行为"违法"的认识，尽管最高法院可能并没有意识到。本案发生的背景较为特殊，即当事人除行政诉讼外已无其他救济途径①，因此，法院如何判决显得极为关键。本案的最终判决是极为成功的，也因为如此，最高人民法院将其作为一个指导性的案例来对待，然而，从法律规定来看，法院的判决却隐含着悖论。在本案中，法院以"'杜明春'在申请婚姻登记时的身份证明均系伪造，伪造的身份证明不能作为婚姻登记的依据"为由，认为被告为李玉巧和"杜明春"所办理的结婚证缺乏合法基础，其婚姻登记应予撤销。然而，婚姻登记机关的颁证行为是否真的违法？这是值得商榷的。再者，如果被告的登记行为违法，那么原告随后提起国家赔偿，按照《国家赔偿法》违法归责的原则，婚姻登记机关是否需要承担赔偿义务？

《婚姻登记条例》第七条规定，"婚姻登记机关应当对结婚登记当事人出具的证件、证明材料进行审查并询问相关情况。对当事人符合结婚条件的，应当当场予以登记，发给结婚证；对当事人不符合结婚条件不予登记的，应当向当事人说明理由。"此外，《婚姻登记条例》第五条第一款也规定，"办理结婚登记的内地居民应当出具下列证件和证明材料：（一）本人的户口簿、身份证；（二）本人无配偶以及与对方当事人没有直系血亲和三代以内旁系血亲关系的签字声明。"从这一规定来看，法律并未明确婚姻登记机关在登记时是否应核实当事人提交

---

① 2003 年 10 月 1 日开始施行的《婚姻登记条例》第九条第一款规定："因胁迫结婚的，受胁迫的当事人依据婚姻法第十一条的规定向婚姻登记机关请求撤销其婚姻。"同日开始施行的《婚姻登记工作暂行规范》第四十五条亦规定，"婚姻登记处对不符合撤销婚姻条件的，应当告知当事人不予撤销原因，并告知当事人可以向人民法院请求撤销婚姻。"第四十六条规定，"除受胁迫结婚之外，以任何理由请求宣告婚姻无效或者撤销婚姻的，婚姻登记机关不予受理。"据此，在 2003 年《婚姻登记条例》施行以后，只有对受胁迫的婚姻，当事人才可以向婚姻登记机关申请撤销婚姻，而对其他情形的无效或可撤销的婚姻登记，婚姻登记机关则不再受理，当事人只能寻求司法救济。然而，类似本案的情形，因法院往往以无明确的被告，认为不符合民事案件受理条件而不予受理，导致当事人最终只能选择行政诉讼来保护自己的合法权益。最高人民法院选登此案，意图十分明显，即为类似案件的处理确定裁判规则。

材料的真伪。从 2003 年《婚姻登记条例》的修订来看，《婚姻登记条例》修订的主导思想是弱化对婚姻民事行为的行政管理色彩，强调婚姻自主、责任自负的原则，实际上是把婚姻登记的违法行为、责任后果转让给了婚姻当事人。据此，只要婚姻登记机关在登记时对当事人提交的材料进行了审慎审查，在形式上未发现有虚假并颁证的，就很难称其行为违法。此外，从实践来看，我国很多地方的婚姻登记机关还未与公安机关建立计算机联网管理系统，婚姻登记机关尚无审验证件真假的技术设备，不具有对当事人身份进行真假识别的能力，在此情形下，要求婚姻登记机关核实当事人提交材料的真伪，显然已经超出了婚姻登记机关的实际能力。因此，以缺乏合法基础为由判决婚姻登记机关的行为违法，对婚姻登记机关来讲，不能不说是有失公正。然而，在本案中，法院却只能认定婚姻登记机关的登记行为违法，判决撤销婚姻登记，因为纠纷解决的行政途径与民事诉讼途径均已被堵死，行政诉讼已经被"逼上梁山"。

但是，这样判决，本身就隐含着法律悖论，即如果婚姻登记违法，行政机关是否需要赔偿？由于本案当事人未附带要求赔偿，因此法院并未涉及这一问题。但实务中一般认为，如果婚姻登记机关已尽审慎审查义务，无须承担赔偿义务，但这样一来，又和《国家赔偿法》的规定发生抵牾，按照《国家赔偿法》上的违法归责原则，只要是行政机关的行政行为违法，那么就应当承担赔偿责任，显然并未考虑行政机关是否存在过错，这一点非常类似《国家赔偿法》修改前对"错拘、错捕"的争论，即违法，到底是行为违法，还是结果违法？认定行政行为违法以后，行政机关是否需要承担行政责任？对此，我国行政法学界目前却鲜有探讨。但是，如果将"诉判合一"作为行政诉讼的应有之义的话，我们就不得不正视这一问题，因为在非对抗式权力型诉讼中，这一情况实际相当普遍，如何来认定行政行为的合法性、实现权利救济的诉求，这时就成为案件的关键。而这也说明，实现诉判合一，并非仅仅是《行政诉讼法》条文的简单调整，而是涉及整个诉讼理念的修正，其必然是一项浩大的工程。

六、行政合同

　　行政合同诉讼是行政诉讼，特别是行政诉讼中主观诉讼的重要组成部分。无论是在大陆法系国家还是英美法系国家,作为主观诉讼的行政合同诉讼,都有一些特殊的规则。在法国,对于违反客观的法律规则和法律地位所提起的诉讼是客观的行政诉讼,对行政机关违反主观的法律规则和法律地位所提起的诉讼是主观的行政诉讼。主观的行政诉讼包括行政合同、行政主体赔偿责任的诉讼。行政合同诉讼与越权诉讼、行政赔偿诉讼一起成为法国最主要的行政诉讼。① 研究行政合同诉讼,是研究主观行政诉讼的重要方面和切入点。从行政合同诉讼角度研究行政诉讼,有助于我们发现行政诉讼在主观诉讼方面的特有规则。

目前,民法学界和行政法学界关于行政合同的争论还没有达成大体一致的意见。民法学界一般从民法的角度,从应然的角度,否定行政合同概念甚至存在②;而行政法学界一般从实然的角度,肯定行政合同概念及其存在③。行政合同的争论,隐隐透露出民法学界与行政法学界的门户之见,双方的争论鲜有交集。在现有的争论中,民法学界重视合同当事人的地位平等和契约自由

① 参见王名扬著:《法国行政法》,中国政法大学出版社1988年版,第667、668页。

② 民法学界否定行政合同的实际存在,用语通常是质疑口吻的"所谓行政合同",并且认为行政合同本质上也属于民事合同。例如,梁慧星认为,中国现实中没有行政合同,"如果有所谓行政合同的话,只能存在于行政权力作用领域,属于行政法律关系,例如改革过程中实行的中央财政与地方财政之间的财政包干合同、行政机关与财政之间关于规定罚没款上缴、留用比例的合同。按照我的理解,所谓行政合同的双方当事人都必须是行政机关或者被授权行政权的团体(如中介机构、行业协会),合同内容必须属于行政权力的行使行为。本质上属于市场交易的行为,即使一方当事人为行政机关(如政府采购合同),即使法律规定实行强制签约(如粮食定购),也仍然属于民事合同,而与所谓行政合同有本质区别。……国家通过行政机关对某些市场交易行为进行适度干预,并不改变这些市场交易行为的性质,当然不可能使这些市场交易关系变成所谓行政合同。"参见梁慧星:《讨论合同法草案征求意见稿专家会议上的争论》,《法学前沿》第2辑,法律出版社1998年版;梁慧星:《中国统一合同法的起草》,《民商法论丛》第9卷,法律出版社1997年版,第29—30页。王利民则认为,即便存在行政合同,也要由合同法调整。参见王利民:《合同的概念与合同法的规范对象》,《法学前沿》第2辑,法律出版社1998年版。亦有民法学者简单认为中国行政合同是在模仿法国行政合同理论,认为民法总则也是行政法的总则,行政合同关系完全可以援引民法规范,并无独立存在的必要。参见崔建远:《行政合同之我见》,《河南省政法管理干部学院学报》2004年第1期。

③ 行政法学界则认为行政合同广泛存在,已经成为无可置疑的事实,合同法必须包含行政合同的内容:"如果合同法不能明确规定行政合同及其性质和特点,就不能充分发挥行政合同在市场经济中的作用,这将关系到国家巨额投资能否得到正确合法的使用、国有资产能否增值、公共利益能否得到充分保证、国家必要的计划能否得到落实等重大问题,因此,建议在起草的合同法中单列行政合同一章,作为合同的特殊形态加以规定。"参见中国法学会行政法学会:《建议把行政合同列入合同法》,《法学研究动态》第7期,第7页;应松年:《行政合同不可忽视》,《法制日报》1997年6月9日第1版。

等价值,对于行政合同中的"特别行政权力"心存芥蒂,仿佛不排除行政合同,就无法保证合同的纯度;而行政法学界往往为了突出行政合同不同于民事合同,往往又强化论证行政合同的"行政特权",仿佛不论证行政特权,就无法证成行政合同。民法学界和行政法学界的这两种倾向都比较明显。最后导致我国现行的、由民法学者参与制定的《合同法》事实上成为"民事合同法"。在行政合同的研究中,有一个问题必须引起重视。即无论是民法学界还是行政法学界,都必须要将行政合同作为一个应当予以完善和监督的对象,重点研究行政合同中存在的问题以及如何救济。无须证明行政合同存在的可能性,因为它事实存在;亦无须证明行政合同的必要性和优越性,因为其在运行中已经逐步显露出规范的必要。笔者认为,行政合同应当重点研究如何保障行政合同双方当事人的合法权益,特别是作为公民、法人和其他组织一方的合法权益;应当重点研究行政合同的规制,包括从实体到程序的规制;应当重点研究行政合同的救济,包括从行政内部救济到司法救济。笔者拟结合中国行政审判的实践,对中国行政合同诉讼问题作一阐述。

(一) 行政合同诉讼之制度容许性

笔者立论的前提是行政合同已然客观存在,不能认为行政合同不同于民事合同,行政合同就应当从法学研究的视野中消失。就像不能认为民法中有民事侵权,就否认行政机关的行政侵权的存在;不能认为民法中有民事法律关系,就否认行政法律关系的存在一样。笔者重点在于探讨在行政诉讼中如何保护合同当事人合法权益的问题。从这个意义上讲,我对行政合同诉讼持开放性的态度,行政合同通过行政诉讼还是民事诉讼途径救济并不是特别重要,如果通过民事诉讼能够解决行政合同的问题,纳入民事诉讼中也未尝不可。①

---

① 在司法实践中,还有大量的行政案件(或者公法案件)是通过民事诉讼进行的。例如,《民事诉讼法》和《选举法》规定了选民资格诉讼,选民对于选举委员会的处理决定不服时,可以向人民法院提起民事诉讼。选举权和被选举权属于公民政治权利,属于公法上的权利,应当由行政审判庭审理为宜,但由于《民事诉讼法(试行)》规定选民资格诉讼时,《行政诉讼法》尚未颁布,包括行政案件在内的公法案件因此规定由民事审判庭审理。此外,有关知识产权行政案件的管辖,根据司法解释的规定,也由民事审判庭审理(虽然违背了《行政诉讼法》第三条第二款"人民法院设行政审判庭,审理行政案件"的规定)。属于行政审判庭管辖还是民事审判庭管辖,其实只是法院内部分工的问题。问题是由哪个审判庭审理更有利于保障当事人的合法权益。

研究行政合同的重点在于对其规制和救济。笔者也将在下文中通过对民事合同的对比阐述，探讨行政合同诉讼的可得性。

行政合同诉讼是否能够纳入行政诉讼？首先要考察行政合同能否为《行政诉讼法》所涵括。《行政诉讼法》(1989)第五条规定，人民法院审理行政案件，对具体行政行为是否合法进行审查。那么，行政合同是否属于"具体行政行为"就成为问题的关键。最高人民法院于1991年发布的《关于贯彻执行〈中华人民共和国行政诉讼法〉若干问题的意见(试行)》规定："具体行政行为是指国家行政机关和行政机关工作人员、法律法规授权的组织、行政机关委托的组织或者个人在行政管理活动中行使行政职权，针对特定的公民、法人或者其他组织，就特定的具体事项，作出的有关该公民、法人或者其他组织权利义务的单方行为"。一般认为，具体行政行为是行政主体代表国家实施行政管理的行为，其成立不需要取得相对人的同意，只要符合法律法规的规定，一经作出当事人必须遵守和服从。[①] 该司法解释对于"具体行政行为"的定义存在限缩解释的缺陷，将行政行为界定为单方行为。这一规定与《行政诉讼法》(1989)的规定存在差距。单方行为强调行为启动的"单方性"，《行政诉讼法》(1989)从条文中没有显示这种"单方性"，反而在一些条文中显示了"双方性"。例如，第十一条规定的行政许可行为、发放抚恤金的行为等就不是完全的单方行为，从某种意义上讲属于双方行为。司法实践中，国有土地转让合同在民事诉讼中也难以审理，必须通过行政诉讼程序进行审查和确认。[②] 需要注意的是，《行政诉讼法》规定的受案范围除了"行政行为标准"之外，还存在"权利标准"。前者如行政处罚、行政强制；后者则比如"侵犯法律规定的经营自主权的""行政机关违法要求履行义务的"等。后者不仅包括单方行政行为，也包括双方行政行为。例如，侵犯法律规定的经营自主权的情形中，有相当数量的行政案件涉及行政机关违反法律规定或者合同约定，随意单方解除、终止、变更承包合同；强令承包人履行行政合同以外的义务；在承包合同已经发生纠纷时，行政机关作为裁决者作出单方意思表示的侵权行为；强迫或者变相胁迫企业签订销

---

① 参见黄杰主编：《行政诉讼法贯彻意见析解》，中国人民公安大学出版社1992年版，第7页。

② 参见江必新：《中国行政诉讼制度之发展——行政诉讼司法解释解读》，金城出版社2001年版，第32页。

售或者订货合同等。① 也就是说，即便司法解释对于"具体行政行为"作了限缩解释，由于行政诉讼受案范围存在其他标准，因此并不影响双方行政行为的可诉性。

最高人民法院《关于执行〈中华人民共和国行政诉讼法〉若干问题的解释》(以下简称《若干解释》)不再对行政行为作定义，而是重点廓清行政诉讼受案范围。该司法解释第 1 条规定，公民、法人或者其他组织对具有国家行政职权的机关和组织及其工作人员的行政行为不服，依法提起诉讼的，属于人民法院行政诉讼的受案范围。这一规定，考虑到国家管理职能的不断扩大和行政行为方式的增加，行政行为的内容也会越来越丰富，明确了行政行为不仅包括单方行为，也包括双方行为。② 这一规定实际上是对《行政诉讼法》规定的受案范围的回归，也再次明确了行政合同作为双方行政行为的可诉性。

即便没有《若干解释》对于行政诉讼受案范围的恢复性解释，《行政诉讼法》也为法院受理行政合同提供了充分的法律依据。除了前述规定之外，《行政诉讼法》第十一条第 1 款第(八)项还规定，公民、法人或者其他组织认为行政机关侵犯其他人身权、财产权的，属于人民法院行政诉讼受案范围。行政机关在订立、履行合同过程中侵犯合同当事人人身权、财产权的，属于上述条文规定的情形。还有的人认为，《行政复议法》关于行政合同的规定，考虑到行政复议与行政诉讼的衔接，可以视为行政合同属于人民法院受案范围的规定。③《行政复议法》生效后，公民、法人或者其他组织认为行政机关变更或者废止农业承包合同，侵犯其合法权益的，属于行政复议范围。这是关于行政合同具有可复议性的直接法律依据。有的学者提出，该条实际上是规定了行政机关变更或者废止农业承包合同"行为"的可复议性，对于行政契约的其他"行为"没有直接的法律依据。④ 这确实是一个问题，从参与立法的学者的论述来看，可复议的标的主要是行政机关在农业承包合同领域的"单方侵权行

---

① 参见江必新、梁凤云：《行政诉讼法理论与实务(上卷)》，北京大学出版社 2011 年版，第 187 页。

② 参见最高人民法院行政审判庭编：《〈关于执行中华人民共和国行政诉讼法若干问题的解释〉释义》，中国城市出版社 2000 年版，第 5 页。

③ 参见吕晓明：《我国行政合同的司法救济》，《行政论坛》2006 年第 1 期。

④ 参见余凌云：《论对行政契约的司法审查》，《浙江学刊》2006 年第 1 期。

为",而非违约行为、合同本身等。①　因此,从《行政复议法》关于行政合同的规定反推行政合同属于行政诉讼受案范围,存在说服力不足的缺陷。因此,笔者认为,《行政诉讼法》对于行政行为的规定,采取了不完全列举的方式,即便没有列举的行政行为,只要对公民的合法权益产生不利影响,均属于可诉性的行政行为。例如行政裁决、行政确认、行政给付、行政征用、行政征购等行为虽然没有明确列举在受案范围中,但其可诉性却毫无争议,行政合同亦是如此。

在行政执法领域,虽然行政合同的实践早已存在,但是行政合同的概念却是近年才出现。2004 年 3 月 22 日,国务院《全面推进依法行政实施纲要》首次要求充分发挥"行政合同"等方式的作用。2004 年 6 月 28 日,国务院总理温家宝在"全面推进依法行政努力建设法治政府"电视电话会议讲话中再次重申,对不需要行政许可但需要政府管理的事项,要强化间接管理和事后监督,充分发挥"行政合同"等的作用。有相当多的地方政府开始制定有关行政合同的规范性文件。

随着人民法院审理的行政合同案件越来越多,包括制定司法解释在内的行政合同诉讼规范提上了议事日程。从 2003 年起,最高人民法院曾经试图拟定有关审理行政合同案件的司法解释,但由于各方意见不统一,延宕至今。随后,最高人民法院的司法政策也明确了行政合同属于人民法院行政诉讼受案范围。在全国第四次行政审判工作会议(2003 年)上,最高人民法院副院长李国光在讲话中指出,国有土地出让、国有资产租赁等行政合同,不同于平等主体之间订立的民事合同。行政合同纠纷已经成为日益增多的新类型行政案件。今后需要对行政合同的类型、行政合同与民事合同的区别和联系、法律适用及判决方式进行研究。目前,审理行政合同案件,法律法规有特别规定的,应当优先适用特别规定,没有特别规定的,可以根据案件的具体情况,参照合同法的相应规定。②　最高人民法院的司法文件也明确了行政合同属于人民法

---

①　这些行为主要体现为,行政机关采取行政手段解除未到期的承包合同、单方面撕毁合同、随意提高承包费变相干涉签订承包合同等。对于这些"行政行为",具有可复议性。参见乔晓阳主编:《中华人民共和国行政复议法条文释义及实用指南》,中国民主法制出版社 1999 年版,第 56 页;曹康泰主编:《中华人民共和国行政复议法释义》,中国法制出版社 1999 年版,第 34 页。

②　参见李国光:《深入贯彻党的十六大精神　努力开创行政审判工作新局面　为全面建设小康社会提供司法保障——在全国法院行政审判工作会议上的讲话》,《行政执法与行政审判》2003 年第 1 辑。

院受案范围。最高人民法院《关于规范行政案件案由的通知》(2004年1月14日,法发[2004]2号)规定的27种行政行为中,包括了行政合同和行政允诺。这是关于受理行政合同案件最直接的依据。最高人民法院《关于新形势下做好行政审判工作的若干意见》(2009年6月26日)规定要审理好土地、草原等承包经营合同案件。《关于依法保护行政诉讼当事人诉权的意见》(2009年11月9日,法发[2009]54号)明确要求要积极受理行政允诺等新类型案件。时至今日,行政合同属于行政诉讼受案范围的问题已经不存在法律上的障碍。但是,关于如何辨认行政合同,仍然有着实际的意义。

——行政合同与民事合同。行政合同在合同主体、合同目的和合同内容三个方面与民事合同存在差别,也是界别两者的标准。行政合同一方必须是行政机关;行政合同的目的是为了实现行政管理的目标;行政合同的内容是设立、变更或者消灭行政法律关系,且行政机关基于公共利益的需要享有一定的优越权力。而民事合同是平等主体之间订立的民事权利义务关系的协议,强调平等、自愿、有偿等价值,没有前述的特殊要求。

——行政合同与行政行为。行政合同既可以指合同载体,还可以指行政合同中的各种行为(包括作为和不作为)。大陆法系一般将行政行为(或曰行政处分)与行政合同并列阐述。例如,德国行政机关的行政活动包括行政行为和其他行政法律活动,行政合同属于后者的一种。我国台湾地区,行政契约和行政处分同属于行政行为的亚类。我国一般认为,行政合同作为双方行政行为,两者是种属关系。

——行政合同与行政许可。在一些欧洲国家(例如法国、德国、荷兰),将一些类似于行政许可的案件视为行政合同案件,特别是将私人与行政机关达成的各种合意都视为行政合同①。在德国,这类行政合同通常作为行政许可行为的"变体"。例如公民根据法律规定申请旅店许可证,行政机关认为旅店必须另行安置噪音防护措施,行政机关可以以附加负担或者条件的方式发放许可证,也可以与公民签订行政合同,约定行政机关颁发许可证,而公民安置

---

① 参见余凌云主编:《全球时代下的行政契约》,清华大学出版社2010年版,第224页。法国行政机关还签发一些证照,属于双方自愿达成一致的契约,适用不同于民事合同的规则,发生争讼时由行政法院管辖,这些证照形成了特殊的行政合同。参见[法]让·里韦罗、让·瓦利纳:《法国行政法》,鲁仁译,商务印书馆2008年版,第542—543页。

噪音防护设施。① 在我国,两者存在较大的差别,特别是在行为载体上,虽然有些特许事项可能采取行政合同的形式,但总体而言,行政机关采取的是书面的行政许可决定方式。

——行政合同与行政允诺。行政允诺是行政机关在行政管理过程中,作出的承诺采取或者不采取特定行政措施的单方意思表示。行政允诺虽然体现了相对人一定的自主权,但是两者完全不同。行政允诺行为无须相对人的同意,且只对自身具有法律上的约束力,属于附条件的单方行政行为,与行政合同存在明显区别。②

行政诉讼法修改后,已经明确将行政协议(行政合同)纳入受案范围。

(二) 行政合同诉讼之司法审查范围

由于我国还没有制定《行政程序法》,对于行政合同的范围没有统一的规定,但是一些地方性法规对行政合同作了规定。③ 根据现有的法律法规和司法实践,笔者认为,以下合同应当属于行政合同诉讼范围。

1. 国有土地使用权出让合同

从现行法律和行政法规的规定来看,对有国有土地使用权出让合同的规定主要体现在《物权法》(2007 年)、《城市房地产管理法》(1994 年)和《城镇国有土地使用权出让和转让条例》(1990 年)。对于国有土地使用权出让合同属于行政合同还是民事合同在学术界和实务界还有一些争议。有观点认为,国有土地使用权出让合同是国家作为土地所有者而非行政主体签订的,没有行政目的,且出让行为是一种有偿的经济行为,因此应当属于民事合同。④ 有的学者认为,由于土地管理部门不仅要通过国有土地使用权出让合同来实现土地所有权的价值,而且还要实现土地的高效集约利用、用途管制、土地市场

---

① 参见[德]哈特穆特·毛雷尔:《行政法学总论》,高家伟译,法律出版社 2000 年版,第358 页。

② 有关行政允诺的阐述还可参见梁凤云:《最高人民法院行政诉讼批复答复释解与应用·起诉受理卷》,中国法制出版社 2012 年版,第 244—254 页。

③ 例如《湖南省行政程序规定》第 93 条规定,行政合同主要适用于下列事项:政府特许经营;国有土地使用权出让;国有资产承包经营、出售或者出租;政府采购;政策信贷;行政机关委托的科研、咨询;法律、法规、规章可以订立行政合同的其他事项。

④ 参见邱纪成:《论土地使用权出让合同不是行政合同》,《现代法学》1995 年第 4 期。

调控等公共管理目标,因此该合同兼具民事属性和行政属性。① 从司法政策和司法解释层面来看,最高人民法院《民事案件案由规定(试行)》(2000年)将"土地使用权出让合同纠纷"纳入"房地产开发经营合同纠纷";最高人民法院《关于审理涉及国有土地使用权合同纠纷案件适用法律问题的解释》(2005年)也将该种合同纳入民事诉讼受案范围。从司法实践来看,有的地方将该种合同作为民事合同来进行审理。例如最高人民法院民事审判庭审理的"崂山国土局与南太置业公司国有土地使用权出让合同纠纷案"(2005年)、江西省新余市渝水区人民法院审理的"江西新余经济开发区管理委员会诉江西远见实业有限公司国有土地使用权出让合同纠纷案"(2007年)等。有的地方将该种合同作为行政案件进行审理。例如,最高人民法院行政审判庭审理的"山东省烟台长城科工贸(集团)公司烟台龙睛建设开发公司诉山东省烟台市国土资源局行政处罚决定上诉案"(2001年)、"湖北省武汉兴松房地产开发有限公司诉武汉市土地管理局收回国有土地使用权上诉案"(2002年)、"海南南庄装饰工程有限公司诉海口市人民政府违法批转土地、不履行土地经营权交付义务以及行政赔偿上诉案"(2002年)、海南省高级人民法院审理的"昌江黎族自治县人民政府等与昌江棋子湾琼昌旅游开发有限公司旅游开发项目开发行政合同纠纷上诉案"等②。还有的地方将这类合同以行政案件受理之后,又以属于民事案件为由裁定驳回。③ 还有的地方认为涉案合同虽然属于行政合同,但是应当作为民事案件处理。④ 可见,司法实务界对此类案件的审理还存在较大分歧。

---

① 参见宋志红:《民事合同抑或行政合同——论国有土地使用权出让合同的纯化》,《中国土地科学》第21卷第3期。

② 在这些案件中,最高人民法院行政审判庭都对国有土地使用权出让合同的行政合同性质作了不同程度的阐述。例如,在"山东省烟台长城科工贸(集团)公司烟台龙睛建设开发公司诉山东省烟台市国土资源局行政处罚决定上诉案"中,最高人民法院认为,根据《中华人民共和国城镇国有土地使用权出让和转让暂行条例》的有关规定,土地管理部门与土地使用者签订土地使用权出让合同的行为,属于土地管理的一种方式。土地使用者认为土地管理部门违反合同的约定并请求赔偿,符合《中华人民共和国行政诉讼法》的有关规定。

③ 例如"张淑玲与青岛市国土资源和房屋管理局国有土地使用权出让合同纠纷上诉案"(山东省青岛市中级人民法院[2011]青行终字第84号行政裁定书)。

④ "潘宝海诉被上诉人沈阳市于洪区城乡建设管理局行政合同案"(沈阳市中级人民法院[2006]沈行终字第6号判决)。

　　笔者认为,该类合同应当纳入行政诉讼受案范围为宜。理由是:第一,从法律术语的表述来看,法律倾向于将其界定为行政合同。《城镇国有土地使用权出让和转让暂行条例》中作为合同当事人的土地管理部门一方均以"出让人"表述,而对履行行政管理职能的土地管理部门则采用"土地管理部门"。《城市房地产管理法》则不再采用区别表述,作为合同一方当事人全部表述为"土地管理部门",可见,法律是将土地管理部门作为行政主体对待的。① 第二,从合同内容来看,也具有鲜明的行政合同特征。国土资源部和国家工商总局发布的《国有土地使用权出让合同范本(2000年)》和《国有土地使用权出让合同补充协议(2006年)》中依照《房地产管理法》第二十六条再次补充规定对闲置土地的处罚权,即受让人按照合同约定日期动工建设,但已开发建设面积占建设总面积比例不足三分之一或已投资额占总投资额不足25%,且未经批准中止开发建设连续满一年的,也视为土地闲置,出让人有权向受让人征收土地闲置费。② 该合同范本使用说明中也明确"本合同的出让人为有权出让国有土地使用权的人民政府土地行政主管部门",也说明合同一方当事人是行政主体。第三,由行政审判庭审理该类案件具有一定优势。由于该种合同是在具有不同法律地位的行政法律关系主体之间签订的,一些法律规定的行政职权等纳入合同内容当中。人民法院在审理案件时,必然要依据《行政诉讼法》的规定对涉及行政职权的事项进行合法性审查。即便涉及参照《合同法》规定进行审理的事项,行政审判庭也可以在案件中一并予以审查。第四,对于有关国有土地使用权出让合同司法解释,有必要适时进行修订。笔者认为,当前情况下事实上存在行政审判庭和民事审判庭各管一块的问题,对于合同本身主要由民事审判庭主管,对于合同中出现的行政职权(例如行政处罚等)由行政审判庭主管。为了统一适用法律,避免出现相互矛盾的判决,今后应当择机对该司法解释进行修订或者废止。

---

　　① 参见张树义:《行政合同》,中国政法大学出版社1994年版,第32页。

　　② 《房地产管理法》第二十六条规定,以出让方式取得土地使用权进行房地产开发的,必须按照土地使用权出让合同约定的土地用途、动工开发期限开发土地。超过出让合同约定的动工开发日期满一年未动工开发的,可以征收相当于土地使用权出让金百分之二十以下的土地闲置费;满二年未动工开发的,可以无偿收回土地使用权;但是,因不可抗力或者政府、政府有关部门的行为或者动工开发必需的前期工作造成动工开发迟延的除外。

2. 土地征收征用补偿合同

大陆法系国家一般认为,土地征收征用合同属于典型的行政合同。例如,在德国,根据德国建设法的规定,征收程序(是不是开始进行征收程序、或者征收开始要件是否具备)或者征收补偿所缔结的合意为行政契约。征收契约中之有关补偿价金之合意,其契约标的虽系价金之支付及土地所有权之移转,但其追求之目的在于避免进行正式的征收程序,节省双方的时间劳力费用支出,有助于公共建设的进行,故其追求目的并非单纯的私益,从而应当判断其为行政契约。① 在我国,征收征用补偿合同的规定主要有:1.《城市房地产管理法》。《城市房地产管理法》第六条规定,为了公共利益的需要,国家可以征收国有土地上单位和个人的房屋,并依法给予拆迁补偿,维护被征收人的合法权益;征收个人住宅的,还应当保障被征收人的居住条件。具体办法由国务院规定。第二十条规定,国家对土地使用者依法取得的土地使用权,在出让合同约定的使用年限届满前不收回;在特殊情况下,根据社会公共利益的需要,可以依照法律程序提前收回,并根据土地使用者使用土地的实际年限和开发土地的实际情况给予相应的补偿。2.《土地管理法》。《土地管理法》第二条第四款规定,国家为了公共利益的需要,可以依法对土地实行征收或者征用并给予补偿。第四十七条规定,征收土地的,按照被征收土地的原用途给予补偿。征收耕地的补偿费用包括土地补偿费、安置补助费以及地上附着物和青苗的补偿费。3.《国有土地上房屋征收与补偿条例》。该条例第二十五条规定,房屋征收部门与被征收人依照本条例的规定,就补偿方式、补偿金额和支付期限、用于产权调换房屋的地点和面积、搬迁费、临时安置费或者周转用房、停产停业损失、搬迁期限、过渡方式和过渡期限等事项,订立补偿协议。补偿协议订立后,一方当事人不履行补偿协议约定的义务的,另一方当事人可以依法提起诉讼。这类合同也是典型的行政合同。② 值得注意的是,大陆法系国家的征收补偿是作为避免征收程序所签订的合同,其合同属于征收程序的"替代物",而我国的补偿协议(合同)一般仅指征收程序中有关补偿费用的合意。修改后的《行政诉讼法》第十二条第十一项将此类合同明确纳入行政诉讼受

---

① 参见翁岳生编:《行政法(上册)》,中国法制出版社 2009 年版,第 714、729 页。

② 参见江必新:《中国行政合同法律制度——体系、内容及其构建》,《中外法学》2012 年第 6 期。

案范围。

3. 农村土地承包经营合同

农村土地承包合同是农村集体经济组织作为发包方,农村集体经济组织成员作为承包方签订的承包合同。农村土地承包合同是落实国家稳定和完善以家庭承包经营为基础、统分结合的双层经营体制,赋予农民长期而有保障的土地使用权的重要制度。《农村土地承包法》第二十一——二十三条规定,发包方应当与承包方签订书面承包合同。承包合同自成立之日起生效。承包方自承包合同生效时取得土地承包经营权。县级以上地方人民政府应当向承包方颁发土地承包经营权证或者林权证等证书,并登记造册,确认土地承包经营权。颁发土地承包经营权证或者林权证等证书,除按规定收取证书工本费外,不得收取其他费用。《土地管理法》第十四条规定,农民集体所有的土地由本集体经济组织的成员承包经营,从事种植业、林业、畜牧业、渔业生产。发包方和承包方应当订立承包合同,约定双方的权利和义务。承包经营土地的农民有保护和按照承包合同约定的用途合理利用土地的义务。农民的土地承包经营权受法律保护。由于土地承包合同必须由人民政府管理和登记造册,土地承包合同是作为较强优势的农村集体经济组织,为了保护土地承包合同的稳定性,法律规定了两个方面的保护条款:一是禁止随意变更和解除。《农村土地承包法》规定,承包合同生效后,发包方不得因承办人或者负责人的变动而变更或者解除,也不得因集体经济组织的分立或者合并而变更或者解除。国家机关及其工作人员不得利用职权干涉农村土地承包或者变更、解除承包合同。二是个别调整必须经过民主程序而非行政程序。《土地管理法》规定,在土地承包经营期限内,对个别承包经营者之间承包的土地进行适当调整的,必须经村民会议三分之二以上成员或者三分之二以上村民代表的同意,并报乡(镇)人民政府和县级人民政府农业行政主管部门批准。

对于农村承包合同的性质,或许有人会提出,合同一方签订者是农村集体经济组织,而非行政机关,因此不能界定为行政合同。笔者认为,此种合同属于行政合同。理由是:第一,合同签订一方是集体经济组织、村民委员或者村民小组,这些主体都是代表集体行使发包权。正如土地管理部门代表国家与公民签订国有土地使用权出让合同一样,这些组织也是代表集体签订土地承包合同。我国在土地制度上实行国家所有和集体所有。国家是行政主体,集体也是行政主体。这在理论上不存在问题。第二,合同签订的目的是为了实施国家对集体土地的行政管理,保障以家庭承包经营为基础、统分结合的双层经营体制,具有较强的行政管理目的。第三,从国外的情况来看,即便是私人之间签订的合同,只要是为了行政管理之目的,特殊情况下也属于行政合同。例如,收容苏联侨民的退伍军人中心与私人之间签订的合同,由于具有公共服务的性质,因此属于行政合同;私人之间为修建高速公路而签订的合同,由于是为了国家的利益,而属于行政合同。① 农村土地承包合同不仅从国家对土地的行政管理上具有很强的国家行政管理意蕴,且农村集体经济组织代表集体这个行政主体行使职权(甚至退一步讲农村集体经济组织在某种意义上属于行政诉讼法规定的"法律法规授权的组织"),其行政性应当是确定无疑的。

在司法实践中,农村土地承包合同确认的合法权益在受到集体经济组织或者行政机关侵犯时,是作为行政案件审理的。主要有以下几种:一是针对集体经济组织调整承包合同的。例如,在"杨意高等不服宾阳县芦圩镇政府承包土地使用权纠纷案"中,法院审查了土地调整的程序。法院认为社员大会开会约定今后土地调整由各小组内部进行,生产队不再调整,调整是在自愿原则下进行的,没有任何强制行为,该调整行为应当视为集体行为。② 二是针对行政机关非法撤销或者变更合同。例如,"许勇不服泸州市龙马潭区罗汉镇人民政府收回承包土地使用权案"③、"司马克·茹斯塔木不服巴里坤哈萨克自治县人民政府作出的变更其草场使用权决定案"④等。三是针对行政机关确认合同效力等超越职权行为的。例如,"李利区诉闽侯县上街镇人民政府土地承包纠纷处理决定案"⑤等。当然,最典型的行政合同案件当是针对行政合同本身,对于行政机关作出侵犯当事人合法权益的行政处理决定,毫无疑问

---

① 参见[法]古斯塔夫·佩泽尔:《法国行政法》,廖坤明、周洁译,国家行政学院出版社2002年版,第83—84页。

② 参见国家法官学院、中国人民大学法学院编:《中国审判案例要览(1998年经济审判暨行政审判案例卷)》,中国人民大学出版社1999年版,第501—505页。

③ 中国高级法官培训中心、中国人民大学法学院编:《中国审判案例要览》(1997年经济审判暨行政审判案例卷),中国人民公安大学出版社1998年版,第494—497页。

④ 国家法官学院、中国人民大学法学院编:《中国审判案例要览(2002年商事审判暨行政审判案例卷)》,中国人民大学出版社2002年版,第706—710页。

⑤ 国家法官学院、中国人民大学法学院编:《中国审判案例要览(2003年行政审判案例卷)》,中国人民大学出版社、人民法院出版社2004年版,第47—49页。

属于行政案件。

4. 国有资产承包经营、出售、租赁合同

行政机关或者其委托的组织，为推行行政政策，提高行政效率和经济效益，与公民就国有资产的承包经营、出售或者出租事宜签订合同，如国有企业承包经营合同、小型国有企业租赁合同等，属于行政合同。① 将这类合同界定为行政合同的最大障碍在于该类合同大多具有很强的内部性和政策性，目前这一障碍已经破除。最高人民法院司法解释已经明确将国有资产确权等行为作为外部性较强的行政行为纳入行政诉讼受案范围。②

目前，在司法实践中，这类合同比较典型的是公有房屋出售租赁合同，以下以此为例加以说明。对于公有房屋出售租赁合同的性质，在学术界还有两种观点：一种观点认为属于民事合同，而非行政合同。理由是：第一，行政合同不是一个法律概念，任何一部法律中均未出现。第二，公房出售租赁合同是房产管理部门代表国家行使对公房的处分权，即享有民事主体的权利。③ 另一种观点属于行政合同。理由主要是房管部门在合同中具有终止合同等行政特权，具有行政合同的特征。④ 笔者认为，公有房屋出售租赁合同应当界定为行政合同为宜。理由再补充两点：第一，公房出售租赁合同属于行政管理的方式。公房出售租赁合同是国家通过对公有房屋的租赁和出售，满足和保障特定的公民的居住权，属于其行使行政职权，而非作为民事主体追求利益交换。第二，房产管理部门在公房出售租赁合同具有行政管理职权，不同于民事权利，且该行政管理权力不受合同约定所限制或者剥夺，其所拥有特殊义务亦不因合同约定而解除。为了规范房产管理部门的职权行为，也应当通过行政诉讼对其职权行为进行监督和纠正。

---

① 参见湖南省人民政府法制办公室编：《湖南省行政程序规定释义》，法律出版社 2008 年版，第 137 页。

② 例如，最高人民法院《关于国有资产产权管理行政案件管辖问题的解释》（法释［2001］6号）、最高人民法院行政审判庭《关于地方国有资产监督管理委员会是否可以作为行政诉讼被告问题的答复》（2009 年 8 月 4 日，［2009］行他字第 14 号）。

③ "王某某诉房管部门公房租赁"，http://china.findlaw.cn/hetongfa/hetongdebiangeng/13076.html。

④ 参见韦武斌：《房产局终止公房租赁合同是否属于具体行政行为》，《行政法学研究》1995 年第 3 期。

在司法实践中,这类合同有的作为民事合同,有的作为行政合同来审理。笔者认为,相比民事合同,作为行政合同来审理更有优势。特别是该类合同大多涉及行政机关职权行为的合法性。例如在"陈嘉猷不服柳州市房产管理局终止公房铺面租赁关系案"中,被告以陈嘉猷转租所承租的公房铺面为由终止公房铺面租赁关系,法院认为被告终止租赁合同的行为主要证据不足,原告虽然有私自改变公房铺面用途和拖欠租金超过有关规定期限的违约行为,应当承担违约责任,但是不能证明被告终止合同关系的合法性。① 对于行政机关某些行为不能仅仅依据《合同法》中违约行为来解释,而应当从更高层面的审查行政机关的"第一次法律适用"的角度来加以解释。

5. 委托培养等教育行政合同

教育行政合同主要包括在教育领域行政机关、学校与学生、教师等签订的合同。教育行政合同的目的在于实现国家对教育事务的管理,具有较强的行政性。在法国,教育本身属于执行公务的方式。学校和教师、研究人员、专业技术人员之间签订的合同属于行政合同。② 在我国,教育行政合同一般是委托培养合同、毕业分配保证合同③等。以下以委托培养合同为例加以说明。

委托培养是我国招生计划和毕业生分配制度的一项重要改革。《中共中央关于教育体制改革的决定》(1985 年 5 月 27 日,中发[1985]12 号)明确了用人单位委托招生制度。即"为了鼓励学校挖掘潜力多招学生,为了更好地满足社会对人才的需求,近年来行之有效的用人单位委托学校培养学生的制度,要继续推行和逐步扩大,使之成为国家招生计划的重要补充。委托单位要按议定的合同向学校交纳一定数量的培养费,毕业生应按合同规定到委托单位工作。"委托培养合同一般是三方合同,即委托单位与培养单位之间、委托单位与委托生之间应分别签订委托培养合同。培养单位受委托单位委托为其培养人才,由委托单位提供经费,学生毕业后到委托单位工作。委托单位与委托生之间为了就业和培养人才签订的合同与民事合同完全不同。通常情况

---

① 参见中国高级法官培训中心、中国人民大学法学院编:《中国审判案例要览》(1994 年综合本),中国人民公安大学出版社 1995 年版,第 1599—1602 页。

② 参见杨解君编:《法国行政合同》,复旦大学出版社 2009 年版,第 68—69 页。

③ 例如,"李文英请求泸州市江阳区卫生局履行行政合同安排工作案",最高人民法院中国应用法学研究所编:《人民法院案例选(2004 年行政国家赔偿专辑)》,人民法院出版社 2005 年版,第 350—354 页。

下,委托单位此时还具有公务法人的法律地位。此外,有的地方还实行教育行政机关与学生之间签订委托培养合同的方式。例如,在"郑细(世)清诉仙游县教育局不履行教育行政委托培养合同案"中,法院认为,根据《教育法》第十五条的规定,县级以上地方各级人民政府教育行政部门主管本行政区域内的教育工作。被告在实施教育行政管理职能过程中,有权在国家招生计划内与委培学生签订教育行政委培合同,并有义务按委培合同的约定安排委培毕业生的工作。本案中,被告明知原告不是国家招生计划的学生,且未经上级机关批准,擅自与原告确立事实上的教育行政委托培养合同无效,系超越职权的行为。[①]

6. 特许经营合同

这些合同主要包括政府为公共工程或者基础设施建设进行融资,与公民签订合同,授予其参与公共工程或者基础设施建设的特许权,由公民出资建设,政府特许其在一段时间内作为回报,之后再将建设项目整体无偿移交政府。在法国,这类行政合同是最典型且数量最大的行政合同,一般包括公共工程特许合同、公共工程捐助合同和公共工程承包合同。特许经营合同中比较典型的是 BOT 协议。目前已经在公路、桥梁、隧道、水厂、电厂等工程领域得到广泛运用。对于这类合同在行政案件中数量还比较少,但其行政合同的性质是确定无疑的。修改后的《行政诉讼法》第十二条第十一项也将此类合同纳入行政诉讼受案范围。

7. 特定范围内的政府采购合同

《政府采购法》第四十三条规定,政府采购合同适用合同法。有人据此认为,政府采购合同均属于民事合同。笔者认为,这种观点不正确。《政府采购法》中规定的内容有相当数量超出了合同法规定的规则。例如政府采购应当遵循公开透明原则、公平竞争原则、公正原则和诚实信用原则(第三条)、政府采购应当采购本国的货物、工程和服务(第十条)、财政部门负责政府采购并履行监督管理职责(第十三条)等,此外在政府采购的预算编制、采购方式、政府采购的当事人、政府采购程序、政府采购备案等方面,均与民事合同大相径

[①]　参见国家法官学院、中国人民大学法学院编:《中国审判案例要览(2002 年商事审判暨行政审判案例卷)》,中国人民大学出版社 2002 年版,第 730—735 页。

庭。即便在不区分行政合同和民事合同的美国,政府采购合同虽然与商业合同具有明显的相似性,但在许多方面也具有明显的特殊性,比如允许任意终止合同、当政府违约时限制私人承包商可以获得救济措施等。① 当然,对于纯粹为了满足政府日常工作运转所需要的采购(例如办公用品),应当适用《合同法》的规定。

8. 其他行政合同

除了以上行政合同之外,行政公产特许承包租赁合同、全民所有制企业工业企业承包合同、全民所有制小型工业企业租赁经营合同、粮食定购合同、计划生育合同、水土流失治理合同、环境保护责任状、治安管理责任状、劳动就业责任状、安全生产责任状、公共工程承包合同等,亦属于比较典型的行政合同。需要说明的是,有学者认为,一些内部合同(例如行政事务合同、公务员劳动合同、行政协作合同、行政边界协议合同、行政执法协作合同等)也属于行政诉讼受案范围。② 笔者并不认为行政内部合同具有天然不受司法审查的品格。甚至从某种意义上这些内部合同还应当通过行政诉讼来加以解决。一些国家的法院(例如法国的行政法院)受理这类合同不存在任何法律障碍。但是,考虑到我国行政诉讼受案范围已经排除了内部行政行为,将这类合同纳入受案范围还需要更多的论证,目前暂不列入为宜。本次行政诉讼法修改,各方对于政府特许经营协议、土地房屋征收补偿协议的行政合同性质无不同意见,对于国有土地使用权出让合同的性质,民法学还有不同意见,因此在条文中没有列举。但行政法学界对其行政合同的性质的意见是比较一致的,今后需要通过司法解释予以明确。

(三) 行政合同诉讼的若干程序

由于行政合同具有的相对性、平等性和互利性,在诉讼中呈现出不同于单向性的行政行为的特征,这些特征在诉讼中亦有表现。主要是:

1. 当事人资格

根据行政法学界的观点,行政诉讼被告恒为行政机关。《行政诉讼法》

---

① 参见江必新:《中国行政合同法律制度——体系、内容及其构建》,《中外法学》2012年第6期。

② 参见关保英:《论内部行政合同》,《比较法研究》2007年第6期。

(1989年)第二十五条第一款和第四款规定,公民、法人或者其他组织直接向人民法院提起诉讼的,作出具体行政行为的行政机关或者法律法规授权的组织是被告。由于这一规定,在行政合同诉讼中暴露了两个方面的不足:一是,被告不能是公民、法人或者其他组织(大体上是指行政相对人),而只能是行政机关。在行政机关希望通过行政诉讼解决的场合,行政机关虽然形式上可以满足《行政诉讼法》(1989年)第二十四条"依照本法提起诉讼的公民、法人或者其他组织是原告"的规定,但是被告只能是自己的规定,导致作为行政合同当事人一方的行政机关不能提起行政诉讼。二是,作为行政合同一方当事人的公民、法人或者其他组织,也只能在行政机关"作出行政行为"时才能提起行政诉讼。这就是为什么相当数量的行政合同案件,法院只审查行政机关作出处罚等行政行为的原因。在行政合同案件中,仅仅赋予公民、法人或者其他组织的原告资格而排除行政机关,不仅违反了合同的相对原则和平等原则,也不利于法院对行政合同进行全面审查。我国澳门特区《行政诉讼法典》明确规定了解释合同之诉和执行合同之诉的主体是"合同关系之主体",并未局限于公民一方。本次修法,基于行政诉讼"民告官"的定位,未规定行政机关可以作为原告。

2. 起诉期限

《行政诉讼法》规定,公民、法人或者其他组织直接向人民法院提起诉讼的,应当在作出行政行为之日起3个月内提出。这一规定对于行政合同诉讼而言主要有三个方面的不足:一是不能包括合同诉讼的多种诉请。合同诉讼中存在多种诉请,有的是请求撤销行政合同履行过程中行政行为的、有的是请求行政合同效力的、有的是请求行政合同履行的,等等。而"3个月"的规定,仅仅适用于行政合同中行政机关作出的单方行政行为。二是不能包括无效合同。对于无效的行政合同,没有起诉期限的限制。例如,我国澳门特区《行政诉讼法典》第二十五条规定,对无效或在法律上不存在之行为提起司法上诉之权利不会生效,得随时行使。三是不能包括可能的可撤销合同。在行政合同领域是否存在或者是否要实行可撤销合同制度,还有不小的争议。如果要建立可撤销合同制度,可撤销合同的起诉期限与其撤销权变更权直接相关,也与"3个月"的起诉期限存在较大差异。

对于行政合同诉讼,在起诉期限上应当分别层次:对行政合同中的行政行为起诉的，可以适用《行政诉讼法》第四十六条"6个月"的规定，但是为了保障其合法权益起算时间为"知道或者应当知道其权利受到侵害之日起"；对于诉请宣告行政合同无效的，不受起诉期限的限制；对于诉请法院撤销或者变更行政合同的，可以参照《合同法》第五十五条的规定，当事人应当自知道或者应当知道撤销事由之日起1年内向人民法院请求撤销或者变更。

3. 举证责任

《行政诉讼法》第三十四条规定，被告对作出的行政行为负有举证责任，应当提供作出行政行为的证据和所依据的规范性文件。在行政合同诉讼中，上述条文已不敷用，主要是：第一，在撤销诉讼中，由于行政行为是被告主动作出的，由被告承担举证责任固当无疑。但是在以给付诉讼为特征的行政合同诉讼中并不适用。第二，在行政合同诉讼中，如果无论何种待证事实都由被告举证，不符合合同的平等性和相对性原理。因此，除了行政机关主动作出的行政行为之外，对于待证事实应当实行"谁主张谁举证"的规则。

4. 法律适用

我国《行政诉讼法》第六十三条规定，人民法院审理行政案件，以法律和法规为依据，参照规章。这是法院对行政机关作出的行政行为进行合法性审查时，"法"的范围。对于行政合同而言，行政机关的行为不仅要受到规范性文件的规制，也要受到合同的规制。如果法院审查的是需要法律法规规定的行政行为，应当以法律法规为依据；如果法院审查的是合同当事人凭借合同意志所作的行为，应当以合同的约定为依据。

当然，法院在审查行政合同的约定时也会遇到合同本身的效力问题，即法院对合同效力的审查涉及的法律法规的适用问题。例如，在前述"崂山国土局与南太置业公司国有土地使用权出让合同纠纷"案中，最高人民法院民事审判庭经审理认为，根据《合同法》第五十二条第（五）项和最高人民法院《关于适用〈中华人民共和国合同法〉若干问题的解释（一）》第四条的规定，确认合同无效应当以法律和行政法规为依据，不得以地方性法规和行政规章为依据。有学者认为，民事审判中对于合同效力的审查忽视了行政行为本身的法律法规和规章依据，在行政合同中，某些违背规章的合同也是无效的，例如《招标拍卖出让国有建设用地使用权规定》虽然仅仅是国土资源部的部门规章，但是违背此规章，未进行合法招标所订立的国有建设用地使用权出让合同同样无效。① 笔者认为,对合同效力的审查,可以参照《合同法》关于"以法律和行政法规为依据"的规定,但是如果适用地方性法规、规章甚至规章以下规范性文件有利于保障作为一方当事人的公民的合法权益的,不能完全排除这些规范性文件适用。

5. 调解

《行政诉讼法》第六十条规定,人民法院审理行政案件,不适用调解。这一规定对于羁束性行政行为而言,大体上是适宜的。但是对于裁量性行政行为而言,有失严格。现代行政鼓励行政相对人参与行政程序,有的国家在行政程序中征求相对人对包括处罚在内的行政决定的意见,德国的行政机关甚至可以用和解协议来代替行政行为。再比如,国土资源部、国家工商行政管理局发布的《国有土地使用权出让合同》示范文本中,对于滞纳金、土地闲置费等均可以采取协商的方式列入合同。行政合同具有的合意性、妥协性本身就能够容纳调解。在行政合同诉讼中,应当允许当事人在一定范围内达成和解。

（四）行政合同诉讼之司法审查方式

对于行政合同本身、行政合同中的行政行为的审查,由于针对的对象不同,司法审查的方式也有较大差异。

1. 合法性审查和合理性审查

对于行政机关在行政合同中的实质"单方行政行为",应当按照《行政诉讼法》进行合法性审查无疑。主要包括:行政机关的指挥权(例如《城镇国有土地使用权出让转让暂行条例》第六条规定,土地管理部门依法对土地使用权的出让、转让、出租、抵押、终止进行监督检查)、行政机关的单方解除合同权(例如《城市房地产管理法》第十八条规定,在特殊情况下,国家根据社会公共利益的需要,可以依照法律程序提前收回)、行政机关的制裁权(例如《土地管理法》、《城市房地产管理法》规定的土地行政管理部门对闲置土地的处罚权)等。

有观点认为,行政合同不能进行合法性审查。理由是,行政行为强调的是

---

① 参见何文娟、张其鸾:《行政合同的法律规制探究——以国有土地使用权出让合同为例》,《陕西理工学院学报》(社会科学版)第29卷第1期。

依法行政,即行政行为必须依照法律的授权作出,而合同的契约自由与此不能相容,故而有行政则无合同。① 这种观点实际上也摒斥了行政合同案件不能进行合法性审查。对于依法行政与行政合同的关系,不能作对立理解。西方国家一般采取对依法行政理论重新进行解释,尽量将行政合同纳入依法行政理念的控制之下,以保证行政合同符合法治主义的要求。② 行政合同诉讼虽与一般行政诉讼有一定差异,但是行政合同本身是执行公务的一种方式,执行公务必须满足合法的基本要求,因此对于行政合同进行合法性审查自然也是题中之意。

除了传统的对行政机关在监督、履行行政合同过程中的行政处罚等"行政特权"外,行政机关在订立行政合同中的行为也要接受司法审查。主要是:第一,主体的合法性。即审查行政机关是否具有订立合同的法定资格。对于行政机关订立合同是否需要有法律依据,还存在不同的做法。有的国家规定行政机关原则上不需要有法律依据。例如葡萄牙《行政程序法典》第一百七十九条规定:"行政机关在实现其所属的法人的职责时,可订立行政合同,但法律有相反规定或因拟建立的关系的性质而不允许不在此限。"当然,行政机关签订行政合同,除了行政事务管辖权之外,尚有级别管辖、地域管辖权等限制,如果法律对合同主体资格有规定的,法院应当审查。第二,程序的合法性。即审查行政机关在订立合同时遵循了相关法律程序。例如葡萄牙《行政程序法典》规定,除规范公共开支运用的法规或特别法中有保留外,行政合同的订立应当先经过公开招标,行政机关应当接受符合法律规定的一般要件的任何实体参与公开招标。第三,合同实体内容的合法性。有的法律法规对合同内容作了规定,行政合同不能违反法律法规的规定。例如,《农村土地承包经营法》第二十条规定,耕地的承包期为30年,草地的承包期为30年至50年,林地的承包期为30年至70年。《城镇国有土地使用权出让和转让暂行条例》

---

① 例如,有学者认为,契约自由是合同法的灵魂,依法行政是行政法的生命,二者之间的调和无从谈起。阎磊:《行政契约批判》,知识产权出版社2011年版,第133页。1993年7月16日,我国台湾地区大法官会议释字第324号解释中,大法官协同意见书认为:"契约就是契约,原亦不必有私法契约与公法契约之分。""行政契约与依法行政原则抵触……如果容许此种行政契约施行,岂不回归封建专制时代? 由法治回归人治?"转引自翁岳生编:《行政法》,中国法制出版社2009年版,第711—712页。

② 参见余凌云:《依法行政在行政契约中的贯彻》,《中国人民公安大学学报》1998年第1期。

第十二条规定,土地使用权的最高年限为:居住用地 70 年;工业用地 50 年;教育、科技、文化、卫生、体育用地 50 年;商业旅游娱乐用地 40 年。如果耕地短于 30 年,居住用地超过 70 年,均属于合同内容不合法。

还有的观点认为,对于行政合同中的单方行政行为,除了合法性审查之外,还应当进行合理性审查。理由是:第一,行政合同的意思表示大多是行政机关自由裁量权的体现,必须对此进行合理性审查才能防止行政机关以行政合同的"合法形式"出卖公权力;第二,德国《联邦行政程序法》规定行政合同"对待给付按整体情况判断须为适当,并与行政机关履行契约给付有实质联系",这里的"实质联系"就是一个合理性的判断。① 笔者认为,由于行政合同本身是合意的结果,蕴涵了合同必须合理正当的原理,因此原则上对于行政合同可以进行合理性审查。例外的是,如果行政机关作出羁束性行政行为,法院只能进行合法性审查而不能进行合理性审查(行政处罚显失公正除外);如果行政机关作出的形式上的羁束性行政行为已经为经过当事人合意明载于合同的(例如当事人双方约定行政处罚的数额),法院仍然可以进行合理性审查。

2. 合约性审查

合约性审查是指人民法院对合同当事人的行为是否符合行政合同约定进行审查。对于合法性审查和合约性审查的关系,有观点认为应当以合法性审查为主,以合约性审查为辅。因为"在合同合法的前提下以合同的约定作为审查双方行为的补充依据,这样既防止'贩卖高权'之行为的发生,保证'契约不能限制行政主体法定的自由裁量权'原则的实现,同时保护合同相对人的利益。"②笔者认为,合法性审查和合约性审查的侧重点各有不同,对于前者主要是涉及行政行为合法性等"客观诉讼"事实,对于后者则主要涉及行政合同履行等"主观诉讼"事实。如果不能明确两者的关系,就可能导致法律的虚置。例如,日本虽然规定了适用于行政合同案件的当事人诉讼,但是该国《行政案件诉讼法》又将行政诉讼定义为对行政公权力不服的诉讼,导致当事人

---

① 参见杨解君、顾冶青:《行政契约的诉讼制度架构探微》,《江苏社会科学》2003 年第 6 期。

② 艾阳、肖婧:《行政合同问题初探——从行政诉讼的几个难点谈行政合同法律适用》,《内蒙古电大学刊》2006 年第 4 期。类似的观点还可见毕可志:《论对行政合同纠纷的司法救济》,《长白学刊》2004 年第 4 期。

诉讼不能容纳撤销诉讼,当事人诉讼很少得到运用。[①] 在法国,行政法院对于行政合同中的任何争议具有完全管辖权,即超越撤销诉讼的管辖权。由于类似民事争议的事项,原本就完全属于人民法院的管辖范围。因此,对于涉及"主观诉讼"的事项,行政审判法官具有类似民事审判中的权力——完全管辖权。

值得注意的是,有些行政合同中载明法律法规的规定,大体上是对法律条文的复制,本质上并不属于约定的内容。合同的约定一般涉及合同对价、履行方式、履行地点、履行时间期限等。对于行政合同的合约性审查的内容,既包括订立合同,也包括履行合同,相应地,合同当事人的责任主要包括以下两种:

(1)缔约责任

行政机关在缔结合同时应当严格遵守缔约规则和诚实信用原则,如果超越缔约规则违反缔约义务,给合同当事人或者第三人造成损害的,应当承担相应的法律责任。缔约责任主要是保护受害者的信赖利益,一般是行政机关一方的责任。缔约责任主要适用于:行政机关假借订立合同,恶意进行磋商;行政机关违反诚实信用原则,不履行缔约义务,导致合同当事人利益受到损失的行为,例如行政机关故意隐瞒或者提供虚假的与订立契约有关的信息,损害合同当事人权益的;违反法律规定的公开、公平、竞争原则,例如法律规定必须采用招标、拍卖和邀请发价等方式选择合同订立人,行政机关故意不采取上述程序或者违反上述程序的;拒绝履行缔约义务;一方当事人未尽到通知、协助、告知、照顾义务等义务而造成对方当事人人身或财产的损失的情形等。

(2)违约责任

违约责任的情形主要包括:行政机关在合同履行期限到来之前,明确表示或者以自己行为表明不履行约定义务(预期或者先期违约);行政机关在合同履行期限届满后,无正当理由拒不履行约定义务;行政机关在履行期限届满后,能够履行而不履行约定义务,或者应当接受对方履行而不接受;行政机关部分履行约定义务、履行方式、履行地点存在瑕疵等。

(五)行政合同诉讼之裁判方式

根据行政合同诉讼中的不同标的和当事人的诉讼请求,人民法院可以根

---

　　① 参见杨建顺:《日本行政法通论》,中国法制出版社 1998 年版,第 770 页。

据不同情况作出相应判决。

1. 撤销行政合同中的单方行政行为

对于行政合同中的单方行政行为(例如行政机关行使指挥权、单方变更解除权、制裁权等),本质上属于一般行政诉讼中的诉讼标的,人民法院可以根据《行政诉讼法》第 54 条作出相应的撤销判决。撤销包括全部撤销和部分撤销。对于行政机关尚有行政酌处权的,可以限令行政机关在一定期限内重新作出行政行为。

2. 确认行政合同无效

在行政合同诉讼中应当明确确认判决,主要原因是某些判决要以确认判决为前提或者基础,确认判决本身也构成一种独立的判决。① 行政合同无效是否要适用《合同法》上关于无效的规定呢? 对于合同无效,《民法通则》和《合同法》有明确的规定。《民法通则》第五十八条规定,下列民事行为无效:无民事行为能力人实施的;限制民事行为能力人依法不能独立订立的;一方以欺诈、胁迫或者乘人之危,使对方在违背真实意志的情况下所为的;恶意串通,损害国家、集体或第三人利益的;经济合同违反国家指令性计划的;以合法形式掩盖非法目的的;违反法律或者社会公共利益的。《合同法》第五十二条规定,有下列情形的合同无效:一方以欺诈、胁迫的手段订立合同损害国家利益的;恶意串通,损害国家、集体或者第三人利益的;以合法形式掩盖非法目的;损害社会公共利益的;违反法律、行政法规的强制性规定。但是,民法上合同无效的规定,是否直接适用于行政合同,还存在较大的争议。

笔者认为,原则上《合同法》上关于合同无效的规定可以适用于行政合同,但是应当注意以下几个问题:一是,作为行政合同相对方只可能存在"欺诈"作为,不可能作出"胁迫"行政机关的行为;二是,"恶意串通"要求合同双方当事人非法勾结,并有损害国家、集体或者第三人利益之故意和行为,强调了行政机关的"主观故意",不仅在现实中非常罕见,也难以得到证据证明,规制的必要性不太大;三是,"违反法律、行政法规的强制性规定"要与对行政合同中单方行为的审查区别开来,后者主要涉及法律法规所明确行为主体资格、合同订立程序等,而"违反法律、行政法规的强制性规定"是指合同本身违反

---

① 　参见张树义:《行政合同》,中国政法大学出版社 1994 年版,第 176—177 页。

强制性规定。

法院可以判决合同全部无效,也可以判决合同部分无效。我国台湾地区"行政程序法"第 143 条规定,行政契约之一部无效者,全部无效。但如可认为欠缺该部分,缔约双方亦将缔结契约者,其他部分仍为有效。

3. 撤销、变更、解除行政合同

《合同法》第五十四条规定了可撤销的合同,即:下列合同,当事人一方有权请求人民法院变更或者撤销:因重大误解订立的;在订立合同时显失公平的。一方以欺诈胁迫手段或者乘人之危,使对方在违背真实意思表示的情况下订立的合同,受损害方有权请求人民法院变更或者撤销。可撤销(包括可变更)合同的产生,主要是因合同意思表示不真实,需要通过当事人行使撤销权使已经生效的意思表示归于无效。那么,在行政合同中是否需要设立可撤销合同制度呢?法国、德国和我国台湾地区均无关于可撤销合同制度。理由主要是,行政合同无效制度足以保证行政合同的救济,因此"行政合同没有像违反行政行为那样的可诉请撤销性和可撤回性"①。也有的国家规定了可撤销的行政合同。例如葡萄牙《行政程序法》第 185 条规定,如果根据本法典规定,决定行政合同订立的行政行为无效或者可撤销,则该行政合同也同样为无效或者可撤销;民法典有关意思欠缺及瑕疵的规定,适用于所有行政合同。笔者认为,行政合同与民事合同不同的是其具有执行公务之目的,往往与国家利益和社会公共利益的维护直接相关,因此适度保持其稳定性,特别是其有效性具有积极意义,行政合同的可撤销问题并不突出。当然,也不排除在例外情形下,行政合同也具有可撤销之情形。

在下列情况下,人民法院可以判决解除合同:第一,作为行政合同一方当事人的公民如果有正当理由要求解除合同而行政机关不同意解除的;第二,合同当事人有违约行为,一方当事人请求解除的;第三,因为客观情势的变化,行政合同的履行已经不可能、没必要或者继续履行可能遭受更大损失的;等等。

4. 给付判决(履行判决)

有学者认为,大陆由于行政诉权理论的狭隘,行政诉讼类型单一,给付诉

---

① [德]汉斯·J.沃尔夫等:《行政法》,高家伟译,商务印书馆 2002 年版,第 159 页。

讼范围狭窄,因此能否妥帖适应解决行政合同纠纷存有疑问。① 对于不履行、不完全履行、不恰当履行、逾期履行的情况,人民法院可以根据案件具体情况作出相应的给付判决。根据修改后《行政诉讼法》第七十八条第一款的规定,法院可以判决被告承担继续履行、采取补救措施或者赔偿损失等责任。

5. 维持判决或者驳回原告诉讼请求判决

主要包括以下三种情形:对于行政合同中的单方行政行为,人民法院经过审理符合《行政诉讼法》关于维持判决的条件的,应当判决维持;对于不宜维持或者作出维持判决已无实际意义的,可以判决驳回原告诉讼请求;行政合同当事人请求法院判决给付、确认等理由不能成立的,法院应当判决驳回原告诉讼请求。

6. 赔偿(补偿)判决

(1)赔偿判决

主要包括三种情形:一是行政机关单方违法或者违约。行政机关在订立或者履行行政合同过程中,有违法失职行为,致使相对方合法权益受到损害的,应当视为行政侵权行为,并由行政机关承担赔偿责任。行政合同对赔偿有约定的,依其约定;如果依照《国家赔偿法》的赔偿数额高于合同约定的,依照《国家赔偿法》的规定。二是行政相对方违约。行政相对方有违约行为造成行政机关损失的,依照合同约定予以赔偿。三是双方违约。在双方均存在违约的情况下,应当参照《民法通则》第一百一十三条规定的当事人双方都违反合同的,应当分别承担各自应负的赔偿责任。即双方当事人都存在违约行为造成的损害,双方可以冲抵相应的赔偿责任。

(2)补偿判决

补偿判决与经济利益平衡原则直接相关。经济利益平衡原则是指在特定情况下,为了实现国家利益和私人利益的平衡,要给予相对方一定补偿的原则。例如行政机关应当允许行政相对方为了实现合同目的而收取费用、行政机关应当支付报酬或者价金等等。但是,经济利益平衡原则更多是为了解释

---

① 参见蔡文斌:"评《对行政法上'假契约'现象的理论思考——以警察法上各类'责任书'为考察对象》",杨解君编:《行政契约与政府信息公开——2001年海峡两岸行政法学术研讨会实录》,东南大学出版社2002年版,第362—363页。

行政合同中的补偿。有的观点认为,行政机关可以根据公共利益的需要变更或者撤销合同,因此是否属于公共利益的需要就成为是否补偿的重点。① 笔者认为,对于行政机关采取的以"公共利益"为由的行政行为应当严加限制,因为行政机关可以声称任何事项均属于"公共利益"。因此,在补偿方面,首先是要避免发生补偿事项。一般来说,这些事项主要包括两类:(1)不可抗力。在行政合同履行过程中,如果出现了不能预见、不可避免或者不能克服的客观情况,致使行政合同不能履行时,行政合同相对方有权要求行政机关给予适当补偿或者共同承担损失。例如德国《联邦行政程序法》第六十条第十款规定,情势变更的情况下,双方当事人可要求终止契约。2.统治者行为。当行政机关的行为使得履行行政合同的条件恶化时,行政机关有义务给予补偿,并且是全部的、等额的补偿。一般来说,对于行政机关合法的行使行政特权行为应当视为统治者的行为,如果行政机关在行使上述权力时,合同相对方如果没有过错,可以请求法院判决给予适当补偿。修改后的行政诉讼法第七十八条第二款规定,被告变更、解除本法第十二条第一款第十一项规定的协议合法,但未依法给予补偿的,人民法院判决给予补偿。

---

　　① 　参见张坤世、文国银:《行政合同诉讼的法律思考》,《人民司法(案例)》2011 年第 4 期。

制 度 篇

第六章　行政诉讼制度改革的目标

法律制度改革,是为了适应社会治理需要解决现实中的问题,这构成了改革的目标。目标预设着整个法律规则的架构和设计。中国行政诉讼制度的发展,由于缺乏对目标的足够审视,没有形成一个改革的完整目标,大量"只见树木不见森林"的具体对策探讨,处在不同的价值冲突之中,很容易落入顾此失彼或左右为难的窘境。中国行政诉讼制度改革究竟要解决什么问题? 如何才能从根本上解决这些问题? 为此,应当在准确把脉国家治理现状的基础上,重新审视行政诉讼制度改革目标。笔者以破解"立案难、审理难、执行难"为研究改革目标的问题起点,以有效救济相对人权利为线索,认为修法实践所确立的"小改"目标,并不能从根本上解决"三难"问题;以行政诉讼的多元目的区分客观诉讼与主观诉讼的"中改"目标,不失为今后平衡各方利益诉求的最佳可行性选择;而从国家治理的长远需求看,有效维护相对人权利必须从上游解决中国公法秩序混乱的问题,因此行政诉讼制度发展的方向是向公法诉讼回归。

一、现实目标:以规则的精细化破解实践困境

(一) 修法实践确立的立法目标

在行政诉讼法修改的过程中,学术界关于目标的讨论并不多,所见到的一些成果也多将其等同于行政诉讼目的,如有人就认为"行政诉讼法修改的首要目标是化解争议"①。有代表性的观点认为修法目标有两个:"第一,解决行

---

① 王学辉:《行政诉讼法修改首要目标是化解争议》,《法制日报》2011 年 12 月 8 日。

政诉讼立案难、审理难、执行难,基本上摆脱行政诉讼的困顿局面;第二,重新表述法条的文字篇章结构,使法律表述更加清晰和谐。"①

改革目标首先是基于法律的实施运作状况,直接针对现行法律文本的缺陷以及法律实施中存在的问题进行完善。二十多年来,中国行政诉讼在夹缝中求生存,虽然对于法治的意义非凡,但也越来越暴露出许多缺陷,例如受案范围规定过窄、具体行政行为标准滞后、管辖制度不利于保护相对人权利、原告资格限定过严、诉讼程序单一等。法律文本上的粗陋造就了司法实践的困境。据统计,2008 年以来,"人民法院每年受理行政案件(含国家赔偿案件)的数量在人民法院每年受理案件的总量中仅占 1.13%(2008 年以来 5 年内人民法院受理行政案件约 63.3 万件,5 年内人民法院受理案件的总量为 5615.6 万件)"②。德国 8000 多万人口,每年受理 30 多万件行政案件,中国拥有 13 亿人口,平均每年却只有 8 万多件。与此同时,中国每年有几百万件的信访案件,其中相当一部分原本可以纳入行政诉讼渠道。这在某种程度上折射出行政诉讼面临的困境,与行政诉讼制度所应承载的法治功能并不匹配。

对于现行行政诉讼法的上述缺陷,法学界将其集中归结为"主案难、审理难、执行难",破解"三难"也就成为修改行政诉讼法的动因,也成为修法所要解决的核心问题。因此不少人主张,行政诉讼法的修改就应针对实施中存在的典型问题,以救济相对人权利为目的,以规则完善为线索,极力回应行政诉讼法实施过程中出现的矛盾和问题。这构成了修法的第一重目标也即初始目标。2011 年 11 月 1 日,十二届全国人大常委会第十一次会议表决通过的修改行政诉讼法的决定,大量吸收了此前司法解释的内容,将目标确定为解决实践中比较突出的"立案难、审理难、执行难"。

这一目标的确立,意图从程序上畅通行政诉讼的渠道,让符合法定条件的案件能够顺利进入诉讼程序,并能够得到公正的审判和有效的执行。问题在于,实现这一目标的修法方案有多种,可以进行全面而带有根本性的修改,以彻底解决"三难"问题;也可以进行渐进式的"小改",有限度地缓解"三难"问题。而立法机关目前采取的则是立足于对行政诉讼法进行"小改",重点不在

---

① http://law.china.cn/txt/2012-04/11/content_4933035.htm.
② 转引自马怀德:《行政审判体制改革的目标:设立行政法院》,《法律适用》2013 年第 7 期。

体制的变革,而是程序机制的完善与制度设计的精细化。例如,针对立案难,设计更严格的监督制约程序,将不受理的司法行为纳入更高审级监督;针对审判难,增设简易程序保障诉讼效率,创设行政首长出庭应诉制度,强化司法对行政的监督;针对执行难,增加作为被告的行政机关负责人的责任追究制度。2014 年 11 月 1 日,十二届全国人大常委会第十一次会议表决通过的修改行政诉讼法的决定,大会吸收了此前司法解释的内容,从明确人民法院和行政机关应当保障当事人的起诉权利、扩大受案范围、明确口头起诉、强化受理程序约束、明确法院相关责任等方面,保障当事人的诉讼权利以破解"立案难";从跨区域管辖、复议机关可作共同被告、增加判决形式、增设简易程序、强化检察监督等制度方面进一步完善,以解决"审理难";进一步明确行政机关不执行法院判决的责任以破解"执行难"。

　　从整体上看,此次行政诉讼法修改幅度比较大,未修改的条文为 23 条,修或增加条文 80 条;但是从行政诉讼制度结构上分析,此次大修亦属"小改",主要立足于从具体运行机制上破解"三难",把行政诉讼实践中积累的经验以及行政实体法制度上的改革通过立法予以肯定。对于属于"强制性制度变迁"①的中国行政诉讼制度发展而言,将最高人民法院二十多年来制定发布的司法解释、回复和批复、案例指导等实践经验,予以立法吸收乃是最稳妥的办法。据统计,最高法院先后制定了 20 余部重要的司法解释,发布了 18 件重要的司法指导性文件和 200 余件法律适用问题的批复②,包括 1991 年 6 月《关于贯彻执行中华人民共和国行政诉讼法若干问题的意见(试行)》,2000 年颁布《关于执行〈中华人民共和国行政诉讼法〉若干问题的解释》,2002 年《关于行政诉讼证据若干问题的规定》,2008 年《关于行政案件管辖若干问题的规定》、《关于行政诉讼撤诉若干问题的规定》等,在扩大受案范围、调整管辖规则、放宽对原告资格限制、改革证据制度等方面都有不同程度的完善和发展。对这些司法实践成果,制度改革无疑应当有效吸收,转化为正式的法律规则。但是此次修改并没有着力扩充行政诉讼的功能,对"三难"问题的回应效果

---

① 杨海坤、章志远:《社会转型时期的行政诉讼法修改》,《江苏行政学院学报》2007 年第 1 期。

② 参见张坤世:《行政诉讼机理探究与制度建构》,中国政法大学出版社 2012 年版,第 9 页。

"很大程度上仍取决于今后行政审判体制改革的进展"。①

(二) 现实目标面临的可能困境

行政诉讼法修改后,能否有效解决起诉难、胜诉难等问题,能否走出行政诉讼的困境局面,学术界对此并不乐观。因为造成"三难"的原因,既有程序上的缺陷,更多则涉及体制上的障碍。例如多年来,行政诉讼备受批评的重要问题之一就是行政争议进入法院难,"《行政诉讼法》的修改必须致力于解决这一问题,敞开行政诉讼之门,让行政争议能够顺利进入司法审判"②。然而,敞开行政诉讼之门涉及行政诉讼受案范围、原告资格、被告确定等一系列问题,这决定了不可能在现有制度框架下通过小的修补就可以解决,很多问题的背后都涉及司法权对行政权监督的限度。更关键的是,修改后的行政诉讼法在文本上仍存在重大结构性矛盾,没有很好区分主观诉讼与客观诉讼,其能否既有效回应并救济相对人权利,又有效规范并监督政府部门依法行政,依然充满悬念。

因此不得不反思:立足于法律文本的"小改"究竟能在多大程度上回应民众对制度改革的诉求? 能否彻底破解"三难"困境? 我们顺着初始目标继续分析,还必须深入到造成"三难"的病灶上进行预判。目前学术界就此提出了许多批评和建议,但大多将法律文本本身的问题与外在体制性弊病混同在一起,将司法不独立、内部行政化等都归结为行政诉讼法本身的问题。就第一层面的改革目标来看,这种不区分法律文本与体制环境的做法,显然不利于改革分步实施的理性化进程。其实,"三难"之中,除了"受案难"更直观地体现为法律文本上的制约外,"审判难"与"执行难"则主要可归咎于司法体制。党的十八大以来,我国加快了司法体制改革的步伐,围绕司法"去地方化"和"去行政化"目标,在推行"省级统管"、司法人员分类管制、最高院设巡回法庭、跨区划设立法院检察院等方面进展明显。整个司法体制改革为优化行政诉讼体制环境将提供基础。但是,行政审判体制改革并非纳入司法体制改革当中,行政诉讼制度的发展主

---

① 何海波:《〈行政诉讼法〉修改的理想与现实》,《中国法律评论》2014 年第 4 期。
② 应松年:《完善行政诉讼制度——行政诉讼法修改核心问题探讨》,《广东社会科学》2013 年第 1 期。

要采取在现有体制下,通过提高行政案件的审级,增加选择管辖和指定管辖的情形,相对集中行政案件管辖权等方式来破解体制上的积弊。学界的主流意见是呼吁建立行政法院,"由于现有行政审判体制暴露出的全面性的危机,在选择改革路径时必须选择整体性的结构化改革,设立行政法院才是改革的根本出路。"①但是立法部门只是将行政诉讼制度改革的目标定位为破解"三难",缺乏了从根本上改革行政审判体制、成立专门的行政法院的决心和魄力,所以选择从程序机制和制度设计上进行完善。这种"小改"则无法拓展行政诉讼在国家治理中的功能,在实现行政诉讼制度功能上也存在局限。

二、理想目标:围绕诉讼目的设计规则体系

法律变革以文本的技术性修补为主,需要存在两个前提:一是国家法治系统内部比较成熟稳定,各个法律文件较为齐备且功能互补;二是待修的法律文本不存在结构上根本缺陷,其功能定位是科学适当的。然而,处于急剧社会变革中的中国行政诉讼法,并不具备上述两个条件,相反,法律文本自身存在难以修补的结构性矛盾,在建设法治中国的背景下修法也被人们寄予了更大的法治意义。很显然,如果行政诉讼制度发展只是局限于上述"小改"目标,则势必无法改变法律文本存在的结构性矛盾,最终囿于条文的修修补补无法承载起人们对制度改革的期待,无论是着眼于保护公民权利还是监督行政公权,都难以有效回应社会需求。因此,中国行政诉讼制度改革应当进入第二层目标:实现行政诉讼目的,拓展行政诉讼功能。

(一)厘清行政诉讼目的

法律规则的设计,是服务于立法目的。行政诉讼制度的改革与完善,必须围绕行政诉讼目的的落实进行。这里面包含两层判断:一是立法设计的诉讼目的是否科学;二是行政诉讼的制度设计与诉讼目的是不是相适应,哪些内容需要根据目的进行修改。

---

① 马怀德:《行政审判体制改革的目标:设立行政法院》,《法律适用》2013 年第 7 期。

关于行政诉讼目的,修改后的《行政诉讼法》第 1 条规定:"为保证人民法院公正、及时审理行政案件,解决行政争议,保护公民、法人和其他组织的合法权益,监督行政机关依法行使职权,根据宪法,制定本法。"这一条款被视为行政诉讼法的"灵魂条款",与原文相比,此次修改主要将"正确、及时审理行政案件"修改为"公正、及时审理行政案件",加入"解决行政争议",并将"维护和监督行政机关依法行使职权"修改为"监督行政机关依法行使职权"。围绕这一条款,关于行政诉讼目的的争论从未消停,有"一重目的说"、"双重目的说"、"三重目的说"以及"多层面目的说"等不同观点。

"一重目的说"主张行政诉讼的目的只有一个,其他都是服务于这一目的。其又有"权利救济说"、"解决纠纷说"与"保障公权说"等。"权利救济说"认为,"行政诉讼的唯一目的是保护公民的合法权益,至于说维护行政机关依法行使行政职权这一目的是不存在的"[①]。"行政诉讼的根本目的不在于通过行政诉讼制度解决纠纷,也不在于通过审查行政行为以维护和监督行政公权力在法定轨道上运行,而在于充分保障行政相对人的合法权益。"[②]"解决纠纷说"认为,"解决行政纠纷、维护社会秩序才是行政诉讼程序的真正唯一目的"[③]。而"保障公权说"则从公权正义的视角,认为"行政诉讼一般地遵从行政法律关系规定的目的,以维护公权力正义秩序或实现行政权力和责任的统一,才是行政司法救济的目的","行政司法救济本质上只有一个共同的、根本的目的——保障行政公权行使的正当性"[④]。

"双重目的说"认为,行政诉讼立法的目的既在于保障和维护公民的合法权益,同时还在于保障行政机关依法行使权力,"保护公民的合法权益和保障行政机关依法行使权力不是对立的,而是统一的",当初制定《行政诉讼法》就采纳了这种观点[⑤]。"保障行政机关依法行使职权与保护个人、组织的合法权

---

① 张树义:《冲突与选择——行政诉讼的理论与实践》,时事出版社 1992 年版,第 14 页。

② 谭宗泽:《行政诉讼目的新论——以行政诉讼结构转换为维度》,《现代法学》2010 年第 4 期。

③ 宋炉安:《行政诉讼程序目的论》,刘莘等:《中国行政法学新理念》,中国方正出版社 1997 年版,第 366 页。

④ 徐永平:《公权正义与行政诉讼目的初探》,《理论研究》2007 年第 2 期。

⑤ 有关《行政诉讼法》制定过程中对行政诉讼目的的争议及其确定,可参见姜明安:《行政诉讼法》(第 2 版),法律出版社 2007 年版,第 51—52 页。

益是行政诉讼宗旨的两个基本点,二者不可偏废。既要看到保障和支持行政机关依法行使职权的必要性,又要看到保护个人、组织合法权益的重要性。不能用一方面去否定另一方面。"①但是,有学者并不认可将维护行政权力作为行政诉讼目的,而倾向于用"监督行政机关"这样的表述②。

"三重目的说"也有不同的表述,常见的是,认为行政诉讼目的一是保证人民法院审理行政案件,二是保护公民、法人和其他组织的合法权益,三是监督行政机关依法行使职权;有的概括为保障相对人权利、监督行政主体和维护公共利益③;近十年来,对此问题的争议集中在解决行政争议、保护公民权益与监督行政机关三者关系的处理上。"行政诉讼的首要目的和根本目的正是要保护公民、法人和其他组织的权益,解决行政争议和监督行政机关只能服从和服务于这一首要目的和根本目的"④。

"多层面目的说"认为,行政诉讼之目的具有多元性,可分解为程序正义、利益平衡、促进合作以及道德成本最低化等若干层面⑤。作为复杂系统或制度安排中一环的行政诉讼,其建立往往并非基于一种目的,而常常是多重目的。客观而言,目前世界上的行政诉讼制度安排的确也展现出多种面相,存在不少多重目的并存的安排。在一些国家或者地区的行政诉讼中客观诉讼与主观诉讼并存,甚至允许行政公益诉讼的存在。例如,中国台湾地区明确规定"行政诉讼以保障人民权益,确保国家行政权之合法行使,增进司法功能为宗旨"⑥。

不同行政诉讼目的的设置,决定了不同的行政诉讼规则设计。而确定理想的行政诉讼目的,要立足于行政诉讼的根本属性。行政诉讼区别于其他诉讼形态,在于诉讼所解决的纠纷发生在公私权之间,司法权审查的对象包括行

---

① 黄杰:《〈中华人民共和国行政诉讼法〉诠释》,人民法院出版社 1994 年版,第 7 页。
② 参见马怀德:《保护公民、法人和其他组织的权益应成为行政诉讼的根本目的》,《行政法学研究》2012 年第 2 期。
③ 参见刘颖:《中国行政诉讼法立法目的研究》,《中州学刊》2005 年第 1 期。
④ 马怀德:《保护公民、法人和其他组织的权益应成为行政诉讼的根本目的》,《行政法学研究》2012 年第 2 期。
⑤ 参见胡肖华:《行政诉讼目的论》,《中国法学》2001 年第 6 期。
⑥ 马怀德:《保护公民、法人和其他组织的权益应成为行政诉讼的根本目的》,《行政法学研究》2012 年第 2 期。

政公权和相对人私权,司法审查既包括对公权行为的判断,也包含对私权主张的判断。这决定了居中裁判的行政诉讼,不能只是单纯偏向于哪一方。从世界范围看,行政诉讼的目的也并非表现为单一的维护公权或保护私权,其明显的发展趋势是,"从注重对个体权利的保护向注重协调公共利益或者是尊重行政权的多元价值目标的转变"①。认为行政诉讼的目的只有一个,无疑限制了行政诉讼功能的发挥,容易造成诉讼制度的偏失。

从立法条文的解释分析,行政诉讼目的也具有多元性。虽然行政诉讼法修改对第 1 条作了较多的调整,但法条宣示的行政诉讼目的的结构并未有根本改变,包含如下四层意思:一是审理行政案件、解决行政争议;二是保护相对人合法权益;三是规范和监督依法行政;四是保障公法秩序。实际上,这四重目的并不在同一个逻辑层面上。"保证人民法院公正、及时审理行政案件,解决行政争议"指向的是法院的行为规范,反映的是所有诉讼法的共同出发点,因而构成一般性、基础性目的;"保护公民、法人和其他组织的合法权益,监督行政机关依法行使职权",包含着第二层面的"双重目的",即保护相对人权利和监督行政权力,这二者之间处于同一个目的位阶,有时存在一致性,有时则不相一致,因而需要行政诉讼在二者之间有效平衡;另外,整个条款还隐含着一个更高层面的目的,即保障公法秩序,行政诉讼通过对行政争议的化解、行政行为的监督,促使行政机关依法行政,构建公权力运行的良好公法秩序。

从上述分析不难看出,在"三个层面、四重目的"的结构中,立法条文的设计并不是十分清晰,尤其是将"维护和监督行政机关依法行使职权"中的"维护"二字删除,使得行政诉讼目的更倾向于权利救济,行政诉讼保障公法秩序的目的大大削弱,并不利于行政诉讼在国家治理中功能的发挥。有学者坚持认为,"行政相对人向法院提起行政诉讼的目的是寻求自己权利的法律救济,绝对不是什么'维护和监督'行政机关依法行使职权——所谓的'维护和监督'是、也只能是行政相对人权利救济的一种反射效果"②。这是站在相对人的立场,而并非站在国家设立行政诉讼制度的立场。还有观点认为,"在行政管理中,行政机关享有实现自己意志的全部特权,行政机关依靠自身的力量即

---

① 曹达全:《行政诉讼制度功能研究》,中国社会科学出版社 2010 年版,第 161 页。

② 章剑生:《行政诉讼法修改的基本立场》,《广东社会科学》2013 年第 1 期。

可以强制行政相对人接受行政管理,不必、也无须借助行政诉讼来实现其所代表的国家意志"①。笔者认为,这既是将目光囿于行政机关与相对人之间,而忽略了行政机关之间的权力冲突,尤其是在中国目前的行政体制中,权力体系内的冲突现象十分严重;与此同时,转型期内的公民暴力抗法现象也十分突出,公权力在单纯"限权"的法治氛围中,需要借助司法的正当手段获得合法性。因此,"从时代发展的需求看,拓展行政诉讼公法秩序的构建和保障功能十分必要。"②

笔者认为,"三个层面、四重目的"的结构是合理的,只是需要立法进一步厘清它们之间的关系,将条文中隐含的公法秩序目的显明化,即,增加"保障公法秩序"的内容,这样既照顾到了行政诉讼解决行政纠纷的一般基础性目的,又着力突出了行政诉讼在权利救济和权力监督上的特殊性目的,还为将来行政诉讼法的发展预留了更高的追求目的。在此基础上,行政诉讼制度改革的理想目标,就是着眼于权利救济和权力监督的双重目的,区分客观诉讼与主观诉讼的类型,进行对应的规则设计,以解决行政诉讼法文本中的结构性矛盾,实现两大目的的"双赢"。

(二) 合理划分行政诉讼类型

行政诉讼类型是"在行政诉权分类的基础上,对行政诉讼中具有相同诉讼构成要件,适用相同审理规则和方式,以及法院的裁判权限基本相同的诉讼所进行的归类"③。"现行行政诉讼制度上有碍其原有功能发挥的不完善之处可谓不胜枚举,其最集中、最全面的体现便是诉讼类型制度的不完善"④。因此,解决中国行政诉讼制度中存在的诸多缺陷与问题,"最重要也最有效的办法是引入行政诉讼类型化的思想"⑤。

目前,世界很多国家对行政诉讼的类型规定虽然并不一致,但总体上可以

---

① 马怀德:《保护公民、法人和其他组织的权益应成为行政诉讼的根本目的》,《行政法学研究》2012 年第 2 期。

② 薛刚凌:《行政诉讼法修订基本问题之思考》,《中国法学》2014 年第 3 期。

③ 薛刚凌:《行政诉权研究》,华文出版社 1999 年版,第 142 页。

④ 赵清林:《行政诉讼类型研究》,法律出版社 2008 年版,第 96 页。

⑤ 李广宇、王振宇:《行政诉讼类型化:完善行政诉讼制度的新思路》,《法律适用》2012 年第 2 期。

区分为客观诉讼与主观诉讼两大类,其直接对应的行政诉讼目的便是权力监督与权利救济。客观诉讼是指以监督行政公权力行为为主要意旨的诉讼类型,在具体制度中表现为法院仅仅就行政公权力行为的合法性进行审查;主观诉讼是指以回应原告诉讼请求为主要意旨的诉讼类型,在具体制度中体现为法院主要就原告的诉讼请求进行审查,附带被诉行政公权力行为的合法性①。例如,日本 1962 年《行政案件诉讼法》规定了四种行政诉讼类型,即抗告诉讼、当事人诉讼、民众诉讼和机关诉讼,其中前两者为主观诉讼,后两者为客观诉讼。许多国家行政诉讼类型都从只承认主观诉讼逐渐扩大到包括客观诉讼和主观诉讼,例如美国的纳税人诉讼②;在英国,"国家必须保证公共机构、公共信托组织与慈善机构不得超越和滥用其权利和基金,必须减少公害,防止法律遭到蔑视。应检察总长的请求,法院可以遏制这些滥用权力的行为","以公法诉讼名义保护私权之诉最通常的被告是地方机构,尤其是在纳税人对他们地方当局的财政开支的合法性提出怀疑时,以检察总长的名义起诉的场合"③。

总体上看,行政诉讼以客观诉讼为发轫点,早期阶段主要限于监督和维护行政机关依法行政;但随着社会发展,主观诉讼与客观诉讼并重已成为世界各国行政诉讼的发展趋势。但是,中国行政诉讼在结构上一直呈现出一种学者所言的"内错裂"状态,"这种'内错裂'使得中国行政诉讼既不是完整意义上的主观诉讼,也不是完整意义上的客观诉讼",导致中国行政诉讼既不能有效地回应相对人的诉讼请求,也不能很好地监督行政权力④。因而,行政诉讼实践中常会出现法院虽作出了裁判,但却无法满足公民、法人和其他组织的权益诉求。《行政诉讼法》第六条规定,人民法院审理行政案件,对行政行为是否

---

① 参见梁凤云:《行政诉讼法修改的若干理论前提——从客观诉讼与主观诉讼的角度》,《法律适用》2006 年第 5 期。

② 中国也有纳税人起诉的个案。2006 年 4 月 3 日,湖南常宁公民蒋石林以普通纳税人身份将市财政局告上法庭,要求法院认定财政局超出年度财政预算购买两台小车的行为违法。但法院裁定不属于行政诉讼受案范围,不符合起诉条件,不予受理。

③ [英]威廉·韦德:《行政法》,徐柄等译,中国大百科全书出版社 1997 年版,第 257—259 页。

④ 参见薛刚凌、杨欣:《论中国行政诉讼构造:"主观诉讼"抑或"客观诉讼"?》,《行政法学研究》2013 年第 4 期。

合法进行审查。因此,在行政诉讼中,法院是围绕着行政行为是否合法进行审理并作出裁判的。这对当事人单纯要求撤销行政行为的案件,不会存在太多问题。然而不少情况下,被诉行政行为常常涉及当事人权益特别是民事权益,即存在着行政与民事交叉。在由行政机关进行裁决、确权、登记、确认民事权益的案件中,单纯对行政行为进行审查,并不能满足当事人基于权利救济的诉求。修改后的《行政诉讼法》第六十一条对此作出了回应,规定法院可以一并审理相关民事争议,这有助于纠纷的实质性解决。但问题是在具体的判决形式中缺乏对应的安排,且对于当事人先提起民事诉讼而引出行政行为的效力争议,无法解决。

立足于权利救济与权力监督的这一对行政诉讼主体性目的,有必要在区分主观诉讼与客观诉讼的基础上,对行政诉讼进行科学的类型化构造。行政诉讼目的是"决定行政诉讼是主观诉讼还是客观诉讼的起点与基础","是行政诉讼构造的起点",这种构造能否完成以及是否"工整","需依赖于具体的规则"①。目前立法上设计的行政诉讼目的并没有在具体规则上进行类型化构造,使得目的之间的冲突往往体现在规则的设计当中。

(三)分类设计行政诉讼规则

如何将多元价值目标体现到具体的规则设计上,并避免现行立法的规则混乱现象,最重要的是在确定不同价值目标的前提下,对行政诉讼程序制度加以类型化,采取多元化的程序设计,避免各种价值目标由于程序设计的单一化而出现冲突或削减。

1.落实主观诉讼,有效救济相对人权利

"行政诉讼制度是为权利而奋斗的机制"②,在行政法学界,大多数学者主张将保障相对人合法权益作为行政诉讼的根本目的。若将"权利救济"列为《行政诉讼法》的立法目的之一,那么《行政诉讼法》就应当建立以相对人诉讼请求和权益保护是否成立作为审理和裁判中心的主观诉讼机制,程序设计和运作机制应围绕着当事人的权利损害与救济展开。比如,行政行为被诉的前

①　薛刚凌、杨欣:《论中国行政诉讼构造:"主观诉讼"抑或"客观诉讼"?》,《行政法学研究》2013年第4期。

②　胡肖华:《行政诉讼目的论》,《中国法学》2001年第6期。

提必须是它对个人的权利已造成损害,决不会仅仅因其违法即具有可诉性,对当事人的起诉资格常常有严格的限定,而决定起诉资格的关键是当事人是否享有法定权利。法院审理的焦点主要集中在下列问题:当事人是否享有法定权利,当事人的权利是否遭到侵害,此侵害是否为行政行为所造成,现行法律上给予此种侵害以何种救济等。严格来说,在这一审理过程中,行政行为合法性问题并非审理的核心问题,而只是给予当事人救济的辅助手段。①

但是,中国行政诉讼法从受案范围的确定到审理对象及裁判形式,基本都是以行政行为的合法性而不是以当事人的权利为核心展开的。虽然"从一开始我们就注意其担负着救济功能,但在行政诉讼制度的具体安排上贯彻得并不彻底"②,行政诉讼完全以行政行为为中心而不是以当事人的权利保护为基点进行制度设计的③。以权利救济的方式进入到诉讼程序,但最终法院的判决却只解决客观上的行为合法性审查,并未从主观诉讼上将相对人权利作为诉讼目的。可见,行政诉讼法改革应着眼于权利救济目的,完善主观诉讼的规则构造,例如在诉权范围上纳入行政事实行为侵权之诉;在审理中以原告诉讼主张是否成立为中心;在裁判方面赋予法院更大的处分裁量权等。④

2. 拓展客观诉讼,有效监督行政权力

"司法救济的历史表明,行政诉讼肇始于客观之诉,即最初目的主要不在于保护行政相对人的权益,而在于监督和维护行政机关依法行政,这在大陆法系与英美法系国家都是如此。"⑤有"行政法母国"之称的法国行政审判制度建立的直接动因在于行政与普通法院的对立,目的在于排斥封建的法院对行政的干预,维护和促进行政职能的实现。"不惟大陆法系,在司法审查制度产生源头的英国,司法审查所广泛使用的各种救济手段,即特权令状制度,其最

---

① 参见杨伟东:《行政诉讼目的探讨》,《国家行政学院学报》2004 年第 3 期。

② 应松年:《完善行政诉讼制度——行政诉讼法修改核心问题探讨》,《广东社会科学》2013 年第 1 期。

③ 参见杨伟东:《行政诉讼架构分析——行政行为中心主义安排的反思》,《华东政法大学学报》2012 年第 2 期。

④ 参见薛刚凌:《行政诉讼法修订基本问题之思考》,《中国法学》2014 年第 3 期。

⑤ 张坤世、欧爱民:《现代行政诉讼制度发展的特点——兼与中国相关制度比较》,《国家行政学院学报》2002 年第 5 期。

初目的也是为了维持各级公共机构的效率和行政秩序。"①而监督行政机关着眼于促进行政的正当、合法、有序地运转,致力于营造客观的良好的公法秩序。

"在现实的权力运作中,如何充实司法对行政的统制功能的问题,应当成为探讨行政诉讼法修改问题的出发点。"②但是,与客观诉讼目的相比,修改后的行政诉讼法所规定的受案范围仍然过窄,严格以权利侵害为基准的起诉资格,偏向的是权利救济目标取向。为此,围绕公法秩序的诉讼目的,应当在拓宽受案范围、扩大起诉主体资格、增加判决种类、完善非诉执行等方面,进一步明确和完善客观诉讼的规则构造。例如建立和发展"规范审查之诉"、"监督诉讼"、"机关诉讼"等,将对相对人权利的保护延及公权利,积极强化法院参与公法秩序建构的功能。

3. 追求法治平衡,缓和公权力与私权利的冲突

在上述两个目的中,二者会存在一定的冲突,法院会遇到"非此即彼"的选择困境。英国学界一直存在着"红灯理论"与"绿灯理论"以及"规范主义模式"与"功能主义模式"的斗争,凸显出对行政诉讼法究竟是控制政府权力、保障公民权利,还是尊重行政自由裁量权、保障公权力的冲突。在这种情况下,他们提出了"黄灯理论"和"新功能主义",体现了一种平衡思想,力求在公共利益与私人利益之间寻找最佳的结合点③。中国行政诉讼制度的发展,应当正视这种冲突,追求公权力与私权利的平衡,以构建一个平和的冲突解决机制。

公民权和国家权力的平衡是法治的健全状态。"国家设置行政诉讼制度,是为了给在行政法律关系中具有不对等性的行政相对人和行政机关之间提供一种法律上的抗衡机制。"④当前中国出现了一些社会问题,官民冲突加剧,群体性事件频发,社会戾气日盛。行政公权力与相对人权益的冲突,直接关涉行政秩序的稳定和行政管理目标和价值的实现。行政司法救济本质上是对行政权行使过程中,行政权与行政相对人权利正当关系的维护,而不仅仅是保护权利。"为了适应社会转轨的实际需要,司法机关所采取的司法策略的

---

① 转引自孙谦:《设置行政公诉的价值目标与制度构想》,《中国社会科学》2011 年第 1 期。
② 杨建顺:《行政诉讼法修改的视点和方向》,《人民法院报》2005 年 6 月 20 日。
③ 参见孔繁华:《行政诉讼性质研究》,人民出版社 2011 年版,第 144—145 页。
④ 胡肖华:《行政诉讼目的论》,《中国法学》2001 年第 6 期。

目标定位是强调和谐社会与法治社会的兼容",形成"软硬兼施"、"刚柔并济"的处理矛盾的方式方法,推动司法成为承担公共责任、加强联动治理、确保社会稳定的一种"安抚型司法","它所看重的不是司法体制内部的关系,而是关注司法与国家治理、社会稳定的关系"①。这也会反映到诉讼法的立法中来,在制度设计上应当为司法智慧提供平台和发挥空间。

公权与私权的平衡,要通过程序正义来实现。惟有通过诉讼程序的正当设置和运作,才能给原告提供控告比自己更强大的高高在上的政府的法律武器和运作机制,让不平等的双方在一种平等正义的程序中进行,"攻防"抗衡,正是通过程序正义,才能将公私权之间的冲突导入理性平和的机制中解决,防止导致二者冲突溢出法外产生剧烈的暴力化冲突。这要求行政诉讼法在程序设计上更加理性、平和。实现上述目的,必须按照程序正义的理念,公平公正公开设计行政诉讼程序,例如建立健全调解制度。《行政诉讼法》强调行政机关不得随意放弃、变更公权力,原则上仍然排斥调解,只是有限扩大了调解的适用范围。实际上,调解制度的确立,根本上在于体现缓和公权与私权的紧张与冲突,实现权力与权利的和谐。在调解中,通过互动交流博弈妥协,二者之间增进了解、化解隔膜、促进合作。通过类似行政诉讼制度的改造,为"权利—权力"的互动合作提供程序平台,进而建立一种"合作型公法秩序"②。

三、最终方向:着眼客观法秩序构建公法诉讼

中国行政诉讼制度建立以来,以权利救济为主导的制度实践,由于没有在上游解决好公法秩序保障问题,使其在权利救济上呈现出越来越多的困境。在国家治理背景下,行政诉讼制度改革应当全面关照中国公法秩序缺失的现实,努力回应国家治理和权利救济的根本性需求。面对传统司法在大量涉及社会政策争端的问题上左支右绌,无法适应社会变革带来的需求,美国亚伯拉罕·蔡斯在1976年发表了《法官在公法诉讼中的角色》一文,开始对传统的

---

① 栗峥:《国家治理中的司法策略:以转型乡村为背景》,《中国法学》2012年第1期。
② 李涛:《诉求与回应:合作型公法秩序之建构》,《南京农业大学学报》(社会科学版)2013年第4期。

以私法诉讼为基础建构起来的诉讼理论提出挑战,提出了公法诉讼模式①。与普通诉讼不同,行政诉讼审查对象与行政权有关,而行使行政权是为了保护公共利益,在法律上私人和行政机关之间的纠纷与两个私人之间的纠纷在性质上根本不同,这决定了行政诉讼目的无论是权利救济还是权力监督,本质上都与公共利益、公法秩序关联在一起。因此,行政诉讼制度发展,应当针对公法秩序保障机制的缺失,回归公法诉讼的本质属性。这种公法诉讼并非排斥对公民权利的救济功能,相反有利于更好地保障公民权利,达致现代国家"合作治理"、"公私双赢"的结果。

(一) 国外保障公法秩序的司法机制

公法的实施与公法秩序的构建,需要一整套公法机制,其中公法诉讼乃是最核心的内容。从域外经验看,法治国家多注重运用法律手段调控公权力部门关系,确立起一系列法律制度,如中央对地方的法律监控制度②、地方政府之间平等竞争的制度、中央与地方权限冲突的法律解决机制③等。在此基础上,他们将公权与私权、公权力之间的冲突纳入司法渠道,注重发挥司法在保障国家公法秩序中的功能作用,并最终为私权创造良好的法秩序环境。

一是宪法诉讼。德国有着发达的宪法诉讼,在确保国家权力依宪行使、维护法律的客观秩序方面发挥了独特的作用。其中的机构争议、联邦争议以及规范审查等都属于宪法诉讼的范畴④。意大利在第二次世界大战后建立了宪法审判制度,根据《意大利共和国宪法》第 135 条以及 1953 年第 1 号宪法性法律第 2 条规定,宪法法院的职能既包括对法律及有法律效力的规范性文件进行合宪性审查,又包括对国家机构之间以及中央和地方之间的职权冲突进行

---

① 转引自汪庆华:《中国行政诉讼多中心主义的司法》,《中外法学》2007 年第 5 期。
② 例如法国在中央向地方积极下放权力的同时,通过一系列制度建设加强了对地方的监控。参见唐建强:《法国中央与地方关系中的监督机制及其对中国的启示》,《上海行政学院学报》2004 年第 6 期。
③ 例如日本在行政改革中,就建立了中央与地方权限冲突的法律解决机制。参见曾祥瑞:《新日本地方自治制度研究》,中国法制出版社 2005 年版,第 195—230 页。
④ 参见[德]克劳斯·施莱希、斯特凡·克利奥特:《德国联邦宪法法院》,刘飞译,法律出版社 2007 年版,第 86 页。

审查①。前者可由中央直接提出对大区法律的违宪指控,或者由大区提出对中央或另一大区法律的违宪指控②,为了避免"违宪"的法律直接影响其他主体职权行为,宪法法院还可以中止该被诉法律的效力③;而对职权冲突的审查,主要包括由行政权引起的冲突,且行政行为中不区分决定性的行为或非决定性的行为,准备行为和正式行为,内部行为和外部行为等,只要客观上引起了职权冲突都在此类诉讼当中④。

二是行政诉讼。一般而言,法国、德国等大陆法系国家,基于公法和私法的区分,行政争议案件是属于公法方面的事务,由普通法院处理不适当,因而成立独立的行政法院系统,建立独立的行政诉讼制度,以体现对公法秩序的维护。在法国,行政法院"一方面作为法国行政系统的'良心守护人'和智囊而不断发掘和维护一套系统的、统一的和内部逻辑一致的行政惯例和行政规则,从而维护行政部门的权威和正当性;另一方面,又通过惩戒违反行政伦理与行政规则的行政行为而'训练和教育'法国公务员的严格守法精神"⑤。在法国的行政诉讼类型中,越权之诉是最重要、最主要的诉讼类别,而此种诉讼着眼于公共利益,主要目的在于保证行政行为的合法性。莱昂·狄骥说:"这种在'越权行为'之诉中体现得非常明显的客观性行政诉讼概念是法国行政法院通过其判例而作出的伟大发明。如今,它已经成为公法领域内的主导性概念"⑥。在法国,国家与地方团体之间的权限争议,也属于行使公共权力、适用公法规则的案件,纳入行政法院的管辖范围。大区长与省长作为中央的代表监督地方团体执行国家法律的情况,如果其认为地方团体通过的决议不合法,可以向行政法院提起行政诉讼,要求行政

---

① 参见李修琼:《意大利宪法审判制度研究》,北京大学出版社 2013 年版,第 50 页。

② 参见李修琼:《意大利宪法审判制度研究》,北京大学出版社 2013 年版,第 51 页。值得注意的是,当涉及意大利行政区划中的 5 个特别大区时,中央政府如果认为特别地区的"条例法律"(排除个别大区的自治章程)有违宪嫌疑的,也可以在其公布后 30 天内,向宪法法院提出合宪性审查请求。(第 106—107 页)这种处理中央与地方关系的司法机制,对于中国处理中央政府与港澳特区之间的法律关系有一定的启发意义。

③ 参见李修琼:《意大利宪法审判制度研究》,北京大学出版社 2013 年版,第 102 页。

④ 参见李修琼:《意大利宪法审判制度研究》,北京大学出版社 2013 年版,第 114—115 页。

⑤ 应松年、袁曙宏主编:《走向法治政府》,法律出版社 2001 年版,第 94 页。

⑥ [法]莱昂·狄骥:《公法的变迁》,郑戈译,辽海出版社、春风文艺出版社 1999 年版,第 154 页。

法院进行审查①。这种类似于"官告民"的制度设计,本质上即是为了维护公法秩序。2000 年 5 月,法国通过了新的《行政诉讼法典》,结束了最高行政法院初审管辖采取的越权诉讼与完全管辖权诉讼分类,对法令、命令、部长在征询最高行政法院意见后作出的规范性或具体行政行为,国家级机构、集体性机构作出的决定,无论提出的属何种类型的诉讼,均统一由最高行政法院直接受理。更重要的是,为了建立完整的行政诉讼程序法体系,行政诉讼法典起草人相对减少了转引并直接适用民事诉讼程序法典相关规定的做法②,这使得法国的行政诉讼更加趋向于公法诉讼。

德国虽然强调宪法诉讼对公法秩序的维护,因而"对个人提供法律保护是德国行政诉讼的最重要任务"③;但"在欧洲法的影响下,一种以客观法律监督为导向的行政法院的某些因素,又开始重新渗入德国行政诉讼法中"④。"德国基本法第 19 条第 4 款之规定,并不禁止立法者透过法律扩充行政法院维护客观法秩序之功能。因此纳入以维护客观法秩序为目的设计出来之诉讼形态,例如团体诉讼、规范审查程序等,亦为德国行政诉讼发展的特色"⑤。近年来,德国通过审判实践发展的机构之诉(也被称作内部机构争议程序),涉及的是同一法人或法定主体内部不同机构之间的公法争议,其既有保护个别利益的功能,更有维护组织法秩序的功能⑥。而且在德国,"行政诉讼法这一概念的含义,并不是通过'行政',而是通过'公法争议'来彰显的。"⑦具体来说,对于一切未被划归其他行政法院管辖的非宪法性质的公法争议,均可以由普通行政法院管辖(德国《行政法院法》第 40 条第 1 款规定)。德国行政诉讼不限于相对人针对国家提出,乡镇之间、乡镇与上级行政机关之间、州与州之间、州与联邦之间所有关于公法上的争议,都可以彼此之间提起行政诉讼。

---

① 参见张丽娟:《中央对地方的合法性监督——法国的启示》,《中国党政干部论坛》2010年第 3 期。

② 参见曹达全:《行政诉讼制度功能研究》,中国社会科学出版社 2010 年版,第 120 页。

③ [德]韩内持:《德国的行政司法》,宋冰编:《程序、正义与现代化》,中国政法大学出版社1998 年版,第 62 页。

④ [德]弗里德赫尔穆·胡芬:《行政诉讼法》,莫光华译,法律出版社 2003 年版,第 21 页。

⑤ 翁岳生:《行政诉讼法逐条释义》,台湾五南图书出版公司 2002 年版,第 28 页。

⑥ 参见薛刚凌、杨欣:《论中国行政诉讼构造:"主观诉讼"抑或"客观诉讼"?》,《行政法学研究》2013 年第 4 期。

⑦ [德]弗里德赫尔穆·胡芬:《行政诉讼法》,莫光华译,法律出版社 2003 年版,第 3 页。

另外在日本,行政案件诉讼法规定了机关诉讼,即"关于国家或公共团体的机关相互之间权限存在与否及有关权限行使纷争的诉讼",机关诉讼"限于在法律规定的情况下,法律所规定者才能够提起"①,其目的旨在维护公法秩序。

三是司法审查。英美法系的国家倾向于通过司法审查维护公法秩序。历史上,英国的令状制度可视作公法上的救济手段,"设置特权令状的本来目的是为了在复杂的裁决权体系中强调执行中央或者地方的命令"②。经过19世纪的司法改革,英国改革了传统的令状制度,由行政性质发展成为司法性质的行为。1977年英国司法改革决定建立审理行政案件的单一程序,改革后的司法审查程序,在功能上更倾向于客观诉讼③。英国的司法救济主要由三大部分构成,分别是普通法救济(私法救济)、特别法上的司法审查(特别救济、公法救济)和制定法救济(法定救济)④。其中,特别救济又称司法审查,是基于国王的监督权和控制权而发展起来的一套救济手段,其主要功能是保障公法秩序,维护公共利益,在一定程度上是为了行政目标的达成。和普通法上的救济功能不同,司法审查更具有组织法上的功能,即为了实现行政目标,保障公法运行,司法审查是保障法律实施的最终手段。美国法院的司法审查权将宪法诉讼和行政诉讼高度融合在一起,主要目的是限制政府权力、保障人权,但这种统一的司法审查本身也包含了维护客观法秩序的功能。托克维尔很早就察觉到美国联邦的强大司法权,认为"美国最高法院,可以说能够审理州的主权"⑤。美国各州和地方政府有权就联邦的行为起诉到法院,寻求权利救济⑥。更需要关注的是,联邦司法部享有广泛的权力通过民事诉讼(包含对行政活动的监督)和刑事诉讼的手段保障法律的实施⑦,维护公法秩序。

---

① 《日本行政案件诉讼法》第6条、第42条,王彦译,《行政法学研究》2005年第1期。

② 张越:《英国行政法》,中国政法大学出版社2004年版,第653页。

③ 参见薛刚凌、杨欣:《论中国行政诉讼构造:"主观诉讼"抑或"客观诉讼"?》,《行政法学研究》2013年第4期。

④ 张越编著:《英国行政法》,中国政法大学出版社2004年版,第685—701页。

⑤ [法]托克维尔:《论美国的民主》(上卷),董果良译,商务印书馆1988年版,第169页。

⑥ 参见《26个州状告奥巴马医改法案违宪》,http://news.163.com/11/0120/06/6QQRKH1F00014AED.html。

⑦ 参见《美国司法部起诉亚利桑那州移民新法违宪》,http://www.chinanews.com/gj/2010/07-07/2385538.shtml。

（二）行政诉讼回归公法诉讼的必要性

司法是现代国家秩序建构不可缺失的重要机制,是国家治理体系中的重要一环。无论采取什么样的制度模式,现代法治国家都注重在司法体系内安排适当的机制,以有效维护公法秩序。中国没有专门的宪法诉讼,也未采取统一的司法审查机制,这决定了中国的行政诉讼制度应当担负起公法诉讼的职能。由于中国行政诉讼脱胎于民事诉讼,行政诉讼的功能限于保护公民、法人和其他组织合法权益,忽略了对个人权利与国家权力关系的双向调整,以及对权力之间关系的调整,"公私法划分的基本原理在行政诉讼与民事诉讼的权限划分制度设计上却没能得以充分遵循"①。很早就有学者提出,行政诉讼应尽可能地扩充行政诉讼制度的功能,保障公法秩序的安定②。"行政诉讼不是控制行政权或平衡公共利益和个人利益的法律机制,而是审查行政行为是否真正体现公共利益的法律机制。行政诉讼法也不是控权法或平衡法,而是审查行政行为是否真正体现公共利益的法。"③但这些观点并未受到足够重视,多数学者还是关注行政诉讼在权利救济上的短板及改进对策,让行政诉讼制度逐渐向民事诉讼"回归"的声音渐次泛起④。其实,"过于弱化民事诉讼与行政诉讼程序之间的差别并不是一种理性的选择,公法与私法之间,行政诉讼与民事诉讼之间保持适当的距离和特点,不仅有利于发挥诉讼机制各自的优势,而且有利于为当事人提供更为全面的、多种形式的保护"⑤。从属性上看,"行政诉讼的宪法基础是当事人对国家的公法权利,以及行政与司法两种国家职能之间的宪法关系,所以需要把行政诉讼作为一个独立的公法制度来看待"⑥。立足于中国公法秩序紊乱和宪法诉讼缺失的现实,行政诉讼制度改革,需要从国家治理层面向功能完整的公法诉讼回归。其理由有:

---

① 曹达全:《行政诉讼制度功能研究》,中国社会科学出版社 2010 年版,第 214 页。

② 参见薛刚凌、王霁霞:《论行政诉讼制度的完善与发展》,《政法论坛(中国政法大学学报)》2003 年第 1 期。

③ 叶必丰:《公共利益本位论与行政诉讼》,《杭州大学学报》1996 年第 3 期。

④ 参见杨海坤、章志远:《社会转型时期的行政诉讼法修改》,《江苏行政学院学报》2007 年第 1 期。

⑤ 曹达全:《行政诉讼审查范围的难题——以公法与私法的划分为出发点分析》,《行政法学研究》2008 年第 1 期。

⑥ 于安:《公益行政诉讼及其在中国的构建》,《法学杂志》2012 年第 8 期。

一是实现中央和地方关系法治化的需要。中央和地方关系是国家宪政结构中的重大问题,用法律手段处理央地关系是世界各国的普遍共识。中央一般主要通过立法监控、行政监控、财政监控、人事监控、司法监控等途径来控制地方,其中司法乃是最具法治思维的调控方式,其不仅是保障立法监控有效性的措施,更是公平处理央地权限纠纷的理性平台。客观上,中央政府与地方政府之间存在职权范围和利益资源的争执,"用司法方式调节中央和地方政府关系,通过裁决个别纠纷,可以间接协调政府间关系,其方式有不为人注意的重大好处"。较之立法控制和行政控制,司法"在调整中央与地方关系上起到建设性的作用。通过确立真正意义上的司法权,困扰我们的中央地方关系的'集权—分裂'循环将可能真正得以解决"①,更有效地实现中央和地方关系的法治化。行政诉讼法应当正视政府之间的利益冲突,为行政权体系内部的理性控制提供程序平台,防止中央对地方的行为失控,同时保留地方的自由与活力,促进民族国家的统一、中央政令的畅行以及各地发展的平衡。

二是应对社会转型治理困境的需要。中国社会转型带来了治理上的诸多困境,现行行政体制陷入"有效性"与"合法性"冲突的治理危机,难以应对全球化、市场化、民主化、利益多元化、危机突发性所带来的治理挑战。应对这种危机,需要提升司法在治理中的作用。米尔伊安·达玛什卡在《司法和国家权力的多种面孔》一书中构建了两种理想型的国家,一种是国家作为管理者,其中司法活动的目的是要实现政府的规划和实施政府政策;另一种国家只是为社会的自我管理和民众的活动提供一个基本框架,在这种背景下的司法活动的目的是要解决纠纷②。中国是一个典型的管理型国家,需要司法实现对管理者的理性规划和实施政策,达成公共治理目标。尤其在公共行政改革的背景下,国家不断让与或承认新权力而创建了多元治理结构,"软法"治理和"柔性"行政兴起,"公私合作"、"混合行政"日益增多,使得传统的公法秩序结构发生变化,需要公法制度作出回应。公法诉讼"使公民得以更加广泛而直接地参与到保障公共权力的良性运作的事业中来"③,能够"推进公共性,提

---

① 刘海波:《中央与地方政府间关系的司法调节》,《法学研究》2004 年第 5 期。

② 转引自汪庆华:《中国行政诉讼多中心主义的司法》,《中外法学》2007 年第 5 期。

③ [法]莱昂·狄骥:《公法的变迁》,郑戈译,辽海出版社、春风文艺出版社 1999 年版,第 154 页。

升不同利益群体参与社会建设的积极性,需要增进公共权力部门与民众之间的相互信任"①,以全面应对社会转型公共治理的需要。因此,行政诉讼制度改革,应全面回应当下及未来的治理转型,充分确保司法在促进治理有效性、保障公法秩序上释放出更大的活力,以妥善处理好政府和市场、政府和社会、政府和公民、政府和政府之间的关系,推动国家治理能力的全面提升。

三是推进区域共治公法保障的需要。区域共治是治理主体通过跨域合作来协力处理各种区域公共问题,"突破行政限制而形成的一种新的治理模式"②。在经济发展、环境治理、公共安全应对等领域,区域共治存在极大的发展空间。中国区域经济一体化实践如火如荼,基于大气污染治理和河流湖泊治理的区域合作日益重要。作为一种地方政府主导的合作治理,区域共治关系到中央与地方、地方与地方、政府和市场、政府与公民、公权与私权的界限和利益关系,涉及产业布局、环境保护、资源分配、基础设施建设等诸多领域,客观上存在大量的法律争议和利益纠纷。例如,区域行政协议是政府机关之间缔结的协议,当其合法性遭受质疑或存在法律争议时,如何寻求正当的法律救济机制? 区域行政规划和区域行政指导,一旦出现基于地方部门利益的争议后,寻求何种法律解决机制? 为了消除行政区域间的利益冲突,促进区域共治的共同利益,必须建立公法诉讼机制,否则只能通过更高级(往往是中央政府)通过行政乃至政治途径解决,耗费极高的成本,不具有预期效应,不符合国家治理法治化趋势。西班牙规定区域政府履行行政协议中的纠纷可以通过行政诉讼和宪法诉讼的途径解决,美国对州际协定纠纷的解决也有两种解决途径,一是仲裁和调解,二是司法程序③。针对区域共治中的冲突和纠纷,有学者主张应当以国际私法上的法律冲突及其解决理论为参照,"制定全国统一的区际冲突法","类推适用国际私法来解决区际冲突"④。但国内法与国际法、私法与公法有着重大差异,凯尔森观察到地方性规范秩序间的差异性,认为这种差异性如系基于民族、宗教等原因而存在,则是分权的结果,应得到

---

① 李友海等:《当代中国社会建设的公共性困境及其超越》,《中国社会科学》2012年第4期。

② 石佑启、朱最新:《论区域府际合作治理与公法变革》,《江海学刊》2013年第1期。

③ 参见叶必丰:《中国区域经济一体化背景下的行政协议》,《法学研究》2006年第2期。

④ 樊禄萍:《准区际法律问题》,叶必丰:《长三角法学论坛——论长三角法制协调》,上海社会科学院出版社2005年版,第227页。

尊重,如系违法,则可由制定机关废除或通过司法审查解决①。例如对抽象行政行为的审查,放在区域共治的视域下,由法院对地方性法规、规章和其他规范性文件以及行政协议等进行审查,无疑是加强区域间政府合作公法保障的必要手段。

四是实现权利救济的需要。良好的公法秩序是权利和自由的根本保障。有种误解认为公法诉讼的目标仅在于保障秩序,而不在于权利救济,而现阶段行政诉讼法修改主要解决的问题是权利救济。实际上,由于权利是通过立法设定的,规范政府依法行政本身就是对权利性法律规范的落实。更关键的是,当下私权受公权侵犯的问题,根本原因并不是司法保护不力,而是上游的公法秩序混乱。由于缺乏公法秩序的保障,公共权力的运行严重失范,在社会政策、规范性文件、行政权行使等领域存在广泛的侵害权利的风险。行政诉讼法以权利救济为目的进行制度设计,实际效果并不尽如人意,就因为它并不能有效解决公法秩序保障问题,因而难以从根本上防范权力失范带给权利的风险。其实,单纯将权利保障局限于私法诉讼,这在关涉公权力运行的纠纷中效果并不是很好,因为私权与公权的对峙让私权很难受到绝对公正的司法对待。相反,在保障公法秩序的诉讼机制中,通过监督和规范公共权力的依法运行,能更有效地保护公民权利免受侵犯。不仅如此,与民事诉讼专注维护私法权利不同,公法诉讼旨在保障公法权利,这种"公法权利是公民根据公法取得的一种法律力量","对国家与公民的关系有决定性的意义,它使宪法保障的人的尊严得到实际体现"②。公法诉讼通过对公法权利的保障,凸显权利的公共属性,中和那些把权利诉求自利化、极端化的倾向,从而塑造培育"积极公民"和有活力的公共生活。

五是推动宪法和法律实施的需要。随着法律体系日益健全,中国由"立法中心主义"过渡到"执法(司法)中心主义",宪法和法律实施成为法治中国建设的主要矛盾。而宪法和法律实施,需要建立包括宪法诉讼在内的司法机制,以矫正实施过程中的违宪或违法现象。中国囿于政治体制的现实,目前很

---

① 参见凯尔森:《法与国家的一般理论》,沈宗灵译,中国大百科全书出版社1996年,第335—337、182页。

② 朱淑娣、张华:《主体公法权利与宪法法律特性的回归》,《国家行政学院学报》2002年第2期。

难建立起司法化的宪法诉讼机制,通过将行政诉讼构造成公法诉讼,成为促进宪法和法律实施的重要可行性路径。考察法国、德国行政诉讼与宪政的发展关系,不难看到行政法院体系下发展出的行政诉讼,很大程度上弥补了一定历史时期宪政发展的缺憾,并通过行政诉讼的不断发展最终促使了宪政尤其是宪法审查制度的发展[①]。"行政诉讼绝不仅限于被动地落实宪政原则和规范,它还通过大量的判例法来积极主动地具体化宪政"[②]。德国行政法院在行政诉讼判例中发展的著名的法律优先和法律保留两项原则,为法治国原则注入了更加具体化的含义,同时也成为法治国原则得以落实的重要保障。中国也是一个"强行政、弱司法"的国家,期望通过司法建立起违宪审查制度非常困难,专注于行政诉讼的公法诉讼化改造,能够为落实宪法奠定基础。

(三) 保障公法秩序目标下的行政诉讼构造

相比国外而言,中国没有严格意义上的公法诉讼,公法秩序的保障更多通过政治手段、行政手段实现。行政法治关乎公法秩序的稳定与安全,行政诉讼作为一种行政法治的司法制度,是对行政权履行是否确当的一种救济方式。考察中国行政诉讼的宪法根据,第41条公民"对于任何国家机关和国家工作人员的违法失职行为,有向有关国家机关提出申诉、控告或者检举的权利",规定的乃是公民的消极权利,目的在于纠正公权力违法失职行为、促使国家机关依法施政。宪法对于公法秩序维护的价值取向,为行政诉讼制度改革提供了指引。今后行政诉讼制度应当回到公法秩序目标框架下设计,按照公法诉讼的定位进行改革完善。

1. 设立行政法院改革行政审判体制

欧洲大陆国家在公法制度基础上普遍设立行政法院,浸透了维护公共利益、保障公法秩序的理念。其理由如奥托·巴尔所指出的,"作为'市民法庭'的普通法院,不适合监督行政、实现公共福利和运用公法"[③]。普通法系国家

---

① 　具体可参见李卫刚:《从行政诉讼到宪政——英、美、法、德、中五国比较研究》,知识产权出版社2006年版,第二章内容。

② 　李卫刚:《透视全球公法视野中的宪政与行政诉讼》,《浙江学刊》2011年第4期。

③ 　转引自王振宇、阎巍:《德国与法国行政审判制度观察及借鉴》,《法律适用》2013年第10期。

近年来公法理论也越来越受到重视,英国司法改革的重要内容之一,便是在普通法院之外构建起解决行政争议的裁判机制——行政裁判所,后来又成立了行政分庭(Administrative Court),丹宁勋爵赞誉为"我们现在有了行政法院"①。美国在构建代表公法发展的行政法院方面也进行了多次尝试,自1929年内布拉斯州参议员George W. Norris率先向美国第70届国会提出设立行政法院专门审理行政案件的议案以来,相关动议一直未曾停息过,甚至1977年美国司法部提出成立行政法院②。虽然组建行政法院依然遥遥无期,但其基于公法的理由无疑值得重视。实际上,"引入行政法院制度事实上预示着选择一种新的行政法模式",英国有学者总结行政法的公法模式与私法模式,在行政机关遵从何种性质的法律及由何种性质法院实施审查之职的关键问题上,行政法公法模式的答案是:法律是特殊的法律(公法),法院为专门的法院(行政法院)③。

为保障公法秩序,从根本上解决行政诉讼面临的诸多困境,中国应当建立独立的行政法院,以"有效监督各级政府机关严格依法行政,确保中央政令畅通"④。目前大多主张建立行政法院的观点,旨在克服现行司法体制的不独立,以实现权利救济目的,缺乏从公法秩序建构的视角来考量。而忽略了建立行政法院背后的公法秩序价值,无异于抛弃了建立行政法院的根本。同时,公法诉讼意味着司法更广泛、更深入的介入公共行政,审判体制不仅要具有独立性,也要具有专业性,缺乏足够的行政专业性很难有效通过司法审查实现行政法治。公法事务中更多涉及事实问题而非法律问题,"要想解决行政管理过程中所产生的纠纷和争论,就必须了解行政管理的复杂特性"⑤。在这方面,普通司法不仅独立性不够,且面临越来越多的专业性壁垒。法国行政诉讼制度的成功正在于行政法院通过既与行政的接触又与行政的分立而保持平衡,英国学者对此赞誉:"法国最高行政法院在处理行政诉讼时的独特之处在于其成员的双重职能,他们既是行政法官又是行政机关的重要法律顾问","此

---

① 转引自杨伟东:《权力结构中的行政诉讼》,北京大学出版社2008年版,第104页。

② 参见杨伟东:《权力结构中的行政诉讼》,北京大学出版社2008年版,第105—108页。

③ 参见杨伟东:《建立行政法院的构想及其疏漏》,《广东社会科学》2008年第3期。

④ 马怀德:《行政审判体制改革的目标:设立行政法院》,《法律适用》2013年第7期。

⑤ 转引自宋智敏:《从行政裁判院到行政法院:近代中国行政诉讼制度变迁研究》,法律出版社2012年版,第203页。

种双重职能并非制造了利益冲突,相反它被认为丰富了行政审判"①。因此,中国建立专门行政法院,不仅在于提高行政审判的独立性,更在于提高其专业性,以承担起公法诉讼的职能。

2. 围绕公法秩序推进诉讼类型化构造

诉讼类型是关乎行政诉讼全局的重大问题,当事人的起诉条件、法院的审理规则、诉讼程序的设置、判决种类的适用无不受其所制。目前,世界很多国家对行政诉讼的类型规定虽然并不一致,但总体上可以区分为保障公法秩序的客观诉讼与实现权利救济的主观诉讼两大类,前者包括公益诉讼、机关诉讼、执行诉讼等,后者如撤销诉讼、课予义务诉讼、给付诉讼、确认诉讼、当事人诉讼、行政合同诉讼、行政赔偿诉讼等。中国行政诉讼法对此并未重视,存在分类标准不一、内错裂等严重问题。"这种'内错裂'使得中国行政诉讼既不是完整意义上的主观诉讼,也不是完整意义上的客观诉讼","导致中国行政诉讼既不能有效地回应相对人的诉讼请求,也不能充分地保障客观公法秩序"②。因此,解决行政诉讼制度中存在的诸多缺陷与问题,"最重要也最有效的办法是引入行政诉讼类型化的思想"③。按照公法秩序目的构造行政诉讼,应当彻底纠正上述主客观不分"内错裂"现状,在对行政诉讼作类型化处理的基础上,极力拓展客观诉讼种类,并对主观诉讼进行精细化整合。公法诉讼并不意味着行政诉讼排除主观诉讼,因为主观诉讼也能带来安定法秩序的客观效果,既能为个体权利提供更有效的救济,又在一定程度上强化了司法对于行政的整体控制。

3. 以公法争议为标准拓展行政诉讼受案范围

受案范围是行政诉讼制度的重要问题。某类争议若要纳入行政诉讼,"应当是有一种特殊的理由证明行政法院的管辖是合理的:由行政法院管辖的案件必须具备这样的特质,即它适合由行政法院适用行政法予以审查"④。

---

① 转引自杨伟东:《权力结构中的行政诉讼》,北京大学出版社 2008 年版,第 127 页。

② 薛刚凌、杨欣:《论中国行政诉讼构造:"主观诉讼"抑或"客观诉讼"?》,《行政法学研究》2013 年第 4 期。

③ 李广宇、王振宇:《行政诉讼类型化:完善行政诉讼制度的新思路》,《法律适用》2012 年第 2 期。

④ [法]勒内·达维:《英国法与法国法:一种实质性比较》,清华大学出版社 2002 年版,第 102—103 页。

行政诉讼解决的是行政争议,其区别于民事争议的根本在于它是一种公法争议,本质上与公权力行使、公共利益维护、公法秩序保障联系在一起,即便没有侵犯具体人的合法权益,也可受到法院的审查。修改后的行政诉讼法仍然坚守"行政行为标准"划分受案范围,很大程度上降低了公法争议进入司法渠道的可能,因此应"在国家(公权力)与个人(公民权利)关系的向度上,行政诉讼要超越'具体行政行为'的桎梏,接纳'公法争议'的观念"①。第二次世界大战后,德国、中国台湾都在立法中转而采用"公法争议"作为界定标准。因为"根据是通过公法还是私法加以调整更加有利于保护公共利益而具体确定具体事务是纳入公法还是私法调整的范畴"②,采取"公法争议"确定行政诉讼审查范围,既突出强调了行政争议的公共利益属性,又能涵盖公共领域中私法诉讼所难以化解的利益争执,同时将行政诉讼无法达到审查目的的争议转让于民事诉讼机制,以保障公法秩序目标的实现。例如,"从以公共利益为本位的利益关系出发,抽象行政行为、内部行政行为和双方行政行为,也应纳入行政诉讼的受案范围"③,承担公共行政职能的组织及其行为也应纳入司法控制范围,这些都需要在立法上引入"公法争议"概念,拓展受案范围以加强行政诉讼对公法秩序的维护。

4. 增设机关诉讼构建公权力间司法监督

公法秩序不仅体现在公权力与私权利之间,也体现在公权力之间。在组织法上,行政机关之间可能发生权限纷争,没有隶属关系的行政机关之间权限交叉、冲突问题也客观存在。这些冲突直接影响到公共权力的合法有效行使,对公共利益和私人利益都可能产生极大危害。因此,有必要在国家司法制度设计上,为解决权力间的冲突提供渠道。在化解这些冲突时,司法无疑是危险最小的处理办法。机关诉讼就是"行政机关之间因权限的存在或者行使而发生争议,由法院通过诉讼程序解决的诉讼类型"④,目的在于保障各级各类权力在设定、运行上合法、有序、正当。日本的机关诉讼不局限于行政机关,还包

---

① 王勇:《试论行政审判的理念》,《中共中央党校学报》2010 年第 6 期。

② 曹达全:《行政诉讼审查范围的难题——以公法与私法的划分为出发点分析》,《行政法学研究》2008 年第 1 期。

③ 叶必丰:《公共利益本位论与行政诉讼》,《杭州大学学报》1996 年第 3 期。

④ 马怀德主编:《行政诉讼原理》(第二版),法律出版社 2009 年版,第 146 页。

括公共团体。德国各邦判例均承认机关诉讼,主要是关于公法人或公营造物的机关争讼。中国没有建立违宪司法审查机制,在处理公权力主体相互关系中很难发挥司法的监督作用,易导致权力主体之间各行其是、争权夺利。显然,私法诉讼无法处理公权力之间的纷争,这就需要回到行政诉讼的公法诉讼上,增加机关诉讼类型。为有效解决实践中的权力冲突与公法秩序紊乱,不仅要将平行行政机关之间的权限纷争纳入行政诉讼,同时也要将中央政府与地方政府、政府与公共权力组织之间的公法争议,都纳入行政诉讼,由法院依据行政组织法审查,以维护行政管理效率与国家公法秩序。

5.简化被告规则实现司法对行政权的统一控制

政府行政理论上要求具有统一性,不能因为内部机构的分化而出现权能割裂。但行政诉讼法以作出行政行为的机关为被告,实际上把行政系统切碎了,也削弱了一级政府对各个部门的监督。同时,由于行政机关种类繁多,性质地位不一,行政诉讼法和司法解释虽试图对各类情形的被告作出规定,但实践中仍给原告选择适格被告带来一定难度,影响到行政诉讼对行政权的监督和控制。因此,无论是理论上实现政府部门事权确实、上下贯通、政令归一,还是实践中有效保护相对人的诉权,行政诉讼法应简化被告规则。有学者提出两种方案:一是对地方政府部门或机关作出的行为可以考虑统一由一级政府作被告;二是不管机关、机构性质,谁作出的谁即为被告。① 笔者认为,无论是现行的以具备行政主体的行政机关为被告,还是以行为机关为被告,都在客观上造成了行政机关各自为政的"碎片化",不仅不利于行政的统一,而且容易引发行政权责的分裂。立基于行政诉讼保障公法秩序的目的,行政诉讼的被告制度需要更为大胆的改革,以一级政府为统一被告,这样更加有助于司法对行政权力实施有效控制,推动行政权力统一、理性、负责地运行。

6.建立行政公诉加强行政诉讼检察监督

立基于私法诉讼,行政诉讼法在设计原告资格时,要求起诉方必须与争议有足够的利益关系方能起诉。但现实中,诸如国有资产流失、环境污染、市场

---

① 参见应松年:《完善行政诉讼制度——行政诉讼法修改核心问题探讨》,《广东社会科学》2013 年第 1 期。

垄断、自然资源破坏、公共安全事故、地方重大违法等损害公共利益的违法行政十分普遍。赋予检察机关提起行政公诉,有助于更好地保护公共利益、保障公法秩序。"所谓行政公诉,是指在没有适格原告的情况下,检察机关认为行政机关的行为违反了有关法律规定,侵害公民、法人和其他组织的合法权益,损害国家和社会公共利益,依照行政诉讼程序向法院提起公诉,提请法院进行审理并作出裁判的活动。"①在英美法系国家,代表政府或公共利益提起诉讼是检察长的基本职能之一。英国检察总长是公诉权的原始的享有者,"为了公共利益而采取行动是检察总长的专利,他的作用是实质性的、合宪的,他可以自由地从总体上广泛地考虑公共利益。"②美国检察长不仅可以提起公诉,还可以授权其他人员以他的名义提起诉讼,这就是"私人检察总长"理论。德国《行政法院法》规定以检察长作为公益代表人。俄罗斯《检察机关法》授权检察长作为国家公诉人参加法院各类案件的审理,2002年的《俄罗斯联邦行政违法法典》还"显著地扩大了检察长在追究行政违法行为人责任领域的活动范围",规定在对俄罗斯联邦宪法的遵守情况和对俄罗斯联邦境内生效的法律执行情况实施监督时,检察长有权提起俄罗斯联邦行政违法法典或俄罗斯联邦主体法律规定其责任的关于任何其他行政违法行为的案件③。相比而言,中国行政诉讼法规定检察机关只能通过对生效裁判提出抗诉的方式来实现对行政诉讼的监督,对于公法秩序的影响功能十分有限。"检察机关在中国行政诉讼中的功能,不应当仅局限在对行政诉讼整个活动的监督功能上,而是应跳出诉讼法律救济的层面,站在行政行为的监督和控制角度上,赋予其更为广泛的法律监督职能"④。建立由检察机关作为原告的行政公诉制度,由检察机关代表国家通过行政诉讼实现对行政组织及其运作的法律控制,更有助于维护国家法律的实施和法制的统一,达到维护公法秩序的效果。

中国行政诉讼制度无疑存在很多问题,无论之前学术界的描述性概括多

---

①　孙谦:《设置行政公诉的价值目标与制度构想》,《中国社会科学》2011年第1期。

②　[英]威廉·韦德:《行政法》,徐柄等译,中国大百科全书出版社1997年版,第263页。

③　参见IO.E.维诺库罗夫:《检察监督》(第7版),刘向文译,中国检察出版社2009年版,第343—352页。

④　薛刚凌、范志勇:《检察机关在行政诉讼中的功能定位》,《国家检察官学院学报》2013年第3期。

么不同,但都共同指向了制度改革目标上的盲目性。行政诉讼目的的含混不清以及体制上的不独立,根本上与我们到底需要一部什么样的行政诉讼法密切相关。笔者无法论及出一个清晰完整的改革方案,只是就行政诉讼法发展的根本方向作一提示。无疑,"通过行政诉讼达到保障行政法治的目的,最终实现行政既不任意侵犯公民合法权益,又能积极、能动服务于社会的宗旨,是一项要求极高的法治理想"①。《行政诉讼法》实施25年首次大修,对行政诉讼立案难、审判难、执行难做了比较有力的回应,但整体上并未实现体制和制度构造的根本性变革,难怪乎有学者失望地认为"2014年《行政诉讼法》只是屈辱地记录了现实"②。就未来中国的法治发展和国家治理而言,行政诉讼改革局限于规则的精细化完善,或许很难满足各方面的期待与需求;而回归公法诉讼,立足于更高的目标追求和"国家治理体系和治理能力现代化"的需求,其需要法院具有足够的权威,也需要赋予法官在法的"安定性"与"合法性"之间有相对选择权,这在目前条件难以成就,也难以直接回应当前社会上对于权利救济的诉求;因此,今后一个时期理想的方案是按照主观诉讼和客观诉讼构造逻辑顺畅的诉讼种类和规则,既有效回应权利救济的困境,又开启构建公法秩序的大门,满足国家治理中客观法秩序的需求。

---

① 杨伟东:《权力结构中的行政诉讼》,北京大学出版社2008年版,第79—80页。
② 转引自何海波:《〈行政诉讼法〉修改的理想与现实》,《中国法律评论》2014年第4期。

第七章　主观诉讼的完善

　　如果回溯到历史,我国现有的行政诉讼制度最初主要是为回应相对人权利救济的基本诉求而产生。在论及行政诉讼的宪法依据和产生背景时,大部分学者也都会援引宪法第四十一条。1982 年宪法第四十一条重新恢复了1954 年宪法中有关“中华人民共和国公民对于任何国家机关和国家工作人员,有提出批评和建议的权利;对于任何国家机关和国家工作人员的违法失职行为,有向有关国家机关提出申诉、控告或者检举的权利”的规定,作为对这项基本权利的制度性保障和落实,我国在 1989 年颁布施行《行政诉讼法》。行政诉讼与宪法基本权利实现之间的上述关联,成为判定诉讼制度着眼于“个人权利保障”这一功能定位的直接依据。而在《行政诉讼法》第一条中,“保护公民、法人和其他组织的合法权益”同样被作为行政诉讼的重要目的。这一目标之后亦辐射至行政诉讼的诸多环节,并在受案范围、原告资格、诉讼的特殊制度和原则、判决类型等诸多条文规定中获得具体呈现。鉴于此,权利保障可以说是我国行政诉讼的重要目标,相应的,以保障公民个体权利为主旨的主观诉讼以及配套制度也成为我国行政诉讼的重要构成。但在已逾二十年的司法实践中,我国的主观诉讼并未像《行政诉讼法》制定之初所预想的那样,充分实现保障个体权利的积极功能。

一、主观诉讼发展的掣肘因素

　　造成主观诉讼发展滞缓,行政诉讼权利保障功能无法有效实现的原因,包含行政机关抵制、司法机关权威性不足、行政法治发展迟缓等诸多外部因素，但更重要的，则是行政诉讼制度在最初设计时的粗放乖戾、缺乏全面统筹和整体布局所导致的制度间的相互龃龉和相互抵牾。这一内在局限使我国现有的行政诉讼制度并无法成为各个环节有效衔接、有效配合的体系化整体，在回应相对人权利救济的现实诉求方面也凸显严重不足。

（一）诉讼整体定位的不明

行政诉讼的整体定位一般而言可区分为主观诉讼与客观诉讼两种方式。前者的目标是为个人提供司法保护，而个人也只有在自身权利受损时，才具备启动行政诉讼的适法性。而后者的目标则是"依法行政的控制"，相应的，这种诉讼在理论上允许"任何人"均可对违法或无效的行为起诉，法律并没有严格的诉讼权能的限定。但值得注意的是，因为功能定位的不同，这两类诉讼在受案范围、原告资格、审查对象、审查密度、法院权限、举证责任、判决理由等诸多方面均呈现重大差异，而为保障诉讼制度的协调一致和有序配合，各国在进行行政诉讼的整体定位时，大多都选择以其中一类诉讼为主，而辅以另一类诉讼为补充，由此避免各种制度杂糅在一起可能导致的矛盾冲突以及效力相抵。而选择以主观诉讼为主还是以客观诉讼为主，又在很大程度上依赖于这个国家的历史传统以及对于行政诉讼的基本认识。例如，德国行政诉讼的整体定位一直以来都落脚于主观的权利救济，尽管在诉讼的具体类别中同样包含客观适法性审查，但这种类型仅居于辅助者甚至是"异己者"的位置[1]；而法国的行政诉讼则是客观诉讼的典范，诉讼目标以监督行政公权力为主，法院的审查也主要针对行政权力的合法性，而并非仅回应原告的权利保障诉求。但与德法行政诉讼所呈现出的鲜明倾向不同，我国的行政诉讼一直以来都面临功能定位模糊不清、各项目标混杂交织的问题。尽管如上文所言，主观权利保障从行政诉讼制度确立之初就被确定为我国行政诉讼的重要功能，主观诉讼也成为我国行政诉讼的重要构成，但我国的行政诉讼在功能定位上却是权利保障与合法控制并存，两者无分伯仲，这就导致在整体制度设置上，主观和客观同

---

[1]　Kopp/Schenke, *Kommentar zur Verwaltungsgerichtsordnung*, C. H. Beck, 2005, 14. Aufl. § 42. Rn.27.

样混杂交糅，斑驳难辨。

我国《行政诉讼法》第一条规定行政诉讼的立法目的为，"保证人民法院公正、及时审理行政案件，解决行政争议，保护公民、法人和其他组织的合法权益，维护和监督行政机关依法行使职权"。如果说"保护公民、法人和其他组织的合法权益"是行政诉讼的主观目标，那么"监督行政机关依法行使职权"就是行政诉讼的客观功能。修改前的《行政诉讼法》曾在"监督行政机关依法行政"之前又加上"保护"一词，尽管学界对于行政诉讼在监督行政机关依法行政之外，尚要"维护行政机关依法行政"多有诟病，但考虑到我国《行政诉讼法》的特殊制定背景，"维护"的纳入主要是为了消解行政机关对于行政诉讼的抵制情绪，①和司法审判之间并无太多实际关联，行政诉讼的客观功能仍旧主要是监督行政机关依法行政。主观目标与客观目标并列，两者并无偏颇，这就使得我们很难区分，我国行政诉讼的定位到底是属于以法国法为代表的客观法秩序的维护，还是或以德国法为代表的主观权利的保障。定位的模糊使学界在讨论具体诉讼制度问题时，有意或是无意地放弃了将它们放置在统一的诉讼制度框架下的思考方法，而更多地选择参酌各种现实影响要素。例如，在放宽原告资格、降低起诉门槛的整体趋向下，学界对于不断涌现的公益诉讼往往持肯定和鼓励态度，即便也会基于理性考虑，而担忧因此引发的司法资源浪费等问题，但对民意的回应和公益的关注似乎更居上风，而很少有研究将公益诉讼的纳入放置在诉讼的整体定位之下进行考察，它与其他诉讼机制之间的兼容性，更未成为衡量此项制度容许性的基准。

（二）制度关联性与配套机制的缺乏

因为功能定位的模糊不清，我国行政诉讼从整体上也缺乏制度间的契合与相互协调。以德国为例，如上文所述，德国的行政诉讼以主观诉讼为主，因此诉讼的提出有严格的"诉讼权能"的要求。当事人惟有自身的权利受损，始具有提起诉讼的适法性。② 为在具体个案中判定原告是否有"主观权利"受

---

① 参见孔繁华：《从性质看我国行政诉讼立法目的之定位》，《河北法学》2007 年 6 月，第135 页。

② Bachof, Refelxwirkungen und subjektiven oeffentlichen Recht, Jellinek-FS 1995, S.287.

损,德国法教义学也相应地发展出"保护规范"理论作为衡量基准。① 但德国主观诉讼的基本定位除了为避免法院陷入公益诉讼的漩涡外,更重要的则是希望提供给个体权利更全面、更有效的保护。而从整体看,各项制度也都共同受制于行政诉讼的整体定位,服务于行政诉讼的整体目标。它们互相关联,互相补充,共同形成了一整套"无漏洞的"、有效的主观权利保障体系。以诉讼权能、审查密度和判决理由为例,在这些单项制度中,我们能够明显地观察到相互之间的牵扯关联。"维护主观权利,而非客观法秩序"的总体定位,使德国审慎地将诉讼权能限定为原告需"主观权利受损",这一限定使德国行政诉讼的诉讼权能趋向严格化,也使原告的进入呈现为窄口径,但这种缺陷却通过德国高密度的司法审查得以填补。德国行政诉讼一直以来奉行其他国家难以企及的高审查密度,行政的裁量权几乎被挤压殆尽。而司法对于行政的全面和严格审查,也使行政诉讼有效地实现了其保障个体权利的定位;反过来,正因为严格全面的审查,司法成本过高的问题就会凸显,在维护公益和防止滥诉的价值冲突之间,德国法理智地选择坚持以维护个人权利为原则、仅有限度地开放团体诉讼和公益诉讼,由此保障了行政诉讼的整体均衡。在诉讼理由部分,我们同样能够发现诉讼功能定位对于单项诉讼的制约以及制度与制度间的相互配合。德国大部分行政诉讼类型在"诉的理由具备性"层面,都要求除"行政违法"(Rechtswidrigkeit)外,还要求原告的个体权利必须实质受损(Rechtsverletzung),诉讼才具备理由,换言之,判决的首先目的是对当事人诉讼请求的回应,其次才是对行政决定是否适法的确认。② 除诉讼理由外,全面的暂时性法律保护、法院审查受原告诉讼请求限制、诉讼中的当事人主义等制度也都鲜明地指向"个体权利保障"这个基本目标。

但在我国,这种制度间的配合与协调却无法如德国法一样清晰可辨。同样以原告资格、审查密度和判决理由为例。原告资格与审查密度在我国行政诉讼中,似乎从未被作为相互关联的问题予以对待。学者们惯于对二者分别讨论,有关这两个领域的制度也是各自进行,难有交集。在这种思维定势下,

---

① Hartmut Maurer, *Allgemeinese Verwaltungsrecht*, Verlag C.H.Beck, 2003, S.153.

② 参见[德]弗里德赫尔德·胡芬:《行政诉讼法》,莫光华译,法律出版社 2003 年版,第 443 页。

原告资格的扩张更多的是源于对不断高涨的民意的回应,它既与行政诉讼的整体定位无关,也无须有要与其他制度保持一致的说理。而对于审查密度,司法倒是保持了一以贯之的谨慎小心,这也导致制度实践在这一环节上始终难以保持和原告资格、受案范围等方面同样的递进。审查密度在制度发展上的相对滞缓,甚至无法让我们得出二者呈现齐头并进之势的结论。即使回溯到行政诉讼的制定历史,我们也无法找到思考这一问题的有益资料。在 1989 年关于《行政诉讼法(草案)》的立法说明中①,虽有关于"具体行政行为合法性审查"原则的解释,却未见有原告资格的说明。对于将行政诉讼限定为"合法性审查"的原因,该说明提供的理由是,"人民法院审理行政案件,是对具体行政行为是否合法进行审查。至于行政机关在法律、法规规定范围内作出的具体行政行为是否适当,原则上应由行政复议处理,人民法院不能代替行政机关作出决定",据此,合法性审查原则主要用来界分复议与诉讼,避免司法越俎代庖,但其他制度是否要与这一原则相协调,说明中并未涉及。实践中,有些法院为保证案源,只要当事人起诉,便"先收进来再说"。这些广辟案源的措施终使行政案件数量在几年内激增。但这种并不考虑制度关联和结构均衡的做法,却很快导致很多法院面临"收进来容易、判出去难"的僵局。为消化那些无法下判的案件,动员原告撤诉便成为很多法院的权宜之计,这种方式的大量使用虽使法院一直以来都成功保持了较高的案件审结率(至 1995 年左右,我国行政案件中以撤诉方式结案的甚至占到了审结案件总量的 50%②),但这种带有"中国特色"的行政诉讼结案方式却实难反映司法对于行政的真实监督效果,更无法为个体权利提供有效保障。在审查过程和判决理由部分,我们同样能够清晰观察到这种单项制度间的相互龃龉和缺乏呼应。行政诉讼对原告资格的要求,仅使原告起诉承担了行政合法性审查的"触发功能",之后在审查对象和判决理由上,我国的行政诉讼则完全偏向"客观化",再难见"主观化"色彩。在审查对象上,尽管行政诉讼的制度改革引入了规范性文件的附带性审查,法院仍以"具体行政行为的合法性"为主要审查对象,审查范围并

① 王汉斌:"关于《中华人民共和国行政诉讼法(草案)的立法说明》",http://www.wanyuan.gov.cn/wywz/zwgk/xxgkInfo.jsp? ID=15978,最后访问时间为 2011 年 5 月 9 日。

② 参见最高人民法院行政审判庭编:《中国行政审判研讨:全国法院行政审判工作会议材料汇编》,人民法院出版社 2000 年版。

不受原告诉讼请求的限定,相应的,最终的判决也基本上是对行政决定合法或违法的宣告,而并不对原告的诉讼请求予以回应。这种整体定位的模糊不清和主客观交错的斑驳混杂,使行政诉讼在很多环节都呈现失衡之势。即使人们在长期的制度实践中,一直尝试通过单项制度的分别改良,来实现行政诉讼的整体推进,但分而治之的做法却越来越使行政诉讼成为断裂分隔的碎片集合。

二、完善主观诉讼的基本思考

既然我们仍旧肯定权利保障是行政诉讼的重要目标,主观诉讼是行政诉讼的关键构成,并尝试在提升外部法治环境的同时,同样通过制度性调整来完善主观诉讼,那么着眼于制度内部的构造安排,通过提升制度在整体一致、逻辑严密和体系完整方面的"形式理性"品质,就成为进化行政诉讼制度,唤醒其制度生命力,进而有效实现行政诉讼权利保障功能的重要途径。

(一) 明确行政诉讼的基本定位以及实现制度功能的纯化

通过改良制度的内部构造来提升制度的形式理性,首先有赖于我们在整体上界明廓清行政诉讼的基本定位。在我国行政诉讼这种主客观制度斑驳混杂的现状下,这种界定又意味着制度功能的纯化,即我们必须明确择定,现行的行政诉讼究竟应以主观诉讼为主,辅以客观诉讼做补充;抑或以客观适法性控制为目标,而将个体权利保障作为其辅助性作用。这一选择需要我们审慎思考,但目标的纯化和主要功能的择定本身却对行政诉讼的未来发展,尤其是主观与客观诉讼各自的有效提升都至关重要。

1. 作为整体的行政诉讼制度与诉讼制度的整体均衡

事实上,无论是在学理讨论、制度设计和司法实务中,行政诉讼都应首先被作为一个整体来对待。为使这一整体保持全面均衡和有效作用,系统整体首先应保有对各个组成部分的有效控制与整合,如果整体丧失了对组成部分的控制力,组成部分也就无法回溯到整体寻求方向导引,并在系统整体的整合下,与系统整体保持方向一致;其次,各个组成部分间不仅应与系统整体保持方向一致,还需相互协调、彼此配合,如果人们对每个部分都只是分隔观察,个别对待,系统的整体均衡和逻辑闭合同样难以达成。换言之,理想的行政诉讼制度应当首先是"作为整体的行政诉讼制度"。它应建立在行政法学理的长期积累,立法机关的不懈努力,以及司法审判支援的基础上,并表现为横跨经验与逻辑,传统与现实的"均衡发展"的完整体系。在体系化思维下,行政诉讼中任何一项制度都必须在一个大的体系背景下加以理解和评价,另外也只有一个体系化平衡发展的行政诉讼制度才可以完成实践拓展和法律改进等诸项任务。

运用这种整体观和系统论来考察我国的行政诉讼:对比当初制度初建时的简单粗陋,历经二十余年的发展,我们的确取得了相当丰硕的成果。但这些成果的取得,多半是源自典型案件的促进,公众的呼吁,舆论的鼓动,以及司法在"顺应民意"之下所进行的积极作为。正因如此,这些制度改良并不是在周密细致的整体设计之下,而更多是从现实经验出发,具体的、个别的、"试错"地进行的。这种路径的选择当然有其重要的现实原因。作为行政诉讼制度发展稍缓的国家,我们既无法依赖已经成就的完美宏图和整体框架,省心省力地解决所有问题;更无法奢望通过全面复制国外既定规则,免去独自踯躅和亲身探索。本土资源的匮乏和外国经验的有限,都只能让我们先将目光积聚于个别问题、单项制度,通过零敲碎打、逐个突破而渐次地推进制度整体。这种做法使我国行政诉讼制度发展迄今虽然有了相当积累,但与体系化、系统化的行政诉讼制度仍旧有相当距离。基于不同的价值取向、不同的研究重点,学者对行政诉讼问题常常进行条块分割,自说自话;而在制度实践中,我们也已习惯通过分别改良,来渐次稳妥地实现整体推进,这些都直接导致行政诉讼的制度建构往往缺乏整体视野和通盘考虑,制度的体系完整和逻辑严密也因此始终难以达成,而受其影响,单项制度安排同样因无法兼顾全面统筹和相互协调,在很多环节呈现失衡之势。

基于上述原因,在累积了二十多年的经验后,现在已是时候要对这些逐项进行、分别展开的制度进行整体检视和系统反思。对于在相当程度上是由外国经验移植、本土资源利用以及实践修补推进所"拼凑"成的中国行政诉讼制度,这种检视和反思无疑是必要的,它可以从宏观向度上考察制度的运行状况是否良好,相互间的衔接配合是否紧密,整体逻辑是否闭合,而单项的制度改革也只有被放置在整体系统下，接受这种多维检验，才能得到更公允的评价和更稳妥的改进。从这个意义上说，所谓"试错"①除了不断尝试的阶段，更需定期纠错的步骤，而纠错既应包含制度内部的革新，也需囊括制度整体的调试，由此，行政诉讼制度才会取得值得肯定的整体发展和均衡递进。

综上，既然理想的行政诉讼制度应当首先是"作为整体的行政制度"，那么体系化均衡与制度的体系化建构就应当持续地纳入行政诉讼制度建构的思考范畴。基于这一考虑，构筑出统合一致、逻辑闭合的诉讼制度整体，并实现制度间的整体均衡，就成为我们重新完善行政诉讼制度，进而提升其功能目标的首要思考。

2. 整体定位的明确与功能目标的纯化

要构筑出统合一致，协调均衡的诉讼制度整体，首要任务便是清晰界明诉讼制度的根本定位，并以此为依据建立起制度间的周密逻辑关联。一个完整的制度体系首先必具备明确的功能导向，借用系统论的观点，就是必须具备鲜明的"价值"。价值所提供的是这个体系的"实质理性"，借助于价值，体系的各项要素才能被合功能、合目的地统合起来，体系才能具备和表现出独特的意义内涵。价值导向或是功能定位作为一种稳定的、完整的、明确的法秩序理念②的起点，能够将诸多概念、形式和结构有效地统合为一个有机整体，它的存在和确立既确保了系统构成要素的"首尾一贯和相对稳定"，同样协助各种构成要素"与法体系整体的相称定位"③。

如上文所述，要明确我国行政诉讼的功能定位，首要的任务就是要在主观诉讼和客观诉讼两种趋向之间进行明确择定，而这种界定又意味着对制度功能的纯化，即我们必须选择，现行的行政诉讼究竟应以主观诉讼为主，辅以客观诉讼做补充；抑或以客观适法性控制为目标，而将个体权利保障作为其辅助

---

①　"试错"概念由批判理性主义大师波普尔所提出，他认为人类社会永远没有最优选择，只能通过永不停歇的试错而得出次优选择。参见波普尔：《历史主义的贫困》，何林等译，社会科学文献出版社 1987 年版，第 47 页。

②　施密特·阿瑟曼将作为完整体系的行政法总论描述为一种"秩序理念（Ordnungsidee）"。参见 Eberhard Schmidt-Assmann：《行政法总论作为秩序理念：行政法体系建构的基础与任务》，林明锵等译，台湾元照出版公司 2009 年版，第 1 页。

③　Eberhard Schmidt-Assmann，Das Allgemeine Verwaltungsrecht als Ordnungsidee，Grundlagen und Aufgaben der verwaltungsrechtlichen Systembildung，Heiderberg，2004，S.1ff.

性作用。尽管世界诸多国家的行政诉讼都兼具"权利保障"和"适法性控制"的主客观功能,但运行良好的行政诉讼制度无不表现为:在主客观之间有明确的倾向选择,并在这种明确的功能定位下,将各项制度进行有机统合,使之在服务于"主观权利保障"或"客观适法性控制"的目标下相互配合,彼此补充。因此,对我国的行政诉讼而言,也只有在择定基本的功能目标的基础上,才能对其内部构造和单行制度进行有序调整,进而摆脱现有的交错繁杂、没有章据的困境。从这个意义上说,如果维续现有的目标设定,保持主观与客观不分伯仲的格局,结果只能是对单行制度进行零星的改良,而行政诉讼从整体上仍旧很难有实质的提升和迈进。

3. 制度逻辑的整体周延和法教义学的支援

在确定好行政诉讼的功能定位,换言之,在择定好"体系化"的行政诉讼的"基本价值后",接下来的工作则是要确保构成行政诉讼整体的各个单项制度在逻辑上的周延和统一。事实上,如果我们确认法秩序体系的本质是一种系统(System)[①],并借助系统论的观点去重新认识法制度的体系建构时,就会发现,所谓的"逻辑"和"价值"要素,事实上都已经包含在系统论对于一个有机系统的要求中。按照系统理论,一个有效的社会系统或体系必须具备两项要素:逻辑性与同一性。所谓逻辑性,是说系统整体必须协调统一;所谓同一性,则意味着系统组成要素必须目标一致。[②] 具体到法系统而言,作为体现某种上位法价值的统一体,系统要素首先须在价值取向上表现出同一性和一贯性,所有系统要素的有效性都应从它与系统整体目标的一致性中获得,所有系统要素都借由它与这种总体价值之间的关联而被定位;其次,作为一个在规范和操作上封闭、自治的系统,所有系统元素的存立、组合与搭建都必须符合形式逻辑法则,所有系统要素的妥当性也都来自于它与系统整体,以及其他部分之间的逻辑契合。据此,对于法秩序的系统建构而言,有两项任务至关重要:首先就是寻找和确定作为上位价值的秩序观念,因为它决定了系统的整体走向与系统要素的存废定位;其次就是对系统内部逻辑一致的反复锤炼。在法制度的建构环节中,形式逻辑的演绎或者对于各项制度逻辑周延性的检视同

---

① 事实上,无论是在德文还是在英文中,"体系"和"系统"都分享同一个概念(System)。这也说明法体系和学科体系的本质就是一种系统。

② 参见[德]齐佩利乌斯:《德国国家学》,赵宏译,法律出版社 2011 年版,第 23—33 页。

样至关重要。而法制度整体也唯有经过逻辑化的统合,才会拥有如康德所言的,"可随时在教条中,即从确定的原则中,充分地予以证实"的"普遍理性"①。如果说法制度体系的功能定位确保了体系整体的价值一贯性,那么形式逻辑的演绎则使法制度体系获得了"逻辑自洽、和谐一致以及基本上无漏洞"②的权威性,这种权威性同时又是法制度体系具有可预见性、可计算性、可接受性和可理解性的基础。换言之,尽管法体系会通过是否符合整体的目的性追求,而对各项体系要素进行筛选与定位,但体系要素之间能够融洽相连,能否在逻辑上都归属于体系的统领之下,却仍需要相应的技术处理。

以德国为例,如上文所述,德国行政诉讼发展至今可以说是"体系化均衡发展"的范本,而在其体系建构中,上述逻辑处理又主要是由德国长期的法教义学所完成。在逾期百年的发展历程中,德国行政法教义学构建了由概念、形式、结构等诸多要素组成的完整系统,其内容既包含对实定法的解释描述、对实定法的概念性和体系化的演绎,又包含解决实际问题的框架性建议,在整体上亦呈现出经验与描述,逻辑与分析,以及规范与实践的多重向度(mehr Dimensionen)。③ 而这些行政法教义学成果嗣后都成为德国行政立法的巨大仓储(Speicher)④,无论是德国《联邦行政法院法》,或是《联邦行政程序法》都将其中的重要内容编纂入内。对于现存的法教义学,立法者在立法时也会选择自我融入,因为相比那些凭空臆造出的法律,这些源自法教义学的立法会更加稳定、更加科学、也更富有持久的生命力。此外,法教义学还具有使法律秩序保持稳定,法秩序内部保持逻辑统一,减轻对具体问题不断重复讨论的负累,以及对法律未来的发展提供启发等诸项功能。而上文的分析也已显示,无论是作为判断诉讼权能基础的保护规范理论,又或是支撑司法高密度审查的裁量与不确定法律概念的二分,德国法的制度设计与实践都在相当程度上依赖于法教义学的支持。

作为能够获得普遍确信的认识框架,体系的一致和逻辑的严密对于法教

---

① Vgl.Josef Esser, *Art.Rechtswissenschaft in Handwoerterbuch d.Soz.Wissenschaften*, Bd.Ⅷ 1964, S.775。转引自程明修:《行政法教义学》,于氏:《行政法之行为与法律关系理论》,台湾新学林出版公司 2005 年版,第 9 页。

② [德]马克斯·韦伯:《经济与社会》(下卷),林荣远译,商务印书馆 1997 年版,第 16 页。

③ Robert Alexy,Theorie der juristishcen Argumentation,1989,S.307 ff.

④ Robert Alexy,Theorie der juristishcen Argumentation,1989,S.330 ff.

义学而言至关重要。因此,在法教义学的建构过程中,为追求体系一致而进行的体系检验几乎时时都在进行,微观面的检验主要针对制度内部是否逻辑一致,而宏观面的检验则涉及不同的制度是否具有普遍的逻辑一致性。对于新出现的理论和制度创新,法教义学更会自动将其放置在整体框架下,进行更高程度的逻辑分析。由此,一项具体制度即便分隔来看是恰当的,也会因无法纳入整体系统而被修正甚至是彻底放弃。这些系统检验不仅为德国法带来获得普遍确信的行政法理论,同样成为法规范秩序能够统合一致的重要根基。而德国法之所以在制度整体上表现出如此高的成熟度,也正因为它在法教义学的建构过程中,通过对内部逻辑的不断锤炼,所达到的法教义学本身的体系一致性,以及因此而带来的法规范秩序的体系一致性。

相比德国法教义学成果和行政立法之间的紧密依存,以及经由法教义学的体系一致而带来的法秩序的逻辑周延,我国的行政诉讼在学理研究和制度建构上显然都欠缺对逻辑一致的周密考虑和整体完整的反复锤炼。如上文所述,在已逾二十年的行政诉讼制度实践中,我国一直积极吸收作为范本的域外行政诉讼的目标设定和价值意涵,并尝试将其最大程度地纳入我国的制度构建中,但却很少关注,在被注入了各种价值和目标后,各个单项制度之间是否能在逻辑上保持周延和闭合,是否能够达成协调一致的整体。尤其是学界在遭遇现实问题时,惯常从外国经验中寻求帮助,但对外国制度的截取又往往是片断式的,而不是将其作为整体逻辑中的一环,这也导致很多原本在本国法律体系中运转良好的制度,在植入我国后,都变得如南橘北移一样水土不服。大部分人将其归因为"不符合中国国情",却未考虑是因多头移植和断章取义所导致的体系不一致与逻辑不周延。事实上,如果我们把法制度看作是一套有内在运行逻辑的规则体系,这一规则体系自身逻辑的完整周密,当然决定了这部法律可能蕴含的生命力,以及它对现实的导引作用。德国法的经验已经证明,唯有引入对体系一致和逻辑周延的考量,一个运行良好、逻辑严密的行政诉讼整体架构才有可能达成。

综上,在对主观诉讼进行具体完善之前,首要的是引入系统观和整体观重新反思和检视行政诉讼制度,并将其首先作为"体系化的整体",而在目标设定上进行纯化,在制度逻辑上予以锤炼,由此才能从整体上提升行政诉讼制度的理性。而这也是未来改良行政诉讼制度时应首先考虑的问题。

（二）完善主观诉讼的配套机制

无论未来我国行政诉讼的功能目标是定位于"对个人权利的保障"，还是着眼于"客观适法性的控制"，主观诉讼都不可避免地是行政诉讼的必要构成。而如上文所述，要使主观诉讼运行良好，同样须藉由各项配套机制的设置，使其成为协调一致的有机整体。

1. 放弃受案范围的列举原则和以具体行政行为为对象的一元审查模式

很多学者在论及主观诉讼与客观诉讼时，总是将我国行政诉讼受案范围过窄归咎于行政诉讼是为个人提供司法救济的主观定位，认为只要将行政诉讼的功能定位由"主观"转为"客观"，放宽行政诉讼受案范围的问题就会迎刃而解。[①] 而造成这一认识的一项重要原因就在于，很多时候人们都将主观诉讼与受案范围问题相捆绑，认为主观诉讼的定位必定对行政诉讼的受案范围予以限制。[②] 事实上，尽管主观诉讼的定位对应的是对民众诉讼、团体诉讼等客观类型的排除，但绝对地认为主观诉讼一定会导致行政诉讼受案范围狭窄却毫无实据。在诸多以主观诉讼为行政诉讼基本定位的国家，德国最具典范意义，其行政诉讼制度自《联邦行政程序法》颁行起，就明确地将目标锁定为"个人权利的保护"，而对违法行政的监督和对公法秩序的维护也相应地成为"个人权利保护"的附带性效果。但如果我们对比一下德国和其他国家在受案范围上的宽窄广狭就会发现，主观定位并未影响德国通过受案范围规定为个人权利提供较之其他国家更广泛的保护。而其背后原因则在于，德国法认为，行政诉讼的首要功能虽然是个体权利保护，但这种保护从范围而言，必须是"完整的"、"毫无漏洞的"。[③] "无漏洞的权利保护"从原则上排除了"免于司法审查的公权力（高权）行为"的可能，明示出司法救济所提供的法律保护并不依赖于国家行为的具体形式，所有具有国家权力性质的活动，都应被纳入周密的司法保护之下。[④] 这一条对于行政诉讼的直接影响，体现在《联邦行政法院法》在规范行政诉讼的受案范围时，对列举原则的明确拒绝。[⑤]《联邦行

---

① 参见欧耐父：《借鉴与建构：行政诉讼客观化对中国的启示》，《求索》2004 年第 8 期，第 31 页。

② 参见伍昉：《从行政诉讼功能定位看类型化发展——以主观诉讼、客观诉讼为分析视角》，《湖北警官学院学报》2013 年第 12 期，第 145 页。

③ BVerfGE 103,142.

④ Walter Krebs, Kontrolle in staatlichen Entscheidungsprozessen, 1984. S.172.

⑤ 参见[德]弗里德赫尔德·胡芬：《行政诉讼法》，莫光华译，法律出版社 2003 年版，第 142 页。

政法院法》第 40 条采取概括式方法,规定"非宪法性质的公法争议,只要联邦法律未做特别规定,均可向行政法院诉请救济"。

德国法的实例证明了上述错误结论的偏颇,也同样对主观诉讼予以了正名。从这个意义上说,导致我国行政诉讼受案范围过窄的原因并非是主观诉讼的定位,而是受案范围的列举原则以及以具体行政行为为审查对象的一元模式。我国在最初制定《行政诉讼法》时,囿于对大范围开放行政诉讼可能造成的司法负荷的担忧,而对可诉的案件进行了"正面列举"和不可诉案件进行了"反面排除"的规定。尽管第十一条在正面列举了七类典型的可诉行政案件后,第一款第(八)项和第二款均采取了"兜底条款"的规定样式,但这样的概括却相当受限,不仅要受"侵犯公民人身权、财产权"的条件限制,还要有"其他法律、法规规定"的法律依据。上述列举规定使我国自行政诉讼制度建立之初,就仅仅是有限制地予以开放。

尽管学者为扩张我国行政诉讼的受案范围,尝试将上述规定解释为"只要不属于《行政诉讼法》明确予以排除的事项,就属于行政诉讼的受案范围";最高人民法院在 1999 年发布的《关于执行〈中华人民共和国行政诉讼法〉若干问题的解释》也在增加了五类无可诉行为之前,尝试对行政诉讼的受案范围进行概括式规定,"公民、法人或其他组织对具有国家行政职能的机关和组织及其工作人员的行政行为不服,可依法提起诉讼",但上述努力或者成为学者的一厢情愿,对司法实践并无约束力,或者被认为"逾越了立法原意"的"司法篡权"[1]。而在行政诉讼改革过程中,有关受案范围的扩张同样成为争议热点,最终的修改虽然扩充了可诉行为,且引入了对规范性文件的附带性审查,但在受案范围上仍旧受到"列举原则"和"以具体行政行为为审查对象的一元模式"的窠臼限制而难有突破。

既然主观诉讼对公民个体权利的保障同样伴有"完整保护"的需求,那么我国未来行政诉讼的变革就应突破上述制度窠臼。如德国法向我们示范的,"完整保护"理念对行政诉讼受案范围最直接的影响就是对列举原则的拒绝,对受案范围的规定并不能诉诸看似简单明确的法条列举,因为在列举背后无疑是更大范围的排除。而概括原则也并不只是在立法技术上优越于列举原

---

　　① 　何海波:《实质法治:寻求行政判决的合法性》,法律出版社 2009 年版,第 106 页。

则,除可容纳更多的行政案件,且能够向未来的行政实践保持开放外,更重要的是,这种立法方式所表达的是一种"完整保护"和"无漏洞保护"的行政救济理念,而这种理念的引入对我国未来的行政诉讼变革无疑具有导向性意义。

在放弃"以具体行政行为为审查对象的一元模式"方面,德国法同样对我国具有相当的示范意义。德国在最初建立行政救济制度时,因受奥托·迈耶"无行政行为就无司法救济"[1]的影响,而将行政诉讼的受案范围与"行政行为"相捆绑。但德国的行政行为因具有"个体化和明确化"特征,因此范畴大致相当于我国学理中的"具体行政行为"。[2] 但伴随行政类型的多样化和复杂化,德国很快抛弃了上述限定,1960 年颁行的《联邦行政法院法》第 40 条明确规定,"非宪法性质的公法争议,只要联邦法律未做特别规定,均可向行政法院诉请救济",据此,行政决定是否属于行政行为,不再成为当事人打开行政救济大门的钥匙,而成为当事人选择诉讼类型的重要依据。从行政实践来看,我国行政样态同样经历了如德国一样从侵害行政扩张至给付行政的变迁,行政决定也前所未有的多样化和复杂化,此时再将行政诉讼的审查对象主要限定为"具体行政行为",自然与行政现实两相背离。从学理而言,"具体行政行为/抽象行政行为"也只是学者为认识和归纳复杂的行政现实所进行的学理析分,换言之,只是学者为学术研究的便利所构建的"理想类型",它和复杂的行政现实并非完全契合,将这种"学术概念"上升为"法律概念",并贯彻鲜活的制度实践,无疑会对司法实务造成巨大困难。如果说将行政决定是否属于具体行政行为作为划分行政诉讼类型化的标准,有助于司法实务的精细化和审查的专门化;那么将其作为衡量行政诉讼受案范围的基准,相反就会构成对公民救济的"门槛性障碍"。与对列举原则的拒绝一样,为对公民的权利提供完整的、无漏洞的司法保障,这样的"门槛性障碍"当然应该被排除。

2. 廓清原告资格的范围

在逐项制度中,诉讼权能与主观诉讼之间的关联最为密切。在我国的行政诉讼中,有关诉讼权能的问题又经常被置于"原告资格"的概念下予以讨论,通过解决"何人有资格提起诉讼",以及"就提出的具体诉讼而言,原

---

[1]　Hartmut Maurer, *Allgemeinese Verwaltungsrecht*, Verlag C.H.Beck, 2003, S.129.

[2]　参见赵宏:《法治国下的目的性创设:德国行政行为理论与制度实践》,法律出版社 2012年版,第 137 页。

告是否适格"的问题，"原告资格"规则发挥着检验起诉人资格要件的重要功能。

（1）逐步放宽的原告资格：从相对人到法律上利害关系人

相较典范国家悠久的行政诉讼传统，我国的行政诉讼制度直至 1989 年《行政诉讼法》颁布时始建立。但仅有 75 条的立法只是使行政诉讼制度初具雏形。单薄粗陋的法条，过度原则化的规定，都使这部法律在之后凸显规范力的不足。在累积了十年的实践经验后，最高人民法院于 1999 年出台《关于执行〈中华人民共和国行政诉讼法〉若干问题的解释》。这部解释包含了很多可称作是制度迈进的内容，其中一项就是原告资格。最初的《行政诉讼法》并不包含细致的原告资格要件，只有第二条概括地规定，"公民、法人或其他组织认为行政机关和行政机关工作人员的具体行政行为侵犯其合法权益，有权依照本法向人民法院起诉"。由于规定笼统，学理上又没有形成获得普遍确信的、何为"合法权益"的诠释与分析框架，司法便对此拥有了广泛的裁量空间。出于法律适用便宜的考虑，将原告资格限定为行政决定所直接针对的对象，便成为很多法院用以判断诉讼资格有无的首选基准。① 但这种狭隘的"相对人资格论"，无疑使行政诉讼的功能发挥受到极大限制。

为纠正实务中出现的上述褊狭，并迎合日渐蓬勃的行政诉讼，最高人民法院遂在司法解释中规定，"与具体行政行为有法律上利害关系的公民、法人或者其他组织对该行为不服的"，可以依法提起诉讼。此规定一出即受到学界的很多赞誉。有学者称，这一拓展使行政诉讼的原告资格从"相对人资格论"转变为"法律上利害关系人资格论"，有权提起行政诉讼的不再只是行政决定的相对人，那些与决定有法律上利害关系的相关人的诉权资格同样获得承认。② 但人们很快发现，尽管在整体趋向上值得肯定，但从法律操作上，何谓"法律上的利害关系"仍旧语焉不详。最高人民法院为此又做出释义，"'法律上利害关系'是被诉行为对自然人和组织的权利义务已经或将会产生实际影响，这种利害关系，包括不利的关系和有利的关系，但必须是一种已经或者必

---

① 参见沈岿：《行政诉讼原告资格：司法裁量的空间与限度》，《中外法学》2004 年第 2 期。

② 参见沈福俊：《论对我国行政诉讼原告资格制度的认识及其发展》，《华东政法学院学报》2000 年第 5 期。

将形成的关系"。① 从"利害关系"到"实际影响",最高人民法院似乎借鉴了美国关于司法审查"条件成熟"的规定②,以及民事法律中有关权益影响应具有"实际和相当可能性"的标准③,司法也因此在介入行政的时间点上有了一定的可把握性。但对于何种权益受到影响始能起诉,司法解释并无多大助益,这一问题仍旧只能留待司法在具体个案中判断斟酌。行政诉讼制度改革后,将原来司法解释中的原告资格规定纳入法条修改中,这一修改虽然具有积极意义,但仍旧遗留了上述法律适用的难题。

（2）无法探知的"合法权益"与界限不明的原告资格

最高人民法院的持续努力同样引发学界对于这一问题的广泛讨论。这种热度完全可从 2000 年之后聚焦这一专题的论文数量窥见一斑。④ 许多学者都期望在既有的制度框架下,通过对相关条文开放能动地解释演绎,来降低法律适用难度,同时巩固和强化行政诉讼原告资格扩大的趋势。在众多关于原告资格要件的归纳总结中,沈岿教授的"四要件说"似乎最为完整,也享有较高的引证率。他将涉及行政诉讼原告资格的整体规则概括为四个方面:第一,原告是自然人和组织;第二,存在合法权益;第三,合法权益属于原告;第四,合法权益已经受到或是将会受到被诉行为的影响。⑤ 这一概括在法律解释的基础上,提供出类似德国法教义学的分析框架。但如果说第一、第二项不会引发过多分歧,而第四项又已由最高人民法院在部分程度上厘清外,那么存有争议的仍旧是第三项——何为"合法权益"。既然实定法用"权益"取代"权利",相当部分的学者因此认为,权益的范畴当然远远超过了权利,其既包含权利又

---

① 最高人民法院行政审判庭编:《关于执行〈中华人民共和国行政诉讼法〉若干问题的解释释义》,中国城市出版社 2000 年版,第 26—27 页。

② 参见王名扬:《美国行政法》（下）,中国法制出版社 1995 年版,第 642 页。

③ 参见沈岿:《行政诉讼原告资格:司法裁量的空间与限度》,《中外法学》2004 年第 2 期。

④ 相关论文可参见沈福俊:《论对我国行政诉讼原告资格制度的认识及其发展》,《华东政法学院学报》2000 年第 5 期;胡锦光、王丛虎:《论行政诉讼原告资格》,陈光中、江伟主编:《诉讼法论丛》（第 4 卷）,法律出版社 2000 年版,第 596—597 页;夏锦文、高清华:《我国行政诉讼原告资格的演进》,《法商研究》2001 年第 1 期;杨寅:《行政诉讼原告资格新说》,《法学》2002 年第 5 期;李杰、王颖:《行政诉讼原告的主体资格》,《人民司法》2002 年第 9 期;沈岿:《行政诉讼原告资格:司法裁量的空间与限度》,《中外法学》2004 年第 2 期;李晨清:《行政诉讼原告资格的利害关系要件分析》,《行政法学研究》2004 年第 1 期。

⑤ 参见沈岿:《行政诉讼原告资格:司法裁量的空间与限度》,《中外法学》2004 年第 2 期。

包含利益。① 在这种由来已久的认识之下,学界又存在关于权益是否必须由法律明确规定②,还是无须以法律规定为前提的观点③之争。尽管为法律明确性与稳定性之故,很多学者还是坚持"合法权益"要以法律规定为依托,但由于缺乏更进一步的推导模式,在法律规定中又如何再发现"权益",仍旧成为划定诉讼保护范围时的难解之题。沈岿教授主张对"合法权益"的探究要从整个法律文本进行,具体方法则可借鉴诸多国外司法经验,例如:法律直接规定了权利形式;从法律的义务性规定中对应推演出相关权利;从法律规定行政机关必须考虑的因素中推演出相关权利;从立法所欲保护或调整的利益范围中推演出相关权利。④ 但这些方法之间是并列还是包含关系,相互之间如何契合,如运用不同方法会导出不同结论又如何处理,这些显然都不是仅提供一些大致的思考方向就能够解决的。沈岿教授也承认,这种"试图超越立法的字面表述,借助对法律内在意图、精神的钻探,并以法律解释的方式去划定合法权益边界"的办法,必然会"形成一个灰色的、令人踌躇的地带"。⑤ 因此,对于攸关原告资格的"合法权益"问题,我国行政法学界至今仍未形成获得普遍确信的分析框架和相对一致的推导步骤。

综上,原告资格涉及主观诉讼的口径问题,而我国的行政诉讼学理和制度实践发展至今,仍旧未能形成获得普遍确信的,相对一致的,有关"原告资格"以及"合法权益"的分析框架和推导步骤。而对这一问题的解决,域外制度已经为我们提供了有益启迪。例如在德国,有关行政诉讼的原告资格,学理和司法实务均将其交由"主观公权利"和"保护规范"理论(下文将有详述)予以处理,这些理论因为经历了长期的法教义学锤炼和制度实践检验,表现出很高的成熟度和稳定性。因此,有选择地吸纳这些有益理论,并尝试将其逐步发展为普遍确信的一般步骤,对于我国原告资格的廓清无疑具有相当价值。

---

① 参见罗豪才主编:《行政审判问题研究》,北京大学出版社 1990 年版,第 70 页;应松年主编:《行政诉讼法学》,中国政法大学出版社 1994 年版,第 115 页。

② 例如丁丽红:《关于扩大行政诉讼对合法权益保护范围的思考》,《行政法学研究》1999 年第 1 期。

③ 例如夏锦文、高清华:《我国行政诉讼原告资格的演进》,《法商研究》2001 年第 1 期。

④ 参见沈岿:《行政诉讼原告资格:司法裁量的空间与限度》,《中外法学》2004 年第 2 期。

⑤ 沈岿:《行政诉讼原告资格:司法裁量的空间与限度》,《中外法学》2004 年第 2 期。

3. 提升司法审查密度

域外的经验证明,尽管主观诉讼将行政诉讼的目标限缩为"个人权利的保护",但它所要提供的应是一种"有效的保护"。而这种有效的保护又首先依赖于高密度的司法审查。但与其他国家相比,我国的行政诉讼在审查密度问题上不仅表现出相当的不确定性,而且还在很大程度上受限。审查受限一方面源自学界对于裁量的笼统概括和不加分析,另一方面也基于我国行政诉讼对行政行为合法性与合理性的截然区隔,以及武断地将所有的裁量瑕疵都划归合理性问题所导致。

（1）笼统概括的裁量授权

我国学界对于裁量的笼统概括只要对比一下德国就清晰可辨。德国法存在裁量与不确定法律概念的严格界分,不同于大多数国家概括地认为:只要立法规范模糊,需要行政在执法中进一步明晰时,行政机关就拥有了裁量权,德国法首先将法律规范区分为事实构成要件与法律后果两部分,进而将裁量仅局限于法律后果部分,也就是说,只有行政机关在法律规定的构成要件成立时,可以选择不同的处理方式,才可确认其拥有了裁量权[1]。但事实上,行政机关对法律的适用并不仅仅是对法律后果的选择,尚包括对事实构成要件的确定,以及对所发生的案件事实是否与法律规定的事实要件相符的涵摄,但这些在德国法中都不属于裁量范畴。若法律规定的事实构成要件模糊不清、难以把握,需要具体明确与判断时,德国法称之为"不确定法律概念"（unbestimmte Rechtsbegriff）[2]。据此,所谓"行政裁量"在德国被压缩至法律后果选择的狭小空间内,而相应的,高密度的司法审查也只有在面对这部分的行政决定时,才会受到限制。但在我国,规范的构成要件和法律后果的区分并未影响到行政机关整体的选择空间与判断余地,学界惯于将所有立法规定不详,有待行政在执法时具体甄别的部分,都笼统地划归为行政的裁量范畴。因此,相比德国的裁量与不确定法律概念的二元,我国的裁量理论显然是未加区分、无所不包的"一元论"[3]。既然行政裁量覆盖包括事实构成要件和法律后

---

① Kopp/Ramsauerm, *Verwaltungsverfahrensgesetz Kommentar*, 8. Auflage, Verlag C. H. Beck 2003, S.622.

② Hartmut Maurer, *Allgemeinese Verwaltungsrecht*, Verlag C.H.Beck, 2003, S.132.

③ 参见王天华:《从裁量二元论到裁量一元论》,《行政法学研究》2006 年第 1 期,第 25 页。

果的所有方面,那么与之保持"非进即退"关系的司法审查的界域,也就自然回退到这一范畴之外。因此,无论是对行政机关针对法律后果的选择,还是对规范事实构成要件的解释,只要立法规定模糊,司法都必须保持相当的克制,而不能进行无限度的审查。事实上,德国裁量制度的发展已经向我们展示,行政在法律适用过程中的判断是多步骤的,其中至少包括对规范构成要件的解释、对所发生的案件事实是否与法律规定的事实要件相符的涵摄以及对法律后果的选择等三个阶段,而将立法的规定不详一律视作对行政裁量的概括授权,无疑使司法丧失了对行政适用法律的整体过程的严格控制。

(2)合法性与合理性的截然二分以及"自由裁量"的错误导向

除裁量范围过于宽泛外,我国司法审查密度受限的原因,还在于学界对裁量本质的认识。在我国学理中,裁量一般只涉及合理性问题,并不涉及合法性问题,行政机关所为的裁量,只要并未逾越法律的授权范围,即便存在瑕疵纰漏,也仅属于不合理,而非不合法。又根据原《行政诉讼法》"具体行政行为合法性审查原则",司法原则上只能对具体行政行为是否合法进行审查,只有行政处罚显失公正的,司法才能例外地对决定予以变更。立法排除司法对于行政合理性问题审查的理由主要基于,法院只是法律的专家,对于行政决定是否合理的判断,司法并不具备技术和经验优势,若允许其再对行政指手画脚,并不具有制度正当性。既然裁量一般只涉及是否合理,而这又并非司法审查的固有权限,那么司法对于裁量的态度基本上就只能是"作壁上观,放任自流"。

将合法性与合理性截然二分,认为裁量原则上仅涉及合理性问题,并以此为由排除司法严格审查的做法,无疑使司法对行政的控制大打折扣。首先,合法性与合理性的截然区分,会使所有的行政行为都被"僵化"地划为两类:羁束的和裁量的。前者必须接受法律的严格规制,而后者则完全从法律规制中豁免,也正因如此,我国很多学者在提到裁量时都惯于在其之前加上"自由"作为定语,以预示行政机关在裁量范畴内享有相当程度的自由,已经溢出司法的控制之外①。事实上,绝对的羁束行为和绝对的裁量行为都只存在于学者

---

① 令人遗憾的是,"自由裁量"这种带有误导性的学理概念甚至已进入我国的司法解释,并如"抽象行政行为/具体行政行为"一样成为法律概念。在最高人民法院 2007 年 12 月出台的《关于行政复议若干问题的解释》中,对于可适用复议和解与复议调解的案件,该司法解释即适用了"自由裁量权的案件"的用语。

的想象当中,两者都更近于一种认识上的"理想类型",而现实中,几乎所有的行政决定都同时交织着这两种因素,并不能被简单地归类为羁束或是裁量。将这些学理认识上的理想类型不假思索地植入司法实务,其结果只能是司法覆盖面的萎缩与回退。其次,认为裁量仅涉及合理性问题,并以此为由阻却司法控制的介入的做法,同样褊狭恣意。正如现实中并不存在绝对的羁束行为和绝对的裁量行为,所谓合法与合理也并非永远泾渭分明,而且,伴随现代法治由"形式法治"向"实质法治"的迈进,对行政合法的要求也已不再仅限于符合法律的形式规定,不逾越法律的界限,还包含了保障信赖利益、符合比例原则、维护公民基本权利等实质内容,此时再过度地强调合法与合理的区分,无疑会使依法行政原则原本丰富的内涵被"行政合理性"所侵蚀和掏空,①司法也会时时因为合理性审查限制的阻挡,而难以在行政裁量领域获得有效推进。

值得注意的是,《行政诉讼法》修改后在第七十条撤销判决的规定中,将"明显不当"同样作为撤销事由,这似乎表明,我国的行政诉讼改革正在克服合法/合理的僵化二分,并将"明显不当"同样作为违法事由,但由于缺乏清晰的教义学解释和支持,这一改革只是初露端倪。

综上,无论是笼统地将所有立法不详都视作行政裁量的范畴,还是概括地将所有裁量瑕疵都归类为"合理性"问题,并一律排除司法审查在此范围内的作用,都使我国司法审查的密度和强度被大大减弱和降低。而要提高我国主观诉讼对于公民个人权利保护的有效性,又必须强化我国司法审查的密度,使之同样覆盖或辐射至行政机关的裁量领域,因此,吸纳其他国家有关"裁量"和"不确定法律概念"的区分,以及确立"合义务裁量"而非"自由裁量"的观念,对于行政诉讼的提升和改良同样至关重要。

4. 引入诉讼暂时保护制度

德国的经验证明,尽管主观诉讼为公民提供的是一种"个别保护",但这种保护必须同时是全面完整和切实有效的,②否则主观诉讼的功能设定同样存在根本缺陷。而切实有效的权利保护不仅有赖于法院高密度的司法审查,

---

① 参见李琦:《论行政裁量的性质及其构成》,中国政法大学2002届法学院硕士学位论文,第3—4页。

② Kopp/Schenke, *Kommentar zur Verwaltungsgerichtsordnung*, C. H. Beck, 2005, 14. Aufl. § 42. Rn.117.

还需以普遍且高效的权利暂时保护制度为补充。权利暂时保护制度是在判决结果并未做出之前,就为原告提供保护的相应机制。它能够有效避免了法院在完成对行政决定的审查前,行政机关擅自造成"完结事实"的可能,并将行政诉讼对于权利保障的"有效性"发挥至最大。

在德国,这种暂时保护机制主要通过诉讼的"延缓效果"以及法院的临时性命令而实现。根据《联邦行政法院法》第 80 条第 1 款的规定,"撤销之诉有暂缓执行的效力。这一点同样适用于权利形成性的、确认性的以及具有双重效力的行政行为"。据此,就撤销之诉而言,原则上只要当事人诉请救济,起诉就会发生使行政行为停止执行的效力。即使行政机关可以在有特别需要时,对行政行为予以即时强制执行,从而排除上述暂缓执行的效力,也必须提出一项特殊理由。除《联邦行政法院法》第 80 条外,《联邦行政程序法》第 123 条中的"暂时命令"同样是暂时法律保护的另一种形式。① 根据第 123 条第 1 款,"当申请人权利的实现因既存状态的改变而受到阻碍,或遭遇严重困难时,行政法院可基于当事人申请,针对诉讼争议对象发布临时命令,这种临时命令同样可在诉讼提起之前做出"。此外,"为避免因争议法律关系的存在而造成的严重困难或紧急危险,或基于其他必要理由,临时命令同样可以针对争议法律关系做出,从而使其效力延缓"。联邦行政法院认为,凡不属于《行政法院法》第 80 条调整范围内的其他所有情况下的暂时法律保护,均可采取这种形式。② 据此,第 123 条和第 80 条彼此配合,共同提供了一种完整的、"无漏洞"的"暂时法律保护"。

暂时法律保护所要实现的是对个体权利保护的有效性(Effektivitaet)和及时性,但在我国行政诉讼法中却找不到这样的对应制度设置。原来的《行政诉讼法》第四十四条明确规定,"诉讼期间,不停止具体行政行为的执行",除非有以下例外,"(一)被告认为需要停止执行的;(二)原告申请停止执行,人民法院认为该具体行政行为的执行会造成难以弥补的损失,并且停止执行不损害社会公共利益,裁定停止执行的;(三)法律、法规规定停止执行的"。相应的,"起诉不停止执行"也被认为是我国行政诉讼的一项重要原则。行政诉

---

① Erichsen,Die einstweilige Anordnung nach §123 VwGO,Jura 1998,S.161.
② BVerwGE 68,191(101).

讼制度改革后,尽管第五十六条增加了"人民法院认为该行政行为的执行会给国家利益、社会利益造成重大损害的"条款,作为可停止执行的事由,但第五十六条仍旧坚持"起诉不停止执行"的原则。但这一原则同样带有强烈的客观色彩,它不仅与行政诉讼的主观保护不相符合,还隐含着"行政执行所维护的公益"原则上要大于"停止执行所维护的原告私人利益"的认定。司法实践中,这一原则的僵化苛刻,因我国在行政行为执行制度上所奉行的,"以申请人民法院执行为原则,以行政机关自己执行为例外"的另一原则而得到缓解。根据《最高人民法院关于〈执行行政诉讼若干问题的解释〉》第九十四条,"在诉讼过程中,被告或者具体行政行为确定的权利人申请人民法院强制执行被诉具体行政行为,人民法院不予执行,但不及时执行可能给国家利益、公共利益或他人合法利益造成不可弥补的损失的,人民法院可以先予执行,后者申请强制执行的,应当提供相应的财产担保"。据此,除行政机关自己拥有执行权外,如行政行为需要申请人民法院强制执行的,在当事人起诉后,法院原则上应对行政机关的执行申请予以拒绝。尽管上述规定已初露暂时性权利保护机制的端倪,但其与"起诉不停止执行原则"之间的矛盾冲突,却再次表现出我国行政诉讼在制度设计上的逻辑不周延和体系化失衡,而且,相比德国"完整且无漏洞"的暂时保护,我国的相关制度不仅未获确定的正名肯定,在覆盖面上也存在很大缺陷。换言之,它只是赋予法院在诉讼中拒绝行政机关的执行申请,而间接地使那些需申请人民法院强制执行的行政行为,经由诉讼获得了"延缓执行的效力",但这样的间接过程却使我国的"暂时法律保护"从根本上就难获如德国一般"切实有效"的效果,而且这种间接的"暂缓效力"也仅局限于需申请人民法院强制执行的行政行为,对于行政机关自己有强制执行权的行政决定,"起诉不停止执行"仍旧是阻却原告获得有效和及时保护的重要制度障碍。

有效的法律保护应当首先是及时的法律保护,如果这种法律保护来得太迟,例如被诉决定已经被不可逆转的执行,或是当事人申请的行政许可在诉讼经过后已经丧失意义,那么即便法院通过司法审查最终确认行政违法,并宣称原告的起诉具备理由,这种保障也会毫无实际意义。从这个意义上说,提升和完善我国的主观诉讼,同样需在相应环节配置"暂时法律保护"机制。

5. 反思撤诉的制度安排

如果说主观诉讼是为回应当事人的权利救济诉求,那么在整个诉讼过程中也自然应从当事人的诉讼请求出发,不仅法院的审查范围应受当事人请求的约束,当事人对诉权的处分同样应受到法院尊重,换言之,主观诉讼一定是与诉讼中的当事人处分原则①紧密相连。但如上文所述,我国行政诉讼虽然在启动方面呈现出强烈的"主观色彩",但之后的制度设置则完全偏向客观,这种主客观的交错繁杂和毫无章据尤其体现于对原告撤诉的处理。

(1)撤诉中的法院介入

与起诉一样,撤诉同样是当事人对其诉权的处分,我国《行政诉讼法》虽然允许原告在"人民法院对行政案件宣告判决或裁定前"可以申请撤诉,原告也可因为"被告改变其所作的具体行政行为"而申请撤诉,但司法解释却规定,"是否准许,由人民法院裁定"。即使是"经人民法院两次合法传唤,原告无正当理由拒不到庭的",根据原来的《司法解释》也是"视为申请撤诉",而非"按撤诉处理",申言之,人民法院同样可以根据情况裁定准许或不准许。上述规定与当事人对诉权的处分原则大异其趣,藉由对原告撤诉申请的实质审查,法院一改审判中立者的角色,而成为行政违法的监督者和公法秩序的维护者,上述规定也因此呈现浓厚的"客观色彩"。

对于上述规定,学界既往普遍持肯认态度,认为这一制度的设置主要是基于如下考虑:其一,原告申请撤诉,可能并非基于自愿,而是受到被告胁迫,此时限制原告撤诉反而可以保障其权利不受行政机关违法行为的损害;其二,原告与被告可能达成不当交易,被告通过改变具体行政行为换取原告申请撤诉,此时限制原告撤诉是基于对公共利益的保护,以及敦促行政机关依法履行职权。② 也正因为对原告的关怀和对法院监督职能的期待,"行政诉讼对撤诉申请的审查应比民事诉讼更严格",在学理上被彻底合理化。

(2)撤诉法律规定的"虚置"和制度风向的改变

但如果我们将视线投入司法实务就会发现,上述规定在实践中被根本

---

① 参见[德]弗里德赫尔德·胡芬:《行政诉讼法》,莫光华译,法律出版社 2003 年版,第 547 页。

② 参见罗豪才、应松年主编:《行政诉讼法学》(高等学校法学试用教材),中国政法大学出版社 1990 年版,第 219—220 页;姜明安:《行政诉讼法学》,北京大学出版社 1993 年版,第 153—154 页。

"虚置"。① 自《行政诉讼法》颁行以来，一审行政案件的撤诉率就从未低于1/3，最高年份时这一比率甚至达至57.3%。撤诉也因此成为"具有中国特色的"行政诉讼的结案方式。② 即使《行政诉讼法》和司法解释赋予了法院对撤诉申请的实质审查权，但实践中法院在审查过原告的撤诉申请后作出不准许裁定的却少之又少，更有甚者，为降低案件处理难度，避免与行政机关产生正面冲突，很多地方的法院甚至主动劝说和动员原告撤诉。

制度规定与实践操作之间的龃龉悖离引发学界的高度关注，大部分学者均认为法院对原告撤诉的"绿灯放行"，使《行政诉讼法》限制撤诉的立法意图彻底落空，为纠正这种"不正常"趋向，法院应严把撤诉审查的关卡，对"不符合法定标准的，一律不准许撤诉"。③ 但上述呼吁最终只沦为学者的一厢情愿，由于现行体制下法院和行政机关之间不可避免的密切勾连，以及法院自身独立性和权威性的匮乏，"容忍"甚至是"劝诱"原告撤诉，仍旧是法院避免自身陷入审判僵局的权宜选择。现实与制度之间的龃龉最终只能通过制度的风向变革得到弥合。2008 年最高人民法院发布《关于行政诉讼撤诉若干问题的规定》，对之前明令禁止的"调解、和解结案"予以全面、正式肯定。值得关注的是，尽管该司法解释同样对被告改变具体行政行为，法院允许原告撤诉的条件予以了明晰，"（一）申请撤诉是当事人真实的意思表示；（二）被告改变被诉具体行政行为，不违反法律、法规的禁止性规定，不超越或者放弃职权，不损害公共利益和他人合法权益；（三）被告已经改变或者决定改变被诉具体行政行为，并书面告知人民法院；（四）第三人无异议"。但根据条文的语词表述，只要符合上述条件，人民法院就"应当裁定准许"，换言之，法院不能再基于对行政适法性的监督或对公益的维护而阻却原告撤诉，在符合上述条件时即尊重原告意愿成为法院的义务。制度风向的转变由此清晰可辨。而这种转变同样体现于行政诉讼制度改革中，根据修改后的《行政诉讼法》第五十八条，"经人

---

① 参见何海波：《实质法治：寻求行政判决的合法性》，法律出版社 2009 年版，第 63 页。

② 参见孙林生、刑淑艳：《行政诉讼以撤诉方式结案为什么居高不下？对 365 件撤诉行政案件的调查分析》，《行政法学研究》1996 年第 3 期。

③ 张乐发：《对撤诉行政案件的分析及意见》，《人民司法》1992 年第 3 期；韩勇：《行政诉讼撤诉多的现象不容忽视》，《山东审判》1994 年第 6 期；黄家卫、郭乃军、吴荣长：《浅析行政诉讼案件的不当撤诉》，《政治与法律》1995 年第 2 期。转引自何海波：《实质法治：寻求行政判决的合法性》，法律出版社 2009 年版，第 66 页。

民法院传票传唤,原告无正当理由拒不到庭的,或者未经法庭许可中途退庭的,可以按照撤诉处理。"第六十条同样规定,"人民法院审理行政案件,不适用调解。但是,行政赔偿、补偿以及行政机关行使法律、法规规定的自由裁量权的案件可以调解"。制度风向的转变同样带来学者倾向的转变。如果说在此之前,大部分学者还对法院在原告撤诉问题上的放任态度持批评和反对意见,但现在,"法院积极斡旋,促成被告改变具体行政行为、原告自愿申请撤诉",已经成为诸多学者口中"妥善化解矛盾纠纷、完善行政案件协调处理的新机制"①;之前学者对我国行政诉讼撤诉率偏高的忧虑,也完全被对法院协调处理行政案件的一致激赏所彻底替代。

(3)从主观诉讼角度反思撤诉的制度安排

事实上,无论是之前极力反对法院"容忍"或"劝诱"原告申请撤诉,或是之后一致激赏"法院和解、调解结案是完善行政案件协调处理的新机制",学者给出的理由大多从对法院应承担的维护公法秩序的功能期待,以及对我国审判现实的因应考虑出发。因为依宪执政实践推进的滞缓和短期内确立违宪审查机制的无望,行政诉讼成为中国依宪执政得以实现的关键出路,甚至是现阶段唯一的制度突破口②。人们期待行政诉讼能够承载法治的理想,能够带来社会结构的根本性变革,但实践证明,这种期待完全超出了行政诉讼制度本身所能承载的负重,行政诉讼所能达到的客观功能被毫无实据地夸大,以至于这一制度的内在资源在追寻"远大理想"的过程中被白白空耗,其根本的主观权利保障机能也因此受到大大挤压。以撤诉的制度安排为例,从保障诉权角度而言,无论是起诉或撤诉均是原告对其权利的处置,法院都应予以尊重,但我国的撤诉制度在最初设置时所确立的"司法职权主义",无疑是想藉由司法的强制介入,来达至客观公法秩序的维继和构建任务,但初始制度的失效挫败和之后的制度转变却证明,司法机关靠一己之力并无法达成如此宏大的目标。尤其是在我国这样一个司法远不够独立和权威,尚需"在夹缝中生存、在困厄

---

① 王斗斗:《行政诉讼协调和解有了法律依据:最高法院解读〈关于行政诉讼撤诉若干问题的规定〉》,《法制日报》2008 年 1 月 17 日;李广宇:《〈关于行政诉讼撤诉若干问题的规定〉的理解与适用》,《人民法院报》2008 年 2 月 1 日;周公法:《论行政诉讼和解制度的构建:非正式制度安排向正式制度安排的变迁》,《山东审判》2009 年第 1 期。

② 参见陈端洪:《对峙:从行政诉讼看我国的宪政出路》,《中外法学》1995 年第 4 期。

中发展"①的国家,上述目标设定最终只能成为对司法的过度要求。从这个角度而言,我国司法实务对于撤诉问题的态度转变,与其说因为真的发掘出撤诉的合理性,毋宁说是对自身作用局限的现实肯定。

通过在撤诉中的强势干预来监督行政,不仅存在"现实不能",还会对原告的权利保障造成伤害,并最终造成行政诉讼主观权利保障的目标同样落空。如上文所述,《行政诉讼法》的立法者担忧原被告地位的悬殊,导致原告撤诉并非基于自愿,而是受被告的胁迫,因此要求法院通过积极作为而予以拦阻。但实践中,即便原告是因为迫于被告的影响力而申请撤诉,也都是基于对自身利益和现实利害关系的最理性考虑,相反,没有任何理由可以认为,法院对原告现实利益和未来境遇的考虑会比其自身更周全妥当。而在原告已经感到胜诉无望,或是意识到即使在本案中胜诉,但行政机关日后的反弹可能会使自己陷入更加不利的境地时,法院仍旧横加干预,强制原告继续诉讼,无疑是弃原告的权利保护不顾,去追求"大而不当"的客观目标,原告在此彻底沦为纯粹的"行政诉讼"启动器。这样的做法不仅破坏行政诉讼首先作为"权利救济"机制的属性,同样严重伤害相对人对于行政诉讼制度的信赖和寻求行政救济的积极性。即使立法者同样担忧撤诉的引发,可能是因为原被告双方达成不当交易,被告通过撤销或改变原来的行为换得原告撤诉,这种担忧也不能成为在撤诉问题上奉行"司法职权主义"的合理理由。实践数据证明,在一审撤诉的行政案件中,只有不到10%的案件是因为上述原因②,因此,这种情形大多只能作为例外。从学理而言,即便此时法院未经实质审查而允许原告撤诉,行政机关撤销或改变原来行为已经构成了一项新的行政行为,利益因此受损的"第三人"完全可对这一新的行为提起诉讼;即使无利益因此受损的第三人,法院也不能藉由对于撤诉的阻挠而将自身塑造为"公共利益"的唯一界定者和捍卫者。总之,在撤诉问题上,首要应考虑的是对原告的权利保护,以及这一制度与行政诉讼作为主观诉讼的匹配协调。正因如此,我们大可不必感叹新近司法实务对撤诉问题的态度转变是"行政诉讼的彻底沦落",也无须从"和谐司法"的角度为这一转变寻求正当理由,行政诉讼的主观保护目标以及

---

① 何海波:《实质法治:寻求行政判决的合法性》,法律出版社 2009 年版,第 84 页。

② 参见何海波:《实质法治:寻求行政判决的合法性》,法律出版社 2009 年版,第 83 页。

因此导出的对原告诉权的尊重和保护,已经为这一转变提供了最恰当的制度说明。从这个意义上说,尽管司法实务的转变多少有着因为原定目标的失效挫败,有不得已而为之的勉强,但从制度匹配角度而言却不失为正确的趋向。

6. 强化判决对诉讼请求的回应

与之前的其他环节一样,我国行政诉讼此前在判决部分同样呈现出与主观诉讼定位的逻辑冲突与制度矛盾。在诉讼的启动上,"原告的个体权利受损"成为触发行政诉讼的关键要素,但之后无论是在审查对象还是在作为诉讼过程最终产生的判决类型及其理由方面,我国的行政诉讼都转而去强调对行政适法性予以监督的"客观方向"。"审查和救济的不对应,以及诉和判的不对接"①,再次使行政诉讼的主观保护功能受到严重挤压。

从判决类型而言,我国之前的行政诉讼判决主要有六种:维持判决、撤销判决、履行判决、变更判决、确认判决(确认违法和确认无效)以及驳回原告诉讼请求判决。在这些判决中,除驳回原告诉讼请求判决具有鲜明的"主观色彩"外,其他的判决无一例外都是针对客观法秩序的客观判决,这些判决的主旨都是对行政行为的合法/违法予以权威性的宣告,而原告的个体权利保护则成为这种"权威性宣告"的附带效果。因为适法/违法宣告与原告的权利保护需求并不能直接对接,这就不可避免地会造成在相当多的情形下,原告即使表面"胜诉",其权利保障的诉求也会最终落空。例如,法院在判决中确认被告行政违法,却没有同时对原告诉讼请求的"理由具备性"予以正面承认,此时,即使原告获得的是宣告被告被诉而自己胜诉的判决书,这样的判决对于原告的具体诉求也仅是"隔靴搔痒",并不具有任何的实效性。

客观诉讼与主观诉讼的压倒性比例差别已经表明我国在诉判问题上的相互脱节。如果我们再深入分析各种判决的适用理由,我国行政诉讼在判决部分对原告诉讼请求的漠视,就表现得更为突出。以撤销判决为例,《行政诉讼法》第五十四条第二款规定,法院可以基于以下原因撤销行政行为:"1. 主要证据不足的;2. 适用法律、法规错误的;3. 违反法定程序的;4. 超越职权的;5. 滥用职权的"。据此,撤销判决的适用理由仅需行政行为违法这一个要件,只

---

① 伍劼:《从行政诉讼功能定位看类型化发展——以主观诉讼、客观诉讼为分析视角》,《湖北警官学院学报》2013 年第 12 期,第 147 页。

238

要行政行为被确认为违法,法院就可予以撤销,而无论行政行为是否真正侵犯了原告的合法权益。与之相反,在严格奉行主观诉讼的德国,撤销之诉的"理由具备性"必须同时具备行政违法和权利侵害两项前提,①仅有行政决定违法,但原告自身的权利并未因此受到侵害,并不能成为法院在撤销之诉中确认原告的诉讼具备理由的充分条件。经由这样的对比,我国行政诉讼判决的客观化构造就会格外凸显。

如果说撤销判决是对行政行为适法性的否定性评价,因此属于否定判决,那么变更判决、履行判决和确认(违法/无效)判决也同属于此类判决的序列。但与撤销判决相同,这些判决的适用理由同样只需符合行政决定被确认为违法的前提,而原告的权利是否真的因行政决定而受到侵害则在所不问。很多学者认为,客观判决可使法院在判断案件的是非曲直时,突破对原告诉讼请求的限制,对被诉公权力行为的适法性进行广泛而深入的审查,从而有效地实现对行政的监督。② 但值得关注的是,我国行政诉讼在判决理由部分对行政适法性审查的过度强调,同样引发忽视主观权利的危险,并使行政判决和诉讼请求之间的两相背离更趋严重。

除对原告的诉求不予回应,使原告彻底沦为诉讼的启动器之外,判决理由的客观化趋向同样存在浪费司法资源之虞。如上文所述,只要具体行政行为违法,法院就可予以撤销,即使行政行为仅罹患程序瑕疵。《行政诉讼法》的立法者期望藉此警示行政机关提高程序意识,严守法定程序,但这一规定却忽视了对程序经济和行政效能的考虑。试想,如果行政行为的程序瑕疵并未使原告的实体法律地位受到影响,法院却仅因程序瑕疵将其撤销,而我国行政法学理上又不存在"程序补正"等其他手段,行政机关就只能再将同样的决定重新再做一遍。这样的做法无疑是对行政资源和司法资源的双重浪费。

上述缺陷经由行政诉讼改革获得一定程度的纠正,修改后的《行政诉讼法》取消了原有的维持判决,取而代之的是第六十九条,"行政行为证据确凿,适用法律、法规正确,符合法定程序的,或者原告申请被告履行法定职责或者

----

① 参见[德]弗里德赫尔德·胡芬:《行政诉讼法》,莫光华译,法律出版社 2003 年版,第434 页。

② 参见梁凤云:《行政诉讼修改的若干理论前提:从客观诉讼和主观诉讼的角度》,《法律适用》2006 年第 5 期,第 73 页。

给付义务理由不成立的,人民法院判决驳回原告的诉讼请求。"但在撤销判决、确认违法判决以及确认无效判决的事由中,同样并不包含"原告权利受损"的要件,而在撤销判决中,"违反法定程序"依旧是撤销判决的重要事由。

据此,要使主观诉讼的目标得以一以贯之的落实,保障诉讼各个环节的逻辑一致和协调配合,那么在判决部分强化判决对于诉讼请求的回应性,在诉判之间建立起相互关联,同样是完善主观诉讼的必要举措。

第八章 客观诉讼的拓展

一、行政法治秩序的维护与客观诉讼的拓展

我国1989年《行政诉讼法》第一条明确了其立法目的:"为保证人民法院正确、及时审理行政案件,保护公民、法人和其他组织的合法权益,维护和监督行政机关依法行使行政职权",基于对该条的不同理解产生了许多观点,大致可以概括为以下四种:1. 保护说。认为行政诉讼目的主要且唯一目的是保护公民、法人或其他组织的合法权益。2. 监督说。认为行政诉讼目的是监督行政机关依法行政,制约行政权。3. 双重目的说。认为行政诉讼目的不仅是保护公民、法人或者其他组织的合法权益,而且还包括维护和监督行政机关依法行使行政职权。4. 三重目的说。认为行政诉讼目的是通过保障人民法院正确及时审理行政案件,以达到维护和监督行政机关依法行使职权,保护公民和组织的合法权益的最终目的。由于对行政诉讼立法目的的认识不一,导致行政诉讼法和相关司法解释规定的混乱和司法实践的偏颇。

一方面,有关行政诉讼法律规定的混乱。这里的法律规定是指1989年《行政诉讼法》和《行政诉讼法》颁布实施后的司法解释。最高人民法院针对行政诉讼制定了多部司法解释,最主要是1991年《最高人民法院关于贯彻执行〈中华人民共和国行政诉讼法〉若干问题的意见(试行)》(以下简称行政诉讼法《若干意见》)和1999年《最高人民法院关于执行〈中华人民共和国行政诉讼法〉若干问题的解释》(以下简称行政诉讼法

《若干解释》)。① 上述法律规定的混乱主要表现在审查对象、举证责任以及行政判决诸方面。

1. 审查对象。1989年《行政诉讼法》第五条规定："人民法院审理行政案件,对具体行政行为是否合法进行审查。"依据该规定,现行行政诉讼法确立的审查对象是"被诉具体行政行为的合法性",这甚至成为行政诉讼法的基本原则之一。这一原则虽然存在审查对象过窄(如仅针对"具体行政行为",而不是"行政职权行为"和原告的除针对"具体行政行为"外的其他诉讼请求,忽视了行政公权力行为和原告诉讼请求的多样性),审查标准过低(如仅审查具体行政行为的"合法性"而较少涉及合理性和合比例性,忽视了对行政公权力行为审查程度的多层次性)等问题,但其对具体行政行为进行合法性审查是确定无疑的。而相反,行政相对人的行为似乎不属于行政诉讼的审查对象。可是,行政诉讼法《若干解释》第二十七条关于原告承担举证责任的规定却石破天惊地在1989年《行政诉讼法》第三十二条关于"被告对作出的具体行政行为负有举证责任,应当提供作出该具体行政行为的证据和所依据的规范性文件"的磐石中挤出一道裂缝。笔者认为,这种态度虽然不会成为主流,但肯定会进一步加强,特别是在行政诉讼审查对象上。行政诉讼法《若干解释》第二十七条规定:"原告对下列事项承担举证责任:(一)证明起诉符合法定条件,但被告认为原告起诉超过起诉期限的除外;(二)在起诉被告不作为的案件中,证明其提出申请的事实;(三)在一并提起的行政赔偿诉讼中,证明因受被诉行为侵害而造成损失的事实;(四)其他应当由原告承担举证责任的事项。"依据这一规定,相对人的申请等行为似乎也要为法院所审查。这有一些现实的原因。行政合同是一种新型的行政活动,如将其纳入行政诉讼,对行政合同是否成立和合法,不可避免会审查到相对人的行为;行政指导也一样,虽然其成立和生效由行政机关单方决定,但对相对人是否产生拘束,则视相对人同意与否而定,因而必然涉及对该同意行为审查的问题。

2. 举证制度。1989年《行政诉讼法》第三十二条规定:"被告对作出的具体行政行为负有举证责任,应当提供作出该具体行政行为的证据和所依据的

---

① 这两个司法解释是继承关系,行政诉讼法《若干解释》第九十八条规定:"本解释自发布之日起施行,最高人民法院《关于贯彻执行〈中华人民共和国行政诉讼法〉若干问题的意见(试行)》同时废止。"

规范性文件。"而行政诉讼法《若干解释》第二十七条却突破 1989 年《行政诉讼法》第三十二条规定关于"被告对作出的具体行政行为负有举证责任"的规定,规定原告对有些事项承担举证责任。不仅如此,行政诉讼法《证据规定》第九条规定:"对当事人无争议,但涉及国家利益、公共利益或者他人合法权益的事实,人民法院可以责令当事人提供或者补充有关证据。"第二十二条规定:涉及国家利益、公共利益或者他人合法权益的事实认定的人民法院有权向有关行政行政机关以及其他组织、公民调取证据。第五十九条:"被告在行政程序中依照法定程序要求原告提供证据,原告依法应当提供而拒不提供,在诉讼程序中提供的证据,人民法院一般不予采纳。"有学者在比较《若干解释》的第三十至三十一条和《证据若干规定》的第五十七至六十二条后认为:"从以上规定可见,《证据规定》较《若干解释》在非法证据的排除范围上要大得多,不仅包括被告的证据,也包括原告的证据和第三人的证据。"①行政诉讼在举证责任、当事人补充证据、法院调取证据、认证和非法证据排除规则等制度上都表现出对相对人的不信任。

3. 行政判决。行政判决是行政诉讼中最重要最根本的问题之一。在我国,由于没有关于行政诉讼类型(不管是主观诉讼和客观诉讼之分,还是更为具体的形成诉讼、给付诉讼和确认诉讼之分)的规定,行政诉讼判决规定本身还承载规定行政诉讼类型的功能。可见,行政诉讼法关于行政判决的规定是判断行政诉讼类型的最重要的风向标之一。依据《行政诉讼法》,我国行政诉讼的判决种类包括维持判决、撤销判决、履行判决、变更判决。这些行政诉讼判决规定无一不是针对"具体行政行为"并根据"具体行政行为"不同具体情形,选择不同的判决予以裁判,极少考虑当事人的诉讼请求。行政诉讼法《若干解释》增加的驳回原告诉讼请求判决背离了行政诉讼法关于"审查具体行政行为合法性"的规定,直接针对原告的诉讼请求进行审查并作出否定性的判决,造成了司法实践中滥用驳回原告诉讼请求判决现象的出现。

另一方面,司法实践的失范。行政诉讼协调和解机制超越法律的存在及其局限。行政诉讼的协调和解机制在我国经历了全面否定——逐步承认——

---

① 江必新:《〈关于行政诉讼证据若干问题的规定〉对我国行政诉讼证据制度的发展》,《人民司法》2003 年第 9 期。

广泛肯定的演变过程。最早作出有关行政诉讼不得调解规定的是1985年最高人民法院发布的《关于人民法院审理经济行政案件不应进行调解的通知》。该通知指出："审查和确认主管行政机关依据职权所作的行政处罚决定或者其他行政决定是否合法、正确","不同于解决原、被告之间的民事权利、义务关系问题","因此,人民法院不应进行调解,而应在查明情况的基础上作出公正的判决"。1987年最高人民法院在《关于审理经济纠纷案件具体适用〈民事诉讼法(试行)〉的若干问题的解答》中,再次就不适用调解明确做了规定,1989年颁布的《行政诉讼法》更加明确了这一点:"人民法院审理行政案件,对具体行政行为合法性进行审查,除行政赔偿诉讼外不适用调解"。"不适用调解原则"是《行政诉讼法》立法之初为避免行政机关因规避诉讼而与相对人妥协损害公共利益所作的规定。正因如此,在一个时期里,一些法院和法官对运用协调方式处理行政案件存在不同的认识。表现在案件处理上,"重判决轻协调"、"重形式公正轻实体公正"的现象相当普遍,导致"官了民不了"、"案结事不了"的问题十分突出。

2006年以来,中共中央和最高人民法院开始肯定并进一步强调人民法院采取协调、和解手段化解行政争议在维护社会和谐稳定中的作用。同年9月,中共中央办公厅、国务院联合下发了《关于预防和化解行政争议健全行政争议解决机制的意见》,提出了"积极探索和完善行政诉讼和解制度"的明确要求。2006年10月,中国共产党十六届六中全会通过的《中共中央关于构建社会主义和谐社会若干重大问题的决定》中指出,在司法过程中要更多采用调解方法化解矛盾。2007年1月,最高人民法院发布了《关于为构建社会主义和谐社会提供司法保障的若干意见》,其中第20条明确提出了强化诉讼调解,完善多元化解纠纷解决机制,"探索行政诉讼和解制度"的要求。2007年3月,最高人民法院提出,人民法院在审理行政案件中,要按照"坚持合法审查,促进执法完善,依法规范撤诉,力求案结事了"的原则,积极探索行政案件处理新机制。从2007年上半年开始,最高人民法院着手进行司法解释的起草工作,经过反复调研,数易其稿,制定了最高人民法院法释[2008]2号《关于行政诉讼撤诉若干问题的规定》,并已于2007年12月17日由最高人民法院审判委员会第1441次会议通过,自2008年2月1日起施行。该《规定》内容上

为对《行政诉讼法》第六十二条进行解释,用意上则在于对行政诉讼的协调或

者和解进行规范。2009年6月，最高人民法院发布的《关于当前形势下做好行政审判工作的若干意见》提出"要善于运用协调手段有效化解行政纠纷，促进社会和谐。在不违反法律规定的前提下，将协调、和解机制贯穿行政审判的庭前、庭中和庭后全过程"。2010年6月，最高人民法院发布了《关于进一步贯彻"调解优先、调判结合"工作原则的若干意见》，其中明确提出要"着力做好行政案件协调工作"，"要针对不同案件特点，通过积极有效地协调、和解，妥善化解行政争议"。

从目前情况看，引进行政诉讼协调和解制度取得了一定的效果，特别是案结事了，实现了法律效果和社会效果的统一。各级法院灵活运用协调手段，广泛动员各方力量，积极寻求党委、人大、政府、检察、纪检机关、当事人所在单位、社区和村组织及社会各方面力量的支持，综合运用各种办法，有效解决当事人的"法度之外、情理之中"的实际问题，收到了良好社会效果。不仅降低了行政案件的上诉率和申诉率，也使行政案件来京申诉上访的情况有所改观。当前我国正经历经济转轨和社会转型的关键时期，正面临一些亟待解决的突出矛盾和问题，这决定了行政审判必须注重行政争议的实质性化解。在中共中央的领导下，最高人民法院和各级人民法院推进并完善了行政审判的协调和解机制，实质化解了大量的行政争议，有效地"保护公民、法人或其他组织的合法权益"，使得行政诉讼司法实践的主观色彩达到一个新高度。但是，行政诉讼协调和解依然属于自发状态下的失范、无序的协调，存在着许多突出问题：一些行政机关为避免败诉，有时甚至是为了防止当事人的缠诉，做无原则地妥协让步，和解协议明显违反法律规定，侵害了国家利益、公共利益或者他人合法权益；一些法院抵御不了对行政审判的不当干预，把协调作为逃避司法审查责任的避风港，对违法或不当的协调行为、和解结果听之任之；一些法官不问案件的是非曲直，不顾协调的社会效果，一味和稀泥；一些行政相对人由于对相关法律制度缺乏了解，接受了不公正的和解方案；也有一些当事人针对行政机关担心败诉的心理，抓住行政执法中的问题，漫天要价等等。因此，行政诉讼协调和解带来的问题客观上要求，对于具有普遍规则意义、裁判的法律效果、社会效果和政治效果更佳的案件，人民法院应当依法作出裁判，通过裁判的示范作用引导行政机关及社会各界严格依法办事。从发展趋势看，在可见的将来，似乎"监督行政机关依法行使行政职权"这一行政诉讼目的可能会有进一步加强的趋势。

正是对行政诉讼立法目的认识不一，才导致行政诉讼法和相关司法解释规定的混乱和司法实践的偏颇。① 2014 年《行政诉讼法》第一条规定，为保证人民法院公正、及时审理行政案件，解决行政争议，保护公民、法人和其他组织的合法权益，监督行政机关依法行使职权，根据宪法，制定本法。对行政诉讼目的的看法大致可以概括为"保护说"、"监督说"、"双重目的说"以及"三重目的说"四种。其中，"三重目的说"混淆了行政诉讼法的立法目的和行政诉讼目的这两个概念，误将"为保护人民法院公正、及时审理行政案件"作为行政诉讼的立法目的，不能成为一种观点。从《行政诉讼法》第一条规定顺序看，"保护公民、法人和其他组织的合法权益"为先，而"监督行政机关依法行使行政职权"为后。但是，这种理解还是从行政诉讼法的立法目的顺序进行理解的，无法从中推导出何者为先的结论。"保护说"认为行政诉讼目的且唯一目的是保护公民、法人和其他组织的合法权益，可以称为"权利模式"或者"权利救济模式"，而"监督说"认为行政诉讼目的是监督行政机关依法行政，制约行政权，可以称为"控权模式"。这两种目的模式对《行政诉讼法》第一条进行了片面理解，有其偏颇之处。其实，这两个行政诉讼目的是"保护人民法院公正、及时审理行政案件"，解决行政争议所欲达成的目标，两者是平行的，无所谓孰轻孰重。这两者的趣旨是高度重合的，即便在个案中可能会出现一定区隔，完全可以通过一些具体制度和工作机制予以兼顾。因此，难以从"权利模式"或者"控权模式"获知答案，必须超越现有理论和模式，寻找真正的行政诉讼目的。笔者认为，上述两个行政诉讼目的至少包括以下内容：监督行政机关依法有效地行使职权为主，保障行政机关依法有效地行使职权为辅；保护相对人的合法权益为主，纠正相对人的违法行为为辅；保护相对人的合法权益为主，保障行政机关依法有效地行使职权为辅；监督行政机关依法有效地行使职权为主，纠正相对人的违法行为为辅。从以上内容不难发现，上述情形都无法回避"法"，不管是"合法"、"依法"，还是"违法"等等，其维持和促进行政法治秩序意图表露无遗。由此，我国行政诉讼目的宜定位为"行政法治秩序的维持和促进"。简单来说，凡是符合行政法治的行为都给予保障，凡是违反行

---

　　① 即使 2014 年《行政诉讼法》对第一条进行了修订，但这一问题仍然存在。

政法治的行为都要监督并纠正。不管是行政机关还是行政相对人。

我国行政诉讼目的定位为"行政法治秩序的维持和促进"主要有以下理由：一是这种理解更有涵盖性。"权利模式"或者"控权模式"目标单一，"行政法治秩序的维持和促进"目标多元，不仅包括"权利模式"和"控权模式"的目标，还包括纠正行政相对人违法行为和保障行政机关依法行使职权内容；正因为目标的多元，故"行政法治秩序的维持和促进"设定范围远大于"权利模式"和"控权模式"；尤为重要的是它提供了一个相对确定的标准：行政法律规范。因此，监督或者保障行政职权行为和保护或者纠正行政相对人行为一目了然。二是保证人民当家作主的需要，符合我国人民代表大会制度的性质。全国人民代表大会制度是保证人民当家作主的基本制度，而全国人民代表大会是我国最高的权力机关，法律是其意志的体现，行政诉讼通常扮演确保行政法律关系主体按照法律规范行事的角色。这本身也是保证人民当家作主。三是法制统一的需要。我国属于中央一元化体制，目前中央政令不通，行政诉讼还担负着执行中央法律和政策的使命。"行政法治秩序的维持和促进"符合我国这一特殊国情。四是保证我国行政诉讼健康发展的必然选择。我国行政诉讼法规定行政诉讼目的是二元的，但是之后的司法解释和司法实践日益走"权利模式"。最有代表性的是行政诉讼协调和解机制。目前有近一半行政诉讼案件是通过协调和解结案的。但是不仅没有解决保护行政相对人合法权益问题，反而助长了行政机关"故意违法"、"用钱违法"和有些行政相对人的"信访不信法"，极大破坏了行政法治秩序。事实证明，有人担心行政诉讼无力监督行政机关依法行政，难以维持和促进行政法治秩序转而将救济行政相对人合法权益作为行政诉讼主要甚至是唯一目的的主张是行不通的。只有明确行政诉讼目的为"行政法治秩序的维持和促进"，才能重建行政法治秩序。五是即使从世界范围看，各国行政诉讼制度发展史表明，设立行政诉讼的初衷并不主要是为了保障公民权益，而首先是为了维护客观法律秩序，协调司法权与行政权的关系。① 虽然近几年保护个人权利有所增强，但从来没有抛弃"行政法治秩序的维持和促进"这一目的，只是"行政法治秩序的维持和促进"日益重视保护个人权利。因此，传统意义上的客观诉讼和主观诉讼完全可以归入到

---

① 详见邓刚宏：《行政诉讼维持判决的理论基础及其完善》，《政治与法律》2009 年第 4 期。　**247**

"行政法治秩序的维持和促进"中。这也是符合当代行政主观诉讼和客观诉讼相融合的趋势。

客观诉讼和主观诉讼是大陆法系的划分方法。客观诉讼与主观诉讼的概念最早由法国学者莱昂·狄骥(Duguit)创立,后经德国、日本学者借鉴在大陆法系国家诉讼法学研究中广泛使用。① 主观诉讼是指以救济公民的权利和利益为目的的诉讼;而客观诉讼是指无关自己的权利和利益,旨在维护客观的法律秩序的诉讼。② 主观诉讼与客观诉讼是以诉讼目的为基准界定的学理概念,其区别主要系以"权利利益保护"与"法律维持"之何者为首要目的定之,前者以权利利益保护为首要目的,后者则以法规维持为首要目的。③ 需要说明的是,此处的诉讼目的是法律规范所预设的目的,而非原告起诉时的目的。因为,在主观诉讼中,原告亦有可能以维护公益和客观法律秩序为目的;同样,在客观诉讼中,原告亦有可能存在私益目的。因而,在实践中主观诉讼与客观诉讼应以诉讼法律规范保护的目的以及原告起诉时适用的程序来判断。④ 综上,客观诉讼和主观诉讼的区别首先考虑的是诉讼法规定的目的,就行政诉讼而言,关键看行政诉讼法规定的行政诉讼目的为何。从这一角度而言,行政诉讼上的客观诉讼和主观诉讼并不是一般意义上所说的诉讼类型,首先或者更多的是一种行政诉讼目的分析工具,其本意是通过明确行政诉讼目的,为行政诉讼制度的设置和修改提供"精气神",起到"舒筋活络"、"活血化瘀"、"调理气血"的作用。⑤

传统的诉讼利益理论认为,原告需要与诉讼对象之间具有法律上的利害关系,否则"无利益即无诉权",其目的在于避免滥诉。因此,传统诉讼法意义上的"被害者诉讼"即为主观诉讼制度,而德国、日本以及我国台湾等国家和地区的公益诉讼、机关诉讼、审查规范之诉等所谓的纯粹客观诉讼多被排除于

---

① 参见蔡志方:《行政救济与行政法学(一)》,台湾三民书局 1993 年版,第 3 页。
② 参见[日]宇贺克也:《行政法概说Ⅱ·行政救济法》,东京有斐阁 2009 年版,第 9 页。
③ 参见林素凤:《日本民众诉讼与我国公益诉讼》,曾华松大法官古稀祝寿文集编辑委员会编辑:《论权利保护之理论与实践》,台湾元照出版公司 2006 年版,第 612 页。
④ 详见马立群:《论客观诉讼与我国行政审判权的界限》,《甘肃社会科学》2011 年第 1 期。
⑤ 关于行政诉讼上的客观诉讼和主观诉讼更多的是一种行政诉讼目的分析工具,而不是诉讼类型的看法,是受到梁凤云博士、法官的启发并与他深入讨论后形成的。在此对梁凤云博士、法官表示感谢,如有归纳不当之处,其责任由笔者承担。

现有的体制之外。但从比较法的角度观察，行政法治较为发达的国家几乎都在保护公民、法人和其他组织合法权益的同时，积极维护公共利益和公法秩序，从而形成了德国、日本以及我国台湾等国家和地区的纯粹客观诉讼，甚至出现了保护公民、法人和其他组织合法权益、维护公共利益和公法秩序并重，并进而相互融合的趋势。在这里，所谓行政主观诉讼和客观诉讼不具有绝对意义上的区分，相反地由于暂时保护措施和灵活多样的行政判决种类等制度，行政主观诉讼和客观诉讼相互融合，即使德国、日本以及我国台湾等国家和地区的公益诉讼、机关诉讼、审查规范之诉等所谓的纯粹客观诉讼也不可避免与保护公民、法人和其他组织合法权益密切相联。

　　对于我国现行行政诉讼是主观诉讼还是客观诉讼，存在较大争议。一种观点认为，从总体上讲，我国现行行政诉讼法确立的是一种客观诉讼制度。[①]另一种观点认为，1989 年《行政诉讼法》确立的行政诉讼制度属于主观诉讼制度。[②] 笔者认为，我国行政诉讼目的定位为"行政法治秩序的维持和促进"，如上所说，意味着我国行政诉讼更有涵盖性，不仅目标多元，而且规制范围广泛且标准明确。这里需要特别说明的是，所谓的"客观诉讼"并不是指德国、日本以及我国台湾等国家和地区的公益诉讼、机关诉讼、审查规范之诉等所谓的"纯粹客观诉讼"，而是指为贯彻"行政法治秩序的维持和促进"的行政诉讼，它不仅包括纯粹的行政主观诉讼、兼具行政主观和客观的诉讼，还包括德国、日本以及我国台湾等国家和地区的"纯粹客观诉讼"。因为这些诉讼本身均是为了"行政法治秩序的维持和促进"，并不会因为其中有些诉讼保护了公民、法人和其他组织合法权益而有所改变。这也是笔者认为从行政诉讼法规定本身和我国目前行政法治状况看，我国行政诉讼目的必须保障甚至保证不管是行政机关还是行政相对人依法从事活动的根本原因。只有这样，保护行政相对人的合法权益、维持和促进行政法治秩序才能真正地实现。

　　行政诉讼的历史证明，行政诉讼法制定和修改方向在很大程度上取决于立法者对行政诉讼目的的定位。既然我国行政诉讼目的应为"行政法治秩序

---

　　① 参见梁凤云：《行政诉讼法修改的若干理论前提——从客观诉讼和主观诉讼的角度》，《法律适用》2006 年第 5 期（总第 242 期）。

　　② 参见于安：《发展导向的〈行政诉讼法〉修订问题》，《华东政法大学学报》2012 年第 2 期（总第 81 期）。

的维持和促进",那么,我国《行政诉讼法》的修改应当按照"行政法治秩序的维持和促进"的要求,对现有行政诉讼制度进行客观化改造,对一些原有的制度进行修正,必要时可以增加德国、日本以及我国台湾等国家和地区的公益诉讼、机关诉讼、审查规范之诉等纯粹"客观诉讼",以适应我国行政诉讼的客观需要,解决长期困扰我国行政诉讼发展的制度瓶颈。

二、对现行行政诉讼制度的修正

在"行政法治秩序的维持和促进"的指导下,对我国现有行政诉讼制度进行修正多数可以通过最高人民法院的司法解释和人民法院司法个案的处理达致,一般不牵涉行政诉讼基本制度改革和司法权在政治体制的定位问题,相对容易实现。

(一) 起诉的优惠性

在行政客观诉讼中,原告提起诉讼的动机是出于对国家和社会事务的关心,对原告这种保护国家和公共利益的行为,各国原则上均给予了一定形式的支持和照顾。美国密执安州的《环境保护法》第二条规定:"任何人均享有提起环境诉讼的权利,经济困难的原告有权要求减轻诉讼费用";第4条授权法院可为原告提供临时性或永久性的衡平法救济等。法国越权之诉的基本目的是为了纠正违法的行政行为,保障良好的行政秩序,而不是限于保护起诉人的主观权利。法国对于越权诉讼给予特殊的照顾:"当事人提起越权之诉,可以免除律师代理,事先不交诉讼费用,败诉时按规定标准收费,极为低廉,费用较少。"①我国行政诉讼法《若干解释》第二十五条规定:"当事人委托诉讼代理人,应当向人民法院提交由委托人签名或者盖章的授权委托书。委托书应当载明委托事项和具体权限。公民在特殊情况下无法书面委托的,也可以口头委托。口头委托的,人民法院应当核实并记录在卷;被诉机关或者其他有义务协助的机关拒绝人民法院向被限制人身自由的公民核实的,视为委托成立。

---

① 王名扬:《法国行政法》,中国政法大学出版社1988年版,第669页。

当事人解除或者变更委托的,应当书面报告人民法院,由人民法院通知其他当事人。"依据这一规定,当事人委托诉讼代理人不仅包括书面委托和口头委托,还包括"在被诉机关或者其他有义务协助的机关拒绝人民法院向被限制人身自由的公民核实的,视为委托成立"这种"推定委托"情形。目前,在我国,为了鼓励公众对国家和社会事务的关心,仅有当事人委托诉讼代理人的便捷性是不够的,应当建立诉讼费用减免和免除律师代理甚至法院指定代理等优惠性规则。①

(二) 受案范围的客观化

在行政客观诉讼中,原告提起诉讼的动机是出于对国家和社会事务的关心,为维护和促进公法秩序,各国对行政诉讼可以审查的范围和对象一般予以扩大,有时甚至将一些宪法诉讼的法规审查也纳入其中。鉴于抽象行政行为纳入行政诉讼受案范围而后进行审查构成审查规范之诉,将其放到审查规范之诉讨论,在这里主要讨论行政不作为和过程行政行为纳入行政诉讼受案范围的问题。

一是行政不作为。《行政诉讼法》第二条规定:"公民、法人或者其他组织认为行政机关和行政机关工作人员的具体行政行为侵犯其合法权益,有权依照本法向人民法院提起诉讼。"依据该规定的文义,似乎只有作为的具体行政行为才可以提起行政诉讼,而不作为具体行政行为则不能。但是,在社会法治国下,给付行政方兴未艾,这种行为方式最大的特点是行政机关负有大量责任赋予相对人权益,如行政机关不履行这些职责,则会产生大量的行政不作为。最高人民法院《若干解释》第三十九条规定,"公民、法人或者其他组织申请行政机关履行法定职责,行政机关在接到申请之日起 60 日内不履行的,公民、法人或者其他组织向人民法院提起诉讼,人民法院应当依法受理。法律、法规、规章和其他规范性文件对行政机关履行职责的期限另有规定的,从其规定。

① 关于诉讼费问题,有人认为,我国行政诉讼的诉讼费已经很低导致了不少当事人滥诉,浪费司法资源,尤其是在政府信息公开案件中。其实从目前每年 10 多万的行政诉讼案件,远低于行政诉讼法制定时预想的案件数,这个担忧是多余的。现阶段,要大力完善行政诉讼的起诉制度,提供便利,鼓励行政相对人懂得也敢于起诉,从而监督行政机关依法行政,形成良好的行政法治秩序。

公民、法人或者其他组织在紧急情况下请求行政机关履行保护其人身权、财产权的法定职责，行政机关不履行的，起诉期间不受前款规定的限制。"这一条文实际上既是对构成行政不作为之期限要件的规定，也是对行政不作为的起诉期限之起算点的规定。2009 年最高人民法院《审理行政许可案件若干问题的规定》（以下简称最高人民法院《行政许可若干规定》）第一条规定："公民、法人或者其他组织认为行政机关作出的行政许可决定以及相应的不作为，或者行政机关就行政许可的变更、延续、撤回、注销、撤销等事项作出的有关具体行政行为及其相应的不作为侵犯其合法权益，提起行政诉讼的，人民法院应当依法受理。"第二条规定："公民、法人或者其他组织认为行政机关未公开行政许可决定或者未提供行政许可监督检查记录侵犯其合法权益，提起行政诉讼的，人民法院应当依法受理。"最高人民法院《行政许可若干规定》上述两个条文均规定，涉及行政许可及相关行为，公民、法人或者其他组织对其作为或者不作为两种状态均可以向法院提起行政诉讼。

　　行政不作为概念，大致有两种比较主流的观点。一种观点叫作狭义的不作为，只要行政机关在形式上没有任何行为方式，如不履行法定职责或拖延不履行法定职责，就构成行政不作为，这是狭义上的行政不作为；还有一种广义上的行政不作为，除了不履行法定职责或拖延不履行法定职责外，还包括行政机关对行政相对人明确的拒绝。所以，广义上的和狭义上的行政不作为最大的差别在于行政机关明确的拒绝属不属于行政不作为。为什么会形成这两种不同的行政不作为概念？狭义上的不作为概念主要来源于大陆法系国家中的刑法理论和制度。在刑法中，由于个人不作为而导致犯罪的，都是指本应作为而没有任何作为的行为方式。而广义上的行政不作为则不然，即使行政机关有"拒绝"这一作为方式仍被视为行政不作为，其理由是行政机关未满足当事人的实体请求，可见广义上的行政不作为是建立在是否满足当事人实体请求的基础之上的。这样，行政机关不管是拒绝当事人的请求，还是对当事人的请求不予理睬，都应当称为"行政不作为"。综上，广义和狭义的行政不作为的立足点是不一样的，狭义的行政不作为主要针对的是行为，而广义上的行政不作为主要针对的是行政相对人或者其他利害关系人的实体请求。行政不作为概念的不同理解对行政诉讼关系重大。比如，某省中学有一位女教师，虽从教之前也有其他工作经历，但退休之时从教只有 28 周年。根据该省人大的地方法规规定,凡是教师(不论男女)从教 30 周年,退休金按 100% 的比例确定。依据这一规定,该位女老师不符合地方法规,退休金不得按 100% 的比例确定。但是,该省人事厅教委财政厅在 96 年、98 年之时曾两次发文,文件规定女教师教龄只要满 25 年的,都可以按 100% 给确定退休费。那么,某省人大的地方法规和某省人事厅的规范性文件由此产生冲突。某省相关部门曾就该问题向某省人大常委会征询意见,省人大常委会认为,依据地方法规,女教师也必须要从教满 30 年,退休金才按 100% 的比例加以确定。但是,相关部门却一直没有执行该答复,直到本案女教师退休之时,才开始执行 30 周年的规定。不过当时某市人事局对该女教师的退休还未进入审批程序。该女教师知道开始执行 30 周年后的情况后不服,向法院提起行政诉讼,提出两个诉讼请求:1.请求法院确认某市人事局不按 100% 给她确定退休费违法;2.请求法院责令某市人事局按 100% 给她确定退休费。从该女教师的两项诉讼请求来看,如果按狭义的行政不作为概念,只能解决第一个诉讼请求,即确定某市人事局是否存在行政不作为,而不能责令行政机关按照什么标准作出行政行为,但是如果按照广义的行政不作为概念,既能回应她的第一个诉讼请求,又能回应她要求责令人事局按 100% 给她确定退休费的第二项请求。所以采用广义的还是狭义的行政不作为概念,对当事人的诉讼请求和对法院本身有多大的权力会造成重大的影响。如果采用了狭义的行政不作为,往往不能对当事人的诉讼请求作出有效回应,只能处理行政机关是否存在不作为,是否责令行政机关作为,这样的结果往往是当事人要个西瓜,法院仅仅给个芝麻,有些时候甚至连芝麻都给不上。为了解决这个问题,《行政许可若干规定》第十一条规定:"人民法院审理不予行政许可决定案件,认为原告请求准予许可的理由成立,且被告没有裁量余地的,可以在判决理由写明,并判决撤销不予许可决定,责令被告重新作出决定。"这一规定明确,法院可以在行政机关没有裁量余地时作出判断,并且可以判决责令被告作出准予许可决定。

　　行政不作为除与个人权利紧密联系外,还直接涉及行政管理秩序和公法秩序。美国的客观行政诉讼主要包括相关人诉讼、职务履行令请求诉讼和纳税人诉讼三类。相关人诉讼是指在私人不具有当事人资格的情况下,允许他以相关人的名义提起诉讼,起诉国家的行政机关,要求对其非法行为予以取消,给予处分;职务履行令请求诉讼是指当国家行政机关不作为时,按道理应由上级机关来纠正,但是在美国容许私人以自己的名义提起诉讼,要求法院作出判决,责令行政机关履行其职务;所谓纳税人诉讼是指原告以纳税人的身份提起诉讼,也是起诉国家机关,针对的是国家机关的行为导致公共资金的流失或公共资金的不当支出。其中,美国的职务履行令请求诉讼即为行政不作为的客观诉讼。在我国,食品药品安全问题和环境问题突出,无一不与有关部门的行政不作为有关。目前,在这些领域有必要加强对有关行政机关不作为的客观诉讼,通过人民法院监督行政机关,责令行政机关履行其职务,从而形成良好的行政法治秩序和保护人民的生命健康安全。

二是过程行政行为。一般行政诉讼以已发生的、现实的损害事实为依据;以维持和促进行政法治秩序为目的的行政诉讼的成立及最终判决,则并不要求损害事实一定发生,只要行政主体有违法行为,甚至在没有具体违法行为存在的情况下造成相应的法律后果,该种行为只要可能给国家、社会或个人带来损失,都可以被起诉并经审理作出判决,由违法者承担相应的法律责任。因此,尚未造成直接的损害后果阶段行政行为或者过程行为就有讨论是否纳入行政诉讼的必要。

当代行政活动方式的发展和变化,表现为对传统行政行为过程性(特别是阶段性)的关注。就外观而言,即使社会法治国家,行政处分还是最常使用的法律形式。不过作为新式行政工具而言,行政处分已经改变了其内涵,不再只是注重其外在的法律形式,[①]而是日益关注行政处分的过程性,特别是阶段性。传统行政行为形式理论仅着眼于各个行为形式之最终法效果,对于产生该法效果之过程及其后续发展,并未给予应有之关心。[②] 在日本,以室井力为代表的行政法学者开始逐渐重视行政过程的研究,倡导"行政过程论"。行政过程论,将原来依据行政行为形式理论而可能被排除或忽略之行政法现象,重新纳入考量,使真正问题趋于明晰。因此,行政过程论主张扩充行政法学之认识对象与范围,不再局限于就单一行政行为之概念、要件及法律效果作定点、静态、结论式检讨,而应致力于整体行政活动过程中,所出现之各种流动发展、

---

① 参见彼德·巴杜拉:《行政法之任务——彼德·巴杜拉的"自由主义法治国与社会法治国中的行政法"》,收录于陈新民《公法学札记》,中国政法大学出版社 2001 年版,第 94—95 页。

② 参见赖恒盈:《行政法律关系论之研究——行政法学方法论评析》,台湾元照出版公司 2003 年版,第 62 页。

互动结构,并致力于发现真正问题所在。① 对行政过程性的关注,主要表现在重视行政行为的阶段性。"行政程序之阶段化,指将复杂之行政程序细分,渐进地分配;亦即将行政程序之复杂决定过程,分解成多数独立之部分行为,这些独立之部分行为均为行政处分整体之决定客体,由渐进地或阶段式进行,或者分配地部分地来实现。"② 从总体上看,行政行为这种阶段性可以分为多阶段行政行为和分阶段行政行为这两种。前者是一个行政机关在一个或一个以上行政机关参与下作出一个行政行为,而后者则是同一个行政机关分不同的阶段实施行政活动。

多阶段行政处分是指,"一行政处分之作出,依法(包括职权命令在内)需经由多数行政机关之参与为之(不论参与之强弱,纵使前阶段已属单独之行政处分若存在着手段目的关系仍之)。亦即,程序上其他行政机关以其不同之方式,如同意、表态、听证或意见表达等参与决定,而最后主管机关作成一行政处分。"③ 在现行法律中也有不少关于多阶段行政许可的相关规定。国务院原《城市房屋拆迁管理条例》第七条规定:"申请领取房屋拆迁许可证的,应当向房屋所在地的市、县人民政府房屋拆迁管理部门提交下列资料:(一)建设项目批准文件;(二)建设用地规划许可证;(三)国有土地使用权批准文件;(四)拆迁计划和拆迁方案;(五)办理存款业务的金融机构出具的拆迁补偿安置资金证明。"依据上述规定,颁发房屋拆迁许可证,必须要国土部门、建设部门以及规划部门等的参与,从而形成多阶段行政许可。而分阶段行政行为指的是,同一个行政机关分不同阶段实施行政活动所形成的行政行为。它与多阶段行政行为的区别是,其目的在于决定复杂性的分配,即通过程序上的层层展开,将复杂的事务逐一解决,而多阶段行政行为则是事务在多机关间的分配。分阶段行政行为,更多的是体现在行政许可领域,尤其是涉及核能利用等高科技、高风险的复杂事项的行政许可类型。我国台湾地区《行政程序法》就

① 参见赖恒盈:《行政法律关系论之研究——行政法学方法论评析》,台湾元照出版公司2003年版,第83—84页。

② 陈春生:《行政过程与行政处分》,《行政法之学理与体系(一)——行政行为形式论》,三民书局1996年版,第68页。

③ 蔡震荣:《多阶段行政处分与行政救济》,台湾行政法学会编:《行政法争议问题研究(上)》,五南图书公司2000年版,第499、507—508页。

规定了分阶段行政许可程序,它也是分解复杂许可程序的一种策略,其目的是逐步解决问题,最终使整个项目得到许可。①

因此,行政行为实施的过程不是一蹴而就的,一般情况下是需要若干个过程。在行政行为制作的初期阶段,当事人的权利与义务尚未确定,有关纠纷尚未成熟,仅具有抽象性,因此只有在行政程序的最后阶段,当事人的权利义务得到最终确定后,当事人才有权提起行政诉讼。但有些行政诉讼涉及范围广、影响大,一旦造成损害,均难以弥补或无法弥补,比如环境危害大多具有损害的不可逆性、损害地域的广阔性、潜在损害的重大性与社会性等特征,采用预防性措施显得尤为重要。因此在日本、美国等国,如果可以预测到某一环境行政行为很可能会对居民的生命、身体造成紧迫、重大的恶劣影响,而且事后救济又存在较大困难,那么为维护居民的权利,法律允许法院将行政过程解释为行政处分,并可对该行政处分的违法性做出判断。② 在日本,基于《土地征收法》第130条以下的事业认定,基于旧《自耕农创设特别措施法》第7条的收买农地计划,基于《土地改良法》的事业计划及与之相对应的事业施行的认可、《都市开发法》上的事业认定,法律或最高法院允许当事人对其中任何阶段性行政行为当事人都可以提起撤销诉讼。在这种诉讼中,行政决定是否影响当事人的利益还属于未确定状态,法律认定或最高法院承认其具有处分性,未免有点牵强附会,其实质上是认可了当事人的客观诉讼资格。③

行政阶段行为分为多阶段行政行为和分阶段行政行为两类。这两类行政阶段行为虽然参与主体不同,但是行为阶段性却是相同的,它们分成前阶段行为和后阶段行为。一般来说,行政阶段行为的后阶段行为具有可诉性,而前阶段行为原则上不可诉。但是,如果前阶段行为直接产生对外效力,特别是法律对前阶段行为有特殊规定,后阶段机关受前阶段行为的拘束,前阶段行为有时也具有可诉性。前阶段行为具有可诉性必须具备以下四个要件:一是作出最后阶段行为的机关对前阶段行为依法应予尊重,且不可能有所变更。二是先

---

① 参见陈春生:《核能利用与法之规制》,《阶段化行政程序中之部分许可决定》,月旦出版社1995年版,第95页;陈春生:《行政过程与行政处分》,《行政法之学理与体系(一)——行政行为形式论》,台湾三民书局1996年版,第71—75页。

② 参见欧爱民:《论行政诉讼的客观化》,《求索》2004年第7期,第89页。

③ 参见[日]盐野宏:《行政法》,杨建顺译,法律出版社1999年版,第322—323页。

前阶段之行为属具体行政行为成立之必要要素。三是前阶段行为以直接送达或以其他方法使当事人知悉者。四是后阶段行为只是为补充前阶段行为,其为前阶段行为的手段而已。[①] 这四个要件归纳起来为,前三要件是"效力或效果外化",最后一要件是前阶段行为与后阶段行为是否可相互吸附。这一理论上的归纳虽然针对的是多阶段行政行为,但是笔者认为,它同样适用于分阶段行政行为。在对阶段性行政行为提起的行政诉讼,法院可以根据诉讼理由的存在,分别做出驳回起诉,或者借鉴英国的制度,向行政机关发出禁制令,[②]命令行政机关不要做出某种行政行为。

(三) 原告资格的客观化

行政诉讼中的原告资格所指的是在行政诉讼中,公民、法人或者其他组织必须具备一些什么条件才可以以自己的名义提起诉讼。原告资格是对起诉人可以成为原告的限制。如果行政诉讼对原告没有限制,也就没有所谓原告资格问题。

根据传统的"诉讼利益"理论,只有当事人与诉讼对象之间存在法律上的利害关系,才有资格提起诉讼,否则"无利益即无诉权"。当事人的合法权利是否受到损害是判断一项"诉"是否有效成立的前提。其原因不外乎有以下几点理由:其一,行政效率和司法效率的考虑。任何一个人均有权就与自己无直接利害关系甚至毫无关系的行政案件,向法院提起诉讼,既影响行政效率也浪费司法资源。其二,保护其他当事人的合法权益。在客观诉讼中,原告并不一定是行政管理的直接相对人,行政管理间接相对人亦具有原告资格,在这种情况下,其诉讼行为有代替其他人进行诉讼之嫌,另外,原告有可能只是成千上万个受害者中的一员,在没有其他人授权的情形下,就存在原告侵害其他当事人合法权益的可能性。其三,传统诉讼理论认为,诉权是指公民认为自己的合法权益受到侵犯时,享有的提起诉讼要求国家司法机关予以保护和救济的

---

① 参见蔡震荣:《多阶段行政处分与行政救济》,台湾行政法学会编《行政法争议问题研究(上)》,五南图书公司2000年版,第511页。

② 禁制令(prohibition)是英国高等法院对低级法院或者行政机关发出的特权令,禁止它们的越权行为,禁制令只适用于行政行为作出前或行政行为正在进行中。参见王名扬:《英国行政法》,中国政法大学出版社1995年版,第184页。

权利。这种司法保护请求权是以自己的合法权利受到侵犯为要件,以维持和促进行政法治秩序为目的的诉讼显然与传统诉讼理论不相融合。①

近几十年,世界各国行政诉讼原告资格发展的趋势是逐步放宽原告资格,尽可能给予相对人最大的保护。在保护权益方面,各国经历了从"个人权利"到"个人利益"再到"公共利益"的发展过程,权益范围不断扩大,许多国家甚至建立了公益诉讼制度。在美国,面对日益增加的公益争执,美国法院将"法律权利"标准转化为"事实损害"标准,不再以法律权利受到侵害为要件。1946年美国《联邦行政程序法》第702节规定:"任何人由于机关的行为而受到不法的侵害或在某一有关法律意义内的不利影响或侵害时,有权对该行为请求司法审查。"但"法律意义内的不利影响"、"事实上的损害"均为不确定概念,美国联邦最高法院在1970年的资料处理服务组织联合会诉坎普案中提出的"两层结构标准",对此作了明确的解读,降低了原告的起诉资格。该法院声称:"起诉资格的标准分为两个部分:一是宪法标准,即当事人的申诉必须达到宪法第3条规定的案件或争端的要求。"根据这个宪法标准,当事人只有在事实上受到损害时才能提起诉讼,所以该标准又称为事实损害标准。二是普通法律标准,即当事人所申请保护的利益必须属于法律所保护调整的利益范围之内,所以该标准又称为利益范围标准。另外,美国法院通过司法解释,不断缩小"损害"的内涵,使具有起诉资格的原告范围大为扩张:(1)从直接损害到间接损害;(2)从现实性损害到可能性损害;(3)从明显损害到轻微损害;(4)从财产权损害到生态美、环境美甚至精神损害。而在大陆法系国家,行政诉讼原告资格问题往往涉及法律权利与反射利益的区别。所谓反射利益是指专以公益为目的的公法执行而附随产生的私人利益,因为是偶然产生的利益,当事人并无法律依据,故原告在行政机关侵害其反射利益时,其无权提起诉讼,因而在大陆法系中,传统行政诉讼亦是以主观诉讼为重心,亦即当事人只有在其法律利益受到侵害时,方能提起诉讼。但随着时代的发展,在"法律利益"、"法律权利"的界定上,判例与学说虽然不尽相同,但基本的共识是主张扩大"法律利益"的范围,使行政诉讼客观化。

我国《宪法》第四十一条规定:中华人民共和国公民对于任何国家机关和

---

① 参见欧爱民:《论行政诉讼的客观化》,《求索》2004年第7期。

国家工作人员的违法失职行为,有向有关国家机关提出申诉、控告或者检举的权利。《行政诉讼法》第一条规定:"为了保证人民法院公正、及时审理行政案件,解决行政争议,保护公民、法人或其他组织的合法权益、监督行政机关依法行使职权,根据宪法,制定本法"。可见,从《宪法》与《行政诉讼法》的目的与功能而言,我国行政诉讼如上所述还是具有一定的客观性。但是,从行政诉讼的实施情况看,我国的原告资格总体上还是主观性的。《行政诉讼法》规定:"依照本法提起诉讼的公民、法人或者其他组织是原告。有权提起诉讼的公民死亡,其近亲属可以提起诉讼。有权提起诉讼的法人或者其他组织终止,承受其权利的法人或者其他组织可以提起诉讼。"依照本法提起诉讼的公民、法人或者其他组织是原告,这里的"本法"关于原告的内容指的是什么?《行政诉讼法》第二条规定:"公民、法人或者其他组织认为行政机关和行政机关工作人员的行政行为侵犯其合法权益,有权依照本法向人民法院提起诉讼。"第四十九条第(一)项规定:"原告是符合本法第二十五条规定的公民、法人或者其他组织"。据此一般认为,原告是指认为行政主体的具体行政行为侵犯其合法权益,向法院提起行政诉讼的公民、法人或者其他组织。

在司法实践中,有些地方错误地理解《行政诉讼法》的这些规定,认为只有具体行政行为直接针对的相对人即具体行政行为法定文书中载明的人才具有原告资格。其实,行政相对人在理论上可以分为直接相对人和间接相对人。前者是具体行政行为法定文书中载明的人,后者则是具体行政行为法定文书中虽未载明,但其合法权益受到具体行政行为影响的人。这两者都符合《行政诉讼法》规定的"认为具体行政行为侵犯其合法权益"这一标准。为此,最高人民法院《若干解释》第十二条规定:"与具体行政行为有法律上利害关系的公民、法人或者其他组织对该行为不服的,可以依法提起行政诉讼。"这一原告资格的规定借用了《行政诉讼法》第二十五条关于"与具体行政行为有法律上利害关系"的规定①。由此,最高人民法院《若干解释》明确了"与具体行政行为有法律上利害关系"的公民、法人或者其他组织具有提起行政诉讼的权利,而不管公民、法人或者其他组织是直接相对人还是间接相对人。

---

① 行政诉讼法《若干解释》第二十七条规定,"同提起诉讼的具体行政行为有利害关系的其他公民、法人或者其他组织,可以作为第三人申请参加诉讼"。

现在的问题是,"与具体行政行为有法律上的利害关系"应该如何理解?最高人民法院《若干解释》第一条将可诉的行为界定为"对相对人权利义务产生实际影响的行为",那么,"与具体行政行为有法律上的利害关系"相应地应当理解为"行政机关的具体行政行为对公民、法人和其他组织的权利义务已经或将会产生实际影响"。要理解这一点必须注意两方面:一方面,所谓的实际影响指的是行政主体的具体行政行为实际上处分了行政相对人的权利义务。处分行政相对人的权利义务分为直接处分和间接处分。前者是指行政行为直接处分相对人的权利义务,或者说,增加相对人的义务、剥夺相对人的权利或变更相对人的权利义务。后者是指行政行为虽然并未直接增加相对人的义务、剥夺相对人的权利或变更相对人的权利义务,但其存在会给其他行为的作出提供具有法律意义的依据,或者置某一方当事人于不利的地位。间接处分除包括对相对人权利义务确认外,还包括导致相对人权利义务的弱化。所谓弱化,并不在权利义务发生、变更、消灭或确认之中,它仅仅是对当事人现有的法律地位或权利义务的削弱而已。因而,最高人民法院《若干解释》第一条第二款第六项规定,对公民、法人或其他组织权利义务不产生实际影响的行为,不属于行政诉讼受案范围。这从侧面承认了处分行政相对人的权利义务的内涵,亦即引起行政相对人的权利义务发生、变更、消灭、确认以及弱化等。另一方面,这种实际影响的利害关系,包括不利的关系和有利的关系,但必须是一种已经或者必将形成的关系。因此,只要具体行政行为对公民、法人和其他组织的权利义务产生实际影响,公民、法人和其他组织便可以对其提起行政诉讼。另外,为了明确"与具体行政行为有法律上的利害关系"的具体情形,最高人民法院《若干解释》第十三条规定:"有下列情形之一的,公民、法人或者其他组织可以依法提起行政诉讼:(一)被诉的具体行政行为涉及其相邻权或者公平竞争权的;(二)与被诉的行政复议决定有法律上利害关系或者在复议程序中被追加为第三人的;(三)要求主管行政机关依法追究加害人法律责任的;(四)与撤销或者变更具体行政行为有法律上利害关系的。"总之,我国行政诉讼法的宗旨定位是以救济公民的权利为主,以监督和保障行政机关依法行政为辅,通过救济当事人的权利,以保障行政机关依法行政。因此,在原告资格上,还是应当以利害关系作为基点。但是又不能过分拘泥于"利害关系"。为了全面实现行政诉讼法的宗旨,一方面要坚持"利害关系"原则,另一方面又要对利害关系从宽解释。只要某个公民、组织能够证明其与被诉行政行为具有别人所不具有的利害关系，或具有某种特殊利益，那么，就应当认为其与行政行为具有利害关系。① 综上，我国行政诉讼原告资格属于主观诉讼的范畴，强调起诉人"与具体行政行为有法律上的利害关系"，虽对其理解可宽可严，在司法实践中已开始出现"客观化"迹象，但总体上还是保护行政相对人的权利。因此，有必要在行政诉讼原告资格上作出客观性解释，通过较为宽泛的解释"利害关系"，参照大陆法系的"反射利益"理论，②首先在司法领域实现我国行政诉讼原告资格的客观化，在条件成熟时可以在立法上设立公益诉讼。

（四）举证责任

现行行政诉讼法规定被告负举证责任，这是与民事诉讼证据规则中"谁主张谁举证"原则的重大区别③，也是《行政诉讼法》在制定之初考虑我国现实国情所作的规定。被告在行政行为作出时应遵循"先取证、后裁决"规则等，反映了《行政诉讼法》制定者对我国行政权行使状态的特有关注。这个客观诉讼的架构对原告的举证责任要求极低，原告只需要证明起诉适法并且受有损害就能够进入诉讼，法院将要求被诉公权力机关证明其合法性，举证不能或者举证不力的情形下，法院将判决被诉公权力机关败诉。这种客观诉讼的司法架构体现的是法院和原告作为一方针对被诉公权力机关一方，原告的败诉风险大大减轻，被诉公权力机关的败诉风险极高。强调这一点并非证明客观诉讼有多么优越，而是客观诉讼较主观诉讼更能体现对原告提供的是超乎其上的司法保护。④ 但是，行政诉讼法《若干解释》第二十七条关于原告承担

---

① 参见江必新：《中国行政诉讼制度之发展——行政诉讼司法解释解读》，金城出版社2001年版，第156—157页。

② 反射利益指个人因公法法规而获得的事实上利益。早期的德国法院采用法律规则说，公权利的范围非常窄，但随着政治经济的发展，行政法院已逐步将某些昔日视为反射利益者转化为公权利。

③ 也有人认为，行政诉讼法规定被告负举证责任本身也属"谁主张谁举证"原则在行政诉讼中的体现。

④ 参见梁凤云：《行政诉讼法修改的若干理论前提——从客观诉讼和主观诉讼的角度》，《法律适用》2006年第5期（总第242期）。

举证责任的规定却石破天惊地在《行政诉讼法》第三十四条关于"被告对作出的行政行为负有举证责任,应当提供作出该行政行为的证据和所依据的规范性文件"的磐石中挤出一道裂缝。该条规定,"原告对下列事项承担举证责任:(一)证明起诉符合法定条件,但被告认为原告起诉超过起诉期限的除外;(二)在起诉被告不作为的案件中,证明其提出申请的事实;(三)在一并提起的行政赔偿诉讼中,证明因受被诉行为侵害而造成损失的事实;(四)其他应当由原告承担举证责任的事项。"最高人民法院的司法解释规定了原告负举证责任的若干情形,在学界引发了是否仍须坚持"被告负举证责任"的争论。正如一些学者所说,该规定除第(三)项规定外,其规定恐怕不能说是原告的举证责任,只能说是举证义务。目前现行行政诉讼法规定的被告负举证责任应当坚持。行政诉讼制度作为一种维护客观法律秩序和主观权利的法律,必须整体考虑何种举证责任制度更有利于实现上述目的。从维护客观法律秩序方面,被告负举证责任制度无疑是赋予了行政公权力机关和法院的法律义务。从行政公权力机关角度而言,行政公权力行为的作出必须符合法律规定,否则将导致败诉的法律后果;从法院的角度而言,法院不能要求原告承担类似民事诉讼上"谁主张谁举证"的责任,这构成了法院在法律上的容忍义务。司法实践中,法院应当承担审查行政公权力机关举证的义务,不能由于原告举证能力的限制而适用驳回原告诉讼请求判决。过度强调原告的举证责任容易导致在审理中重点审查原告的诉讼请求以及滥用驳回原告诉讼请求判决的情况发生。① 另外,行政诉讼的其他司法解释在行政诉讼证据其他方面也突出了客观主义色彩。最高人民法院《关于行政诉讼证据若干问题的规定》第九条规定:"对当事人无争议,但涉及国家利益、公共利益或者他人合法权益的事实,人民法院可以责令当事人提供或者补充有关证据。"第二十二条规定:"涉及国家利益、公共利益或者他人合法权益的事实认定的人民法院有权向有关行政机关以及其他组织、公民调取证据。"《最高人民法院关于审理证券行政处罚案件证据若干问题的座谈会纪要》指出,"监管机构根据行政诉讼法第三十二条、最高人民法院《证据若干规定》第一条的规定,对作

---

① 参见梁凤云:《行政诉讼法修改的若干理论前提——从客观诉讼和主观诉讼的角度》,《法律适用》2006 年第 5 期(总第 242 期)。

出的被诉行政处罚决定承担举证责任。人民法院在审理证券行政处罚案件时,也应当考虑到部分类型的证券违法行为的特殊性,由监管机构承担主要违法事实的证明责任,通过推定的方式适当向原告、第三人转移部分特定事实的证明责任。"在内幕交易行为的认定问题上,"监管机构提供的证据能够证明以下情形之一,且被处罚人不能作出合理说明或者提供证据排除其存在利用内幕信息从事相关证券交易活动的,人民法院可以确认被诉处罚决定认定的内幕交易行为成立:(一)证券法第七十四条规定的证券交易内幕信息知情人,进行了与该内幕信息有关的证券交易活动;(二)证券法第七十四条规定的内幕信息知情人的配偶、父母、子女以及其他有密切关系的人,其证券交易活动与该内幕信息基本吻合;(三)因履行工作职责知悉上述内幕信息并进行了与该信息有关的证券交易活动;(四)非法获取内幕信息,并进行了与该内幕信息有关的证券交易活动;(五)内幕信息公开前与内幕信息知情人或知晓该内幕信息的人联络、接触,其证券交易活动与内幕信息高度吻合。"上述规定突出了维护客观法律秩序和公共利益的立法意图。

(五)行政判决

根据行政判决主要是针对客观法律秩序还是主观权利,行政判决可以分为纯粹客观判决、主观判决以及主客观兼具判决。1989 年、2014 年《行政诉讼法》规定的基本上属于纯粹客观判决(如 1989 年《行政诉讼法》规定的维持判决,2014 年《行政诉讼法》第六十九条规定的取代维持判决的驳回原告诉讼请求的判决。当然,不排除其中含有主观判决的因素)和主客观兼具判决,而行政诉讼法《若干解释》规定的驳回原告诉讼请求判决是典型的主观判决。

行政诉讼判决的选择要遵循客观判决优先原则。这一条原则的含义是指在能够采用否定性客观判决时不能适用主观判决。强调客观判决优先原则主要是由于我国的行政诉讼制度基本是一个客观诉讼架构,法院在判断案件是非曲直时,不仅审查原告的诉讼请求是否适法,更为重要的是突破对原告诉讼请求之限制,进一步对被诉公权力行为的合法性进行审查。因此,能够适用撤销判决、给付判决、课以义务判决的,就不应当适用主观判决形式——《若干解释》驳回原告诉讼请求判决。①

如果客观判决是肯定性的判决,那么,就不存在客观判决优于主观判决的问题。这个问题主要集中在1989年行政诉讼法规定的维持判决和《若干解释》规定的驳回原告诉讼请求判决的选择上。行政诉讼维持判决是人民法院通过审理,在查清案件事实的情况下,确认被告的行政行为合法合理,维持其效力的判决。我国1989年《行政诉讼法》第五十四条第一款的规定,符合证据确凿,适用法律、法规正确,符合法定程序的具体行政行为,应当作出维持判决。维持判决意味着法院对具体行政行为合法性、有效性的肯定。自从2000年最高人民法院颁布行政诉讼法《若干解释》增加驳回原告诉讼请求判决以后,要求取消维持判决的呼声越来越高。一般来说,取消维持判决的理由如下:一是维持判决制度承载着维护行政职权之功能与行政诉讼制度本身的价值目标是相背离的;二是维持判决违背了行政行为效力理论;三是维持判决违背了判决与诉请一致的诉讼法原理;四是维持判决制度提高了判决正当化的成本,大大降低了判决正当化的概率。② 还有人认为驳回诉讼请求判决不仅包含维持判决的功能,而且还具有维持判决所不具有的功能,因此,今后应进一步扩大驳回诉讼请求判决的适用范围,进而全面取代维持判决。但是,主张保留维持判决制度的观点在学界也并未完全销声匿迹,有人论证了行政诉讼维持判决制度的理论基础,认为决不可轻言废弃维持判决。客观诉讼是大陆法系的概念,它强调的是客观秩序的诉讼。客观诉讼在历史上是长期存在的,特别是在依靠国家强制力维持社会秩序的制度更是如此。这种诉讼对于纠纷的解决在如今看来几乎是被抛弃了的,尤其是在民事诉讼和行政诉讼中。客观诉讼实际上赋予了司法机关以公权利拥有者的身份,这种身份在行政诉讼中要求司法机关必须将行政行为的合法性判决与当事人的诉讼请求区别开来,在这种情形下司法机关扮演着维护社会秩序的角色,诉讼结果实际上是关于对社会生活规制的宣言,此时的争端不仅仅是一个法律争端,更可能是一个社会和政治争端。由此可以看出,在客观诉讼中崇尚的是国家利益或者公共利益的诉讼理念,认为任何纠纷的解决都是必须围绕维护客观

---

① 梁凤云:《行政诉讼法修改的若干理论前提——从客观诉讼和主观诉讼的角度》,《法律适用》2006年第5期(总第242期)。

② 邓刚宏:《行政诉讼维持判决的理论基础及其完善》,《政治与法律》2009年第4期。

秩序的。从行政判决中来讲,在行政公权力代表的公共利益经过行政诉讼之后,法院的裁判代表最终的公共利益,这个理解既是行政诉讼客观性的真实体现,也是具有中国特色的行政诉讼判决理念。从某种意义上来说,中国的这种客观判决,起着实质法治的作用,是实现了真正的公平正义,而不单单是个案的解决。一方面一个维持判决的形成也意味着为未来同类行政行为的作出构筑了同类程式,维持判决的理由明确而肯定地告诉行政主体的公务人员对类似的行政行为将来应该如何作出,行政主体及其公务人员从维持判决中获得了确定性的、正面的指引。另一方面,维持判决行政客观模式相匹配的一种判决形式,促进了行政法律关系中"秩序美"的达致。① 笔者也认为,维持判决作为与行政客观模式相匹配的一种判决形式,其脱离了原告的诉讼请求并不足为奇,相反地行政诉讼一味针对原告诉讼请求(如行政诉讼协调)不仅无法构建公法秩序,也不可能真正保护行政相对人的权益。这几年行政诉讼的发展困境即为例证。因此,维持判决不取消而驳回诉讼请求判决也存在的情况下,这里就有一个各自使用范围的问题。一般来说,维持判决通常应该包括了驳回诉讼请求的判决,所不同的是法院判驳回诉讼请求的判决,行政行为的效力还可以进一步地变更,相对人还可以进一步进行诉讼,而维持判决就有很强的约束力,一旦法院下维持判决,行政行为的效力就不能随意加以变更了。还有一点就是在驳回判决的适用法定情形按照行政诉讼法《若干解释》有一项是被诉具体行政行为合法但存在合理性问题的规定,从这条规定可以看出,驳回诉讼请求应视为是对维持判决的一种良性补充,它在于解决具体行政行为合法但又无法用维持判决的情形。但如果行政行为存在合理性的问题,若以维持判决来判决,那么行政机关就不能对其合理性问题做出变更,使得相对人不能及时得到救济。这两个判决都是针对合法的具体行政行为,但却用了两种不同的判决,这就是说有区分的必要性。对"合法但存在合理性问题"的具体行政行为应采用驳回诉讼请求判决,而证据确凿,适用法律、法规正确,符合法定程序且无合理性问题的具体行政行为应当采用维持判决。这就表明用维持判决比驳

---

① 参见邵莉莉、宋坡:《从完善我国行政诉讼判决角度看维持判决》,《今日南国》2009 年 1 月(总第 145 期)。

回判决所要求的合法性要求要更高些。① 综上,肯定性的客观判决和驳回原告诉讼请求的主观判决不存在谁优先适用问题,而存在区分各自使用范围问题。不过,遗憾的是 2014 年《行政诉讼法》还是取消了维持判决而规定"行政行为证据确凿、适用法律、法规正确、符合法定程序的,或者原告申请被告履行法定职责或者给付义务理由不成立的,人民法院判决驳回原告的诉讼请求",从而用驳回原告诉讼请求判决取代了维持判决,其效果有待于进一步观察。

即使同为客观判决,原则上绝对的否定性判决应当优先适用相对的否定性判决。这个问题主要集中在撤销判决与情况判决的选择上。我国行政诉讼法《若干解释》第五十七条、第五十八条分别就确认违法判决的适用情形作出了规定,第五十七条确认判决的适用条件是:"人民法院认为被诉具体行政行为合法,但不适应判决维持或者驳回诉讼请求的,可以做出确认其合法或者有效的判决。"第五十八条规定:"被诉具体行政行为违法,但撤销该具体行政行为将会给国家利益或者公共利益造成重大损失的,人民法院应当作出确认被诉具体行政行为违法的判决,并责令被诉行政机关采取相应的补救措施;造成损害的,依法判决承担赔偿责任。"该规定从字面表示来看同样属于确认违法判决,但是其实质上属于情况判决,有别于第五十七条确认违法判决的规定。这一制度借鉴了日本、我国台湾地区的"情况判决"。1948 年日本《行政实践诉讼特例法》第十一条规定:"处分虽属违法,但衡量一切情事之后,认为变更或撤销处分,不符公共利益时,法院可以驳回原告诉讼请求。前项裁决,应载明处分违法及驳回理由。"我国台湾地区 1999 年修改的《行政诉讼法》第一百九十八条规定:行政法院受理撤销诉讼,发现原处分或决定虽属违法,但其撤销或变更于公益有重大损害,经斟酌原告所受损害、赔偿程度、防止方法及其他一切事情,认为原处分或决定之撤销或变更显与公益相违背时,得驳回原告之诉;第一百九十八条第二款规定:前项情形应于判决主文中谕知原处分方法或决定违法;第一百九十九条规定,行政法院在作出情况判决时,应依原告之声明,将其因违法处分或决定所受之损害,在判决内命被告机关赔偿。原告未为前项声明者,得于判决确定后一年内向高等行政法院诉请赔偿。情况判决,日本学界认为,是指在撤销

---

① 参见邵莉莉、宋坡:《从完善我国行政诉讼判决角度看维持判决》,《今日南国》2009 年 1 月(总第 145 期)。

诉讼中,虽然处分是违法的,依法应当予以撤销,但是,法院综合所有情况后,认为撤销该处分不符合公共的福祉时,可以作出驳回请求的判决。在这种情况下,为了使其以后容易进行损害赔偿请求,在判决中必须宣告处分是违法的。这种判决一方面否定了具体行政行为的合法性,另一方面又肯定了具体行政行为的有效性,属于相对的否定性判决,它与既否定具体行政行为合法性又否定具体行政行为有效性的撤销判决是不同的。我国情况判决的适用要件显得过于简单,仅仅一句"撤销该行政行为将给国家利益或公共利益造成重大损失"即可作出情况判决。情况判决被滥用较多的是违法拆迁领域,法院往往以公共利益为由确认具体行政行为(如以前的拆迁许可证,现在的国有土地征收决定)违法,而不会也不敢判决要求行政机关恢复原状或者允许原告自行恢复原状。这种现状不仅违背了设立情况判决制度的初衷,也使得暴力拆迁案例越演越烈。相反地,日本对情况判决的适用采用了一种相当谨慎的态度,在现行法下适用情况判决的案例并不多,最近适用情况判决的有关案例是1997年3月2日的风谷水坝土地征收事件,也已经是十年前的案例。日本关于情况判决的适用要件为:1)行政行为被法院认定为违法;2)撤销行政行为可能对公共利益产生显著损害;3)法院在考虑一切情况后;4)认为撤销行政行为不符合公共福祉。[①] 因此,虽然情况判决在现今社会和当今的法治进程中,仍发挥着自己不可磨灭的贡献,但是情况判决只是政府和国家推行某种政策和达成某种目的的工具,对法治主义的伤害,对司法权威的损害也是不容忽视的。为了避免这种伤害,一方面要让情况判决适用的前提条件不要产生,允许一些重要的阶段行政行为纳入受案范围;另一方面要确定绝对的否定性判决和相对的否定性判决的适用规则,原则上应当前者优先适用后者,只有在法院有充分证据和重大理由时才可以存在例外,防止情况判决的滥用。

三、对现行行政诉讼类型的增加

在我国,不仅要对现行行政诉讼制度进行客观化修正,更为重要的是在

---

① 参见江利红:《日本行政诉讼法》,知识产权出版社2008年版,第451页。

"行政法治秩序的维持和促进"的指导下,要建立和增加一些重要的纯粹客观诉讼类型。建立这种客观行政诉讼是行政法发达国家的通常做法。在法国,最重要客观诉讼指的是越权之诉,它是指当事人的利益由于行政机关的决定受到侵害,请求行政法院审查该项行政决定的合法性,并撤销违法的行政决定的救济手段。在日本,客观诉讼包括机关诉讼和民众诉讼等。在德国,客观行政诉讼包括规范审查之诉、机关行政诉讼、对己诉讼、团体诉讼和宪法诉讼。英国的客观行政诉讼主要是指法务长官能够代表公众提起诉讼以倡导公众权利,阻止公共性不正当行为,私人没有提起诉讼的权力。在美国,客观行政诉讼被称为所谓的"私人检察总长制度",即国会通过制定法律,授权私人或团体为了公共利益,针对官员的非法行为或不作为而提起的诉讼。主要包括相关人诉讼、纳税人诉讼和职务履行令请求诉讼三类。从上述行政法比较发达的国家来看,建立和增加这种客观行政诉讼是这些国家的共同做法。我国已经加入 WTO,社会经济大力发展,环境等公共问题日益突出,有必要借鉴他国经验建立纯粹客观行政诉讼,与世界行政诉讼制度接轨。

　　如上所说,对我国现有行政诉讼制度的修正多数一般不牵涉行政诉讼基本制度和司法权在政治体制的定位问题,而相反,纯粹客观诉讼多数涉及这些问题,尤其是宪法法律和国家社会允许行政审判权在国家治理和国家决策中发挥何种作用至关重要,目前我国司法状况不甚理想,较难达致。另外,由于这种纯粹客观诉讼对传统主观诉讼的突破,如果把握不严,就会导致当事人滥用诉权,出现严重影响行政效率和浪费司法资源的严重后果,因此,纯粹客观行政诉讼应坚持法律明确规定和司法审查有限性原则,只有在公共利益确实受到违法行政行为的侵害或有侵害之虞,当事人又无法依传统的法律规定提起诉讼的情况下,当事人按照法律明确规定才能启动这种客观诉讼程序。因此,纯粹客观诉讼的建立,一要在有限范围内。在美国,仅局限于纳税人诉讼、消费者诉讼、竞争者诉讼、环境保护诉讼等几个范围。我国学术界多主张先在选举、环保、审计、文化财产保护、大规模公共工程诉讼、消费者诉讼等几个与公共利益关涉较大的领域内建立纯粹客观诉讼。二要必须具有法律的明确规定。三要限于法律所规定者才可以提起。

（一）公益之讼

按照客观行政诉讼的诉讼目的不同,可以将客观行政诉讼分为公益客观行政诉讼和非公益客观行政诉讼。前者指的是为了国家利益和公共利益进行的客观行政诉讼,如环境公益诉讼、国有资产流失诉讼等;后者指的是为了实现社会公正、公平的需要,维护和促进正常的法律秩序和社会秩序以及行政机关之间的权力纠纷等的诉讼,诸如对抽象行政行为的行政诉讼、机关诉讼等。因此,客观诉讼并不等于公益诉讼,公益诉讼是客观诉讼的一种。公益诉讼可以分为民事公益诉讼和行政公益诉讼。行政公益诉讼包括以下几种:一是行政机关不作为或者违法行政导致国有资产流失等损害国家经济利益的案件;二是行政机关不作为或者违法行政导致环境污染等公害案件;三是行政机关不作为或者违法行政导致垄断案件;四是其他案件。在这些诉讼中,行政决定是否影响当事人的利益还属于未确定状态,但一旦形成则损失无法挽回,因此,有必要赋予普通民众、社会团体以客观行政诉讼的权利,或者由普通民众提请国家机关(诸如检察院)或者国家机关自主提起行政诉讼的权力。

1. 民众诉讼——个人

民众诉讼是个人提起公益诉讼的一种,它是指以选举人资格及其他与自己法律上的利益无关的资格提起的,请求纠正国家或者公共团体机关的不适合法规范的行为的诉讼①。民众诉讼是日本行政诉讼法所明确规定的诉讼类型,《日本行政案件诉讼法》第 5 条规定:"本法所称的'民众诉讼',是指请求纠正国家或公共团体机关的不合法行为的诉讼,以选举人资格或其他无关自己法律利益之资格为条件而提起的诉讼。"在日本,"在法律规定的情形下,限于法律所规定者才可以提起"(行政案件诉讼第 42 条)。② 单行法律规定的民众诉讼并不多见,主要有基于《宪法》第 95 条的居民投票的诉讼,《地方自治法》第 242 条规定的住民诉讼,《公职选举法》第 203 条规定的选举诉讼等。这种诉讼承认原告以不涉及直接法律上利益的资格而提起的诉讼,其目的不是直接保护、救济国民的权益,而是确认行政法规的客观且正当的适用,因而属于客观诉讼。在美国,为了保护公共利益,联邦国会在 20 世纪 70 年代制定

---

① 参见[日]南博方:《日本行政法》,杨建顺译,中国人民大学出版社 2009 年版,第 189 页。

② [日]室井力:《日本现代行政法》,吴微译,中国政法大学出版社 1995 年版,第 235 页。 *269*

的 12 部重要的有关环境方面的法律中都规定了客观行政诉讼的内容。其中首开纪录的是《清洁空气法》，该法第 304 条规定任何人均可以自己的名义，就该法规定的事项，对包括美国政府、政府机关、公司、个人在内的任何人提起诉讼；第 307 条还对司法审查程序作了专门的详细规定。其他如《国家环境政策法》等环境法律在公民诉讼方面的规定与《清洁空气法》相似。

在我国赋予公民原告资格是有宪法依据的。宪法第二条规定："中华人民共和国的一切权力属于人民。"人民依照法律规定，通过各种途径和形式，管理国家事务，管理经济和文化事务，管理社会事务。人民把自己天赋的权力委托给国家机关行使，当委托者不按照人民的意愿行使权力时，作为人民的个人在法律明确规定时有权直接行使管理国家事务，而所谓的民众诉讼就是其中一种方式。目前，客观行政诉讼已开始在我国出现。如有的法院受理了社区居民以环保部门对社区卫生监督和管理不力为由提起的行政诉讼；有的法院受理了居民诉工商机关不对妨碍交通的摊贩进行清理的行政案件。在这基础之上，我国需要构建真正的民众诉讼，可以参照其他国家相关制度包含以下内容：(1)以法律的形式确定公民可在选举、环境、审计、同业竞争等方面提起民众诉讼。(2)修改有关证据制度。原告在民众诉讼中只需承担"初步表面证明责任"。(3)保证金与奖励制度。保证金制度的目的是防止原告启动诉讼程序后，随意退出或无故缺席，造成审判机制的瘫痪和司法资源的浪费。当然在诉讼终结后，法院必须如数返还保证金以及相应的银行利息。奖励是指原告胜诉后，国家在补贴其诉讼费用后，还应对其进行适当的物质奖励。

2. 团体诉讼——社会团体

在客观诉讼中，不仅是公民可以对违法行政行为提起诉讼，更多的、更重要的乃是各种社会团体提起的诉讼。由于后者的力量相对强大，组织较为严密，能更好地保护公共利益，监督行政主体的行为。① 因此，社会团体可以依法提起公益行政诉讼。所谓团体诉讼是指有权利能力的公益团体，基于团体法人自己的实体权利，依照法律规定，就行政机关违反特定禁止规定的行为或无效行为请求法院命令他人终止或撤回其行为的特别诉讼制度。团体诉讼是处理多数人利益受侵犯时的一种特别的救济方式。客观行政诉讼的团体性在

---

　　① 参见欧爱民：《论行政诉讼的客观化》，《求索》2004 年第 7 期。

各国实践中表现得相当突出。例如在美国,法院承认保护自然资源、风景、历史文物的公民团体具有原告资格;承认全国保护组织具有请求审查高速公路修建的原告资格;承认公共福利社团有提起集团诉讼的原告资格,代表一切具有生命、健康、享受自然资源等权利的人提起反对核爆炸的诉讼;承认一个致力于环境保护的组织具有原告资格,请求审查农业部长拒不采纳其请求限制使用 DDT 农药的诉愿行为;承认公民团体有请求审查示范城建计划的原告资格;承认地方资源保护组织有请求审查在原国有森林中采矿和伐木等行为的原告资格;承认有色人种地位全国协会在其活动范围以内有资格代表成员主张权利:"我们认为申诉人可以用自己的名义主张这个权利,因为虽然是一个法人,它直接从事这些活动……我们也认为申诉人也有资格主张成员的相应的权利。"①在意大利,根据 1986 年 7 月 8 日发布的第 949 号法令的规定,如果行政行为的许可、拒绝或者不作为违反了对自然保护及对自然的维护,那么某些被认可的团体,尽管其权利并未受到直接侵害,也有权对该行政行为提起诉讼。在法国,针对国家在行政上的过失、不法行为、不作为或在环境污染侦查、监督方面的严重疏忽,不作为以及其他违背法律、法规的行政措施,任何环保团体均可向行政法院提起要求确认、撤销或采取管制措施的行政诉讼。1934 年 4 月 27 日法国行政法院受理了全国预防酒精中毒协会对某部长做出的有利于自酿烧酒商的决定提起的诉讼;1941 年 3 月 22 日受理了学生家长联盟为维护教育自由而提起的诉讼;1948 年 5 月 7 日的一项判决认为,不动产业主协会可以对损害不动产业主利益的一般性行政措施提起诉讼等等。在德国,团体诉讼最具特色。德国学理界通常根据团体与诉讼对象之间的利害关系,将团体诉讼划分为利他之团体诉讼、利己之团体诉讼以及团体权益被侵害之团体诉讼。学理界在研究中使用的团体诉讼一词,通常是指作为客观诉讼的利他之团体诉讼。利他之团体诉讼是指团体并非为维护自己或他人之权利而进行诉讼,而是由于行政机关违反法规而行为、不行为,其为维护公益(客观秩序之遵守)所进行之诉讼。此种诉讼所维护者,完全系公共利益,而与私人权益无关。② 团体诉讼是为弥补行政诉讼以主观权利保护为基本原则

---

① 王名扬:《美国行政法》,中国法制出版社 1995 年版,第 629 页。

② 参见张文郁:《权利与救济(二)》,台湾元照出版公司 2008 年版,第 221 页。

的不足,而例外于特定法规范领域内所承认的诉讼形态,性质上为客观诉讼,亦仅以公益团体为维护公益起诉为合法。① 在公益保护方面,由于团体诉讼相较孤立分散的个人提起的诉讼有更大的优势,无论是大陆法系还是英美法系,在环保、公共安全等领域设立团体诉讼已经成为一种全球性的立法趋势。

在我国,社会团体是不存在的。虽然零星的社会团体为成员提起过行政诉讼,但是均被法院以原告不适格予以驳回,导致一些公共利益、公共安全和公法秩序造成不可挽回的损失。因此,我国有必要建立团体诉讼,发挥较个人有优势的社会团体维护公共利益、公共安全和公法秩序的作用。目前,可以考虑在一些特定领域(环保领域)"在法律规定的情形下,限于法律所规定者才可以提起"。

3. 行政公诉——国家机关

在客观诉讼中,不仅是公民或者社会团体可以对违法行政行为提起诉讼,更为重要的乃是各种国家机关提起的诉讼。因为他们存在本身是为了维护和促进公共利益、公共安全和公法秩序。公诉是指国家法定专门机关代表国家进行诉讼的活动,分为刑事公诉、民事公诉和行政公诉。所谓行政公诉指的是由国家特定的行政机关,为了保障国家利益、集体利益和公共利益,以自己的名义代表国家提起行政诉讼的活动。法国1806年民事诉讼法和法院组织法都规定检察机关可以为维护公共秩序提起客观之诉。1890年美国国会通过的《谢尔曼法》,1914年的《克莱顿法》均规定对反托拉斯法禁止的行为,除受害人有权起诉外,检察官可提起衡平诉讼,其他任何个人及组织都可以起诉。在英国,英国法院在公法关系中对起诉资格的要求比私法要宽松,从现有的制度来看,公民可以通过两种方式请求法院对行政行为违法进行司法审查。首先,检察官代表公共利益。对于违反一般公共利益的决定可以作为告发人,经检察总长同意后,以检察总长名义请求确认公共机关的决定越权,即检察长是原告,公民列为告发人。作为公共利益的代表人的检察总长,还可以主动地向法院请求确认判决。检察总长为了公共利益除可以主动请求司法审查外,还可以在私人没有起诉资格时帮助私人申请司法审查。公民或某些机构在公法

---

① 参见彭凤至:《论行政诉讼中之团体诉讼》,翁岳生教授祝寿论文集编辑委员会编辑:《当代公法新论(下)》,台湾元照出版公司2002年版,第102页。

关系中对行政违法行为没有足够的起诉资格时,经检察长许可后,可借检察长的名义提起行政诉讼。一经许可,检察长就不再管具体诉讼,而由某公民自行去法院诉讼,陈明理由、举证、争取取得宣告令、禁制令或其他有效的行政救济。所有的诉讼费用也就由某公民支付。某公民实质上是借检察长之名实现自己的目的。同时,一般公众要想阻止公共机构的越权行为,可以请求利用检察总长的名义申请阻止令、确认判决。检察总长代表国王,有权阻止一切违法行为。这时诉讼在形式上是以检察总长为原告,同时指出告发人(eltor)。当然,检察总长有权决定是否同意提起这种诉讼。特权的救济手段用英王的名义发出,英王当然具有广泛的资格要求法院审查公共机构的违法决定。此外,地方政府代表居民集体利益,根据 1972 年的地方政府法,为了保护本地区居民的利益也有资格申请司法审查。① 1972 年地方政府法规定地方政府有权为本地区福利提起行政诉讼:"它们可以在任何法律诉讼中起诉或者辩护或者出庭,在民事中可以用自己的名义起诉。"②可见,在英国,不仅是检察长(包括某些组织经检察长同意)可以提起环境公害群体诉讼,某些政府部门也可以成为公众的代表,例如为加强国家对环境公害诉讼的干预,英国还建立了由公共卫生监督员代表公众进行群体诉讼的制度等。在德国,设置公益代表人并由其参加诉讼是德国行政诉讼的特点之一。德国《行政法院法》第 36 条规定,依照州政府法规中的准则,高等行政法院及初级行政法院内各设一名公益代表。根据行政法院法第 63 条第 4 项的规定,只要属于其参与权限范围内的事务,公益代表人可以作为相应的案件的诉讼参加人。联邦最高检察官作为联邦公共利益的代表,州高等检察官和地方检察官分别作为州和地方的公共利益的代表人,他们分别参与联邦最高法院、州高等法院和地方行政法院的行政诉讼。公益代表人在行政诉讼中是作为参加人参加的,为捍卫公共利益,可以提起上诉和要求变更。因此,在德国,只有公益代表人可以提起客观行政诉讼。

我国《宪法》第一百二十九条明确规定,中华人民共和国人民检察院是国家的法律监督机关;第一百三十一条明确规定,人民检察院依照法律规定独立

① 参见王名扬:《英国行政法》,中国政法大学出版社 1987 年版,第 194、192、199—200 页。
② [英]威廉·韦德:《行政法》,徐炳等译,中国大百科全书出版社 1997 年版,第 261 页。

行使检察权,不受行政机关、社会团体和个人的干涉。根据上述规定,检察机关有权独立对行政机关进行监督。《行政诉讼法》第十条规定,人民检察院有权对行政诉讼实行法律监督。从立法上正式确立检察机关提起民事诉讼的制度始于 1954 年《中华人民共和国检察院组织法》。根据该法第四条第六项规定,地方各级检察机关对于有关国家和人民利益的重要民事案件有权提起诉讼或参加诉讼。1978 年 2 月 2 日,最高人民法院在《人民法院审判民事案件程序制度的规定(试行)》中对人民检察院提起民事诉讼的制度再次予以了肯定和确认。但 1979 年 7 月 1 日第五届全国人民代表大会第二次会议通过的《中华人民共和国人民检察院组织法》对民事行政检察制度予以了彻底废除。直到 1982 年《中华人民共和国民事诉讼法(试行)》第十二条规定:"人民检察院有权对人民法院的民事审判活动实行法律监督",除此之外,再没有一条对民事审判活动进行监督的条文。笔者认为,依据我国《宪法》第一百二十九条规定,检察机关成为国家利益、社会公共利益代言人,应当赋予行政诉讼诉权。如果没有诉权,检察机关的法律监督权将是一种被架空的抽象权力,而法律监督本身将必然是无助的。法律应当赋予检察机关以行政诉讼诉权,才能使国家利益或社会公共利益在受到行政机关侵害时,检察机关能够作为国家利益和社会公共利益的代言人提起诉讼进而达到其法律监督的目的。因此,在我国行政诉讼应当建立检察机关行政公诉制度,确实有效保护国家利益和社会公共利益。

2014 年 10 月 23 日中国共产党第十八届中央委员会第四次全体会议通过的《中共中央关于全面推进依法治国若干重大问题的决定》指出,探索建立检察机关提起公益诉讼制度。在行政诉讼法修订之时,有些常委会组成人员、代表和最高人民检察院提出,针对行政机关失职、渎职致使社会公共利益受到损害的情况,应当建立行政公益诉讼制度,加强对行政机关的监督。特别是在行政相对人不确定或者行政相对人不愿意提起诉讼的情况下,可以由人民检察院提起行政公益诉讼。但是,有一种意见认为,在行政诉讼法中规定公益诉讼制度,有一些理论和制度问题尚需深入研究:一是行政公益诉讼与行政诉讼法第二条规定的原告应当是其合法权益受到行政行为侵害的相对人的要求不一致;二是如何确定行政公益诉讼的范围,除社会比较关注的环境资源和食品安全等领域外,政府管理的其他领域都涉及公共利益,情况很复杂,是否都可以提起行政公益诉讼;三是行政诉讼"民告官"的制度定位与行政公益诉讼"官告官"的关系如何处理;四是在行政管理实践中,人民政府是公共利益的代表,人民政府和人民法院、人民检察院都在人民代表大会及其常委会监督下工作,检察机关提起行政公益诉讼、起诉行政机关、由法院作出判决,这几个方面的关系尚须深入研究。后经国家立法机关研究认为,党的十八届四中全会提出探索建立检察机关提起公益诉讼制度,具有重大意义。可以通过在实践中积极探索,抓紧研究相关法理问题,逐步明确公益诉讼的范围、条件、诉求、判决执行方式等,为行政公益诉讼制度的建立积累经验。新修订的行政诉讼法暂不作规定。从这一修订背景看,行政公益诉讼制度虽然没有写入新修订的行政诉讼法,但是,司法实践还是可以积极探索的,为行政公益诉讼制度的建立积累经验。

(二)机关之诉

机关诉讼,是指行政机关之间因权力的存在或行使而发生争议,争议双方诉诸法院,由法院通过诉讼程序解决争议的诉讼类型。机关诉讼的目的在于保障分权、地方自治和维护公法秩序,因而属于客观诉讼。《日本行政案件诉讼法》明确规定了机关诉讼,而在德国机关诉讼是通过判例予以认可确立的。行政体的机关争议原则上应由行政体内部机制解决,但为了确保各个行政机关客观合法正确地行使行政职权,在立法政策上确认机关诉讼,"在法律规定的情形下,限于法律所规定者才可以提起"。《日本行政案件诉讼法》第6条规定,机关诉讼是关于国家或者公共团体的机关相互间权限的存在与否或者其行使的纷争的诉讼。日本现行立法中确立的机关诉讼有《地方自治法》中规定的关于机关委任事务的职务执行命令诉讼、地方公共团体的首长与议会之间的诉讼等。德国不同于日本,其《行政法院法》对于机关诉讼并无明文规定,但是德国学说和各邦判例均承认"机构之讼"。在我国没有关于机关诉讼的规定,但是在司法实践中,法院往往通过法律适用或者原告资格等达致了日本、德国等国家和地区的机关之诉的效果。

案例一:四川夹江打假案。1995年7月28日,四川省技术监督局稽查一队在接到成都彩虹电器(集团)股份有限公司的举报并在其协助下,在成都市成华区公安分局几位警察陪护下,派员去该省乐山市夹江县彩印厂查封了该厂未经彩虹公司合法授权而印制的近二万个彩虹牌电热灭蚊药片包装盒(该种药片是彩虹公司产品),同时查封了有关的印刷设备和厂房(查封过程中双方发生了冲突),并于10月上旬对该彩印厂实施查封;因对该行政强制措施和行政处罚不服,夹江县彩印厂先后在夹江县人民法院和成都市中级人民法院提起了行政诉讼(原告在这两场官司中均是败诉)。由于在夹江打假案实施和审理过程中,许多新闻媒介作了连续、大量、重点的报道,部分人大代表也进行了强力干预,一时间这个本来很普通行政诉讼案成了举国关注的一个新闻热点。人们见仁见智地就"省技监局是否越权"、"打假能否有错"、"制假者能否把打假者送上被告席"等等展开了热烈争论,从而产生了非同寻常的社会轰动效应,也成为目前我国行政法学界重点剖析的案例。事实上,在该案件中还有一个非常重要的情节,就是省工商局认为技术监督局的行为是越权行为。这就是典型的行政机关权力纠纷方面的机关行政诉讼。夹江县法院请示四川省高院,省高院认为:法律和法规没有明确规定两部门在打击假冒伪劣商品中的分工,政府部门间的分工属政府的职权,法院无权确定,认为二者之间的职权纠纷应该通过最高院请示国务院解决。从该案可以看出,我国虽不承认机关职权诉讼,但对于工商和技术监督两个部门职权法律规定的理解和适用本身就是在处理机关诉讼的问题。

案例二:桐梓县农资公司诉桐梓县技术监督局行政处罚抗诉案。本案是1995年第4期《最高人民法院公报》上刊登的行政案例,也是最高检察院提出的第一个行政抗诉案件,先后历经从县法院到最高法院四级法院审理。该案涉及工商局和技术监督局在查处产品质量案件中的职权分工,以及不同机构对产品质量多次检测、认定的效力。该案先后经桐梓县法院、遵义市中级法院审理和贵州省高级法院审理。1995年2月11日,最高检就贵州省高级法院的判决向最高法院提出抗诉。最高法院于1995年9月21日判决,维持贵州省高级法院的行政判决。最高院(1995)行再字第1号行政判决认为:"根据《工业产品质量责任条例》的有关规定,经销复混肥必须持有注明生产厂名称、产品名称、批号、产品质量、生产日期及标准号,并须检验人员签名,加盖检验机构公章的检验合格证。经销无检验合格证的商品应视为销售伪劣商品。桐梓县农资公司经销第三批180吨复混肥,仅有一张盖有'仅对化验样品负责'字样的检验报告单,该单上既没有注明批号、吨数,也无检验人员的签字,属于无效检验合格单,其经销的该批复混肥应视为无检验合格证的劣质复混肥。依照《国务院关于贯彻〈工业产品质量责任条例〉原则分工的意见》的有关规定,在生产、流通领域中,有关产品质量责任问题,应由技术监督部门负责处理。"

以上两个我国案例就是人民法院通过理解和适用关于工商部门和技术监督部门职权的法律依据从而达到明确有关行政机关各自职权范围的案例。也有一些法院通过对原告资格有限度地合理解释达致机关之诉解决职权行使纷争的效果。如长沙市国土资源局诉湖南省工商行政管理局核准同意变更企业类型、股东的决定一案。

1992年3月13日,澳门置业公司与设施建设公司和原交通银行长沙支行(现已变更为交通银行股份有限公司长沙分行)签订了《湖南通利房地产开发公司合同书》,约定三方共同投资成立合资企业通利公司。同年3月27日,湖南省对外经济贸易委员会以湘经贸资字(1992)072号批复同意合作举办通利公司,被告湖南省工商局于1992年3月27日核准成立了中外合资企业通利公司。2001年3月12日,设施建设公司和长沙交行以外方股东澳门置业公司董事长吴亚伦抽走全部投入资金并长期不召开董事会为由,向湖南省对外贸易经济合作厅提出《关于终止中外合作企业合同、章程撤销批准书的申请报告》,湖南省对外贸易经济合作厅于2001年3月22日以湘外经贸外资(2001)30号文件下发《通利公司中方股东终止合作企业合同章程及撤销批准证书》的批复,该批复明确:"同意终止三方于1992年3月13日签订的合同、章程;撤销中外合作企业通利公司的批准证书,接批复后应立即组织清算,到有关部门办理变更或备案等相关手续。"设施建设公司和长沙交行于2001年3月18日分别向被告省工商局提出办理变更通利公司登记手续的报告,通利公司于2001年5月8日向被告提出了公司变更登记的申请书,拟对该公司的法定代表人、企业类型、经营范围、股东等事项予以变更,在办理变更登记的过程中,通利公司向被告还提交了拟任新股东和法定代表人帅明湘与中方股东设施建设公司和长沙交行于2001年6月10日签订的债转股的协议,该协议两中方股东同意由帅明湘以债转股的方式取代该公司原股东澳门置业公司成为公司新股东,同时还提交了外经贸厅终止合作的湘外经贸外资(2001)30号批复、重组的股东会议纪要和董事会议纪要、新的公司章程、租房协议、通利公

277

司分别于 2000 年和 2001 年委托长沙中和有限责任会计事务所作出的长中和内审（2000）第 907 号审计报告和长中和验字（2001）第 137 号验资报告等资料，被告湖南省工商局经审核于 2001 年 6 月 21 日核准同意受理并核准办理了上述变更登记。由于原告长沙市国土资源局与中外合资的通利公司于 1992 年 12 月 19 日签订了关于"橘子洲《土地使用权出让合同》"，2005 年 11 月，进行了变更登记后的通利公司向湖南省高级人民法院提起民事诉讼，要求长沙市国土资源局履行《土地使用权出让合同》，在该案的诉讼中，长沙市国土资源局对该案的原告诉讼主体资格提出了质疑，但通利公司举证提供了其通过被告湖南省工商局许可的变更登记的手续，长沙市国土资源局于 2006 年 3 月 29 日向法院提起关于被告湖南省工商局同意变更企业类型、股东登记行为的行政诉讼。

长沙市岳麓区人民法院（2006）岳行初字第 19 号行政判决认为，根据《最高人民法院关于执行〈中华人民共和国行政诉讼法〉若干问题的解释》第十二条的规定，与具体行政行为有法律上利害关系的公民、法人或者其他组织对该行为不服的，可以提起行政诉讼；该《解释》第十三条第（四）项同时规定，与撤销或者变更具体行政行为有法律上利害关系的公民、法人或者其他组织可以提起行政诉讼；对此规定中的"利害关系人"应当作宽泛的理解。本案中市国土局虽不是省工商局作出的具体行政行为的直接相对人，但市国土局与变更之前的通利公司有土地使用权出让合同关系，省工商局对通利公司作出的企业类型和股东身份等内容的变更，可能涉及影响通利公司由中外合资企业变更为内资企业后再进行土地开发时应当享受不同的政策待遇等多方面问题，也可能导致市国土局在履行合同时的权利、义务等事项的重大变化，合同对方的履约能力和是否存在履约风险等都是市国土局在履行土地出让合同时必须要考虑的情形，故该院认为，原告市国土局与本案争议的被诉行政行为具备法律上的利害关系，具备提起行政诉讼主体资格。湖南省长沙市中级人民法院（2007）长中行终字第 0101 号行政判决书认为，关于市国土局的原告主体资格问题，最高人民法院《关于执行〈中华人民共和国行政诉讼法〉若干问题的解释》第十二条规定，"与具体行政行为有法律上利害关系的公民、法人或者其他组织对该行为不服的，可以依法提起行政诉讼。"该《解释》第十三条第（四）项也规定，"与撤销或者变更具体行政行为有法律上利害关系的公民、法人或者其他组织可以依法提起行政诉讼"。此规定中的"利害关系",是指法律上的权利、义务关系,包括具体行政行为使其获得某种权利、减少某种义务;或者使其丧失某种权利、增加某种义务;或者使其权益导致某种不利影响。这种利害关系既包括直接利害关系,也包括间接利害关系。本案中,市国土局虽不是省工商局作出具体行政行为的直接相对人,但市国土局与原通利公司存在国有土地使用权出让合同关系,省工商局对原通利公司作出的企业类型和股东等内容的变更,可能涉及原通利公司由中外合资企业变更为内资企业后再进行土地使用时应当享受政策待遇的变化等诸多问题,也可能导致市国土局在履行合同时的权利、义务等诸事项的重大变化。因此,省工商局的变更登记行为与市国土局存在法律上的利害关系,市国土局可以依法提起行政诉讼。湖南省高级人民法院(2009)湘高法行再终字第 2 号行政判决也对一审、二审法院对本案的原告资格理由予以认同。长沙市国土资源局诉湖南省工商行政管理局核准同意变更企业类型、股东的决定一案,实际上是国土资源部门因《土地使用权出让合同》与工商行政部门行使职权产生纷争,本质属于机关之诉,不过,在本案中,人民法院通过对原告资格的扩大解释来完成的。

综上,我们发现,在司法实践中,法院往往通过法律适用或者原告资格等达致了日本、德国等国家和地区机关之诉(解决行政机关之间因权力的存在或行使而发生争议)效果。行政诉讼法有必要创设机关之诉,将潜藏起来的机关纠纷通过法院的公正程序予以解决,确保各个行政机关客观合法正确地行使行政职权。当然,行政机关内部争议原则上应由行政内部机制解决,只有"在法律规定的情形下,限于法律所规定者才可以提起"。

（三）非诉行政执行之诉

非诉行政执行,按照《行政强制法》第二条的规定,是指行政机关申请人民法院,对不履行行政决定的公民、法人和其他组织,依法强制履行义务的行为。启动非诉行政执行的一般要件:(1)以具体行政行为存在为前提。行政执行的启动,不管金钱给付义务或行为、不行为的强制执行,必须以行政处分或裁定的存在为前提,以此作为行政执行的执行名义。[1] 所以,行政机关强制

---

[1] 参见蔡震荣:《行政执行法》,台湾元照出版公司 2008 年版,第 96 页。

执行以具体行政行为存在为前提,以执行具体行政行为而开始。(2)当事人在法定期限内不申请行政复议或者提起行政诉讼,又不履行行政决定的,亦即具有形式确定力。这涉及行政机关强制执行的期限问题。《行政强制法》第五十三条规定,当事人在法定期限内不申请行政复议或者提起行政诉讼,又不履行行政决定的,没有行政强制执行权的行政机关可以自期限届满之日起三个月内,依照本章规定申请人民法院强制执行。(3)具体行政行为不属于无效情形。众所周知,具体行政行为如属于无效情形,即意味着不具有法律效力,也就表示不具有强制执行力,不得非诉行政执行。(4)不属于法律规定的例外情形。《行政诉讼法》第四十四条规定:"诉讼期间,不停止具体行政行为的执行。但有下列情形之一的,停止具体行政行为的执行:(一)被告认为需要停止执行的;(二)原告申请停止执行,人民法院认为该具体行政行为的执行会造成难以弥补的损失,并且停止执行不损害社会公共利益,裁定停止执行的;(三)法律、法规规定停止执行的。"根据行政诉讼法的上述规定,"起诉或复议不停止执行"是一个基本原则。但如属于《行政诉讼法》第四十四条例外规定情形的,非诉行政强制执行亦可不予启动。从上述非诉行政执行的一般要件看,并不要非诉行政执行的具体行政行为必须合法,而只是要求其在有效的情况下具有形式确定力和执行力。当事人在法定期限内不申请行政复议或者提起行政诉讼,又不履行义务,涉及行政行为确定力问题。行政行为确定力分为实质确定力和形式确定力。实质确定力指的是,行政行为一经作出,作出该行为的行政机关原则上不得随意变更行政行为。其实质是行政行为的不可变更性,强调行政行为的"变更禁止"。所以,行政行为的实质确定力在日本又被称为不可变更力。这一确定力与行政机关强制执行的启动关系不大,其主要涉及行政行为的变更制度。相反地,与行政机关强制执行的启动有直接关联的是形式确定力。在德国,"形式存续力(外部法律效力)是指行政行为不能再通过法律救济途径予以撤销。除非存在绝对无效的情形,诉请撤销的法定期限届满之后,行政行为即产生形式存续力。"①这种形式存续力或确定力在日本,又叫不可争力,它是基于体现法治国家安定性原则的期限制度而产

---

① [德]汉斯·J.沃尔夫、奥托·巴霍夫、罗尔夫·施托贝尔:《行政法》第二卷,高家伟译,商务印书馆 2002 年版,第 103 页。

生的,该效力的实质在于保持行政行为的稳定性,在法定救济期限届满后,行政行为具有不可诉请撤销性。《行政诉讼法》第六十六条规定:"公民、法人或者其他组织对具体行政行为在法定期限内不提起诉讼又不履行的,行政机关可以申请人民法院强制执行,或者依法强制执行。"这一规定说明,行政行为一旦法定救济期限届满后,亦即具有形式确定力,行政机关可以依法申请人民法院强制执行。之所以不问具体行政行为的合法性而只关注其有效性,是因为即使可能存在一般违法的具体行政行为,只要当事人在法定救济期限内不寻求救济,为维护和促进公法秩序,应当赋予行政机关实现其具体行政行为内容的权责,由此形成了所谓的行政强制执行(包括非诉行政强制执行)。因此,非诉行政强制执行是一种典型的维护和促进公法秩序的执行程序。但是,其是否可以将其设立为行政诉讼的客观诉讼,这涉及对非诉行政执行审查方式的改造问题。

行政诉讼法《若干解释》第九十三条规定,非诉执行案件由行政审判庭组成合议庭对具体行政行为的合法性进行审查。但是,以什么方式进行审查并未作出规定,也就是说,《若干解释》第九十三条对非诉行政案件的审查方式只是概括的规定而未作明确规定。在具体的司法实践中,地方各级法院通过颁布相关规范性文件具体化审查方式。(1)《重庆市高级人民法院关于非诉行政执行工作的若干意见》第十九条第一款规定:"行政庭应当组成合议庭以书面或者听证方式审查具体行政行为的合法性。"第二款规定:"以书面方式审查的,应当主动听取被申请人的意见并制作笔录。"(2)《北京市高级人民法院关于行政审判适用法律问题的解答(二)》第十七条规定:"法院对非诉行政执行案件的审查以书面审查为原则。必要时,可以找申请人、被申请人谈话,核实有关案情。"(3)《广东省法院办理执行非诉具体行政行为案件办法(试行)》第十四条规定:"行政审判庭在接到立案庭移送的案件材料后,应当组成合议庭,对具体行政行为的合法性进行书面审查。"(4)湖南省高级人民法院《关于审查和执行非诉行政执行案件的若干规定(试行)》第二十二条规定:"非诉行政执行案件有下列情形之一,必须举行听证:(一)责令停产停业的;(二)吊销许可证或执照的;(三)限期腾出土地的;(四)强制退出土地的;(五)强制拆迁房屋的;(六)拆除违章建筑的;(七)执行后果不能补救的;(八)被申请执行的人数众多,社会影响较大的;(九)以书面审查方式难以查清有关事实的;(十)其他人民法院认为应当听证的情形。听证应当公开进行。但涉及国家秘密,或者当事人提出涉及商业秘密、个人隐私,人民法院认为不宜公开的除外。"梳理上述规范性文件,可以发现在当前的司法实践中除书面审查外,也广泛认可了人民法院通过举行正式听证或者听取行政机关和被申请人意见的方式来审查行政机关的行为。也即是说,目前在司法实践中非诉行政执行的审查方式主要是书面审查和听证(包括正式听证和非正式听证)。

《行政强制法》第五十七、五十八条规定,人民法院一般情况对行政机关强制执行的申请进行书面审查,但是人民法院发现有下列情形之一的,在作出裁定前可以听取被执行人和行政机关的意见:(一)明显缺乏事实根据的;(二)明显缺乏法律、法规依据的;(三)其他明显违法并损害被执行人合法权益的。人民法院应当自受理之日起三十日内作出是否执行的裁定。裁定不予执行的,应当说明理由,并在五日内将不予执行的裁定送达行政机关。行政机关对人民法院不予执行的裁定有异议的,可以自收到裁定之日起十五日内向上一级人民法院申请复议,上一级人民法院应当自收到复议申请之日起三十日内作出是否执行的裁定。这一规定被称为"书面审查为原则,实质(听证)审查为例外"。在解释为什么在书面审查外还例外规定了"实质(听证)审查方式",《行政强制法》制定者解释称,我国目前行政执法的状况还不尽如人意,行政执法中的违法情况屡见不鲜。同时,国民的法治观念有待于进一步提高,有些具体行政行为相对人权利保护意识淡漠,没有在法定期间内提起行政救济。如果人民法院对行政机关的执行申请不作实质审查,就会将错就错,甚至错上加错,有损法律的公正。[①]

综上,《行政强制法》规定的审查方式与人民法院的司法实践是一致的,虽然在全国人大的行政强制法释义中将"听证审查"表述为"实质审查",但从法条中关于"听取被执行人和行政机关的意见"的表述看,它与人民法院的听证审查并无区别,都是指以正式或不正式方式听取被执行人和行政机关的意见。在司法实践中,是否在审查环节完全引进正式听证程序仍存在不同意见。

---

① 参见全国人大常委会法制工作委员会行政法室编写:《〈中华人民共和国行政强制法〉释义与案例》,中国民主法制出版社2011年版,第209—210页。

有人认为,为了让人民法院更具体地了解实际情况,维护公共利益和当事人的合法权益,建议可以通过正式的听证会来听取当事人和行政机关的意见,而另一些人认为,在人民法院审查环节,不宜引进正式听证程序。一方面,因为行政执法程序中已经有多项制度保障当事人表达自己意见的权利,而且当事人也可以通过申请行政复议或者提起行政诉讼来维护自身权益而不寻求救济;另一方面,人民法院审查过程中,通过座谈会、论证会、个别访谈等非正式听证的形式,也可以达到听取当事人和行政机关意见的效果。笔者认为,问题的实质在于非诉行政执行的价值取向问题。也即是说,是优先考虑公正还是效率的问题。一般情况下非诉行政执行案件还是追求效率为优先,因此不宜过分强调正式听证程序,只有在类似征地拆迁等这些重大的非诉行政执行案件才适宜采用正式听证程序。① 因此,在一些重要的非诉行政执行案件可以参照行政诉讼设置非诉行政执行的诉讼模式。

　　既然设置非诉行政执行的诉讼模式就有哪些主体可以成为原被告的问题。一般来说,非诉行政执行诉讼与一般的行政诉讼是不同的。一般行政诉讼是"民告官",而非诉行政执行诉讼多为"官告民",有时甚至是"官告官"。行政诉讼法《若干解释》第八十六条规定,行政机关根据行政诉讼法第六十六条的规定申请执行其具体行政行为的,申请人是作出该具体行政行为的行政机关或者法律法规授权的组织。因此,申请执行的主体应该是行政机关和法律法规授权的组织,非行政机关和未经授权的组织不能成为申请执行的主体。这是一般原则。如果将非诉行政执行程序改造为诉讼程序,也就是所谓的"官告民"诉讼程序。现在的问题是,行政机关超过申请执行期限,利害关系人是否可以申请执行? 如给利害关系人造成不利后果的,如何处理? 这个问题实际上涉及非诉行政执行的申请主体除了作出行政决定的机关外是否还包括其他主体?《最高人民法院关于经工商行政管理机关确认经济合同无效,并对财产纠纷作出处理决定后当事人一方逾期既不起诉又不履行的,对方当

① 实质(听证)审查方式在征地拆迁非诉执行案件尤为必要。由于国有土地上房屋征收补偿的非诉行政强制执行不同于其他的非诉行政强制执行,其事关行政相对人最基本的生活,甚至是生存的权利,审查此类非诉行政执行案件时,不仅要采取最严格的审查标准,而且其审查方式更需要采取各种方式听取被执行人和行政机关的意见。2012 年 4 月实施的《最高院关于办理申请人民法院强制执行国有土地上房屋征收补偿决定案件问题的规定》中规定了法院应当组成合议庭,在审查过程中可以调取证据、询问、组织听证或现场调查。

事人可否申请人民法院强制执行问题的复函》(1993 年 1 月 17 日;法函[1993]2 号)答复如下:工商行政管理机关确认经济合同无效,并对当事人财产纠纷作出处理决定后,当事人一方逾期既不起诉,又不履行的,依据《中华人民共和国行政诉讼法》第六十六条规定,工商行政管理机关可以申请人民法院强制执行。但作为纠纷一方当事人据此向人民法院强制执行的,因缺少法律根据,人民法院不予受理。从上述复函的"作为纠纷一方当事人据此向人民法院强制执行的,因缺少法律根据,人民法院不予受理"表述看,答案是否定的。但是,之后的行政诉讼法《若干解释》却规定,在特定情况下的行政决定的利害关系人是可以代替行政机关申请法院强制执行的。行政诉讼法《若干解释》第九十条规定:"行政机关根据法律的授权对平等主体之间民事争议作出裁决后,当事人在法定期限内不起诉又不履行,作出裁决的行政机关在申请执行的期限内未申请人民法院强制执行的,生效具体行政行为确定的权利人或者其继承人、权利承受人在 90 日内可以申请人民法院强制执行。享有权利的公民、法人或者其他组织申请人民法院强制执行具体行政行为,参照行政机关申请人民法院强制执行具体行政行为的规定。"但是可惜的是,《行政强制法》并未规定享有权利的公民、法人或者其他组织可以申请人民法院强制执行,因此,有人据此认为以后享有权利的公民、法人或者其他组织不得申请人民法院强制执行。其理由为行政机关这种申请执行的行为,既是一种法定权利,也是一种法定义务,行政机关只有依法行使这项权利、履行该项义务,才能发挥行政管理的效能,实现行政管理的目的。行政机关作出的具体行政行为,当事人在法定期限内不起诉又不履行的,行政决定即具有法律效力。作出决定的行政机关应该保障其决定顺利执行,不申请法院执行,表现了行政机关消极怠工。如果在实践中,由于行政机关不申请而导致行政决定无法得到实施的,利害关系人可以以行政机关不依法履行法定职责为由提起行政诉讼。如果由于行政机关怠于行使申请权或者因其过错未及时申请给利害关系人造成损失的,应当依法承担相应的赔偿责任。所以《行政强制法》对行政诉讼法《若干解释》进行否定,没有赋予利害关系人申请强制执行的权利。笔者认为,这种观点并不妥当,行政强制法并未否定行政诉讼法《若干解释》第九十条的规定,最高人民法院的规定仍然具有法律效力。因为《行政强制法》只

是对行政机关申请人民法院强制执行作出规定,而对利害关系人申请强制执

行并无规定,行政诉讼法《若干解释》第九十条的规定实际上对其进行补充。而且如上述观点认为在这种情况下可以追究行政机关的不作为责任,因烦琐不是有效救济途径,且经过不作为之诉后,早已超过申请期限,利害关系人实际上不能得到真正的救济(即使获得国家赔偿)。因此,直接赋予利害关系人申请强制执行的权利最为经济快捷。另外,即使直接赋予利害关系人申请强制执行的权利,如行政机关超过申请执行期限不申请人民法院强制执行而给利害关系人造成不利后果的,应当依据《国家赔偿法》予以行政赔偿;依据公务员法等法律追究无正当理由不申请执行或逾期申请执行的直接责任人的责任,由行政机关予以行政处分,情节严重的给予辞退,促使行政机关工作人员依法及时履行相关职责,构成犯罪的,依据刑法予以追究刑事责任。当然,《若干解释》仅授予一定范围的行政决定的权利人,在一定条件下具有申请非诉行政执行的申请资格。但权利人申请执行的具体行政行为的范围过窄,仅涉及行政主体对平等主体之间民事争议的行政裁决,该裁决确定的权利人或者其继承人、权利承受人在法定期限内可以申请人民法院强制执行。但是,行政机关怠于向法院申请强制执行的范围远远超过了对民事争议的行政裁决,其他行政决定中也存在行政机关怠于申请的现象,因此,有必要将最高法院《若干解释》第九十、九十一条的规定延伸至所有的行政决定,与之相关的利害关系人在行政机关怠于申请之时,可以申请人民法院强制执行。另外,有些行政决定涉及公共利益,有时没有特定的权利人,如果行政机关不申请执行,也不存在特定的权利人申请执行,那么,涉及的公共利益可能遭受损害,因此,有必要参考公益诉讼,设立公益机关申请人民法院强制执行。为此,对不存在相关权益人的行政决定,可以考虑由人民检察院依据《检察院民事行政抗诉案件办案规则》第四十八条向有关单位提出检查建议,督促相关行政机关落实情况,由人民检察院对被损害的公共利益加以保护。在必要时,检察院甚至可以申请人民法院强制执行。

(四)　规范审查之诉

规范审查之诉是指法院经申请对有关行政机关制定的规范进行审查的诉讼。审查规范诉讼,通常包括独立于个案的抽象的审查诉讼和根据个别案件裁判而提起的具体的审查诉讼。当事人在客观行政诉讼中可在一定程度上脱离个案的具体争议,而深入探讨国家政策的正确性,这属于抽象性规范审查。如《联邦德国基本法》第93条的规定,在联邦法律或各邦法律与基本法在形式上及实质上发生歧见或疑义时,经联邦政府、邦政府或联邦议会议员三分之一之请求受理,由联邦宪法法院进行审判。例如,在民众诉讼中,普通民众若认为行政主体的抽象行政行为侵犯了公共利益,有权向法院提起行政诉讼。这种情况有些本质上是一种宪法诉讼(如《联邦德国基本法》第93条规定)。而具体的规范性审查诉讼,如《联邦德国行政法院法》第47条规定,任何自然人、法人因法规或其适用而遭受损害,可提起针对法规的审查申请,高等行政法院在其审判管辖权范围内根据申请,对法规是否有效作出判决。在英国的王国政府诉大都市警察局长一案(由布莱克本起诉)中,虽然警察当局对俱乐部违反赌博法的行为不进行起诉的决定是依据1966年发布的一项政策做出的,但布莱克本先生在诉讼中仍对该项政策的合法性提出了质疑,并得到了法官丹宁的支持。客观地讲,无论是抽象的规范审查诉讼还是具体的规范审查诉讼,都属于客观诉讼。因为在这两类诉讼中,只要规范客观上是违法的,审查请求就具备理由,而无须检查主观上权利侵害存在与否。①

在我国类似的规范审查主要涉及行政机关的抽象行政行为,如国务院行政法规、规章以及其他规范性文件。我国行政诉讼法明确人民法院不受理针对"行政法规、规章或者行政机关制定、发布的具有普遍约束力的决定、命令"②的起诉,但是在行政诉讼中可以对相关法律规范进行判断而选择适用,因此人民法院对相关法律规范具有一定的选择判断权,而无审查权。在我国,电信、铁路、石油等垄断性行业为获取巨额垄断利润通过有关部门制定价格权力随意加价,已严重到了令消费者激愤的地步。以往春运期间,火车票价格动辄就涨价,有关部门借助行政性权力和垄断性地位强行通过抽象性行政行为(如通知等)提高价格,如河北律师乔占祥状告铁路部门一案。2000年12月21日,铁道部发布了关于2001年春运期间部分旅客列车实行票价上浮的通知。乔占祥认为该通知未经国务院批准,未组织价格听证会,侵害其合法权

---

① 参见[德]弗里德赫尔穆·胡芬:《行政诉讼法》,光华译,刘飞校,法律出版社2003年版,第472页。

② 行政诉讼法《若干解释》第三条规定:"行政诉讼法第十二条第(二)项规定的'具有普遍约束力的决定、命令',是指行政机关针对不特定对象发布的能反复适用的行政规范性文件。"

益,向铁道部提起行政复议。2001 年 3 月 19 日铁道部作出的行政复议决定书维持了票价上浮通知。乔占祥针对上述票价上浮通知和复议决定提起诉讼,要求撤销复议、责令被告履行转送审查职责和撤销票价上浮通知。市一中院依法判决驳回乔占祥的诉讼请求。此后,乔占祥上诉到市高级人民法院。争议的焦点主要还是在于铁道部铁路客运票价提高应否履行《价格法》第二十三条规定的举行听证会,征求消费者、经营者和有关方面意见的听证程序。法院审理认为,铁道部经过市场调查拟定对部分旅客列车实行政府指导价,包括春运期间实行票价上浮的有关方案,发布票价上浮通知是经过严格的审批程序的。铁道部发布上浮通知的确没有经过听证,但如果以没有经过听证程序就断然认定上浮通知不合法是不可取的。主要是因为《价格法》规定了举行听证会制度,但由于对听证制度的规定比较原则,实际运用中还需要一部具体的操作规程。由于缺乏相应的配套程序予以实施,在此情况下,举行听证会性质的咨询会进行可行性论证、并向有关部门履行批准手续是符合行政程序的。另外,铁路票价上浮已经实施,证据难以收集,且上浮费取之于民、用之于民。法院最后判决驳回上诉,维持原判。虽然本案主要审理被诉通知的程序问题,但是本案被诉通知是否属于具体行政行为是存疑的。笔者认为,被诉《铁路票价上浮通知》应当界定为抽象行政行为为宜,本案廓清了一些人把《铁路票价上浮通知》作为抽象行政行为而排除司法审查的不正确认识。但是本案本为抽象行政行为却被作为具体行政行为进行审查是有特殊原因的,抽象行政行为不可诉亦不可审仍然是法律规定和司法实践的常态。因此,很多人主张审查规范诉讼以此纠正抽象行政行为违法,重建和维护公法秩序。

《行政复议法》第七条规定:"公民、法人或者其他组织认为行政机关的具体行政行为所依据的下列规定不合法,在对具体行政行为申请行政复议时,可以一并向行政复议机关提出对该规定的审查申请:(一)国务院部门的规定;(二)县级以上地方各级人民政府及其工作部门的规定;(三)乡、镇人民政府的规定。前款所列规定不含国务院部、委员会规章和地方人民政府规章。规章的审查依照法律、行政法规办理。"由此,在行政复议中创建了"对规范性文件的附带审查"制度。为了顺应实践对抽象行政行为审查的要求,2014 年行政诉讼法借鉴此规定增加第五十三、六十四条规定:一是公民、法人或者其他组织认为行政行为所依据的国务院部门和地方人民政府及其部门制定的规范性文件不合法,在对行政行为提起诉讼时,可以一并请求对该规范性文件进行审查。二是人民法院在审理行政案件中,经审查认为上述规范性文件不合法的,不作为认定行政行为合法的依据,并向制定机关提出处理建议。即使如该规定,抽象行政行为仍不属于受案范围。客观行政诉讼具有抽象性,当事人在行政客观诉讼中可在一定程度上脱离个案的具体争议,而深入探讨国家法律政策的正确性。因此,客观诉讼的审查对象不应局限于具体行政行为,也包括抽象行政行为。在英国的王国政府诉大都市警察局长一案中,虽然警察当局对俱乐部违反赌博法的行为不进行起诉的决定是依据1966年发布的一项政策做出的,但布莱克本先生在诉讼中仍对该项政策的合法性提出了质疑,并得到了法官丹宁的支持。因此,从有利于发挥行政诉讼客观诉讼功能,维护和促进公法秩序出发,我国至少应将规章以下的其他规范性文件纳入行政诉讼受案范围是适当的,而不仅仅作为一种附带审查。目前,在我国,设立审查规范诉讼需要需要注意以下问题:

一是规范范围。抽象行政行为包括国务院行政法规、部门规章、地方规章以及其他规范性文件。那么,审查规范的"规范"包括哪些?笔者认为,行政诉讼法修改中,可以先将其他规范性文件纳入行政诉讼的范围,待时机成熟,再将行政规章纳入行政诉讼审查范围。国务院行政法规之所以不宜作为规范审查范围是具有宪法依据的。根据《宪法》第六十七条的规定,人大常委会行使对违法行政法规的撤销权。从该条规定可以看出,对行政法规的合法性审查是一个较为典型的违宪审查问题。我国宪法与立法法都将对行政法规的审查权限保留在全国人大及其常委会,由他们排他性地享有对行政法规进行合法性审查的权力。在现有的违宪审查体制之下,我国的司法机关并不存在审查行政法规的空间。而对于规章的审查,《立法法》也有相关规定。根据《立法法》第八十八条规定,国务院有权改变或撤销违法的部门规章和地方政府规章,地方人大常委会有权撤销本级人民政府制定的不适当的规章;省、自治区的人民政府有权改变或者撤销下一级人民政府制定的不适当的规章。立法法明确将规章的撤销权赋予国务院和地方人大常委会以及省、自治区人民政府,但是,宪法和立法法并没有对规章的诉讼监督权作出排除性规定。因此,存在将行政规章纳入行政诉讼审查范围的空间。笔者认为,我国的行政规章均为国务院行政部门和有权的地方政府制定的,由于难于摆脱各自部门和地方利益的干扰,行政规章的违法和矛盾之处不胜枚举,立法法规定有权撤销部门由于种种原因难于监督,而相反法院由于在具体案件必然会面临对行政规章的判断和审查,又处于超然地位,且《行政诉讼法》也仅赋予行政规章"参考"地位,在司法实践中法院亦具有一定选择适用权,可以考虑将行政规章纳入行政诉讼的审查范围。如时机确实不够成熟,也可以在总结对其他规范性文件审查的基础之上,再将行政规章纳入行政诉讼审查范围。

二是审查方式。这涉及对规章或者规范性文件是附带审查还是直接审查。2014 年行政诉讼法规定:公民、法人或者其他组织认为行政行为所依据的国务院部门和地方人民政府及其部门制定的规范性文件不合法,在对行政行为提起诉讼时,可以一并请求对该规范性文件进行审查。之所以作出这样的规定,是因为在实践中,有些具体行政行为侵犯公民、法人或者其他组织的合法权益,是地方政府及其部门制定的规范性文件中越权错位等规定造成的。为从根本上减少违法具体行政行为,可以由法院在审查具体行政行为时应公民、法人或者其他组织的申请对规章以下的规范性文件进行附带审查,不合法的,不作合作的依据,并由制定机关提出处理建议。这符合我国宪法和法律有关人大对政府、政府对其部门以及下级政府进行监督的基本原则,也有利于纠正相关规范性文件的违法问题。从 2014 年行政诉讼法的上述规定看,对规章以外的规范性文件审查属于附带审查。但是,笔者认为,如果将抽象行政行为纳入行政诉讼受案范围,人民法院依法直接审查抽象行政行为难以避免。从其他法治发达国家看,独立于个案的抽象的审查诉讼和根据个别案件裁判而提起的具体的审查诉讼是并存,我国似乎也无须例外。

三是判决效力。在行政诉讼中,纯粹主观判决、主客诉讼兼具判决和纯粹客观判决的效力是不同的。在主观诉讼中,行政判决通常只对案件争议中的诉讼当事人具有拘束力,即既判力的主观范围仅限于诉讼当事人,客观范围仅限于本案的诉讼标的。而在纯粹客观诉讼(包括主客诉讼兼具判决)中,诉讼判决通常产生裁判外效力。在客观行政诉讼中(如环境诉讼),原告经常仅是违法行政行为受害者中的一个或一部分,如果原告胜诉,则受到保护的不仅是原告的个别权益,更重要的是同时也保护了其他"环境消费者"的共同利益,亦即客观行政诉讼的判决具有抽象效力。在法国的越权诉讼中,当事人请求行政法官认定行政行为违法,以及撤销违法的行政行为。越权之诉的判决具有绝对效力,被撤销的行政决定对任何人不再存在。因此,越权之诉的判决发生对事的效果,而不以申诉人为限。涉及作为纯粹客观诉讼的规范审查之诉的判决效力问题可以分为两种情况:一方面是根据个别案件裁判而提起的具体的审查诉讼情形。如2014年行政诉讼法设想的"人民法院在审理行政案件中,发现上述规范性文件不合法的,不作为认定行政行为合法的依据,并向制定机关提出处理建议。"那么,规范性文件不合法仅在案件审理中不作为认定行政行为合法的依据,对案件当事人没有法律效力,至于其对世效力,只有转送制定机关依法处理后才不具有。这是一种相对保守的做法、有一种更为彻底的做法:规范性文件不合法不仅在案件审理中不作为认定具体行政行为合法的依据,而且法院有权宣布相关条文无效,既对案件当事人没有法律效力也不具有对世效力。另一方面是独立于个案的抽象的审查诉讼情形。在针对审查抽象行政行为合法性审查提起行政诉讼之后,法院如果认为抽象行政行为违法的,则只能直接作出撤销判决;认为抽象行政行为合法的,则驳回申请人的申请。抽象行政行为不可分的,法院只能对整个抽象行为作出判决;抽象行政行为可分的,法院可以撤销其中违法的部分。如果违法的部分对整个抽象行政行为而言具有总则性的意义,则法院应当判决撤销整个抽象行政行为。这样的判决会使相应的法律法规向前向后失去效力,对于维护法制统一、维护人们的未来利益具有重要作用。例如,《德国行政法院法》第47条规定,高等法院认为法规不具有效性的,应宣布法规无效。根据该条的规定,高等法院宣布法规违法无效的判决具有对世效力。在此情况下,判决具有普遍约束力,并须由被申请人以颁布法规所要求的方式予以公布。

第九章　行政审判体制的改革与完善

我国现行《行政诉讼法》第四条规定："人民法院依法对行政案件独立行使审判权,不受行政机关、社会团体和个人的干涉。人民法院设行政审判庭,审理行政案件"。我国目前采取的体制形式是普通法院内部设立行政审判庭的体制。这种体制的主要特点是:行政案件由统一的人民法院审理,专门人民法院不管辖行政案件。人民法院内部设立专门的行政审判庭负责审理与裁判行政案件,由人民法院行使统一的司法权力,其他司法机构不负责行政案件的审理与裁判①。可见,我国行政审判体制实际上采取的是司法一元主义,这种审判体制的本意是既体现司法审判权的统一,又考虑行政审判机构专业性的特征,具有鲜明的中国特色。从比较法的角度来看,我国现行的行政审判体制与两大法系的行政审判模式既有相似之处,又有很大的不同。仅从普通法院行使行政审判权这点看,我国与英美等国家的行政审判模式比较相近,英美国家一般由普通司法管辖行政争议;从法院单设行政审判庭以及行政审判程序来看,我国的行政审判体制又与大陆法系的行政审判模式相接近。将行政审判权赋予普通法院本意是为了加大对行政权力的监督力度,维护客观行政法律秩序。但是,这种设置于地方且从属于地方的行政审判体制,不可避免地受到地方的

---

① 《最高人民法院关于执行〈中华人民共和国行政诉讼法〉若干问题的解释》第六条规定:"各级人民法院行政审判庭审理行政案件和审查行政机关申请执行其具体行政行为的案件。""专门人民法院、人民法庭不审理行政案件,也不审查和执行行政机关申请执行其具体行政行为的案件。"这些规定都表明行政案件只能由普通人民法院管辖。这里所讲的"审理"包括两个方面的内容:一是对公民、法人或者其他组织不服行政机关的具体行政行为而起诉的案件审理;二是行政机关申请执行其具体行政行为案件(即非诉执行案件)的审查。各级人民法院不得设立专门审理某类行政案件的法庭审理行政案件和审查非诉执行案件。

影响。由于作为当事人一方的政府或者其职能部门完全掌握了人民法院的人财物,对人民法院受理、审理和执行行政案件有着显性或者隐性的影响。

在《行政诉讼法》修改过程中,有关行政审判体制改革的问题已经成为本次修法的头号问题。第十二届全国人大常委会第六次会议初次审议了《中华人民共和国行政诉讼法修正案(草案)》。在修正案草案说明中,立法机关认为,人民群众对行政诉讼中存在的"立案难、审理难、执行难"等突出问题反映强烈,为解决这些突出问题,适应依法治国、依法执政、依法行政共同推进,法治国家、法治政府、法治社会一体建设的新要求,有必要对《行政诉讼法》予以修改完善。笔者认为,《行政诉讼法》修改的问题应当是人民法院面临的重大的、必须通过立法加以解决的问题,对于已经有司法解释规定或者可以参照适用《民事诉讼法》等法律的,可以择要规定。其中,行政审判体制改革的问题首当其冲,既是无法回避的重大决策,也是行政诉讼制度改革是否富有成效的重要标尺。

一、目前行政审判体制存在的主要问题

当前行政审判面临的主要问题都与行政审判体制直接或者间接相关。分析行政审判存在的问题都离不开对行政审判体制的反思。

(一) 各级法院行政审判庭的地位太低,不利于行政审判工作的开展

1. 法院的地位低于行政机关。现行的法院体制框架形成于1954年《人民法院组织法》制定之后。主要特点是以行政区划为依据,司法与行政管理区域完全重合。法院的地位在1980年县级以上地方各级人民代表大会陆续设置常委会以后才有所改变。但是时至今日,法院沿用的仍然是计划经济时期的以行政等级为标准和标志的体系。当前,政府官员的政治地位、法律地位均远远高于法院法官的地位。以县级为例,基层法院院长是副处级,人民政府县长是正处长级。作为被告的政府级别高于作为监督者的人民法院的级别。由于级别的差距,法院无法行使对政府的监督权力。例如有的地方人民政府对人民法院应当依法受理的案件明令禁止立案,搞土政策;有的被告要求人民法

院汇报案件情况;有的被告在开庭审理过程中,直接用行政级别质疑法院的司法监督权;有的被告由于行政行为被撤销,便对主管工作撒手不管,归咎于法院;有的被告以集体辞职的方式来给法院施加压力等。如果目前的政府和法院的地位不进行变革,法院对政府的依法监督就无从实现。

2. 法院行政审判庭的地位远远低于行政机关的地位。目前,行政审判体制采取的是在法院内部设立行政审判庭的模式。在区县一级,基层法院行政审判庭要承担监督县政府、乡政府的职责;在地市一级,中级法院行政审判庭要承担监督省级政府、部委一级行政机关的职责。以中级法院行政审判庭为例,其编制通常是正科级,而被告的级别却是省部级,两者在级别上相差极大。在实践中,一个基层法院行政庭的法官经常要审查县级人民政府的行政行为。行政级别极其悬殊很难保证行政审判工作的公平与效率,一些法院案件不能及时审结而久拖不决,违心裁判的现象时有发生。有的基层法院所判案件上诉率甚至达到100%,主要原因就是行政机关利用行政级别压制和干涉案件造成的。在人财物完全受制于地方的情况下,靠法律规定和法官操守显然难以保证案件公平。最高人民法院虽然通过司法解释、司法文件等推行了指定管辖,但是这些管辖措施只是权宜之计,并不能最终解决问题。

（二）由于种种原因,行政审判队伍不稳定

目前行政审判队伍不稳定的原因主要有两方面。一方面,由于行政审判工作的过多敏感性、极大难度、案件偏少或者认为行政审判可有可无等原因,有的法院在行政审判的人员配备上严重不足。据了解,有的中院组不成一个合议庭、基层法院"一人庭"、"二人庭"的情况不是个别现象。部分基层法院在机构改革中对行政审判人员全部轮岗。时常出现培训一批,调走一批,刚对行政审判有所熟悉又被调走的不正常现象。另一方面,行政审判人员通常还要受到来自法院外部的干预。有的行政审判人员秉公执法被调离行政审判岗位,职级提升搁浅,子女工作耽误;有的行政审判人员判决行政机关败诉后,有关行政机关竟然将其调离法院系统到其所辖部门工作[①]。这些都严重影响了

---

① 参见江必新:"行政相对人的权利救济",夏勇主编:《走向权利的时代——中国公民权利发展研究》,中国政法大学出版社 2000 年版,第 593 页。

行政审判队伍的稳定,严重挫伤了行政审判人员的工作积极性。此外,由于有的地方法院领导对于行政审判工作重视不够,行政庭已经成为"勤杂庭"、"机动庭",哪里需要人就往哪里派;有的法院甚至把行政庭合并到其他庭统一管理,使行政庭成为"挂牌庭"。相当多的学者认为,只有成立专门的行政法院或者行政法庭,强化行政审判的专业能力,才能切实保证行政审判人员队伍的稳定性。

(三) 现行司法体制模式造成行政审判"三难"现象严重

1. 立案难

当前,起诉到法院相当数量的行政案件不能正常受理,行政案件遭遇"玻璃门"、"弹簧门"的现象普遍存在。立案难主要来自两个方面的阻力和困难。一方面来自于一些地方制定一些土政策,明令法院不得受理,致使有告不理、告状无门的情况大量存在;有的地方要求法院降低审级就地消化;有的法院在案件已经受理的情况下,迫于党政压力,违心将案件移交下级法院处理;有的地方党政领导动辄将行政案件上升到"政治立场、大局意识"高度,禁止立案;有的地方党政领导为了避免涉行政案件,许多收费、摊派就以党委名义作出;有的地方党政领导要求行政案件必须经过党政一把手签字才能受理等等。由于地方政府直接或者隐形的干预,大量的符合《行政诉讼法》规定的案件得不到受理。当事人提起行政诉讼,有的行政机关想方设法阻挠法院受理和审理,县法院审不了县政府、甚至审不了乡政府的现象比较普遍。据北京高院反映,2010 年至 2012 年,北京法院行政案件正常受理率分别只有 32.85%、39.12% 和 35.19%,有高达 17282 件案件以"三不"(不收案件材料、不出法律文书、不予立案)方式处理。"立案难"已经成为人民群众反映强烈的突出问题,由此引发的上诉申诉上访不仅稀释了本已透支的司法公信,更对社会和谐稳定造成了极大的隐患。另一方面立案的困难来自于法院的内部分工。据了解,立审分离之后,行政案件的数量有所下降。原因之一就是法院立案庭熟悉行政审判的法官不多,有许多案件该立不立。行政审判庭与立案庭的沟通和协调不够,分工问题还没有理顺。由于行政审判的专业性非常强,有的同志建议在设立专门的行政法院后,立案问题仍然由行政审判人员掌握为好。

2. 审理难

行政案件受理之后,仍然受到被告或者所在政府系统的影响。例如,有的地方党政领导动辄让法院汇报案件审理情况,并对案件提出具体处理意见;有的地方党政领导经常以"服务大局"的名义,要求法院维持或者执行违法的行政行为;有的行政机关利用手中职权对原告进行打击威胁或者报复,强迫原告撤诉,有的法院的撤诉率甚至达到 60%;有的人大代表在审理过程中,采用"法律咨询"等方式"过问"案件等等。这些问题的存在严重影响了案件的公正性。面对违法的行政行为,在行政机关直接干预、败诉案件给法院扣分、人代会上提议案、担心人代会"丢票"等重重压力下,法院难以依照法律作出判决甚至主动迎合行政机关作出判决。行政判决率持续走低,大量案件以不予受理、驳回起诉、协调解决等方式处理。广东省以不予受理和驳回起诉方式结案的案件,多年来占到全部行政案件的 20% 以上。行政机关败诉率滑到历史最低点,从全国范围来看,行政机关败诉率平均为 9% 左右,有的地方的行政案件中行政机关败诉的案件甚至为零。受理的案件中多半是千方百计动员当事人撤诉,全国法院行政案件的撤诉率达到了惊人的 60% 以上,有的当事人批评法院行政审判庭是"撤诉庭";当前判决的案件中行政机关败诉率只有8%,人民群众对于法院"官官相护"存在重重疑虑。一审法院的监督功能基本丧失,导致案件上诉率和申诉率极高,个别省份的行政案件上诉率达到 99.72%。

与民事和刑事案件相比,人民群众对法院不能依法公正审理意见极大,出现"上诉率高、申诉率高、实体裁判率低、被告败诉率低、发回重审改判率低、原告服判息诉率低"的"两高四低"现象,与刑事、民事案件形成极为鲜明的反差。以上诉率为例,全国一审民事上诉率为 20% 左右,同期行政案件的上诉率接近 80%,有的省份甚至接近 100%;以申诉率为例,2012 年浙江省行政案件数量占全部案件不到 0.62%,但是行政申诉案件占到所有申诉案件的12%。行政诉讼制度保障宪法法律实施的功能几乎被地方掏空。在这种窘境下,只有探索设立独立的专门行政法院,才能有效排除地方保护和行政干预,确保有权必有责,用权受监督,违法必追究,让人民群众在每一个行政案件中感受公平正义。

3. 执行难

党的十六大、十七大等报告中多次提出要解决"执行难"的问题。实际上,行政审判的执行更是难上加难。对于行政机关败诉的案件,法院可以采取的执行方式极为有限。由于缺乏必要的制裁手段,即使少数案件能够顶住压力判决,也难以得到执行,甚至遭到行政机关的"报复"。例如广东某县法院判决计生委败诉后,计生委不仅不履行判决,反而在当年的计生工作中被计生委黄牌警告。行政高于司法、行政干预司法的现状使得人民群众视行政诉讼为畏途,大量本来可以通过行政诉讼解决的行政争议涌向信访。据广东信访部门的同志介绍,每年到省政府信访的数量约5万件,其中3万件左右属于行政诉讼案件或者应当通过行政诉讼途径解决。有的行政诉讼原告为了抵消行政机关对司法干预的影响,甚至采取示威、冲击围攻政府等暴力过激方式,进一步加大了解决问题的难度。

(四) 行政职能异化

在调研过程中,有的学者提出,人民群众对目前的行政审判体制已经基本丧失信心,案件数量下滑,特别是行政审判体制已经由监督制约政府蜕化成为政府的"执行工具"。人民法院行政审判庭的本职工作或者重点工作应当是审理行政案件,但是由于司法环境不佳,一些地方法院热衷于办理与行政机关冲突不大的非诉行政执行案件。行政机关要求法院强制执行行政相对人的拆迁、拆违等非诉案件,远远多于诉讼案件,法院被老百姓讥讽为行政机关的"狗腿子"。从全国范围来看,行政诉讼案件数量呈现下降趋势,2012年全国法院一审行政案件比2011年下降4.97%,只有129583件。以福建省为例,2008—2012年全省审结行政诉讼案件18193件,同比下降1.40%,相反行政机关申请强制执行的非诉案件45332件,同比上升了76.34%。

(五) 现行法院体制没有突出对行政审判的特点的重视

行政审判工作是法院工作的重要组成部分,在案件性质、诉讼程序上与民事、刑事审判有很多相似之处,但更多的却是其鲜明的特点:一是行政案件的数量比民事刑事案件为少。多年来,行政案件数量只占到全部案件的5%左右。由于案件偏少,基层法院行政审判庭的设置事实上过多占用了行政审判力量,给有的法院经常调动行政审判人员提供了口实。如果将基层行政审判力量集中到专门法院,既使行政审判人员的力量进行了集中整合,形成行政审判的合力,优化了行政审判的配置;又因其级别提高,也有利于审理当前基层法院普遍存在的"三难"问题。二是行政审判的专业性较民事、刑事审判更强。相比而言,行政审判工作时间还不长。熟悉行政审判工作的同志比较少,行政审判的最重要的特点是对行政行为的合法性进行审查。这就要求除了熟悉行政诉讼法、民事诉讼法外还必须熟悉有关行政管理的法律、法规以及规章,这需要一个不断学习和熟悉的过程。比如立案工作就需要对于《行政诉讼法》以及相关司法解释的规定非常熟悉。三是行政审判新问题、新情况较多。现行的行政诉讼法实践证明亟须修改。主要原因在于行政诉讼法已经不能解决出现的新问题。就立法情况而言,《民事诉讼法》1982 年试行,经过了1991 年、2007 年、2012 年三次修改;《刑事诉讼法》1979 年制定,经过了 1996年、2012 年两次修改。所以,对于有些法律问题属于灵活性和前瞻性的处理,需要对各地法院的做法、国外行政案件处理有一定的了解。这是一个很高的要求。四是行政审判事关改革开放的稳定大局。行政诉讼的发展程度,直接反映了一个国家法治状态的形成进度、政治文明的建设速度和公民权益的保障程度。从一定意义上说,行政诉讼是宪政的试金石,是法治的检测器,是民主法治的晴雨表,是公民权利的守护神,是社会稳定的减压阀①。在构建社会主义和谐社会的进程中,行政审判通过化解行政争议,对于促进经济发展和社会进步、维护社会稳定和国家的长治久安,具有不可替代的、特殊的职能作用。这样的作用显然比民事、刑事更为直接和明显。

　　这些问题的存在已经严重地影响到了人民法院的司法权威和公信力,影响到了行政审判的前途和命运,必须尽快加以解决。我国行政审判目前遇到的困境总体而言归因于行政审判体制。所以有的学者认为,这是一种"宪政意义上的挫折(体制障碍)"②。当前,行政审判体制面临着前所未有的复杂格局和严峻挑战。人民法院只有通过系统的、渐进的行政审判体制改革,逐步建立依法独立行使行政审判权的机制,才能适应社会主义市场经济和民主法

---

① 参见江必新:《在全国法院行政审判工作会议上的总结讲话》(重庆,2003)。
② 陈端洪:《中国行政法》,法律出版社 1998 年版,第 128 页。

治的需要。行政审判体制改革也是整个司法改革的重要组成部分,必须在立足于我国行政审判实际的基础上,借鉴国外行政审判体制的先进经验,进一步完善我国的行政审判体制。

二、设立行政法院的政治意义和法治意义

我国的行政诉讼法已经实施二十多年,人民法院依法受理和审理了 270 余万件各类行政案件,化解了大量行政纠纷。随着我国发展进入新阶段,改革进入攻坚期和深水区,包括"官"民矛盾在内的深层次的矛盾呈现激增和爆发态势。而现行行政审判体制存在的严重"地方化"倾向,已经导致人民法院无法有效履行法律赋予的职能,亟须在机制体制上进行彻底改革。

(一) 有助于保障法律统一实施,确保党的路线方针政策和各项决策部署贯彻落实

包括行政审判权在内的司法权力属于中央事权,宪法和行政诉讼法明确规定了人民法院对行政机关的监督权力。现行行政审判体制采取司法管辖区与行政区完全对应的设计,导致了严重的"行政审判地方化",致使行政审判权力完全受制和从属于地方,难以实现对违法行政的监督。在一些基层行政机关,中央的政令往往被打折扣、作选择、搞变通,"上有政策,下有对策"、有令不行、有禁不止的现象比较突出,导致了大量的行政纠纷。在发生行政纠纷后,为了防止暴露工作失误,不愿意通过法治方式解决矛盾,往往简单依赖围追堵截等硬性措施维稳。当事人提起行政诉讼,有的行政机关想方设法阻挠法院受理和审理,县法院审不了县政府、甚至审不了乡政府的现象比较普遍。根据我国宪法和立法法的规定,司法权本质上属于中央事权,不应受到地方的干预和控制。但是,司法实践中,有关中央和地方、法律和地方政策之间的冲突比较突出,下级法院迫于压力不敢适用立法法关于法律适用的规定,经常采取逐级请示的方式转移压力。有的法院自甘于作行政机关的"执行工具",加深了人民群众对行政诉讼途径的畏惧感。建立脱离行政区划直属于中央的公正权威的专门行政法院,能够强化中央对地方的监督与掌控,能够尽快破除

"法院地方化"乱象,能够尽快使信访难题得到破解,有效保障中央政令得到不折不扣的执行。

（二）有助于化解官民矛盾,最大限度增加和谐因素,推进国家治理体系和治理能力现代化

当前,行政案件数量最大,影响面最广的是大多数涉及人民群众切身利益的征地拆迁、企业改制、社会保障等行政案件。这些案件的高发多发,往往是由于地方政府违背科学发展观、违背市场发展规律、秉持错误政绩观、牺牲农民等弱势群体的利益造成的。由于这类案件涉及地方发展大局,法院自身又没有体制保障,导致案件无法正常受理或者公正审理,有的地方甚至因此酿成聚众上访、围攻冲击政府等群体恶性事件。近年来发生的贵州瓮安事件、湖北石首事件、江西抚州爆炸案、云南孟连事件、江西宜黄自焚案、河北正定自焚案、湖南株洲自焚案等一系列重大群体、恶性事件的背后,均与"官"民矛盾紧张和法定救济渠道不畅等因素有关。在实践中,有的行政机关明令禁止法院受理行政案件,有的行政机关要求受理与否由其批准,有的行政机关干部直接插手行政案件的立案等等。这些违法行为导致大量的行政案件无法进入诉讼而转入信访渠道,对社会和谐稳定造成了极大的隐患。据有关方面统计,每年因行政纠纷引发的信访高达 400 万至 600 万件,而选择行政诉讼途径解决的只有 10 万件左右,"信访不信法"现象极为突出。2012 年,福建全省受理的非涉法涉诉信访案 5.98 万件中,其中未经诉讼程序的行政案件 3.5 万件,占到 58.6%。这种状况的持续,必然导致"官民"矛盾长期紧张而得不到缓解,个别矛盾可能转化为整体矛盾,甚至会影响和动摇党和国家的执政基础。通过独立、公正、理性、平和的诉讼程序,能够及时疏解社会怨气,及时消解"官民"矛盾,及时通过法治途径化解信访难题,是一种制度化、法治化、现代化的国家治理方式。而人民法院要充分发挥这一功能,必须首先要在体制上予以保障。建立直属于中央、排除地方干扰的专门行政法院体制,已成为当务之急。

（三）有助于推进政府职能转变,增强政府公信力和执行力,推动法治政府和服务型政府建设

推进经济体制改革是全面深化改革的重点,核心问题是处理好政府和市场的关系。要完成这一任务,必须紧紧把握深化司法体制改革的契机,强调通过法治方式推进依法行政。从世界范围来看,专门行政法院制度在调整和规制政府的经济政策和治理行为,清除市场壁垒和行业垄断,解决政府干预过多和监管不到位,促使政府全面正确履行政府职能,促进经济持续健康发展中的作用极为突出。大量事实表明,法治政府越是向纵深发展,就越应当受到监督和制约,保证行政不越权和不滥用。行政法院通过案件审理,能够及时发现和纠正政府的违法违规行为,为深化经济体制改革保驾护航。专门行政法院具有的专业性,既能够保证政府的效率、公信力和执行力,也能够监督政府的垄断和不正当竞争等违规行为;专门行政法院具有的独立性,既能够保证行政案件能够得到公正高效的审理,促进社会公平正义,也能够及时发现和纠正政府的不法不当行为;专门行政法院具有的中央事权性,既能够监督和纠正地方政府妨害全国统一市场和公平竞争的做法,也能够保证中央经济体制改革顺利推进和社会主义法制的统一。

(四) 有助于强化权力运行制约和监督体系,确保把权力关进制度笼子里

专门行政法院是一种世界通行的、行之有效的权力运行制约和监督制度。二百年来,世界上各个国家和地区都重视专门行政法院在强化权力运行制约和监督中的作用和功能。当今世界,大陆法系国家基本上都设置了专门行政法院,我国在清末,台湾和澳门均设有行政法院。据不完全统计,在全世界200多个国家和地区中,建立普通行政法院的国家或者地区将近60个,此外还有30余个国家和地区设有经济、审计、税务、社会、劳动、知识产权等特别行政法院。没有设立专门行政法院的国家往往是英美法系国家或者伊斯兰法系国家。但近年来,一些英美法系国家(例如美国、英国、澳大利亚)和伊斯兰法系国家(例如伊朗)等国均建立了行政法院。建立行政法院作为监督制约体制的重要组成部分,绝不是偶然的,是被实践反复证明的有效机制。通过行政法院这个"制度笼子"严格规范和约束行政权力,通过司法手段制裁各种超越职权和滥用职权的行为,已经成为通行做法。

三、中国特色行政法院的基本功能

十八届四中全会再次就司法体制改革进行了部署,特别是要探索建立与行政区划适当分离的司法管辖制度,保证国家法律统一正确实施。建立专门行政法院完全符合中国现实司法实践,完全符合十八届四中全会精神,有必要率先考虑推出,尽快安排部署。在三大诉讼中,最需要突破行政区划的领域是行政审判领域,成本最低的是建立行政法院,效率最高的建立行政法院,最具有彰显法治意义的司法改革还是建立行政法院。专门行政法院的基本功能可以概括为以下几点:

(一) 破除人财物制约,实现官民平等

《行政诉讼法》第八条明确规定,当事人在行政诉讼中的法律地位平等。司法实践中,由于普通法院属于地方法院,受到地方政府人财物的管理和制约,而作为行政诉讼被告一方的是政府或者其职能部门。这种被监督者制约监督者的体制导致行政诉讼中实现诉讼地位平等的任务极为艰巨。由于涉及自身利益,有的地方党政机关要求法院汇报案件处理情况、通过党委会议、协调案件等平台对法院审理案件进行干预和提出质疑。一些案件受到干预,法院违心下判后,其负面效果在短期内难以消除。干预或者压力可能并非存在每一个行政案件中,但是却存在于每一个法官心里。破除地方化、实行与行政区划适当分离的专门行政法院,从根本上破除了不当制约的土壤,为实现官民平等提供了体制保障。

(二) 破除受案瓶颈,实现民权救济

修正案草案说明中将"维护行政诉讼制度的权威性,针对现实中的突出问题,强调依法保障公民、法人和其他组织的诉讼权利"作为修法工作的原则之一,体现了行政诉讼的本质。人民法院必须把保护人民诉权放在首要位置。但在司法实践中,保护诉权工作压力极大,行政案件受案难的问题极为突出。有的省会城市明令法院受理或不受理,要向政府报批;有的地方明令禁止受理

某类行政案件;有的党政机关干部直接插手行政案件的立案。大量的行政案件涌入信访渠道,人民法院救济民权、纾缓民怨的功能被严重削弱。设立专门行政法院,脱离了显性和隐形干预,不仅为法院依法受理行政案件排除了障碍,同时通过司法产品的有效供给,最大程度地化解官民矛盾,最大程度地保障人民群众的基本权益,最大程度实现"让人民群众在每一个行政案件中都感受到公平正义"的目标。

(三) 破除非法不当干预,实现权力监督

保障人权和监督行政是行政诉讼"车之两轮","鸟之双翼"。通过审理行政案件监督行政机关依法行政,是现代法治文明的重要成果。大陆法系国家通常重视行政审判在国家治理方面,特别是监督依法行政当中维护客观法律秩序的作用。行政法院不仅承担审理案件的事后监督职能,还要承担对行政机关决策、发布规范性文件等事前监督职能。现行行政诉讼法规定的通过审理案件监督行政,与普通法院化解具体纠纷的定位相关,具有先天的局限性。专门行政法院设立后,不仅能够强化对具体案件审理的解决纠纷职能,而且能够强化对行政权力的监督、推进国家治理的客观诉讼功能。

(四) 破除司法地方化,实现审判独立

《宪法》和《人民法院组织法》确立的普通法院体系,与地方国家机构一一对应,具有极强的地方司法特色。人民法院审理的行政案件,大多涉及法律规范性文件的冲突和协调问题。相当数量的案件涉及地方性法规、规章与法律、行政法规的冲突。虽然立法法对于法律适用规则规定比较明确,但由于法院从属于地方,一些法院惮于行使选择适用权或者违法作出倾向于地方的裁判,致使法律规定的审判独立成为一句空话。包括行政审判权在内的司法权是中央事权,但由于普通法院地方化色彩,导致中央法律政令无法贯彻。一些地方法院由监督制约政府蜕化成为政府的"执行工具"。行政机关要求法院强制执行行政相对人的拆迁、拆违等非诉案件,远远多于诉讼案件。一些地方的行政审判的职能已经发生了严重异化,由对行政权力的监督者变成了地方权力的执行者。设立专门行政法院,是维护中央政令畅通、国家法制统一、实现依法独立公正行使审判权的必要手段。

（五）破除有限监督藩篱，实现案结事了

20 世纪 80 年代，被诉的行政行为大多是行政处罚等类型的行政行为。据此，《行政诉讼法》规定，人民法院审理行政案件，对行政行为的合法性进行审查。从计划经济到市场经济，行政行为的方式发生了极大的转变。目前，大多数的行政行为体现为给付行政、福利行政等。如果仅仅进行合法性审查，将会导致大量案件无法得到实质性化解。目前，占到行政案件绝对比例和数量的资源类、社会保障类行政案件，不仅涉及行政行为的合法性，通常还涉及合理性问题。一些案件由于没有进行合理性审查，矛盾没有得到化解，导致行政案件的上诉率和申诉率畸高。但从域外实践来看，行政法院案件的上诉率都保持在极低的水平，这是因为域外行政法院根据不同行政行为设置了诉讼类型制度，并建立了相应的实质性化解争议的裁判体系。因此，赋予行政法院包括合法性审查、合理性审查等在内的审理、裁判手段极为重要。行政法院设立之后，在拓展审判职能，保障公民诉讼权利，发挥法院社会治理功能，发挥案件最终化解功能将会日益彰显。

四、设置行政法院的法律依据

目前有一种观点认为，是否设立专门行政法院，应当通过修改《人民法院组织法》而不应当通过修改《行政诉讼法》来进行。这种观点实际上对设置行政审判体制的法律依据缺乏认识。我国现行行政审判体制是由《行政诉讼法》而非《人民法院组织法》确立的。[①] 正是依据行政诉讼法的规定，具有中国特色的、完全从属于地方的、在普通法院设立行政审判庭的行政审判体制得以正式确立。而《人民法院组织法》第十八条第二款规定，基层人民法院可以设刑事审判庭、民事审判庭和经济审判庭，没有规定人民法院可以设行政审判

[①] 1989 年《行政诉讼法》第三条第二款规定，人民法院设行政审判庭，审理行政案件。《最高人民法院关于执行〈中华人民共和国行政诉讼法〉若干问题的解释》对普通法院体制作了进一步规定，该解释第六条规定："各级人民法院行政审判庭审理行政案件和审查行政机关申请执行其具体行政行为的案件。专门人民法院、人民法庭不审理行政案件，也不审查和执行行政机关申请执行其具体行政行为的案件。"

庭。这就意味着,如果要进行行政审判体制改革,必须通过修改行政诉讼法的方式,不必修改《人民法院组织法》。当然,修改《行政诉讼法》是为了明确行政法院的法律地位,在《行政诉讼法》修订完成之后,对于涉及专门行政法院的具体设置、地域管辖、上下级关系等方面内容,仍然需要对《人民法院组织法》进行相应的修改。设立专门行政法院具有宪法和法律依据,在修改《行政诉讼法》时应当进一步明确规定专门行政法院体制。

（一）有明确的宪法依据

根据《宪法》第一百二十四条第一款的规定,"中华人民共和国设立最高人民法院、地方各级人民法院和军事法院等专门人民法院。"这里的"等"是不完全列举,除了军事法院,还包括海事法院、铁路运输法院、知识产权法院、行政法院等。专门法院的特点是:专门法院针对特定的组织系统或者特定的案件;专门法院管辖的是与各该组织系统有关的案件,受理的案件具有专门性;专门法院的产生、人员任免不由同级人民代表大会决定。拟设立的行政法院也具备以上特征:行政案件具有专业性和技术性;行政法院是特定的相对独立的组织系统;行政法院基于其功能本质上摒弃地方化倾向,不能受制于地方。在行政诉讼法中明确专门行政法院完全符合宪法的规定。

（二）有具体的法律规定

《人民法院组织法》第二条规定:"中华人民共和国的审判权由下列人民法院行使:……（二）军事法院等专门人民法院……"该法第二十八条规定:"专门人民法院的组织和职权由全国人民代表大会常务委员会另行规定。"这里的"等"亦为不完全列举,包括了除军事法院之外的铁路运输法院、森林法院、石油法院、知识产权法院等专门法院,当然也包括了专门行政法院。

（三）专门行政法院在特定情形下可以通过立法机关文件形式确立

对于《宪法》和《人民法院组织法》没有明确列举的专门法院,最高立法机关可以通过单行法律文件的方式予以明确。以海事法院的设立为例,为了适应海上运输和对外贸易发展的需要,第六届全国人民代表大会常务委员会第

八次会议根据我国《宪法》关于设立专门人民法院的规定,于 1984 年 11 月 14

日通过了《关于在沿海港口城市设立海事法院的决定》，当即公布实施。这是最高权力机关通过单行法律设立专门法院的一个典型例子，说明全国人大可以通过决定的形式设立专门法院。当然，通过修改行政诉讼法形式设立行政法院，比最高权力机关的"决定"在制度上更有稳定性和严肃性。

五、设置行政法院的可行性

（一）设置行政法院不仅符合宪法法律规定，而且完全可以通过修改行政诉讼法的方式进行

前已述及，设置行政法院具有充分的宪法和法律依据。设立行政法院完全可以通过完善行政诉讼制度加以推进。现行行政审判体制是通过全国人大常委会制定行政诉讼法确定的，改革行政审判体制仍然应当通过修订法律的方式进行。

（二）有可资借鉴的本土资源和域外经验

我国历史上曾有过行政法院的司法实践。清末时期即筹设"行政审判院"，北洋政府和国民党政府时期则有平政院、行政法院等专门行政审判机构。目前，我国台湾地区和澳门特区都建立了行政法院。在世界范围内，行政法院的历史至今已经有二百余年的发展历史，已经成为法治是否昌明、政府是否依法行政的重要标志。综观我国的法律制度，无论是在立法上还是司法上，都与大陆法系有着千丝万缕的联系。我国自清末修律以来主要向德日学习，在法律机构的设置和法学理论上基本属于大陆法系。新中国成立后的法律体系属于社会主义法系，而社会主义法系本身就受到大陆法系的深刻影响。大陆法系的行政法院体制在法律制度方面有容纳的可能，不会造成制度上的异质感。况且，在原东欧的许多社会主义国家都有建立行政法院的实践。例如，波兰于 1980 年设立了最高行政法院①。原南斯拉夫也有类似的行政审判体制。由于行政法院具有的独立性、专业性和公平性等特殊优势，设立专门行政

---

① 参见马原主编：《中国行政诉讼法讲义》，人民法院出版社 1990 年版，第 2 页。

法院系统几乎成为所有大陆法系国家普遍采用的模式。英美法系国家近年来也出现了设立专门行政法院的动向。目前,最高行政法院国际协会已经拥有70多个会员国和30多个观察员国。我国在传统上属于成文法国家,接近大陆法系国家,但是在行政审判体制上却一反常态采取了英美法系国家的做法,没有设立行政法院。目前,世界上各个国家和地区的行政法院制度还在不断发展和完善过程中,这些国内外的制度设计和司法实践,为我国设立专门行政法院提供了良好借鉴。

(三)有一支可以信赖的行政审判队伍

经过近三十年行政审判的发展和积淀,我国已经形成一支总数近2万人、政治和业务素质总体较高的行政审判队伍,完全能够胜任改革之后专门行政法院的各项审判工作。二十余年的行政审判实践,造就了许多既精通法律,又通晓其他专业知识的行政审判人员。最高人民法院按照培训计划,多次举办针对行政审判骨干的业务培训。许多法院结合本地实际,积极开展了多种形式的行政审判业务培训。同时,在审判一线岗位培养了大量的熟悉行政法律的行政审判人员。此外,许多具有本科以上学历的法官进入行政审判队伍。根据法国和德国的经验,在法官任职资格上,除了必须通过国家司法考试具有从事司法职业的一般要求之外,还应当强调专业行政知识和实际行政经验。因此,目前在各级行政机关从事行政复议等行政法制工作的人员也可以成为行政法官的重要来源。此外,设立专门行政法院,可以将目前各级人民法院的行政审判庭整合缩减,将行政审判庭现有审判人员和部分与行政审判工作相关的立案、审监、执行以及其他行政部门的人员置换进来,不仅不会大幅增加人员编制,还可以降低改革的难度和成本,通过精兵简政,实现司法资源的优化配置。

(四)具有较高民意和广泛的群众基础

对于行政诉讼目前面临的困境及呈现的消极后果,各级法院感同身受自不待言,许多人大代表、政协委员和社会各界也早已有所了解并纷纷建言献策,人民群众对行政诉讼告状难、胜诉难、执行难一直反映强烈,因此,积极推进以实现司法公正为宗旨的行政诉讼司法体制改革,将会得到各方面的赞同和拥护,具有广泛的民意和群众基础。代表中国行政法学界的中国行政法学研究会也就建立专门行政法院提交了建议,许多高校的专家学者纷纷就建立行政法院建言献策。建立行政法院是精兵简政的改革,行政审判人员、行政审判机构会大幅度减少,为避免给人民群众的诉讼活动带来不便,可以综合考虑辖区人口、案件数量、地域交通等因素设置行政法院。辖区较大的必要时可采取设立派出法庭或者巡回法庭等措施解决。随着我国交通条件的不断改善,应当不会过多增加人民群众的诉讼成本。在调研听取意见过程中,一些基层群众表示:在寻求司法公平正义与多花一点时间、多跑一点路之间,我们选择公平正义。

(五) 在法院内部设立行政法院成本较为低廉

行政法院的设立是在体制内的重新调整,不涉及太大规模的人员调整。实际上,由于目前各地行政案件的受理情况极不平衡,仅由行政审判庭直接改制为行政法院不仅没有必要,而且成本太高。不考虑实际情况设立众多的行政法院,对于案件较少的地区是对人员、财力的极大浪费,对于案件较多的地区又可能出现案件积压,不符合诉讼资源有效配置的要求。设立行政法院的基本思路就是根据案件多寡确定是否设立行政法院以及行政法院的数量。在行政审判机构经过重新调整之后,行政审判的专业性得到强调和理顺,行政法院作为独立主体的自身凝聚力会使其在整体上加强排拒行政干预的意识。

六、设置行政法院的预期目标

(一) 设立行政法院预计成为本次司法改革的重大成果

社会主义和谐社会是一个崇尚法治的社会。为了实现这一目标,党中央已经把加强社会主义法治建设、推进司法改革作为政治建设和政治体制改革的重要内容进行总体规划。司法改革的重点在于打破地方保护主义、部门保护主义的层层壁垒,以促进全国统一大市场的建立,否则,国家司法权的统一行使就会受到威胁。当然,推进法院体制改革必须从我国的国情出发,借鉴国外司法改革的成功经验;必须坚持合法性原则,一切改革举措均不得违反宪法和法律;必须充分考虑主客观条件,态度积极,步骤稳妥;必须统一部署,有计划、按步骤,先试点、后推广。这是推进司法改革需要把握的基本方针。

如前所述,行政法院是大陆法系国家的一项重要的司法制度,同时已经极大地影响了一些英美法系国家。在法国,行政法院拥有崇高的威望,两百年来,已经成为民主法治的重要标志,至今为许多国家所效仿。其中,欧洲设立行政法院的国家有:奥地利、比利时、保加利亚、瑞士、捷克、德国、西班牙、芬兰、希腊、几内亚、匈牙利、意大利、立陶宛、卢森堡、摩纳哥、荷兰、挪威、波兰、葡萄牙、罗马尼亚、俄国、瑞典、黑山、马耳他等国家。非洲设立行政法院的国家有:贝宁、布基纳法索、中非、阿尔及利亚、埃及、加蓬、赤道几内亚、加纳、马里、摩洛哥、尼日尔、卢旺达、塞内加尔、多哥、乌拉圭、科特迪瓦、莫桑比克、突尼斯等。亚洲设立行政法院的国家有:印度尼西亚、伊朗、韩国、黎巴嫩、中国澳门、中国台湾、沙特阿拉伯、泰国、土耳其、乌克兰等国家。美洲则有哥伦比亚、墨西哥、巴拿马、委内瑞拉等国家。大洋洲的澳大利亚则设有行政上诉法院。随着时代的发展,设立行政法院已经成为许多国家是否健全行政审判体制的重要标志。当前,行政审判实践中遇到的诸多问题实际上与现行的审判体制有很大的关系。

我国在传统上属于大陆法系国家,但是在行政审判体制上却是由普通法院审理行政案件。大陆法系国家设立行政法院的一个重要原因就是考虑到了行政机关对于公民的侵犯的特殊性。大陆法系国家一般被称为"行政国家",就是因为其行政机关的权力无所不在;英美法系国家被称为"司法国家"的原因则在于司法权的尊荣地位。而我国的司法权相对于国家行政权而言,无疑是弱小的。如果继续采用英美法系行政审判的做法,行政审判面临的困难就难以在短期内解决。所以设立独立的行政法院就成为一个必然的选择。当然,司法独立的建设必将有一个渐进的过程。行政审判制度是我国国家制度中唯一以法律手段控制国家权力的制度,是司法制度中最亟待变革的部分,同时也是三大诉讼制度中比重最轻的部分,进行司法改革,建立公正而有效率的司法体制可以首先从设立相对独立的行政法院入手。① 司法体制的改革是一

① 参见刘飞:《建立独立的行政法院可为实现司法独立之首要步骤——从德国行政法院之独立性谈起》,《行政法学研究》2002 年第 3 期。

个由点到面的过程,行政法院的设立将有力地推动司法体制改革的进一步深入,同时也将成为司法体制改革的重大成果。

（二）设立行政法院将有效地解决行政审判目前面临的困难

如前所述,行政审判目前面临的困难主要有"三难":立案难、审理难、执行难。在建立行政法院后,这些问题预计会逐步解决。

就立案而言,有独立财政、人事权的行政法院不再受制于政府,受理的案件将会有大幅的攀升。就国外的经验而言,以韩国为例。韩国行政法院改革是1994年司法制度改革的重要环节。在司法改革过程中,对于应当采用德国式的多元司法构造还是采取法国式的二元司法体制争论极大。最后,司法界普遍认为不应当偏向任何一国的制度,而应当以本国制度为中心,择优选取国外的制度。这其中主要是出于法律的安定性和制度本土化的考虑主张扩大行政诉讼的受案范围。1984年,采取英美法系司法体制的行政诉讼第一审行政案件为1882件。1998年汉城行政法院正式成立,当年全国的行政案件就达到7422件,到2001年行政案件更是达到了11696件的新高。尤其是汉城行政法院成立之后,其案件受理数接近全国的一半,即在11696件受案数中占5323件,在结案的10635件中占4919件。说明行政法院的设立对于促进司法体制的改革以及加强国民信任度方面发挥了极其重要的作用。相比而言,拥有1亿多人口,实行英美法系司法体制的日本,行政诉讼案件一直徘徊在1300—1400件之间,而且由于没有重视行政诉讼的特点,上诉率一直居高不下,有的案件甚至超过了10年。还有一个典型的例子是,在北欧国家——瑞典,据1987年的统计,每100万人口中,有15165.3件行政诉讼案件。就我国情况而言,2002年,每100万人口中,有63.8件行政诉讼案件。韩国、瑞典的经验和日本的教训已经说明,是否设立行政法院专司行政审判实际上已经影响到了其受理案件的数量,进而影响到了行政审判的前途问题。

就审理而言,行政法院的设立将大大提高行政审判的效率。在独立于政府的行政法院设立之后,行政审判人员进一步专业化、精英化,有些案件的处理可以采用简易程序处理。1998年,德国共有一审行政法官1950名,当年行政案件旧存335411件,新收201543件,当年终结案件218272件,同时,当年还有暂时权利保护案件旧存27394件,新收95212件,结案101609件,这就意味着德国行政法官每人每年审结 164 件行政案件。可见,行政法院专业化、精英化对于案件的效率影响之大。

就行政案件的执行而言,行政法院的设立会有效地解决"执行难"的问题。法国和德国的经验可以借鉴。法国从 20 世纪 60 年代以来,采取了一系列法律措施,来保障行政判决的执行。(1)法国《行政机关迟延罚款和判决执行法》,规定行政机关被判决赔偿时,必须在 4 个月内签发支付令。逾期不支付的,会计员有义务根据判决书正本付款。(2)行政机关不积极履行赔偿义务,当事人可在 6 个月后向最高行政法院申诉,最高行政法院可对行政机关宣布迟延罚款。(3)对于引起迟延罚款的行政机关负责人,行政法院可以判处高达相当于其全年工资罚款。(4)1976 年的调解专员法规定,行政机关不按照调解专员的命令执行时,调解专员可以写出特别报告,公开发表,利用舆论对行政机关施加压力。(5)行政法院可以通过宣布行政机关的行为违法来撤销其决定。德国行政法院的执行程序除适用普通法院程序外,还可依法对行政主体处以高达 2000 马克的罚款,并可反复进行和实施这种处罚。我国将来的行政法院内部可以设立司法政策研究室,监督行政判决和裁定的执行。

七、专门行政法院的基本设想和可行方案

专门行政法院的设立应当结合中国司法实践,根据行政案件数量、人口数量、行政审判人员等予以测算。从行政案件和人口数量来看,根据国外的经验,我国大约需要设置 400 个一审行政法院。目前一审行政案件每年在 12 万件左右,按照人口比在全世界处于较低水平。以公认的行政执法水平相对较高的德国为例,德国 52 个初级行政法院一年的各类行政案件最少在 50 万件以上(1999 年),德国全国人口为 8000 多万。① 如果按照德国的行政案件人口比,我国的一审行政案件应当为 812 万余件;如果按照德国的行政法院设置比例,我国需要设置 840 余个一审行政法院。而在事实上,如果按照德国行政

---

① 参见刘飞:《中德行政诉讼制度比较分析概述》,[德]弗里德赫尔穆·胡芬:《行政诉讼法》,莫光华译,法律出版社 2003 年版,第 3—4 页。

案件的负案量(每个初级行政法院大约 1 万件),比照我国目前一审行政案件的数量,我国只需要设立 12 个行政法院即可。那么,设立破除地方干预的行政法院之后,可能带来行政案件的激增,数量会在 600 万件左右。有学者考证,当前多数的行政纠纷信访都可以用诉讼的方式加以解决,法院的行政诉讼受案范围与信访案件之间存在"非常可观的重叠",每年引发上访的、可以通过诉讼方式解决行政纠纷约有 400 万至 600 万件。[①] 这一数据与按照德国人口受案比例的测算比较接近。如果按照最低的 400 万件计算,按照德国行政法院的负案量,我国大约需要设置 400 个左右的一审行政法院。从行政审判人员的数量来看,根据海事法院的经验,亦需设立数量不菲的一审行政法院。我国目前设立了 10 个海事法院,400 余名海事审判人员,每年审理 1000 件左右的海事案件。如果按照海事法院的负案量,我国可能要设立 1200 个一审行政法院。从目前行政审判机构和人员设置来看,基层人民法院行政审判庭共计 2918 个,在行政审判庭、立案庭、审判监督庭、执行机构等部门从事行政审判的人员为 14000 名左右,按照海事法院 40 名编制计算,行政法院的数量也将比较庞大。

可见,从行政审判长远发展和从国内外的经验来看,设立行政法院必须经过准确深入调研、多方统筹才能成功;必须结合中国实际,分阶段、分步骤、分目标才能实现。事实上,个别国家由于设立行政法院准备不足,仓促推行,导致行政审判体制改革出现挫折。例如,2000 年俄罗斯联邦最高法院拟订的《俄罗斯联邦行政法院法草案》,提交给了俄罗斯联邦国家杜马讨论并获得一致通过。该草案计划设立三级行政法院,即 500 个行政法院、21 个司法管辖区行政法院、最高法院设立行政审判庭。但是由于资金预算问题和少数官员的阻挠,上述法律草案被搁置。2003 年总统咨文中再次提出设立行政法院。最高法院 2004 年 4 月 18 日在国家杜马中再次请求审议联邦行政法院法草案。新的联邦行政法院法草案计划在普通法院体系里设立行政法院,并根据国家财力,大大削减了计划建立的行政法院数量。一个行政法院管辖 2—3 个联邦主体内的行政法律争议,最高法院内设立专门的行政审判庭。因此,设立行政法院不能片面追求一步到位,必须分清轻重缓急,有计划按步骤进行。笔

---

① 参见张泰苏:《中国人在行政纠纷中为何偏好信访》,《社会学研究》2009 年第 3 期。

者认为,设立行政法院应当首先从省以下个别试点开始,逐步在省以下全面推广,最终设置三级行政法院,具体分为三个步骤:

(一) 个别法院试行阶段

行政审判体制改革是司法体制改革的重要内容,是现行三大诉讼体制的全新变革,必须采取非常慎重的态度。具体方式是建立两个以上标本法院或者试点法院,对行政审判的影响、可能带来的问题等方面进行综合评估之后,逐步推开。在选择试点法院时,应当考虑行政审判实际水平、行政法治环境、公民法治意识水平、东西部经济社会文化差异等因素,选择具有代表意义的试点法院。当然,出于利用现有司法资源的考虑,也可以目前案件较少的铁路运输法院、开发区法院等法院作为依托,实行跨行政区划审理行政案件,选择当事人诉讼方便、区位合理的特定法院进行试点。

考虑到目前行政审判干预较大的情况主要发生在基层人民法院,两个试点法院可以在省以下行政区域进行。设置试点行政法院必须跨市县区。辖区内的行政审判人员可以根据情况并入试点行政法院。试点行政法院属于一审行政法院,不服其裁判的,可以上诉到省级高级人民法院。试点法院应当定期将试点法院的情况向最高人民法院报告,为下一步推进设立行政法院积累经验。

(二) 省以下推行阶段

在试点法院经验的基础上,按照建立与行政区划适当分离管辖的精神,在省以下全面设置专门行政法院。从目前的行政案件数量来看,每个省份应当设置 2 个行政法院,山东、河南等行政案件数量较多的省份,可以适当增加。从国外行政法院的设置来看,一般实行与行政区划相分离的司法区划管辖制度。例如,法国行政法院是根据大区设置的,有的行政法院覆盖了 4 个省,有的仅仅覆盖 1 个省(例如巴黎省)。在法国本土设置了若干行政法院区,对于特别行政法院不按照行政法院区来设置(例如庇护权法院)。海外省也有行政法院。全国划分为 42 个行政法院区,即有 42 个行政法院。再比如,瑞典的郡行政法院是按照司法区划分,全国划分为 24 个司法行政区,每一个司法行政区有一个郡行政法院。我国一审行政法院应当实行跨县市区的司法管辖制度,行政法院的级别、编制至少应当与中级人民法院相同。省以下行政法院为一审行政法院,当事人不服其裁判的,可以向高级人民法院提起上诉。依此计算,全国共计设立约 70 个一审行政法院。

(三) 跨省份推行阶段

在省以下行政法院设立完成之后,对于省级以上也应当逐步设立跨省份的大区行政法院。这是因为,目前的省市区区划也属于行政区划一级,跨省份的司法管辖改革也是题中应有之意。实践中,大量的案件涉及省级政府或者职能部门,高级人民法院审理这类案件仍然存在影响司法公正的机制因素。因此,在省级以上设立大区行政法院非常必要。域外上诉行政法院一般跨省份设置。例如,法国有 8 个行政上诉法院,而法国有 22 个大区,96 个省。中等规模的大区一般设立 1 个上诉法院。如果大区人口多、地域较广的,也可能设立 2 个上诉法院。例如,巴黎人口较多,占到全国 20% 的人口,因此设立了两个上诉法院。根据我国以往跨省份设立行政大区的历史经验,笔者认为在全国应当设立华北、东北、华东、华中、西北、西南、华南七个大区行政法院,作为上诉行政法院。笔者的考虑是:第一,根据大行政区设置法院有先例。新中国成立初期,我国曾经设置东北、华北、中南、华东、西南、西北和西藏 7 个分院。第二,排除地方干预。在省级之上的大行政区设置大区行政法院,完全排除行政区划与司法管辖区的一一对应关系,也排除了可能的地方干预和行政干预。第三,符合历史渊源。各行政区划在实施法律、制定实施法规规章、风俗习惯、语言文字等方面具有较高的同质性。既便于当事人确定受诉法院,同时也有利于行政法院审理案件。

最高人民法院可以根据实际需要,在内部设立行政分院审理行政案件。最高人民法院行政分院的院长,可以由最高人民法院院长或者副院长兼任,重要的司法解释和重大疑难案件,可以提请最高人民法院审判委员会讨论决定。笔者的考虑是:第一,设立分院承担最高人民法院审判职责有先例。我国在20 世纪 50 年代初期,根据《中华人民共和国人民法院暂行组织条例》的规定,最高人民法院曾经设立若干分院,执行最高人民法院的职务,接受最高人民法院的领导和监督。第二,现有的内设行政审判庭的体制无法承担设立行政法院后的繁重任务。目前行政审判庭已经是全院最繁重的业务庭。行政法院成立之后,对下指导的任务将更加繁重,采用行政审判庭体制已经无法适应。第三,符合宪法和人民法院组织法的规定。《宪法》第一百二十七条和《人民法院组织法》第二十九条规定,最高人民法院是最高审判机关。最高人民法院监督地方各级人民法院和专门人民法院的审判工作,上级人民法院监督下级人民法院的审判工作。最高人民法院行政审判分院代表最高人民法院对外行使最高人民法院的行政审判权,完全符合现行《宪法》和《法院组织法》的规定。当然,在条件成熟时,应当在最高人民法院内部设立最高行政法院。笔者的考虑是:一则符合国际惯例。为了体现垂直监督和专业性优势,设立行政法院的国家通常设立最高行政法院监督下级行政法院的审判工作。这些国家行政法院的实际运作良好,具有较高的司法公信力和较好的声誉。二则符合《宪法》和《人民法院组织法》的规定。最高行政法院接受最高人民法院的监督和指导,最高行政法院代表最高人民法院行使行政审判权力,符合上述法律中"最高人民法院是最高审判机关"的规定。

在法官的任免和经费保障方面,理想的设计应当是由中央财政支持并由最高立法机关任免法官。目前的情况下似应当采取双轨制。即最高人民法院行政分院(或最高行政法院)、大区行政法院审判员以上法官由全国人大常委会任命,经费由中央财政列支;初审行政法院审判员以上法官由省级人大常委会任命,经费由中央或省级财政列支。笔者的考虑是:第一,实行双轨制有利于实现行政区划和司法管辖区域的分离。现有行政审判体制的最大弊端在于人民法院的人财物完全受地方控制。实行双轨制有利于摆脱地方通过人财物控制,从而保障行政法院依法行使审判权,促进司法公正。第二,最高人民法院行政分院(或最高行政法院)、大区行政法院审判员以上法官由全国人大常委会任命有法律依据。最高人民法院行政分院(或最高行政法院)行使最高人民法院的行政审判权力,其法官亦属于最高人民法院法官,应当由全国人大常委会任命。审判员以上法官由上级人民法院任命亦有法律依据。例如,《人民法院组织法》第三十四条第二款规定,在省、自治区内按地区设立的和在直辖市内设立的中级人民法院院长、副院长、庭长、副庭长和审判员,由省、自治区、直辖市的人民代表大会常务委员会任免。本条的规定可以参照适用或者通过修订人民法院组织法特别规定。第三,行政法院审判员以上法官由省级人大常委会任命有法律依据。根据《人民法院组织法》的规定,中级人民法院审判员以上法官由省级人大任免。行政法院可以参照本条规定执行。同时,行政法院已经不再按照行政区划设置,亦不能由所在地的地市级人民代表大会常务委员会任免。

八、专门行政法院与管辖制度改革

目前,学术界对设立行政法院的必要性和可行性已经渐趋一致。但是,还有一种意见认为,通过行政诉讼管辖制度的改革也可以替代设立行政法院。管辖制度改革包括集中管辖、异地交叉管辖、提级管辖、取消基层法院一审管辖权等。笔者认为,管辖改革方案不能替代行政法院方案。管辖改革并非新思路,而是人民法院在无法改变现行审判体制下采取的突围之举,至今已有十余年之久。特别是,2008 年 1 月 4 日,最高人民法院出台了《关于行政案件管辖若干问题的规定》,确定了指定管辖为主、提级管辖为辅的基本原则,管辖制度改革正式上升为制度性规定,目前仍然在全国施行。但是,管辖改革已经实践证明只是权宜之计,脱困之举,而非对症之药,治本之策。那种认为行政审判体制改革应当通过管辖制度而非设立行政法院方式的观点模糊了问题的焦点,弱化了当前行政审判面临的严峻形势,有必要加以澄清。

——异地交叉管辖只能解决一时之困,不能解决根本问题。例如,浙江省台州中院从 2002 年开始试行异地交叉管辖。统计数据表明,试行交叉管辖后,行政案件数量逐年增加,行政机关败诉率明显上升,司法公信力有了显著提升。异地管辖案件原告的胜诉率为 35.14%;而同期由当地法院管辖案件的原告胜诉率仅为 13.95%,异地审判案件原告胜诉率是本地审判案件的 2.52 倍。但近年来的统计表明,由于行政机关天然的隶属关系等原因,新的干预、拐弯说情重新出现,行政机关败诉率回潮至 6%,甚至远远低于全省行政案件平均败诉率的水平。这说明,交叉管辖只是临时之策,不是治本良方。

——集中管辖短期效应明显,负面效应严重。以浙江省丽水中院为例,自 2007 年 9 月,该院探索实行相对集中指定管辖,即利用指定管辖的方式,对特定区域内行政案件的管辖权进行重新调整和合理配置,把一定区域内部分一审行政诉讼案件交由一个或几个特定法院管辖。实行集中指定管辖后,短期内案件数量出现增加,集中管辖法院行政审判人员配备充实,大部分案件由三个指定管辖法院审理,丰富了集中管辖法院的审判实践,积累了大量的审判经验,提高了行政审判的水平和质量。但是,负面影响同样严峻:被集中管辖法院的行政审判力量急剧萎缩;有的地方行政审判庭彻底虚置;当事人诉讼不便;基层法院原有的实时监督行政机关的功能被弱化。

——提级管辖或者取消基层法院一审管辖权表面有效,实则存在严重缺陷。有观点认为,采取提级管辖可以解决"县法院审不了乡政府"、"县法院审不了县政府"的问题。从实践来看,一般来说,提级管辖虽然使县政府作被告的案件归入中级法院管辖,但是中级法院的管辖是与地市级行政区划完全对应的。基于行政机关之间的隶属关系、官员定期交流、案件发生地和管辖地的党委、政府、行政机关的负责人之间千丝万缕的联系、干预成本较低等原因,县级政府与上级政府几乎同为行政案件的"利害关系人"、"利益攸关者",行政干预可以通过上级政府的影响力反映出来,同样不能从根本上破除非法干预。此外,提级管辖也将导致审判力量的严重失衡。如果一审案件全部由中院提级审理,将导致367个中院行政审判庭审理13万件行政案件,32个高院行政审判庭审理近10万件二审案件(以上诉率70%计),以目前的行政审判力量无力承担如此繁重的审判任务。

可见,管辖改革并非新事物,多年实践证明效果有限甚至负面影响也不容小视;管辖改革本身就属于人民法院权限范围,不必通过修改行政诉讼法的方式进行;管辖改革并非本次司法改革要求的"体制改革",而只是工作机制的改革;管辖改革不仅无助于行政审判"三难"问题的解决,甚至可能延缓问题的解决。管辖改革施行多年后,被人评价为"茶壶里的风暴",没有从根本上解决问题。从统计数据来看,以作为公正和服判息诉指标的上诉率为例,全国法院全面实施管辖改革的五年间(2008—2012年),上诉率甚至出现不断攀升的势头,分别是59.20%、63.14%、70.46%、69.31%、70.06%。这说明,管辖改革无法扭转行政审判面临的严重困境,已经完全走到了尽头,亟须从体制上进行改革。

建立相对独立于地方的专门行政法院,可谓有百利无一害,有利于完善权力监督运行机制,有利于畅通权利救济渠道,有利于扭转不正常的信访乱象和困局,有利于引导人民群众通过合法理性的法律途径解决问题;有利于加强对基层行政机关的法律监督,有利于保证法律、行政法规和地方法规的贯彻执行,有利于强化中央对地方的监督,从而保证政令的畅通;有利于彻底排除地方保护和行政干预,确保有权必有责,用权受监督,违法必追究,维护社会主义法制的统一、尊严和权威。可以说,设立行政法院已经成为司法改革成败的关键,必须尽速、全力、稳妥推进。

域 外 篇

第十章　德国行政诉讼制度

一、行政诉讼作为主观诉讼的整体定位

主观诉讼与客观诉讼常常被作为行政诉讼功能定位的两种方式。前者的目标是为个人提供司法保护,反映在诉讼制度上,则意味着只有个人权利因行政权的发动而受损,启动行政诉讼才具有诉的适法性;而后者的目标则是为了客观法秩序的维护,或者说是"对依法行政的控制",相应的,诉讼机制的启动也并不以个人权利受损为必要条件。如果说,法国的行政诉讼代表的是一种以"依法行政的控制"为核心的客观诉讼模式典型,那么德国就是坚守"主观诉讼"作为行政诉讼整体定位的范本。

德国行政诉讼以主观诉讼为主的法律依据主要在于其《联邦行政法院法》第42条第2款。该条清晰阐明,"除非法律另有规定,原告只有在认为其自身权利被行政机关的行政行为、或拒绝做出行政行为的决定侵害时,或要求其停止作为性侵害时,始能够提起行政诉讼"。这就表明,公民的"个人权利受损"是启动行政诉讼救济的必要条件,原告也唯有"自身权利"受损时,提起行政诉讼才具有诉的适法性。① 通过这一条文,《联邦行政法院法》也明确宣示,行政诉讼制度设置的主要功能就在于个体的权利保护,惟有特别法做例外规定时,才能在没有个人权利受损的必要前提下启动行政诉讼。换言之,即使

---

① Kopp/Schenke, *Kommentar zur Verwaltungsgerichtsordnung*, C. H. Beck, 2005, 14. Aufl. § 42. Rn.27.

行政诉讼的开启同样有益于客观法秩序的维护以及对行政机关违法行政的监督,这一功能也并非行政诉讼的主要目标,而只是行政诉讼在实现"保障个体权利"这一核心目标时的放射性或辅助性功能。相应的,如果个人提起行政诉讼只是意对行政机关的违法行政予以监督,并藉此维护客观法秩序,这种诉讼从最初就不会具备"诉的适法性"(Zulaessigkeit der Klage)①,法院也会因为其缺乏原告资格而做出驳回性裁判。正因如此,德国的主观诉讼模式又被描述为"个体权利损害之诉"(individuelle Verletztenklage)②。在这种诉讼中,个体的主观权利成为诉讼关注的中心。而原告也只能针对个人权利受损提出相应的诉讼主张,而不能主张他人或其他团体的权利,并借助行政诉讼将自己变成公共利益的卫士。

行政诉讼主要作为"主观诉讼"的功能定位,贯穿于德国行政诉讼的整个环节。经由长期的法教义学锤炼和制度实践,德国的行政诉讼逐渐形成了由"诉的适法性"(Zulaessigkeit der Klage)和"诉的理由具备性"(Begruendetheit der Klage)两个阶段组成的"两段式审查构造"(Zweiliedriger Aufbau)。前者着眼于法院能否裁判有关争议,换言之,原告所诉的行政争议能否适法地进入救济程序;而后者则是法院对原告的诉讼请求是否得到了法院的最终肯定。③如上文所述,对"个体权利的保护需求"在"诉的适法性"阶段就已出现,并成为决定能否开启行政救济的门槛要件;而在"诉的理由具备性"阶段,这一需求同样是主导原告能否胜诉的必要因素。德国行政诉讼有撤销之诉、义务之诉、给付之诉、确认之诉等诉讼类型的区分,在这些类型中,以行政行为(Verwaltungakt)为审查对象的撤销之诉和义务之诉又占据核心比重。而对于这两类诉讼,德国《联邦行政法院法》在第113条规定,"当行政行为违法,而原告的权利也因此受到侵害时(der Klaeger dadurch in seinen Rechten verletzt),法院可撤销行政行为以及相应的复议决定"(《联邦行政法院法》第113条第1款),"当行政机关拒绝或停止做出具体行政行为违法,而原告的权利也因此

---

① Bachof, Refelxwirkungen und subjektiven oeffentlichen Recht, Jellinek-FS 1995, S.287.

② Eberhard Schmidt-Assmann, Ausstrahlungswirkungen der verfassungsrechtlichen Ideen auf den Verwaltungsprozess,《当代公法新论(下)》,台湾元照出版社2012年版,第353页。

③ 参见[德]弗里德赫尔穆·胡芬:《行政诉讼法》,莫光华译,法律出版社2003年版,第135页。

受到侵害,且裁判时机成熟时,法院可确认行政机关相应的履行义务"(《联邦行政法院法》第113条第5款)。据此,权利受损(Rechtsverletzung)同样是法院在撤销之诉和义务之诉中判断诉的理由是否具备的必要条件。① 依此推导,即使行政行为客观上是违法的,但原告自身的权利并未因此受到侵害,法院也不会确认诉讼具备实质理由,相反会认定其缺乏能够支持其诉讼请求的公法请求权。对于给付之诉和确认之诉,即使法律并未明确将原告的权利受损作为"诉的理由具备性"的必要条件,但法院在确认给付之诉具备理由时,要求原告必须具备相应的"公法上的请求权",已经是对原告个体主观权利的审查;而法院在确认之诉中,判断法律关系存在与否时,也会类推适用《行政法院法》第113条第1款和第5款,对原告的主观权利进行一并检查。综上,对个体权利的保障贯穿了德国行政诉讼的整个过程,而行政诉讼主要作为"主观诉讼"也因此确定地成为德国行政诉讼的主要功能定位。事实上,由"诉的适法性"和"诉的理由具备性"两个阶段组成的"两段式审查构造",已经清晰无误地向我们揭示了这一趋向:行政诉讼由个体权利受损而启动,其目标是藉由这种诉讼机制,保障个体权利免予公权力的违法侵害,而法院的二阶段审查也主要以原告的诉讼请求为线索和基准,即使法院撤销了违法的行政决定,或确认行政机关的拒绝或不作为违法而责令其行为,其最终目标也是为了维护个案中受损的个体权利。

二、行政诉讼作为主观诉讼的
宪法依据及其完整意涵

如果回溯历史,德国行政诉讼的功能定位也并非如此一以贯之的确定。在德国《联邦行政法院法》制定时,同样存在将行政诉讼理解为客观合法性审查的北德体例。但这种体例在与主张行政诉讼是个人主观权利保护的南德方案的逐力中最终落败,德国的行政诉讼也因此被明确定位为是对个人权利的保护②。

---

① 参见[德]弗里德赫尔穆·胡芬:《行政诉讼法》,莫光华译,法律出版社2003年版,第463页。
② 参见[德]弗里德赫尔德·胡芬:《行政诉讼法》,莫光华译,法律出版社2003年版,第241页。

而行政诉讼的这一定位又与作为宪法的《德国基本法》第 19 条第 4 款密切关联。《基本法》第 19 条第 4 款也因此成为确定和理解德国行政诉讼整体风格样貌的宪法背景和原因。根据该条规定"任何人因公权力而权利受损,均可诉诸司法救济"。这一条在德国法中一直享有"法治国拱心石"或"法治国家冠冕"①的美誉,因其不仅赋予了德国公民独立的"司法救济权利"(Rechtsschutzgarantie),还使《基本法》中所有的基本权规定都不再只是停留于纸面的美好宣示,而具有了法律的有效性。事实上,对于行政诉讼而言,这一条还包含了有关司法控制的所有整合性要素(Integrationsfunktionen),它确立了德国司法控制的大体框架和原则,是德国法秩序建构中"最优先输出的产品",而1960 年颁布的《联邦行政法院法》则以一般法律的形式渐次地将其具体化。②从《基本法》第 19 条第 4 款与《联邦行政法院法》的密切关联中,我们同样能够观察到宪法对于行政诉讼的强烈涵摄,以及两者在内在逻辑和品质方面的紧密契合。

对《基本法》第 19 条第 4 款所包含的有关司法控制(gerichtliche Kontrolle)的整合性要素,德国当代著名行政法学者施密特·阿瑟曼将其概括为"完整的权利保护要求"、"个别的权利保护要求"、"有效的权利保护要求"三个方面。③ 在这三方面中,"个别的权利保护要求"与德国行政诉讼主要作为主观诉讼有最直接的关联,这一要求使承担司法控制职能的行政法院并非作为一般性的控制审级,相反只有在涉及个人权利救济时,才会展开司法审查。但事实上,如果没有同时联系另两项保护要求,将《基本法》第 19 条第 4 款仅理解为是"个别的权利保护要求",不仅有失偏颇,对于"个别权利保护"内涵的判断也会不可避免地丧失客观和公允。

(一) 完整的法律保护(umfassender Rechtsschutz)

《基本法》第 19 条第 4 款明确,所有公权力如侵害个体权利时,均应受到

---

① Hesse,Grundzuege des Verfassungsrechts der Bundesrepublik Deutschland,20. Aufl. 1995,S. 335.

② Eberhard Schmidt-Assmann,Ausstrahlungswirkungen der verfassungsrechtlichen Ideen auf den Verwaltungsprozess,《当代公法新论(下)》,台湾元照出版公司 2012 年版,第 357 页。

③ Eberhard Schmidt-Assmann,in:Schoch/Schmidt-Assmann//Pietzner,*Verwaltungsgerichtsordnung Kommentar*,Einleitung,Rn.1.ff.

司法审查,德国联邦宪法法院将其概括为"无漏洞的权利保护"①。"无漏洞的权利保护"从原则上排除了"免于司法审查的公权力(高权)行为"(justizfreie Hoheitsakte)的可能,明示出司法救济所提供的法律保护并不依赖于国家行为的具体形式,所有具有国家权力性质的活动,都应被纳入周密的司法保护之下。② 这一条对于行政诉讼的直接影响,体现在《联邦行政法院法》在规范行政诉讼的受案范围时,对列举原则的明确拒绝(Absagen an das Enumerationsprinzip)。③《联邦行政法院法》第40条采取概括式方法,规定"非宪法性质的公法争议,只要联邦法律未做特别规定,均可向行政法院诉请救济"。这一规定一直都被大陆法系国家作为有关行政诉讼受案范围的规范样本予以仿效。

在理解德国行政诉讼"个别的权利保护要求"时,将"完整的权利保护要求"或"无漏洞的权利保护要求"作为背景和前提,这一点至关重要。因为很多学者在比对主观诉讼和客观诉讼的优劣差异时,总会武断地认为凡是以"主观诉讼"为功能定位的行政诉讼制度,必然会在受案范围上趋向窄化。但德国法却充分证明了这一结论的偏颇。《联邦行政法院法》用概括性规定尽可能地放宽了权利保护的范围,并为公民对抗公权力侵害个体权利提供了周密机制,即使第40条的适用仍然会有漏洞存在,宪法也赋权给法院,或者可以说施加义务给法院,在此种情形出现时,直接援引宪法规定填补可能的漏洞。

(二) 个别的法律保护(individueller Rechtsschutz)

除完整的、无漏洞的法律保护外,《基本法》第19条第4款还在表明,惟有个人自身的权利因公权力机关的行为而受损时,始得诉诸司法救济。从法院的角度而言,这一规定意味着,法院负有义务排除权利受侵害人的权利受损状态;而从公民的角度而言,这一规定意味着法院提供的只是一种"个别权利保障",如果公民尝试在行政诉讼中主张他人或团体的权利,并藉此将自己变成公益的"卫士",则超出了行政法院所能提供的救济范围。换言之,《基本

---

① BVerfGE 103,142.

② Walter Krebs,Kontrolle in staatlichen Entscheidungsprozessen,1984.S.172.

③ 参见[德]弗里德赫尔德·胡芬:《行政诉讼法》,莫光华译,法律出版社2003年版,第142页。

法》第19条第4款所要求的权利保护目标,既非一般的诉讼(allgemeine Verwaltungsklage),也非公益或团体诉讼,而只是一种个人权利保护之诉。① 从这个意义上说,德国的行政诉讼严格贯彻了"有权利就有救济",同时"也唯有权利受损才能诉诸救济"的罗马法传统。

在《联邦行政法院法》中,直接体现这种"个别权利保护"要求的,正是上文所引述的关于诉讼权能(Klagebefugnis)以及诉讼理由(Begruendetkeit der Klage)的规定。《联邦行政法院法》第42条第2款规定,"除非法律另有规定,原告只有在认为其自身权利被一项行政行为,或行政机关拒绝或不做出某项行政行为侵害时(durch den Verwaltungsakt oder seine Ablehnung oder Unterlassung in seinen Rechten verletzt zu sein),方可提起行政诉讼"。如前文所述,"诉权"一直被作为德国行政诉讼中用以衡量诉是否符合适法性(Zulaessigkeit)的重要基准。这一规定的现实效果直接表现为:它将旨在维护他人或团体利益的公益诉讼或民众诉讼原则上排除在了行政诉讼的门槛之外。与这一规定交相呼应,在确定诉的理由是否具备时,《联邦行政法院法》同样纳入了对"起诉人权利是否受损"的考量。在该法第113条第1款和第5款中均明确规定,"行政行为违法"或是"行政机关拒绝或不作出某项行政行为违法",并不足以成为法院判决原告诉讼请求成立的充分理由,在"行政违法(Rechtwidrigkeit der Verwaltung)"之外,必须要辅以原告权利受损(der Klaeger dadurch in seinen Rechten verletzt ist)作为必要条件。这一规定与我国《行政诉讼法》第五十四条的规定大异其趣。后者授权法院只要确认具体行政行为具备客观违法情形(包括事实不清、证据不足;适用法律法规错误;违反法定程序;超越职权;滥用职权),就可撤销一项具体行政行为,此时原告的权利是否因违法行为受损,并不在法院的考虑范畴。

但值得注意的是,"个别权利保护"的要求无论在《基本法》或是《联邦行政法院法》中都并非绝对。《基本法》只是从宪法层面原则性地承认司法救济对"个人权利保护"的完整开放,它并未禁止立法者在此之外,通过特别规定为法院增加进行公益诉讼或是团体诉讼的额外任务;而《联邦行政法院法》第

---

① Eberhard Schmidt-Assmann, Ausstrahlungswirkungen der verfassungsrechtlichen Ideen auf den Verwaltungsprozess,《当代公法新论(下)》,台湾元照出版公司2012年版,第363页。

326

42 条和第 113 条也都为上述"诉权"和"诉讼理由"的规定,开放了"除非法律另有规定"的例外可能。① 这也证明,特别法仍旧具有在《基本法》和《联邦行政法院法》的原则性规定下,例外地开放公益诉讼或团体诉讼的权限。但相应地,这种例外存在且获得正当性的必要前提是必须有特别法的明确规定。而在德国的司法实践中,也正是通过这种特别法授权的方式逐渐地在环境保护、计划行政等诸多领域开放了非属传统"个人权利保护诉讼"之外的其他诉讼类型。②

此处需要澄清的还有另一问题,很多中文文献在评析德国法的上述规定时,同样会从文义解释和语词表述出发,简单地得出德国行政诉讼"原告资格规定严苛"、"诉讼范围狭窄"的结论。但如果我们回溯德国法教义学以及司法实践中对所谓"个体权利"的探求过程和理论规则,就会发现,其所保障的"个体权利"范围事实上要远远大于我国行政诉讼几经改革所确定的"与具体行政行为有法律上利害关系"的范围,甚至于在实践中被我们作为革新成果而一再激赏的,藉由"利害关系"标准对"相邻权人"、"公平竞争权人"以及"受害人"原告资格的承认,在德国很早之前就已通过法教义学的拓展和法律解释技术的更新,而被合逻辑地纳入至德国法中"个体权利"的范畴。③ 如果说德国行政诉讼"个别权利保障"的定位显得狭窄,那也是相比欧洲其他国家,或是相较日趋复杂且时时更新的行政现实。换言之,只有调整比对样本,或是改变参照体系或背景,有关德国行政诉讼"原告资格规定严苛"、"诉讼范围狭窄"的结论才会具有客观性。

（三）有效的法律保护（wirksamer Rechtsschutz）

德国联邦宪法法院认为,从第 19 条第 4 款中还可以合逻辑地推导出"有效的权利保护要求"④,即公民不仅可要求法院提供针对公权力侵害的"完整保护"以及旨在排除个体权利受侵害的"个别保护",还可要求法院提供切实

---

① Claus Dieter Classen, Die Europaeisierung der Verwaltungsgerichtsbarkeit, 1996, S.39 ff.

② 参见［德］弗里德赫尔德·胡芬:《行政诉讼法》,莫光华译,法律出版社 2003 年版,第143 页。

③ Kopp/Schenke, Kommentar zur Verwaltungsgerichtsordnung, C. H. Beck, 2005, 14. Aufl. § 42. Rn.117.

④ BVerfGE 101,397.

有效的保护,即这种司法保护必须在法律效果上是切实可行且可靠有效的,它并非宪法所做的美好宣誓,也并非司法机关用以粉饰其控权功能的无用摆设。

而要使这种司法控制具有"现实有效性",必须在诉讼机制设置上有相应的制度配合。在德国行政诉讼中保障这种"有效保护"或"有效控制"的机制主要有两项:其一是法院审查的高密度;其二则是普遍且高效的权利暂时保护制度。

就法院对行政机关的审查密度而言,德国无疑是诸多西方国家中的翘楚。联邦宪法法院甚至在判决中确认,"按照《基本法》第19条第4款的要求,原则上可以推导出法院进行有效控制的义务,对被请求撤销的公权力行为,法院可以在法律上和事实上进行完全的审查,就《基本法》而言,法院受行政机关就系争事实所为的确认以及法律评价的拘束,是不存在的"①。如果说诉讼权能是在法律上的受害者与事实上的受影响者,又或者是受害者与公益捍卫者之间划清界限的话,那么审查密度就是在司法监督空间与行政判断余地之间划线。通常情况下,为尊重行政机关的专业判断以及维护分权体制,各国都会对司法审查的密度做适当限定,以避免法院借行政诉讼逾距。而法院对行政案件的审查又大都止步于立法赋予行政机关裁量权时,对行政裁量权控制的宽严程度完全可测试出一国的司法审查密度。对此,世界各国的通行做法是,如果法院审查行政机关行使立法赋予的裁量权,或是适用不确定法律概念时,法院的审查权限就会相应限缩,法院一般对于裁量权的行使并不进行法律上及事实上的完全审查,而仅审查行政机关是否能够为其决定提供可令法院接受的理由。但德国法不仅创造出最复杂缜密的裁量理论,还通过对行政裁量的极度挤压,使司法审查的触角获得很大延伸(关于德国的审查密度问题及其裁量理论的相关设置,下文将有详尽讨论)。即使对于高度不确定的法律概念,例如这些概念中包含有价值判断以及预测性因素,法院也不认为行政机关就法律和事实的确认,不受完全审查的拘束。就这一点而言,德国司法审查和法律控制的密度,显较其他国家更深。同时,相较其他国家更多关注司法不能为逾越界限的审查,德国联邦宪法法院更多地认为,《基本法》同时也施与了法院不得为不足审查的义务,换言之,《基本法》在确保权力分立和行政自

　　① BVerfGE103,142.

我负责的同时,也同时确立了法院审查的最低标准。①

除高密度的审查外,德国行政诉讼为确保有效的权利保护,还特别设置了权利暂时保护制度。② 权利暂时保护制度在判决结果并未做出之前,就已经为原告提供了非常有利的机制,而这一点也同样为德国行政诉讼体制所独创,在其他国家几乎无法找到相同或类似的立法例。如上文所述,撤销之诉是德国行政诉讼最重要的类型,而德国行政诉讼也历来以撤销之诉为中心。但根据《联邦行政法院法》第 80 条第 1 款的规定,"撤销之诉有暂缓执行的效力(aufschiebende Wirkung)。这一点同样适用于权利形成性的、确认性的以及具有双重效力的行政行为"。据此,就撤销之诉而言,原则上只要当事人诉请救济,起诉就会发生使行政行为停止执行的效力。即使行政机关可以在有特别需要时,对行政行为予以即时强制执行,从而排除上述暂缓执行的效力(aufschiebende Wirkung),也必须提出一项特殊理由。对此,原告还可经由一种急速程序,申请法院审查行政机关即时强制执行的合法性。对于其他类型的行政诉讼,法院同样可以基于当事人的请求,而通过"暂时决定"(einsweilige Anorndung)的方式提供暂时性保护。③ 这些暂时性保护制度,有效避免了法院在完成对行政决定的审查前,行政机关擅自造成"完结事实"的可能,并将行政诉讼对于权利保障的"有效性"发挥至最大。

三、德国行政诉讼主观定位的整体考虑

如上文所述,德国行政诉讼以主观诉讼为整体定位,原则上仅开放"个人权利保障之诉",而旨在维护客观法秩序的客观诉讼,只有在特别法有明文规定时,才被例外允许。这一定位使德国法的审查范围相较欧洲其他国家都显得狭窄,伴随欧盟行政法对其成员国的冲击,德国司法实务中也开始热议这种

　　① Jochen Abr.Frowein,Die Kontrolldichte bei der gerichtlichen Ueberpruefung von Handlungen der Verwaltung,1993,S.23.

　　② Martin Ibler,Rechtspflegender Rechtsschutz im Verwaltungsrecht,1999,S.142.

　　③ 参见[德]弗里德赫尔德·胡芬:《行政诉讼法》,莫光华译,法律出版社 2003 年版,第 487—490 页。

主观诉讼定位是否应予放宽的问题。

一般观点认为,德国法之所以将行政诉讼集中于个人权利保护,主要目的是为了减轻法院的审查负累,避免因为审查范围扩张、资格条件弱化而产生的"滥诉"对于珍贵司法资源的浪费。但事实上,除了这一考虑外,德国行政诉讼的主观诉讼定位仍有其他的良善考虑。

(一) 个人权利保障所带来的集中和有效的救济

《联邦行政法院法》的立法者认为,德国法将行政诉讼集中于个别权利保障,而这种集中化"有助于法院更加深入周密地保障起诉人的基本权利"①。而正如上文所述,与其他国家相比,德国行政诉讼在实体控制上的高密度以及对起诉人便捷有效的权利暂时保护制度,都绝非偶然,这些制度安排均和德国行政诉讼的整体定位密切相关,亦与诉讼权能等其他制度彼此配合,紧密衔接。高密度的审查行政的所有方面几乎都被纳入司法的控制之下,司法也因此要对行政的各个环节都进行毫无差别的细致检视。除更高密度的审查外,及时迅捷的暂时权利保护同样在相当程度上提高了行政诉讼在保障个体权利方面的有效性。联邦宪法法院在论及暂时法律保护时认为,这种制度设置旨在实现的正是法律保护的及时性(Rechtzeitigkeit)。对于权利受损的个体而言,"如果法律保护到来太迟,即使行政决定事后被确认为违法,《基本法》第19条第4款的目标也会就此落空"②。

高密度的审查和暂时法律保护无疑提供给权利人更高程度的保障。但从另一方面说,上述制度与严格的诉讼定位以及诉讼权能要求之间又互为因果。高密度的审查在强化司法控制,保障个体权利方面功效卓越,但它也会使法院因此背负沉重负累,耗费大量精力。尤其是与为与司法对行政的强势监督相匹配,德国《联邦行政法院法》又规定了法院在诉讼中的职权调查原则(Untersuchungsgrundsatz)③,即法院应依职权探知案件事实关系及调查证据,而不受

---

① Eberhard Schmidt-Assmann, Ausstrahlungswirkungen der verfassungsrechtlichen Ideen auf den Verwaltungsprozess,《当代公法新论(下)》,台湾元照出版社 2012 年版,第 367 页。

② BVerwGE 35,263,274.

③ 德国《联邦行政法院法》第 86 条第 1 款:"法院依职权调查案件事实;诉讼参与人因此有义务提供相关证据。法院对案件事实的调查不受诉讼参与人提供证据的限制。"

当事人的诉讼主张以及证据声明的拘束。而这反过来也意味着,如果法院忽略了对结果有显著影响的事实调查,或是有失公允地仅信赖某一方的事实说明,亦会构成程序瑕疵①。此外,德国行政诉讼还奉行严格的"职权主导"(Amtsbetrieb)原则②,尽管法院也在一定程度上受当事人请求的限制,但对于行政程序的整体流程,是法院自己,而非当事人占据主导地位,这也使法院要对期限设定、事实调查、判决送达等各个环节承担全面责任。这些都使德国行政诉讼耗时良久。而相应的,要维续这种高密度的审查,对于攸关行政诉讼"口径宽窄"、"闸口疏密"的问题,德国法自然相配套地选择了相较法国的客观诉讼更合理的"主观诉讼",并通过相应的法技术处理来严格限定原告的诉讼权能和资格要件。

(二) 对宪法权力分配秩序的尊重

德国法对客观诉讼持相当谨慎的态度,而这种态度除有避免司法承担过度负累的担忧外,同样是基于对宪法分配秩序的考虑。与主观诉讼不同,客观诉讼的提出者并非为自身权利的保障,而是为他人或"公益"的目的而起诉。但作为公法领域最不确定的法律概念,"公共利益"本身包含有强烈的价值意味,也需要在个案中进行价值填充和倾向取舍,对它的诠释和界定,在德国宪法秩序下是专属于议会的政治任务,是议会的立法裁量范畴。③ 而如果大量地开放这种客观诉讼,行政法院将不可避免地卷入对公共利益不同阐释的冲突中,原本应由立法机关通过开放程序、公开讨论以及互相妥协所确定的"公共利益",都会通过行政诉讼成为法院解释、裁判和处置的对象④,这显然与宪法的整体分配秩序不相符合。

除对权力分立以及宪法分配秩序的尊重外,风险社会的到来同样也使行政法院极力避免卷入"公益判断"以及"价值判断"的漩涡。"风险社会"是一种对现代社会结构特征的全新描述。这一理论认为,伴随现代性与科学技术

---

① BVerwG,NVwZ 1987,47.

② 参见[德]弗里德赫尔德·胡芬:《行政诉讼法》,莫光华译,法律出版社2003年版,第545页。

③ Ipsen,Joern(2006), *Staatsrecht II* Neuwied:Luchterhand,S.101.

④ Josef Isensee&Paul Kirchhof,*Handbuch des Staatsrechts der Bundesrepublik Deutschland*,Heidelberg 1992,S.266.

的飞速发展，人类已经进入了一种风险社会，此时所面临的风险也已远非过去所能比拟。这些风险具有"不可知性"、"整体性"、"不确定性"、"建构性"和"全球性"，它们所拥有的科技维度已使人们不再笃信，风险能够通过科学的理性予以确定和消除。① 在风险社会中，人们要求行政在传统侵害防御之外，还要完成风险防止、危害预防以及风险预防等诸项功能。但与传统的危险排除不同，因为现代风险时时存在又无法准确估测，在很多时候，行政机关在做出这些决定之前，并不具备充分的经验知识，这就使行政机关陷入两难，一方面风险防护要求行政必须具有高度的弹性和应变能力，但另一方面行政又要恪守传统的法治界限，由此，在风险社会下，是"自由还是安全"，是"应对风险"还是"恪守法治"成为现代行政难解的问题。② 而这些难题又往往集中表现在诸如内政安全、环境保护这样的客观诉讼中。在此类诉讼中，行政机关的判断难题在很大程度上会转化为法院的判断难题，而判断上的不确定也使德国法院在开放上述诉讼时表现得相当谨慎，这种谨慎态度的背后与其说是法院对陷入"争议漩涡"的担忧，毋宁为是其对行政诉讼整体审查机制可能会因此溃散的疑虑。

（三）主观诉讼的客观效果

客观诉讼的目标是通过司法审查达到对行政适法性的有效控制，而客观诉讼的拥趸批评德国行政诉讼整体定位过于褊狭的一项重要理由也在于，其独重个人主观权利的保护，而忽视行政的客观性控制。但很多德国学者都认为，客观控制的目的通过运行良好的主观诉讼同样能够达到。③

如上文所述，德国法为对个人提供"有效的权利救济"，一直以来都在行政诉讼中奉行高密度的司法审查。为实现这种高密度的审查，德国学理上不仅通过对"行政裁量"和"不确定法律概念"的二元界分，而对行政裁量的范围进行了前所未有的限缩和挤压，还藉由"合义务裁量"的理念使行政即使是在

---

① 参见［德］乌尔里希·贝克：《风险社会》，何博闻译，译林出版社2004年版，第28页。

② Eberhard Schmidt-Assmann，Das allgemeine Verwaltungsrecht als Ordnungsidee1：Grundlagen und Aufgaben der verwaltungsrechtlichen Systembildung，Heiderberg，2002，S.10.

③ Jochen Abr.Frowein，Die Kontrolldichte bei der gerichtlichen Ueberpruefung von Handlungen der Verwaltung，1993，S.17.

为立法所认可的裁量领域内,也都悉数处于司法的严密控制之下。这种高密度的审查一方面的确为个体权利提供了更有效的救济,另一方面也在相当程度上强化了司法对于行政的整体控制。与此效果相同的还有暂时法律保护制度。"暂时法律保护"(vorlaeufiger Rechtsschutz)强调法律保护的效率和及时性,避免法律保护因迟延提供而丧失意义。但这种暂时的法律保护同样具有"一种对全部行政受法律拘束的实际状况进行控制的客观功能(objektive Funktion)"①。暂时法律保护所具有的延缓效力,使可能的"违法行政决定"在最终成为既成事实,并造成不可逆转的损害后果之前就可得到有效避免。根据《联邦行政法院法》第80条第5款以及联邦行政法院的判例,"只要法院对涉及申请人权利的行政决定的合法性存在严重怀疑(ernstliche Zweifel)",或者尽管行政违法并不显著,但法院"在行政决定的执行利益与延缓效力利益之间进行了理性权衡",并认为并不排除行政决定违法且会损害个体权利的可能时,都会为原告提供这种暂时法律保护。② 也正因如此,德国学者评价说,暂时法律保护制度使公民"只有在被法院消除后,才须承担对行政措施合法性疑虑的忍耐"③。如果没有这种制度设计,那么因可能的违法决定而产生的风险几乎均由公民个人承担,违法的行政决定也无法及时得到阻却。

(四) 诉讼的整体定位与制度间的相互关联

德国行政诉讼的主观定位在某种程度上的确限缩了行政诉讼的受案范围,并使诉讼权能与原告资格略显严苛,但德国行政诉讼在"主观诉讼"的整体定位下,所表现出的各项制度间的相互配合、有效衔接,却使诉讼制度在整体设计上呈现体系均衡、逻辑完整的高成熟度,有效实现了行政诉讼的应有之义。④ 对于行政诉讼的制度设计,德国更多的是关注其整体均衡,而较少纠缠于整体定位是否需要彻底调整。因此,对德国行政诉讼并不能随意剪裁其单

---

① [德]弗里德赫尔德·胡芬:《行政诉讼法》,莫光华译,法律出版社2003年版,第488页。

② BVerwGE 35,382,402.

③ [德]弗里德赫尔德·胡芬:《行政诉讼法》,莫光华译,法律出版社2003年版,第492页。

④ 参见赵宏:《诉讼权能与审查密度:从德中制度对照看行政诉讼的整体关联》,《环球法律评论》2011年第3期。

项制度而分隔观察,个别对待,而应将其作为一个制度整体予以评价。以诉讼权能和审查密度为例,尽管二者在德国行政诉讼中各有针对,但作为行政诉讼的重要构成,它们共同受制于行政诉讼的整体定位,服务于行政诉讼的整体目标。"维护主观权利,而非客观法秩序"的总体定位,使德国审慎地将诉讼权能限定为原告需"主观权利受损",虽然这一限定使诉权资格呈现为窄口径,但这种缺陷却通过德国高密度的司法审查得以填补;反过来,正因为严格全面的审查,司法成本过高的问题就会凸显,德国法因此理智地选择坚持以维护个人权利为原则、仅有限度地开放团体诉讼和公益诉讼,由此也保障了行政诉讼的整体均衡。

事实上,"主观诉讼"或是"客观诉讼"只是各国在进行行政诉讼制度设计时的价值选择,两者各有优劣,并无法得出究竟更应倾向于哪方的确定选择。而评价一个国家的行政诉讼制度,与其对其主要定位于"主观"还是定位于"客观"进行价值性评判,毋宁去考察在诉讼的整体功能定位下,各项具体制度是否与功能定位方向一致,且相互间实现了有效衔接和整体均衡,并在自身逻辑完整的基础上,有效回应了实践需求。换言之,在制度建构上,行政诉讼首先应被作为由诸多环节共同构成、紧密关联、彼此配合的整体来对待,而这种"作为整体的行政制度"也需从体系完整与整体均衡的角度去设计。事实上,也只有自身逻辑周延、体系完整、功能确定、方向一致,行政诉讼才能有效发挥其被定位的功能。从这个意义上说,德国行政诉讼主要定位为主观诉讼有其深刻的宪法原因和功效考虑,而其之后的制度设计则使德国行政诉讼成为"体系化均衡发展的范本"①。正是基于对系统完整和整体均衡的考虑,尽管囿于实践需要,德国行政诉讼在受案范围、诉讼权能、诉讼类型、证据规则、审查范围等诸多方面都进行了调整,但在因应和满足实践需要的同时,对这些制度调整,德国法从未放弃过宏观的系统检视。这种检视涉及制度调整与行政诉讼的整体定位是方向一致还是背道而驰,与其他既有制度是有效衔接还是相互龃龉,调整后的制度整体是仍旧维续了普遍的逻辑一致性还是已溃散破碎。从这个意义上说,德国仅有限度地开放了客观诉讼,原因也在于其整体的诉讼制度设计均围绕"个体权利保护"的目标展开,并在此目标整合下达到

---

　　① Robert Alexy,Theorie der juristishcen Argumentation,1989,S.307 ff.

了制度间的有效配合,①相反如果大范围地开放客观诉讼,势必会打破原有的制度均衡和逻辑完整,使行政诉讼溃散为碎片化的制度集合。

(五) 宪法诉讼与行政诉讼的功能区分和相互配合

对一国行政诉讼体制的考察和判断,同样不能忽视行政诉讼与其他公法救济机制之间的相互匹配、彼此分工,以及这个国家公法救济机制的整体布局。如上文所述,德国将行政诉讼主要定位于"个人权利救济",许多学者因此以法国法为参照,得出德国行政诉讼欠缺客观功能,在对行政适法的客观控制方面明显不足的结论。但如果我们将视线投向德国整体的公法救济机制,就会发现行政诉讼之所以将功能主要定位于个人权利保障,仅在法律有特别规定时才向客观诉讼开放,在很大程度上同样是因为客观控制的功能已经由德国的宪法诉讼所承担,宪法诉讼与行政诉讼二者互有分工,相互配合,共同达成了《基本法》第19条第4款"无漏洞法律保障"的目标。

与行政法院不同,德国联邦宪法法院在属性上不仅同样是法院,承担争端裁判的功能,它还是与联邦议会、联邦参议院、联邦政府、联邦总统并行的另一重要宪法机关(Verfassungsorgane)。尽管很多德国学者认为,相比行政法院以及普通法院的救济机制,宪法诉讼仅具有边缘性或补充性意义(randstaendige Bedeutung)②,但它同样是德国完整的公法救济机制中不可或缺的重要一环。而它与行政诉讼的功能区分和相互配合尤其表现于:行政诉讼保障的主要是公民的主观权利,而宪法诉讼主要是针对公权力机关的行为(并不仅限于行政机关,同样包含立法和司法机关)是否合宪进行审查,其核心目标在于客观法意义上的宪法规范的实现和宪政制度的维护。

与《联邦行政法院法》采用概括原则规范行政诉讼的救济范围不同,《基本法》第93条对于联邦宪法法院的争端处理权限采用的是严格的列举原则(Enumerationsprinzip)。除散落于《基本法》其他规范的,可笼统被纳入宪法诉讼的争议,例如对联邦总统的弹劾(Anklage des Bundespraesidenten)、对政党

---

① 参见赵宏:《诉讼权能与审查密度:从德中制度对照看行政诉讼的整体关联》,《环球法律评论》2011年第3期,第78页。

② Schmidt Assmann, in: Maunz/Duerig u.a., Kommentar zum Grundgesetz, Art.19 Abs.4, Rn.16.

是否违宪且是否应予禁止的裁判（Parteisverbotsverfahren）和选举审查（Wahl-pruefungsverfahren）外，《基本法》第93条所规定的宪法诉讼主要包括四类：第一是机关争议（Organsstreitigkeiten），联邦宪法法院基于对《基本法》的解释可对最高联邦机关，以及根据《基本法》或上述机关的议事规则而参加的参与者的权利义务范围的争议进行裁决；第二是联邦争议（foederative Streitigkeiten），联邦宪法法院可对联邦和州有关各自权利义务范围的争端，尤其是各州之行联邦法律以及联邦行使监督权时引发的争端进行裁决；第三是规范审查（Nor-menkontrolle），联邦宪法法院可对联邦法律或州法律是否在形式上及实质上符合《基本法》，以及各州法律是否符合相应的联邦法律进行审查；第四是基本权诉讼（Verfassungsbeschwerde）①，联邦宪法法院可对公民因公权力机关侵犯其基本权，或《基本法》中列举的与基本权并列的其他权利而提起的基本权诉讼进行裁决。在联邦宪法法院裁决的四类争议中，机关争议、联邦争议和规范审查无疑属于典型的客观诉讼，与主观诉讼不同，这些诉讼的目的并不在于保护特定个人的主观权利，而是为了确保《基本法》规范和塑造的公法秩序。德国学者甚至认为，在这三类诉讼中，即使特定的公民对争议解决的提起享有请求权，但这种请求权也并非来自于他的主观公权力，而是基于法治国的一般司法保障请求权（allgemeiner Justizgewaehrungsanspruch）②。此外，即使第四类基本权诉讼被认为是典型的个人宪法诉讼（Individualverfassungsbeschwerde），且这种诉讼的提起如行政诉讼一样，需要"公民的主观权利受损"作为前提，但联邦宪法法院的审查却并不以此为限，"在对具有适法性的基本权诉讼进行审查时，联邦宪法法院的审查内容并不限于诉讼中提出的对基本权利的损害是否存在；相反的，联邦宪法法院以其视野所及的所有角度来对被提出申请的公法措施的合宪性进行审查"③。

综上，德国的宪法诉讼和行政诉讼在功能设定以及案件处理上都呈现出明显区分，而二者"客观"与"主观"的不同定位也使他们形成了一种良好的相

---

① 中国台湾学者常将其译为"宪法诉愿"，很多学者沿用这种译法（参见刘飞：《德国公法权利救济制度》，北京大学出版社2008年版，第115页），但"诉愿"的名称有台湾法的特殊背景，与我国大陆的行政救济机制并不完全契合，为明示其含义，将其译为"基本权诉讼"。

② Schmidt Assmann, in：Maunz/Duerig u.a., Kommentar zum Grundgesetz, Art.19 Abs.4, Rn.16.

③ ［德］施莱希·科里奥特：《德国联邦宪法法院：地位、程序与裁判》，法律出版社2007年版，第205页。

互补充以及彼此配合的关系。从这个角度说,德国行政诉讼之所以主要定位为"主观诉讼",与这种公法救济机制的整体布局和其他诉讼机制的功能区分同样有密切关联。

四、德国主观诉讼的基本类型和相应的制度设置

德国的行政诉讼采取典型的类型化方法。诉讼类型不同,相应的诉讼规则程序也会有所区别。这种类型化可使受案范围、原告资格、审查方式等具体繁杂的诉讼规则问题得到有序规整以及合理设置,并有效避免因整齐划一的规则程序所带来的,行政诉讼在救济与保障方面的褊狭和缺漏。值得注意的是,尽管德国将行政诉讼类型的适当性(Stattigkeit)作为诉的适法性(Zulaessigkeit)的一项重要要件,但这并不意味着如果原告选择了一个不适当(unstatthaft)的诉讼类型,法院就可将该诉作为不适法(unzulaessig)的诉讼予以驳回,也不意味着只有存在可供选择的诉讼类型时,法院才会提供法律保护。① 《基本法》第 19 条和《联邦行政法院法》第 40 条都对这种"诉讼种类数额限制"(numerus)的严苛趋向进行了拒绝,联邦行政法院也明确宣称,尽管"类型适当"是行政诉讼"诉的适法性"的重要条件,但更重要的是:"对于侵犯公民权利的每一种国家权力行为,都必须有一个适当的诉讼种类可供使用"②。在制度设置上,为避免公民因选择诉讼种类时的错误而导致的救济权丧失,《联邦行政法院法》甚至规定,法院应以一定方式帮助公民选择适当的诉讼类型。③即使在司法实践中,行政法院也越来越趋向于在处理原告的诉讼类型是否适当时,仅要求原告指明对其权益造成侵害的,或其期望实现的公法措施,再由法院根据其诉权确定适当的诉讼类型。④ 这就有效避免了诉讼类型化可能带来的限制法律保护的弊端。

---

① 参见[德]弗里德赫尔德·胡芬:《行政诉讼法》,莫光华译,法律出版社 2003 年版,第 204 页。

② BVerwGE 22,106,110;58,1,140.

③ 《联邦行政法院法》第 88 条规定,"法院不得超出诉讼请求的范围(做出裁判),但不受申请表述的限制",这就表明,法院应查明原告起诉的真实意图,并以确定方式帮助其选择适当的诉讼类型。参见 Kopp/Schenke, Verwaltungsgerichtsordnung, § 88 Rn.3。

④ 参见[德]弗里德赫尔德·胡芬:《行政诉讼法》,莫光华译,法律出版社 2003 年版,第 204 页。

（一）主观诉讼的基本类型

德国行政诉讼的基本类型共有六种,其中撤销之诉(Anfechtungsklage)、义务之诉(Verpflichtungsklage)、确认之诉(Feststellungsklage)以及给付之诉(Leistungsklage)是最重要的"常规诉讼"(Standardklagen)类型,而这四类诉讼也是德国法中典型的主观诉讼。

1. 撤销之诉

根据《联邦行政法院法》第42条第1款,"原告可为撤销一项行政行为提起撤销之诉"(Anfechtungsklage)。据此,原告提起撤销之诉的目标在于撤销为其设定义务,或施与其其他负担的行政行为,并通过使这一行政行为溯及既往地失去效力的方式,而达到法律救济的目的。撤销之诉的必备前提是,必须首先存在一项原告诉请撤销的行政行为(Verwaltungsakt)。而要确定行政行为的存在与否,又须依据《联邦行政程序法》对"行政行为"进行的概念界定。依据该法第35条,"行政行为是行政机关为规制个案、在公法范围内作出的、对外直接发生法律效果的处置、决定和其他高权措施",而行政行为的成立又需具备以下要件:第一,规制性(Regelung),即该项措施中包含了行政机关欲调整相对人权利义务或法律关系的意思表示;第二,高权性(Hoheitgewaltu),即该项措施是行政机关所为的公法措施;第三,由行政机关作出(Behoerde),此处的"行政机关"准用《联邦行政程序法》第10条的概念界定;第四,个案性(Einzelfall),行政行为必须是行政机关针对个案所做的规制处理;第五,直接的对外效力(unmittelbare Aussenwirkung),行政行为法律效果的发生必须具有直接的对外指向,换言之,其作用效果并不能仅局限于机关内部,而要对外部相对人的权利义务和法律关系做出有拘束力的形成或确认。[①]

正如行政行为一直以来都是德国行政法总论的概念基石,以行政行为为审查对象的撤销之诉同样一直以来居于德国行政诉讼的关键位置,而这同样是传统的以"撤销主义为中心"的德国行政诉讼所留下的历史遗产。[②] 尽管很多学者批评对撤销之诉的偏重,使行政机关的事实行为和公法上的法律关系,被排挤到了行政诉讼的边缘地带,同时伴随行政方式的复杂化和多样化,以行

---

① Kopp/Ramsauer, *Verwaltungsverfahrensgesetz Kommentar*, C.H.Beck 2005, S.517.

② Laubinger, Das allgemeiner Anfechtungsklage zur Durchsetzung eines Buergerbegehrens, DOEV 1999, S.1029.

政行为为对象的撤销之诉在德国行政诉讼中的优势地位（uebergewicht der Anfechtungsklage）①也逐渐式微，但撤销之诉仍旧是德国行政诉讼中的基础类型，《联邦行政法院法》中很多关于撤销之诉"诉的适法性"和"理由具备性"的规定，也都会准用于其他的诉讼类型。从这个意义上，撤销之诉为我们提供了分析德国法主观诉讼及其制度构成的重要模板。

2. 义务之诉

义务之诉的法律依据同样是《联邦行政法院法》第 42 条第 1 款。与在撤销之诉中，原告是因行政机关已经做出的某项行政行为而权利受损相反，在义务之诉中，原告的权利是因为行政机关拒绝（Ablehnung）或未作出（Unterlassung）某项行政行为而受损，相应的，原告的诉讼请求和诉讼目标也是法院判令被告行政机关作出其之前拒绝或尚未作出的行政行为（通常是授益行政行为）。

撤销之诉与义务之诉的共同点在于，它们二者的对象都指向了某项行政行为，也因为行政行为在传统行政方式中的核心地位，义务之诉同样是德国行政诉讼的重要类型，并在个案中，与典型的撤销之诉处于一种"非此即彼"（Alternativitaet）的对立同时也是对应的关系中。② 如果原告因某项已经做出的行政行为而遭遇不利（Nachteil），并希望通过对这一行为的撤销而恢复原来的状态，应该选择撤销之诉作为适当的诉讼类型；反之，如果原告期望通过一项尚未做出的行政行为，而获得一种较之从前更有利的状态，则应选择义务之诉。③ 但也有学者认为，从属性而言，因为义务之诉的目标是请求行政机关做出一项行政行为，因此比给付之诉更为详尽，因此属于针对行政行为的特别给付之诉（besondere Leistungsklage）。④ 但从诉讼机制和程序设置上看，义务之诉确与撤销之诉有更强的亲缘性，例如在"诉的适法性"要件中，二者均将行政复议作为前置程序，而被告适格以及起诉期限等规定上也完全一致。

---

① 参见［德］弗里德赫尔德·胡芬：《行政诉讼法》，莫光华译，法律出版社 2003 年版，第 211 页。

② 参见［德］弗里德赫尔德·胡芬：《行政诉讼法》，莫光华译，法律出版社 2003 年版，第 218 页。

③ Kopp/Schenke, *Kommentar zur Verwaltungsgerichtsordnung*, C. H. Beck, 2005, 14. Aufl. § 42. Rn.267.

④ Eyermann/Schmidt, Verwaltungsgerichtsordnung Kommentar, § 113, Rn.106.

从具体类型而言,义务之诉既包含针对行政机关的否定决定提起的否定决定之诉(Versagungsgegenklage)和针对行政机关的不作为提起的不作为之诉(Untaetigkeitsklage),但二者的目标都是要求行政机关履行做出某项行政行为的给付任务。① 如上文所述,义务之诉在"诉的适法性"以及"理由具备性"等诸多方面都与撤销之诉分享共同的规则;但在理由具备性方面,除同样要求确认"行政违法"(Rechtswidrigkeit)以及"权利侵害"(Rechtsverletzung)外,根据《联邦行政法院法》第113条第5款,法院在要求行政机关做出某项原告所期待的行政行为时,还必须具备"裁判时机成熟"(Spruchreife)的前提,即对于此项判决以及判决中所要求的"作为义务"而言,"所有的事实和法律上的前提均已具备"②。

3. 确认之诉

确认之诉(Feststellungsklage)的法律依据是《联邦行政法院法》第43条第1款,根据该条,"原告可通过这种诉讼要求法院确认某项法律关系存在与否,或确认行政行为无效"。据此,最典型的确认之诉包括确认某种法律关系存在的"积极确认之诉"(positive Feststellungsklage)、确认某种法律关系不存在的"消极确认之诉"(negative Feststellungsklage)以及确认行政行为无效的"无效确认之诉"(Nichtigkeitsfeststellungsklage)。③ 前两种诉讼的标的是法律关系,而此处的"法律关系",又是"基于某项公法规范而产生的人与人或人与物之间的法律上的往来关系"④。而无效确认之诉的标的则是一项自始无效的行政行为。与行政行为的判断相同,对"无效行政行为"的判断同样应回溯至《联邦行政程序法》第42条。除第42条明确列举的"绝对无效情形"外,行政行为惟有罹患"严重且明显的违法瑕疵",德国法才确认该项行政行为自始且天然无效。⑤ 除这三种典型的确认之诉外,确认之诉的类型还包括:预防性确

---

① Kopp/Schenke, *Kommentar zur Verwaltungsgerichtsordnung*, C. H. Beck, 2005, 14. Aufl. § 42. Rn.279.

② Kopp/Ramsauer, *Verwaltungsverfahrensgesetz Kommentar*, C.H.Beck 2005, S.529.

③ 参见[德]弗里德赫尔德·胡芬:《行政诉讼法》,莫光华译,法律出版社2003年版,第311—313页。

④ BVerGE 40,323,325.

⑤ 参见赵宏:《法治国下的目的性创设:德国行政行为理论与制度实践》,法律出版社2012年版,第214页。

认之诉（vorbeugende Feststellungklage）、继续确认之诉（Fortsetzungsfeststellung-sklage）以及中间确认之诉（Zwischenfestellungsklage）。预防性确认之诉针对的是一项行政机关未来可能做出的行政措施，原告提起这种诉讼的目的在于通过由法院对某一未来的特定行为的适法性判断，预防性地禁止行政机关做出某一行为，这种诉讼与德国法上处于附属地位的停止作为之诉，在诉讼目标上存在极大的相似性，在司法实践中也常常被混用。① 继续确认之诉的目标是确认一项已经终结的行政决定的违法。与无效确认之诉一样，这项诉讼针对的也是一个不会再产生法律效果的行政措施。这项行政措施可能因为行政机关自己做出的撤销、废止决定，或因为解除条件具备，或是事实原因的出现已经在法律上终止（Erledigung），但它却可能出现持续影响原告权益（例如名誉权）的情形，此时原告可要求法院在行政措施终结后仍对其作出"事后确认"（nachtraegliche Feststellung），并藉此排除其后续影响。② 中间确认之诉旨在确认一项诉讼法上的法律关系，即在诉讼过程中某项有争议的法律关系，是该诉讼的裁判前提，原告可在诉讼中申请法院预先对这种法律关系予以确认。这种诉讼类型同样处于辅助性位置，其法律依据主要在于《民事诉讼法》第256 条第 2 款。③

根据《联邦行政法院法》第 43 条第 2 款的规定，"只要原告能够，或有充分可能通过形成之诉（Gestaltungsklage）或给付之诉（Leistungsklage）主张其权利，就不得要求确认"。所谓的"形成之诉"，主要就是上文所述的"撤销之诉"和"义务之诉"，据此，确认之诉在德国行政诉讼的主观类型中显然处于"补充性"或"辅助性"地位（Subsidiaritaet）。④ 相应的，德国行政法院也将此条作为诉的类型适当性要件予以审查，认为确认之诉只有在"原告不能，或者无法通过其他诉讼类型，在相同范围内并以相同效力实现其法律保护目标时"，才被

---

① 参见［德］弗里德赫尔德·胡芬:《行政诉讼法》，莫光华译，法律出版社 2003 年版，第321 页。

② 参见［德］弗里德赫尔德·胡芬:《行政诉讼法》，莫光华译，法律出版社 2003 年版，第323 页。

③ 参见［德］弗里德赫尔德·胡芬:《行政诉讼法》，莫光华译，法律出版社 2003 年版，第326 页。

④ Kopp/Schenke, *Kommentar zur Verwaltungsgerichtsordnung*, C. H. Beck, 2005, 14. Aufl. § 43. Rn.16.

例外地允许,并被作为适当的诉讼类型。① 但司法实践中,伴随确认之诉重要性的日渐增长,这种"辅助性地位"早已被彻底突破。确认之诉对行政所产生的拘束效力,以及人们在风险社会下逐渐扩张的要求法院对风险和相应的行政义务予以具体阐明的需求,都使确认之诉在德国的行政诉讼实践中获得了越来越多的作用空间。② 与撤销之诉和义务之诉不同,在适法性要件上,确认之诉并不要求在诉讼之前进行复议程序,对于这种诉讼的期限,法律也无详尽规定,原则上只要原告的诉权不丧失,就可在任何时间提起确认之诉。

4. 给付之诉

给付之诉(Leistungsklage)的法律依据在于《联邦行政法院法》第 43 条第 2 款。但这一条款仅出现了给付之诉的名称,换言之,仅在法律上默认了给付诉讼的存在,但对于这一诉讼的基本要件再未做详细规定。联邦行政法院认为,原则上公民可基于给付之诉要求行政机关作出除行政行为(Verwaltungsakt)之外的所有行为,例如要求行政机关提供相关的信息和答复(Informationshandlungen),提供相应的生存照顾和基础设施(Leistungen der Daseinsvorsorge und der Infrastruktur),进行相应的金钱支付(Geldzahlungen),甚至是颁布特定的法律规范(Normsetzung)③。很多学者甚至将公民要求行政机关停止做出除行政行为以外的其他行为的不作为之诉(Unterlassungsklage),同样作为给付之诉的子属类型。④

与确认之诉一样,给付之诉同样无须考虑复议程序,也不必遵守法律的期限要求。但值得注意的是,伴随司法实践的展开,给付之诉已经发展为德国行政诉讼中的"多用途武器"(prozessuale Mehrzweckwaffe)⑤。除了具有上述主观诉讼的子属种类外,很多时候行政机关同样可针对公民提起给付之诉,即行

---

① Wehr, Abschied von der Fortsetzungsfeststellungsklage analog § 113 Abs.1 S 4 VwGO, DVBL 2001, 785.

② Trzakalik, Die Rechtsschutzzone der Feststellungsklage im Zivil-und Verwaltungsprozess, 1999, S.453.

③ BVerwGE 101, 106(128).

④ 参见[德]弗里德赫尔德·胡芬:《行政诉讼法》,莫光华译,法律出版社 2003 年版,第 305 页。

⑤ Schenke, Vorbeugende Unterlassungsgerichtliche Leistungsklage im Verwaltungsprozess, AoeR 1990, S.223.

政机关要求公民依照公法规范作出或不作出某种行为,或承担某种容忍义务,而这一需要又无法通过行政机关单方面的给付决定或公法合同中的即时执行获得实现。此外,给付之诉在解决不同公法主体之间的"内部法律争议"(In-nenrechtsstreit)时,同样也有相当的适用空间,例如公法团体之间不属于普通法院管辖的金钱支付和费用偿还问题。① 从这个意义上说,给付之诉同样具有客观诉讼的内容和面向,也正是基于其多样化特征,德国行政诉讼一直以来都将其作为"兜底性的诉讼"(Auffangklage)②。

(二) 主观诉讼的配套制度设置

德国的行政诉讼以保障公民个体权利作为基本功能,以主观诉讼作为主要类型。为保障这种诉讼的有序进行,同样进行了相应的制度设置。这些制度互相牵扯,相互配合,并作为德国行政诉讼的重要构成,共同服务于主观诉讼的整体定位。

1. 诉讼权能

与主观诉讼最紧密相关的制度设置就是原告资格的规定。主观诉讼以"个体权利保障为目标",相应的在原告资格方面,也就自然会秉承严格的立场。原告资格在德国法中又常常被简称为"诉讼权能"或"诉权"(Klagebefug-nis)。行政相对人惟有具备法定诉权时,始能成为"适格原告",否则,就会因资格欠缺而被挡在诉讼之外。德国《联邦行政法院法》中有关诉讼权能的规定主要是第 42 条第 2 款以及第 47 条第 2 款,根据这两条规定,不论起诉人是提起撤销之诉和义务之诉,还是确认之诉和给付之诉,都必须证明是自身"权利"(Recht)受损,始能享有诉权③。

---

① 参见[德]弗里德赫尔德·胡芬:《行政诉讼法》,莫光华译,法律出版社 2003 年版,第 309 页。

② Schenke, Vorbeugende Unterlassungsgerichtliche Leistungsklage im Verwaltungsprozess, AoeR 1990, S. 225.

③ 德国的行政诉讼有类型化区分:撤销之诉、义务之诉、确认之诉与给付之诉是其中最重要的类型。撤销之诉与义务之诉都针对行政行为,前者是当事人要求撤销行政机关已经做出的行政行为,后者则是当事人诉请行政机关做出某个特定的行政行为;给付之诉是当事人要求行政机关作出某类事实行为;确认之诉主要针对存有争议的法律关系,当事人既可以在确认之诉中请求确认某种法律关系的存在、不存在,也可要求确认行政行为的无效。参见[德]弗里德赫尔德·胡芬:《行政诉讼法》,莫光华译,法律出版社 2003 年版,第 203—209 页。

（1）主观公权利与保护规范理论

如上所述,当事人是否有"权利"受损,是判断其是否具有原告资格的重要前提。"权利"受损的要求排除了当事人仅仅是因为"优势地位"（Vorteil）、"舒适性"（Annehlichkeit）、"兴趣"（Interesse）或是"机遇"（Chance）受影响而提起的诉讼。但在德国法中,有关"权利"的推导过程,换言之,有关"权利"与"非权利"的界限区分却相当烦琐复杂。其原因首先可追溯至德文中"Recht"一词的双义。在德文中,"Recht"首先是主观意义上的（Recht im subjektiven Sinn）,此时其作为个人的主观权利,"Recht"在此情境下亦应被译为"权利";其次,"Recht"还在客观意义上被使用（Recht im objektiven Sinn）,此时则作为国家的客观秩序或规则,这种意义上的"Recht"等同于中文的法,或者是法规则①。德国法认为,所有的法当然都是客观规则,但并非都赋予公民以主观权利。只有当公民藉由这一规则,获得某种法律上的权能,可以为自己的利益,要求他人为一定行为、不为一定行为,或承担一定的容忍义务时,才可以确认该项客观规则同时构成了公民的主观权利②。因此,德国法在"权利"之前冠以"主观"作为修饰语,并非表明权利有主观与客观之分,除标示出"Recht"此时应作为"权利"来理解外③,还旨在强调所有权利都具有的"主观性"（或主体性）,即该项规则承认公民的主体资格,他可在义务人未履行义务时主动向其发难。又因德国恪守公私法二元区分,相对人基于公法规范所享有的,要求公权力机关为一定义务的权利,也就被学理归纳为"主观公权利"④。在德国法中,主观权利的实践意义具体就表现为司法救济⑤,当公民的主观权利遭受侵害时,均可以向法院诉请保护,所谓"有权利,必有救济"。反过来,公民也只有在权利遭受侵害时,才有机会向法院诉请保护,所谓"有权利,斯

---

① Hartmut Maurer, *Staatsrecht*, Verlag C.H.Beck, 2003, S.237.

② Hartmut Maurer, *Allgemeinese Verwaltungsrecht*, Verlag C.H.Beck, 2003, S.152.

③ 正因为德文中的"Recht"兼有"权利"与"法"的含义,因此很多译者在翻译"主观权利"与"客观法"时,常常误译为"主观权利"与"客观权利",或是"主观法"与"客观法"。这两种译法在理解上均会引起歧义,易使读者认为在德国法中,权利有主观与客观之分,法亦有主观与客观之分。事实上,与"主观权利"对应的就是"客观法",换言之,所有的权利都是主观的,而所有的法规则都是客观的。

④ Hartmut Maurer, *Allgemeinese Verwaltungsrecht*, Verlag C.H.Beck, 2003, S.153.

⑤ Hartmut Maurer, *Allgemeinese Verwaltungsrecht*, Verlag C.H.Beck, 2003, S.153.

有救济"①。正因如此,在德国学理中,主观公权利既有赖行政救济制度予以落实,同时又构成提起行政救济的门槛要件。

既然"Recht"的词义有主观权利与客观规则之分,而主观权利与客观规则又不存在一一对应的关系,那么如何从客观规则中推导出主观权利,就成为法律操作中的难题。原则上,主观权利的获得首先以存在客观法规则,以及该规则中规定了他人作为或不作为的相关义务为标志。客观规则与客观义务由此成为所有主观权利的构成基础。但并非法规则中包含了客观义务,就可以当然地推导出主观权利,这一点在公法与私法中尤为不同。一般而言,因私法的功能是对公民间的利益进行衡平和限定,所以在私法规范中,一个公民的法律义务通常都会对应另一公民的法律权利。② 但这一推导过程却无法直接运用于公法。公法以维护公共利益为导向,所以都会规定公权力机关的普遍守法义务。此时,要辨明公法规则是否同时赋予公民主观权利,就显得颇为棘手。为克服这一难题,德国学理发展出所谓"保护规范理论"(Schutznormlehre)③。根据这一理论,客观规则仅是确认主观权利存在的一项前提,它仍需另一要件进行补充——这些法规则的利益指向(Interessenrichtung)除保护公共利益外,必须同时指向某些特定的相对人,也就是说,它们在保护公共利益的同时,也保护特定人的特定利益,此时才可确认,这些客观规则赋予了相对人以主观权利,否则,相对人获得的优势或好处,就只能被归类为反射利益(Reflexinteresse)④。据此,客观规则和个别的利益保护(Individualinteresse)就成为检验公法规范是否赋予公民以主观权利的两项重要标尺。⑤

保护规范理论最初由德国学者布勒(O.Buehler)于1914年创建,其发端原因正在于克服因行政的公益特质与取向,所导致的公法权利的隐晦难辨⑥。

---

① 李建良:《保护规范理论之思维与应用——行政法院裁判若干问题举隅》,《2010行政管制与行政争诉(学术研讨会系列之二)》,第3页。

② Hartmut Maurer,*Allgemeinese Verwaltungsrecht*,Verlag C.H.Beck,2003,S.155.

③ Sachs,Grundgesetz Kommentar,Verlag,C.H.Beck,1999,S.91.

④ 例如市政府重新编排门牌号码,某公民的号码由原来的68号,变更为14号,此时该公民不能诉请司法保护,因其之前在号码编排上获得的"好处"仅仅是一种反射利益,并非主观权利。

⑤ Hartmut Maurer,*Allgemeinese Verwaltungsrecht*,Verlag C.H.Beck,2003,S.155.

⑥ Sachs,Grundgesetz Kommentar,Verlag,C.H.Beck,1999,S.91.

这一理论对于主观权利的推导基本包含两道步骤:首先确认是否有客观规则存在,再进一步探求该规则的保护取向是否同时保护个人利益。运用这一思维框架观察,所有的客观公法规则中,只有一部分属于公民的主观权利,而其余的法规则,即便国家违反或不予遵守,公民也不能向法院提起诉讼,典型的例如,行政机构组成及运作的规定,因为这些规范在保护公共利益的同时,并没有赋予任何人以主观权利。

第二次世界大战后德国学者奥托·巴霍夫(Otto Bachof)承继并发展了布勒的观点,德国学界也以第二次世界大战作为分野,将保护规范理论区分为"旧保护规范理论"(Alte Schutznormlehre)与"新保护规范理论"(Neue Schutznormlehre)。尽管巴霍夫的新保护规范理论并未脱逸出布勒的基本思路,但仍旧呈现出一些差异。首先,布勒的旧保护规范理论主张对公权利的探究应首先从法律入手,强调法律优先。而新保护规范理论则认为,公权利的主要法规范基础就是宪法中的基本权规定,尤其是自由权与财产权的规范。[①] 这种基本权利比重的转移主要源于随时代变迁而导致的基本权保障状况的变化。其次,旧保护规范理论在探究法律规范是否具有保护私人利益的意旨时,认为应以立法者的主观意旨为主;而新保护规范理论则认为,对法规范意旨的探求,不应仅限于立法者的主观意旨,还包括客观的意旨,即法规范保护的私人利益范围的确定,以作为公权力依据的客观规范为基础,对于该规范要从构成要件、体系结构、立法意旨等各种解释方法,并斟酌基本权与其所形成的各种价值秩序,以及法治国、权力分立、比例原则等各项宪法或行政法上的基本原则而得出。[②] 概言之,新保护规范理论呈现对法规范的客观解释趋向,而这也在相当程度上扩张了公民的公权利范围。但尽管存在上述差异,但新旧保护规范理论对于公权的探求思路却毫无二致,即将对公法权利的存在与否的探求,回溯到各项客观规则的立法意图是否旨在保护个人利益问题。而且,推导步骤也几乎没有逸出布勒的框架。

在德国法上,保护规范理论不仅提供给人们探寻主观权利的思考框架,在行政救济中也非常关键。德国行政诉讼正是运用保护规范理论来探求公法权

---

① Hartmut Bauer, *Altes und Neues zur Schutznormtheorie*, in:AoeR 113(1988),S.591-592.

② Norbert Achterberg, Allgemeines Verwaltungsrecht, Heidelberg 1982, S.313 ff.

利是否存在,并进而判断诉讼权能的有无。但主观公权利与保护规范理论的应用亦使德国行政诉讼权能呈现相对严苛化的趋向。究其原因,主要在于这一理论带有强烈的德国法释义学(Rechtsdogmatik)色彩,必须依赖于细腻成熟的法律解释与推导技术,而法官又常常会拘泥于这一过度精致的解释框架,而无法做出突破性评判。事实上,保护规范理论对于"主观公权利"的探寻,是将公法权利的存在与否,回溯到各项客观规则的立法意图是否旨在保护个人利益的问题,其本质仍属于法律解释的范畴。但法官在诠释法规目的时,一方面为避免侵害立法者的形成自由,破坏宪法的分权体制,较易选择从规范体系及整体架构中探求立法意图,从而谨慎地防止脱逸立法者的规范意旨[1];另一方面,这一理论也使法官的着眼点主要集中于当事人法律上权利的有无,至于其事实上是否受到影响,并非考量的关键要素。

但值得注意的是,我们并不能从保护规范理论推导过程的严格中就得出德国行政诉讼原告资格过于严苛的褊狭结论。德国法的确经由这一理论,而将在很多欧洲其他国家或是欧盟法院都享有诉讼权能的案件,仅认定为是"反射利益"受损。[2] 但从司法实践以及保护规范理论的新近发展来看,德国行政诉讼的原告资格却确定地呈现逐渐扩张的趋势。例如,德国司法实践很早就将诉讼权能从"相对人"(Adressaten)扩张至权利受到影响的"第三人"(Dritten)。事实上,正如德国联邦行政法院确认的,"不利行政决定的相对人总是有诉权的"(Adressat des belastenden VA ist immer klagebefugt)[3],保护规范理论的适用也只有在第三人起诉时才会涉及。而这一理论的客观化趋向又使当事人从客观规则中推导出主观权利的可能大大扩张,除客观法规范明确包含保护"第三人利益"的指向外,第三人还可从宪法的基本权利规范中推导出主观权利;对于行政机关享有裁量权的决定,原告同样可主张"无瑕疵裁量请求权";即使对于传统理论一贯认为仅保护公共利益的程序性规范(Verfahrensnormen),联邦行政法院也认为,"只要这些规范能够保护程序参加人的权

---

① Ottmar Buehler, Die subjektiven oeffentlichen Rechte und ihr Schutz in der deutschen Verwaltungsrechtsprechung, 1914, S.114.

② 参见林明锵:《欧盟行政法》,台湾新学林出版公司 2009 年版,第 67 页。

③ BVerwGE 6, 32, 36.

利,它们就具有保护原告的效力"①。此外,因为欧盟法的辐射作用和拘束效力,德国法院同样确认,欧洲共同体法同样可以成为当事人拥有诉权的依据,而且除具有明确个人保护目的的欧洲共同体法外,"一旦一个足够确定和直接可执行的规范,事实上导致了(bewirkt)对公民的保护",也足以在此基础上产生诉讼。② 德国学者也认为上述做法非但未使保护规范理论被废弃,相反还在相当程度上被加值(aufgeladene Version der Schutznormlehre)③。

(2)"个体权利"受损与民众诉讼的排除

经由复杂曲折的推导过程,保护规范理论在权利与非权利之间进行了清晰划界,而该理论所要求的,客观的公法规范在保护公共利益的同时,必须具有"个别的利益指向",也使主观权利的归属具有明确的个体性,而这同样也是德国诉讼权能所要求的第二项要件:原告不仅应主张区别于兴趣或利益的"权利"受损,而且该项权利还应归属于原告(Zuordnung zum Klaeger)。通过这一规定,德国法将为保护公共利益或他人利益而提起的民众诉讼(Popularklage)明确排除在行政救济之外。④

如上文所述,"个体权利"受损的要求与民众诉讼的排除,在很大程度上既是基于为法院减负的考虑,同时也是为了使法院为"个体权利"提供更有效的法律保护。对民众诉讼的排除尤其体现于环境和自然保护领域。德国司法实践一向对环境和自然保护法中的主观权利确认持谨慎的态度,认为水法、树木保护法、动物保护法、文物保护法的大部分规范都旨在保障公共利益,个人因此所获的仅是"反射利益",并无权基于上述规范,对行政机关在这些领域的决定诉请救济。

但值得注意的是,德国行政诉讼实践中,除个人诉讼外,一直都允许协会诉讼(Verbansklage)的存在,这种协会诉讼虽与民众诉讼有显著区别,但通过协会诉讼,司法实践却有效地突破了传统的"受害人诉讼系统"(System der

---

① BVerwGE 41,58,63.

② Einey/Sollberger,Der Zugang zu Gerichten und gerichtliche Kontrolle im Umweltrecht: Rechtsvergleiche Voelker-und europarechtliche Vorgaben und Perspektiven,2002,S.299ff.

③ Schwarze,Europaeische Rahmenbedingungen fuer die Verwaltungsgerichtbarkeit,NVwZ2000,S.241ff.

④ BVerwGE 17,87,91;19,267,271;36,192,199.

Verletztenklage）。① 传统的协会诉讼主要是协会为了自身成员的利益而进行的诉讼,这种诉讼又被称为"利己的协会之诉"（egoistische Verbandsklage）。这种诉权的产生主要基于《基本法》第9条的"结社自由"（Vereinigungsfreiheit）。但除了这种"利己的协会之诉"外,德国很多州现在都通过州立法确认某些协会可为了公共利益而提起协会之诉,为示区分,这种诉讼在德国学理上又被称作"利他的协会之诉"（altruistische Verbandsklage）。例如,柏林、汉堡、黑森、萨尔等州均通过州的自然保护法确认在本州得到认可的自然保护协会,可针对行政机关在此领域的决定提起行政诉讼。这种协会之诉虽然与广泛的"民众诉讼"仍然存在相当区别,它所认可的原告也仅限于州法所确认的协会团体,但这种诉讼得目的和功能已经与民众诉讼相当接近。而且,德国法的上述技术性处理,一方面是基于《联邦行政法院法》第42条第2款"除非有法律特别规定"的授权,另一方面也并未与传统的主观公权利以及保护规范理论出现明显的抵牾。

2. 审查密度

审查密度（Kontrolldichte）涉及行政诉讼中司法对于行政的监督强度,强度大小与密度高下攸关司法与行政在行政诉讼中的权力划分,亦攸关行政在司法审查中仍能保留的裁量空间与判断余地,因此,如果说诉讼权能是在法律上的受害者与事实上的受影响者,又或者是受害者与公益捍卫者之间划清界限的话,那么审查密度就是在司法监督空间与行政判断余地之间划线。通常情况下,为尊重行政机关的专业判断以及维护分权体制,各国都会对司法审查的密度做适当限定,以避免法院借行政诉讼逾矩。而法院对行政案件的审查又大都止步于立法赋予行政机关裁量权时。对于现代行政而言,裁量不仅无法避免而且相当必要。尽管详尽立法会构成对行政恣意的有效约束,但囿于社会生活的复杂与立法认识的有限,法律规则总会或多或少地赋予行政机关,基于自身的技术专长与实践经验斟酌裁量的权限。同时,裁量权亦可使行政机关根据具体个案,做出最符合个案正义的决定。既然立法允诺行政一定的裁量空间,司法就应予以尊重,即便认识不一,也应保持克制,而不能擅用自己

---

① 参见［德］弗里德赫尔德·胡芬:《行政诉讼法》,莫光华译,法律出版社2003年版,第207页。

所认为的更优决定取代行政决定。但即使各国行政法均确认行政机关享有相当程度的裁量权,亦原则上认可司法对行政裁量权应予尊重,但司法对裁量权的审查密度却高下有别。在这一问题上,德国法采取了其他国家都难以比拟的高密度审查,而这种审查又是经由德国法上"行政裁量"与"不确定法律概念"的二分以及"合义务性裁量"的理念达成。

(1)裁量与不确定法律概念的二分

虽然同样认可行政诉讼中司法对于行政裁量的尊重,但对裁量的范围,德国法却进行了前所未有的限缩和挤压。不同于大多数国家概括地认为:只要立法规范模糊,需要行政在执法中进一步明晰时,行政机关就拥有了裁量权,德国法首先将法律规范区分为事实构成要件与法律后果两部分,进而将裁量仅局限于法律后果部分,也就是说,只有行政机关在法律规定的构成要件成立时,可以选择不同的处理方式,才可确认其拥有了裁量权①。但事实上,行政机关对法律的适用并不仅仅是对法律后果的选择,尚包括对事实构成要件的确定,以及对所发生的案件事实是否与法律规定的事实要件相符的涵摄,但这些在德国法中都不属于裁量范畴。若法律规定的事实构成要件模糊不清、难以把握,需要具体明确与判断时,德国法称之为"不确定法律概念"(unbestimmte Rechtsbegriff)②。如果说在裁量领域,行政机关拥有了司法豁免的最终决定权(Letztentscheidung),那么,对于不确定法律概念,行政机关的判断则不再能对司法产生拘束,反而要受到司法毫无限制的审查与检验。其理由在于,德国法认为,无论是对不确定法律概念的明晰,或是对事实与法律的函摄,都是对概念意义内涵的探求,都属于法律解释问题③,因此,当然也就都属于司法权的传统"势力范围"。通过"裁量"与"不确定法律概念"的二元区分,以及将对事实构成要件的判断从法律规范的整体中剥离,德国法成功地将裁量的范畴限缩到了"法律后果"的狭小范围。

裁量与不确定法律概念的区分肇始于奥地利学者特茨纳(Tezner),他主

---

① Kopp/Ramsauerm,*Verwaltungsverfahrensgesetz Kommentar*, 8. Auflage, Verlag C. H. Beck 2003,S.622.

② Hartmut Maurer,*Allgemeinese Verwaltungsrecht*,Verlag C.H.Beck,2003,S.132.

③ Kopp/Ramsauerm,*Verwaltungsverfahrensgesetz Kommentar*, 8. Auflage, Verlag C. H. Beck 2003,S.623.

张将"公益"、"合目的性"、"必要性"、"公共安宁与秩序"等视为法律概念从行政裁量中分解，并交由法院审查，由此确立两者二元区分的雏形，①这一理论框架之后经德国学者巴霍夫（Bachof）和沃尔夫（Wollf）系统建构，②通过这些构建，德国法不仅创造出最复杂缜密的裁量理论，还通过对裁量的极度挤压，使司法审查的触角获得很大延伸。

这种关于裁量和不确定法律概念的界分在德国也并非没有争议。很多学者就认为，不确定法律概念和裁量的区分，使"裁量已蜕变为处于法的拘束尽头的、法律上不重要的那些问题。裁量的基础以及边界，只有在解释规则和规范的金字塔所构成的妥当性链条走到尽头时才得以发生"③；而且，密不透风的司法审查使行政权很难再发挥其技术专长，行政裁量存在的意义也因此在相当程度上被抽离。鉴于此，学界又提出"判断余地"（Beurteilungsspielraum）理论，作为对司法无限度审查不确定法律概念的限定。判断余地基于对行政机关专业评估与预测能力的尊重，允许行政机关在解释某些涉及专业事项的法律概念时，享有不受司法干扰的独立的"判断领域"。④ 这一理论的提出无疑是对法院可对不确定法律概念进行无限度审查的质疑。在主张行政应拥有判断余地的学者看来，立法机关通过不确定法律概念赋予了行政机关自己负责，且只受有限司法审查的决定权，这一领域也因此是行政机关独立于司法的自主领域⑤。除非行政机关的判断明显有悖于经验法则或其判断使用明显不正确的工具或方法，法院就应当予以尊重，而无权替代行政机关作出最佳的选择。典型的行政机关在适用不确定法律概念时，享有判断余地的情形包括：其一，关于考试成绩的评定，考试成绩的评定，大多涉及学术与知识能力的评价，法院应尊重专家在命题和评分方面的专业评价；其二，高度属人性事实的判断，即判断者据以作出判断的基础，具有相当的专属性，并无法由他人替代，例如行政长官对于下属成绩、品行和操守等事项的评价；其三，由社会多元利益

---

① 参见翁岳生：《论"不确定法律概念"与行政裁量之关系》，翁岳生：《行政法与现代法治国家》，台湾祥新印刷有限公司1990年版，第245页。

② Hartmut Maurer, *Allgemeinese Verwaltungsrecht*, Verlag C.H.Beck, 2003, S.131.

③ Ulla Held-Daab. *Das Freie Ermessen*, Berlin: Duncker und Humblot, 1996.

④ Kopp/Ramsauerm, *Verwaltungsverfahrensgesetz Kommentar*, 8. Auflage, Verlag C. H. Beck 2003, S.649.

⑤ Hartmut Maurer, *Allgemeinese Verwaltungsrecht*, Verlag C.H.Beck, 2003, S.135.

的代表所组成的委员会所共同做出的决定,因这种决定的主体代表多元利益,且其决定又需经过多方协调和妥协的程序,因为法院原则上应予以尊重;其四,专家所为的"专家判断",由于专家具备特殊领域的专业知识,因此法院如果没有特别的理由,自无审查的余地;其五,行政机关在特定领域,例如环境生态、科技或经济、自然科学等领域所作的预测性或评估性的决定,这些决定因涉及"风险评估",因此属于行政保留的范畴,法院在司法审查时应保持适度克制;其六,具有高度政策或计划性的决定等。①

但鉴于对判断余地可能引发的行政权滥用和膨胀的审慎,联邦行政法院自始都将判断余地被作为不确定法律概念的例外,经司法所确认的判断余地也仅限于考试决定、公务员考核、特定领域的预测性决定和风险评估等有限事项②,而这也因此并未改变德国高密度裁量审查与控制的整体趋向。

(2)合义务性裁量

德国法对于裁量的防御,不仅表现于对裁量范畴极端狭义的解释,还表现于对裁量本身的定位。在德国法的认识中,裁量永远都不是"自由的",也就是说,即便是在裁量范畴内,行政机关也并非毫无羁绊,而须时时恪守"合义务裁量"(pflichtgemaesse Ermessen)的基准③。所谓"合义务裁量",德国《联邦行政程序法》规定为"应当符合裁量授权的目的,并遵守裁量的界限"④,但联邦宪法法院和行政法院却扩张了行政机关在裁量时应遵守的义务范围。除传统的行政机关所选择的法律后果不在裁量范围内(裁量逾越)外,行政机关不使用裁量(裁量懈怠),或是进行裁量时违反基本权利与行政法的一般原则,都被认为是不合义务的"裁量瑕疵"。值得注意的是,不合义务的裁量在德国法中不仅是不合目的的(zweckwidrig),而是不合法的(rechtwidrig),而会招致被法院撤销的后果。⑤ 据此,"合义务裁量"的要求使行政原本就范围狭窄的裁量空间更所剩无几。

综上,不确定法律概念从裁量中的分离以及合义务裁量的要求,使行政免

---

① Hartmut Maurer, *Allgemeinese Verwaltungsrecht*, Verlag C.H.Beck, 2003, S.142.

② Hartmut Maurer, *Allgemeinese Verwaltungsrecht*, Verlag C.H.Beck, 2003, S.136.

③ Hartmut Maurer, *Allgemeinese Verwaltungsrecht*, Verlag C.H.Beck, 2003, S.128.

④ 德国《联邦行政程序法》第40条。

⑤ Kopp/Ramsauerm, *Verwaltungsverfahrensgesetz Kommentar*, 8. Auflage, Verlag C. H. Beck 2003, S.644–647.

受司法审查的裁量领域受到前所未有的限缩,行政几乎在所有方面都被悉数纳于司法控制之下,而德国行政诉讼的审查密度也因此相较其他国家被显著拔高。与严格的诉讼权能规定,高密度的司法审查同样服务于德国行政诉讼"保障个体权利"的整体定位。如上文所述,尽管德国通过对民众诉讼的排除,而将行政诉讼的目标主要确定为对"个人权利的保护",但《基本法》第19条却同时要求,这种保护必须是切实有效的。而这种保护的有效性又通过他国难以比拟的高密度审查得以实现。

3. 暂时的法律保护

除高密度的审查外,德国行政诉讼为确保有效的个人权利保护,还特别设置了权利暂时保护(vorlaeufiger Rechtsschutz)制度。暂时法律保护旨在保障原告在诉讼期间,免受被诉行政决定的执行及其后果的影响,或是确保其所享有的特定权利或事实状态,在诉讼最终结果出来之前,不会因为行政机关的决定而被中断或终止。与最终的判决相比,暂时法律保护所要实现的是对个体权利保护的有效性(Effektivitaet)和及时性(Rechtzeitigkeit)。试想,尽管行政诉讼的最终结果是为权利受损的相对人提供法律保护,但如果这种法律保护来得太迟,例如由于行政机关单方面的举措,被诉决定已经被不可逆转的执行,或是当事人申请的行政许可在诉讼经过后已经丧失意义,那么即便法院通过司法审查最终确认行政违法,并宣称原告的起诉具备理由,这种保障也会毫无实际意义。从这个意义上说,暂时法律保护就是要防止法院在作出最终判决前,行政将被诉决定变成难以逆转的既成事实。① 基于这一原因,联邦行政法院确认,"在诉讼过程中,对公民造成的不利越是严重,其后果越是难以消除,相应的法律保护的力度也就应越强"②。

暂时法律保护的法律依据在于《联邦行政法院法》第80条。根据该条第1款的规定,"行政复议和撤销之诉具有延缓效力(Aufshiebende Wirkung),延缓效力同样适用于权利形成性和确认性的行政行为以及具有第三人效力的行政行为"。此处的"延缓效力"针对行政行为的执行(Vollziehbarkeit)而言。根据德国《联邦行政程序法》第43条的规定,"一项行政行为只要未被撤销、废

---

① Friedrich Schoch, Vorlaeufiger Rechtsschutz und Risikoverteilung im Verwaltungsrecht, 1988. S.26.

② BVerwGE 35,382,402.

止或因为时间经过和其他原因而终止,行政行为就持续有效"。联邦行政法院认为,《行政法院法》第80条的规定使这种行政行为的执行效力,通过执行中止(Vollzugshemmung)而获得延缓。① 此外,既然这一规定同样适用于所有形成权利的、确认性的以及具有第三人效力的行政行为,这种执行不仅局限于行政行为的执行,而是包括因行政行为的实现(Verwirklichung)带来的所有消极后果,例如行政机关或第三人都不得再适用这一行为,或基于这一行为而做出其他消极决定等。②

但值得注意的是,在适用暂时法律保护制度时,同样需考虑到行政效率以及执行利益的问题,换言之,暂时法律保护措施的采用需在"执行利益"(Vollzuginteresse)与"延缓利益"(Aufschiedeinteresse)之间进行权衡。③《联邦行政法院法》第80条第2款同样规定了一些延缓执行的法定例外:首先,行政决定涉及公共税费的征收(oeffentliche Abgaben und Kosten),德国法为此提供的理由是"完成公共任务的必要财政征收不应受到危害"。但需要注意的是,此处的公共税费主要是国家为满足财政需要而在公法领域征收的税费、规费以及受益费等,并不包含行政机关为惩戒当事人而征收的罚款或滞纳金;其次,警察执行官员做出的不可迟缓(unaufschiebbar)的决定,这些决定强调执行的即时性,而其所保护的公共利益也会因行政决定的效力迟缓受到损害;再次,联邦法律或是州法律规定的免除迟缓效力的情形,尤其是第三人针对涉及其投资或是就业的行政行为而提起的行政复议或是诉讼,制度实践中,联邦法律对于出入境领域的措施、涉及兵役及体检的决定、针对公务员的职务安排和委派等决定均做出过排除暂缓效力的规定。④ 即使并没有上面所列的迟缓效力的法定例外,《联邦行政法院法》第80条第2款第4项也规定,行政行为的做出机关或是行政复议机关为保障公共利益的即时执行,以及某一参加人的重大利益,可发布即时执行的命令。但为避免行政机关滥用此项权利,排除"暂时法律保护"对于公民权益的有效保障,《联邦行政法院法》第80条第3款特别

---

① BVerwGE 13,1,5;66,222.

② Kopp/Schenke, Verwaltungsgerichtsordnung Kommentar, § 80.Rn.21.

③ 参见[德]弗里德赫尔德·胡芬:《行政诉讼法》,莫光华译,法律出版社2003年版,第497页。

④ Kopp/Schenke, Verwaltungsgerichtsordnung Kommentar, § 80.Rn.23.

规定,行政机关在发布上述即时执行的命令时必须说明理由(Begruendung)。理由必须清晰表明,在即时执行上存在何种特殊利益需要保障,而这些特殊利益又明显大于延缓效力所保护的个人利益。① 同时,根据《联邦行政法院法》第 80 条第 5 款,对于行政机关基于上述规定所做的即时执行决定,原告可申请法院对其主要事实和理由进行审查。法院可在审查后重新恢复延缓效力(Wiederherstellung),如果行政行为在该恢复决定做出时已经执行,法院还可以撤销相关的执行措施(Aufhebung der Vollziehung)。

除《联邦行政法院法》第 80 条外,《联邦行政程序法》第 123 条中的"暂时命令"(Einstweilige Anordnung)同样是暂时法律保护的另一种形式。② 根据第 123 条第 1 款,"当申请人权利的实现因既存状态的改变而受到阻碍,或遭遇严重困难时,行政法院可基于当事人申请,针对诉讼争议对象发布临时命令,这种临时命令同样可在诉讼提起之前做出"。此外,"为避免因争议法律关系的存在而造成的严重困难或紧急危险,或基于其他必要理由,临时命令同样可以针对争议法律关系做出,从而使其效力延缓"。据此,第 123 条和第 80 条彼此配合,共同提供了一种完成的、"无漏洞"的"暂时法律保护"。联邦行政法院也认为,凡不属于《行政法院法》第 80 条调整范围内的其他所有情况下的暂时法律保护,均可采取这种形式。③ 而实践中,这两种暂时法律保护形式也常常彼此交叉,并不存在泾渭分明的界限。原则上,对于撤销诉讼而言,应适用第 80 条的"延缓效力"规定,而对于除撤销之诉以外的其他诉种,均可适用第 123 条的暂时命令。④ 但与第 80 条中"延缓效力"是在诉讼程序中产生不同,"暂时命令"必须通过相对人的申请才能启动,因此,德国法常常将"暂时命令"视为是"一项独立的法律保护程序"(eigenstaendiges Rechtsschutzverfahren)⑤。既然是独立的法律保护,法院自然要求当事人就如行政诉讼一样,在申请暂时命令时,具备"诉的适法性"和"理由具备性"。对这两项的审查,德

---

① Kopp/Ramsauerm, *Verwaltungsverfahrensgesetz Kommentar*, 8. Auflage, Verlag C. H. Beck 2003, S.628.

② Erichsen, Die einstweilige Anordnung nach §123 VwGO, Jura 1998, S.161.

③ BVerwGE 68,191(101).

④ 参见[德]弗里德赫尔德·胡芬:《行政诉讼法》,莫光华译,法律出版社 2003 年版,第 517 页。

⑤ 刘飞:《德国公法权利救济制度》,北京大学出版社 2008 年版,第 97 页。

国行政法院在司法实践中基本准用行政诉讼的一般规定,只是在程序上要相对简单。① 暂时命令的类型在实践中既包括法院为防止当事人因当前状态改变而使权利难获实现的"保全命令"(Sicherungsanordnung),这种命令旨在对当前的法律或事实状态予以维护,还包括法院为防止当前状态给当事人造成严重不利所发布的"调整命令"(Regelungsanordnung)。② 但如果当事人通过申请暂时命令而获取的利益,只有在案件主体事项得以彻底完成才能实现,法院原则上就不应做出暂时命令,这项"禁止预先办理主体事务"(Verbot der Vorwegnahme der Hauptsache)的规则也因此成为暂时命令的例外。③

4. 证据法则

与我国《行政诉讼法》明确规定由被告对具体行政行为的合法性承担举证责任不同,德国行政诉讼原则上准用民事诉讼的一般证据规则,即受益者负举证责任的原则(Beguenstigungsregel),这一原则又常常被译为"受益规则"。根据这一原则,对特定实施负有说明和证明义务的(darlegungs- und beweispflichtig),就是主张该事实的人,④换言之,就是中文文献中常说的"谁主张谁举证"。

但在德国司法实践中,这一原则在行政诉讼中的适用也被根据行政诉讼的一般特点进行了相应调整。例如在撤销之诉中,对当事人之前的状态通过决定进行调整的行政机关,也负有对调整决定所依据的特定法律和事实的基础予以说明和举证的责任。而在义务之诉中,如果行政机关拒绝作出法律上规定的某种授益行政行为,原告仅需负责自己符合一般许可要件的举证责任,而行政机关拒绝许可的"消极不许可"要件的举证责任则由被诉行政机关承担。⑤ 这些规定均对传统的"有利举证责任"进行了一定的调整。

除对"受益规则"进行了一定调整外,德国行政诉讼在证据规则的其他方面与民事诉讼均无太大差异。例如对当事人做不利推定的规定,以及自由心

---

① 参见[德]弗里德赫尔德·胡芬:《行政诉讼法》,莫光华译,法律出版社 2003 年版,第517—522 页。

② Kopp/Schenke, Verwaltungsgerichtsordnung Kommentar, § 123. Rn. 20.

③ BVerwG, NvWZ 1999.

④ 参见[德]弗里德赫尔德·胡芬:《行政诉讼法》,莫光华译,法律出版社 2003 年版,第573 页。

⑤ 参见林明锵:《欧盟行政法》,台湾新学林出版公司 2009 年版,第 230 页。

证规则(freie Beweiswuerdigung)①都在一定程度上证明,德国的行政诉讼主要围绕当事人的诉求展开,而相应的证据法则也在当事人之间进行平等分配。

值得注意的是,在举证责任的分配上,德国行政诉讼虽然与民事诉讼一样奉行"受益者举证"的一般规则,但为保障诉讼的有序进行,尤其是为当事人提供更有效的法律救济,《联邦行政法院法》第 86 条第 1 款同样规定了法院可依职权(von Armts wegen)调查案件、收集证据的调查原则(Untersuchungsgrundsatz),即法院可主动调查案件事实,且不受诉讼参与人的陈述以及举证申请的拘束,这一点也与民事诉讼存在重大差异。《联邦行政法院法》的这一规定旨在保证法院在案件澄清方面的全面性、公开性和中立性。② 从这点上说,德国行政诉讼的证据法则在一般的主观规则之外,同样呈现"客观化"的端倪,但法院不受查证请求(Beweisantraeger)的限制,并不能与下文中将要论及的法院应受当事人诉讼请求(Klageantrag)的限制相混淆。因为主观诉讼的基本定位,法院在诉讼中并不能因此规定跃居诉讼的中心。

5. 当事人处分原则和法院的审查范围限制

德国行政诉讼既然主要定位于主观诉讼,在审查中也自然从当事人的诉讼请求出发,不仅法院的审查范围受到当事人请求的约束,当事人对诉权的处分同样也约束诉讼的开始与结束,而这一点也正是德国行政诉讼中的处分原则(Verfuegungsgrundsatz)③。这一原则与在刑事诉讼中占据核心地位的职权原则相对,强调当事人对于诉权的自由处置,以及当事人请求对于法院审查的拘束性。

当事人处分原则集中体现于《联邦行政法院法》第 42 条第 1 款,第 80 条第 5 款以及第 123 条。第 42 条第 1 款申明,行政诉讼依当事人诉请救济而开始;第 80 条第 5 款和第 123 条同样明确,暂时法律保护的启动同样需要当事人的申请(Antrag),这些条文均表明,行政法院原则上只能依申请行事,而且不能超越诉讼请求的范围作出裁判,或者对未被申请的事项做出宣判。这一

---

① Kopp/Schenke, Verwaltungsgerichtsordnung Kommentar, §87.Rn.17.

② 参见[德]弗里德赫尔德·胡芬:《行政诉讼法》,莫光华译,法律出版社 2003 年版,第542 页。

③ 参见[德]弗里德赫尔德·胡芬:《行政诉讼法》,莫光华译,法律出版社 2003 年版,第547 页。

原则同样明确规定在《联邦行政法院法》第 88 条,"法院裁判不得超越诉讼请求"。但值得注意的是,诉讼请求对法院的约束并不意味着,法院只能考虑当事人已经提出的请求,第 88 条在"不超越请求"(ne ultra prtia)的原则之后,同样规定,"法院并不受申请文本(Fassung)"的约束,法院可主动依职权对当事人的诉讼请求以及事实说明进行必要补充(erforderliche Erganzung),而这也正是《联邦行政法院法》第 82 条第 2 款的内容,原则上当事人的诉讼中应包含明确的诉讼请求,事实理由和相应证据,"如果不符合上述要件,审判委员会或是主审法院可要求其在一定时间内做出必要补充"。① 但这一补充工作的进行还是应以当事人自己的诉愿为主,因此与当事人处分原则之间并不存在矛盾。②

德国行政诉讼中另一处集中体现当事人处分原则的规定则是,在诉讼中原告可变更或撤回诉讼,法院同样认可原告通过撤诉放弃诉讼。③ 这一点与我国的规定同样呈现重大差异。在我国,原告虽可申请撤诉,但撤诉本身并不会自然引发诉讼活动的终止,是否允许原告撤诉,法院仍需进行审查。但根据《联邦行政法院法》第 92 条,"原告在判决具有确定力之前可撤回起诉。撤诉的完成以被告或是公共利益代表的口头同意为前提",如果原告已经撤诉,"法院就应当通过决定终止裁判程序"。此外,根据《联邦行政法院法》第 106 条,在行政诉讼中,原被告双方"为完全或部分解决行政争议,还可在法院的主持下达成和解(Vergleich)"。而这种和解同样是法院所认可的结束诉讼的方式,同样也是当事人处分原则的表现。

当事人处分原则在判决部分的表现则是"加重改判"的禁止(Verbot der "reformatio in prinus")。④ 德国法一般认为,加重改判有悖于法定听证的基本理念,使当事人在对不利行政决定申请审查时,必须承担因法律救济造成损害的风险,而且"加重改判"增加了当事人的负担,也明显超出了当事人诉讼请求的范围。

① Brehm, Aktuelles zum juristischen Pruefungsrecht, NVwZ 2002, S.1334.
② Schlette, Pruefungsrechtliche Verbesserungsklage und reformation in peius, DOEV 2002, 816.
③ 参见[德]弗里德赫尔德·胡芬:《行政诉讼法》,莫光华译,法律出版社 2003 年版,第 552 页。

④ Brehm, Aktuelles zum juristischen Pruefungsrecht, NVwZ 2002, S.1334.

综上,如果法院违背了当事人处分原则,例如对诉讼请求范围以外的事项作出裁判,或者在诉讼终结或当事人撤诉后仍旧继续诉讼程序,这就会成为当事人申请上诉的理由。

6. 判决理由

如前文所述,德国的行政诉讼是由"诉的适法性"(Zulaessigkeit der Klage)和"诉的理由具备性"(Begruendetheit der Klage)两个阶段组成的"两段式审查构造"(zweiliedriger Aufbau)。前者着眼于法院能否(darf)裁判有关争议,换言之,原告所诉的行政争议能否适法地进入救济程序;而后者则是法院对原告的诉讼请求是否得到了法院的最终肯定。从"诉的理由具备性"的称谓中,我们就能够发现主观诉讼的功能定位几乎贯彻到了德国行政诉讼的整个阶段:首先,当事人是否有个体权利受损,成为开启行政诉讼的重要前提;在诉讼过程中,法院的审查也以当事人的诉讼请求为依据,而不能逾越请求范围的必要界限;作为诉讼活动最终结果的判决,同样呈现出"客观化"趋向,法院经由判决宣告的是原告的诉讼请求是否成立,而非仅仅对被诉的行政决定进行适法性判断。

因为德国的行政诉讼实行类型化的处理方式,因此不同的诉讼类型,在"理由具备性"方面的规定也不尽相同。但《联邦行政法院法》在第 113 条第 1 款和第 5 款中列举了撤销之诉和义务之诉"理由具备性"的两项重要前提:行政违法(Rechtswidrigkeit)和权利侵害(Rechtsverletzung),而这一规定又对其他诉讼具有类推适用的效力。① 据此,原告胜诉必须同时符合行政决定被确认为违法,以及个体权利因为行政决定而受到侵害这两项前提,换言之,即使行政决定在客观上被确认为违法,但原告自身的权利并未因此受到侵害,诉讼同样会因为缺乏"主观请求权"而不具备理由。这一点同样证明,德国行政诉讼的主要目的是通过法院判决实现对个体权利的保障,而对公法秩序的客观维护只是其附带性效果。

以撤销之诉为例,《联邦行政法院法》第 113 条第 1 款规定,"如果行政行为违法且原告自身的权利因此受到侵害,法院就应撤销该行政行为以及相应

---

① 参见[德]弗里德赫尔德·胡芬:《行政诉讼法》,莫光华译,法律出版社 2003 年版,第 434 页。

的复议决定"。对行政行为违法的判断可准用德国行政法总论中所总结出的一般规则,但对权利侵害(Rechtsverletzung)的判定,则与"诉的适法性"阶段对诉讼权能的判断有明显差异。在判断原告是否具有诉讼权能时,只要原告能够证明(geltende machen),行政行为存在侵权的可能性(Moeglichkeit),这一要求就已经达到;但对于理由具备性阶段而言,法院必须明确地认定,原告自身的权利的确因被诉行为受到了侵害,才可最终认定"诉讼具备理由"。正因如此,在德国法中,如果原告仅因行政行为的程序瑕疵而提起撤销之诉,原则上该项诉讼并不具备适法的理由,因为联邦行政法院认为,如果行政行为只是罹患程序瑕疵,而这种瑕疵又未使原告的实体法律地位受到影响,此时仅能确认行政行为存在违法,但原告的诉讼会因欠缺"权利侵害"的要件,而被认为并不具备充分的理由。① 与此相反,在我国的行政诉讼中,如果行政决定程序违法,法院并不会考虑该程序瑕疵是否造成了原告的权利侵害,仅因为"行政违法"就可将该行政决定撤销,在这一点上与强调"主观权利保障"的德国呈现重大差异。

对于义务之诉,《联邦行政法院法》第 113 条第 5 款同样规定,"如果行政机关拒绝或不作出某项行政行为违法,且原告自身权利因此受损,法院在裁判时机(wenn die Sache spruchreif ist)时可宣告行政机关负有相关的作为义务"。但与撤销之诉不同,在义务之诉中,对"行政违法"和"权利侵害"的审查原则上是重合的,对行政机关拒绝作出行政行为或停止不作为的违法性的确认,必须要探寻原告对于该项行政决定的作出是否具备法定的请求权,如果原告对此有请求权,行政机关对原告申请的行政行为的拒绝或中止就是违法的。因此,对于义务之诉而言,并无法从根本上划分违法的客观性和主观性要素。②

对于确认之诉和给付之诉而言,《联邦行政法院法》并未明确规定它们的理由具备性要件,联邦行政法院在司法实践中认为,这两种诉讼应准用(Anleihen)撤销之诉和义务之诉的一般规则,也只有同时具备"行政违法"和"权利侵害"这两项要件时,法院才可确认诉讼具备理由。③

---

① BVerwGE 70,35,56;BVerwG,NVwZ 1991,369.

② 参见[德]弗里德赫尔德·胡芬:《行政诉讼法》,莫光华译,法律出版社 2003 年版,第443 页。

③ Kopp/Schenke, Verwaltungsgerichtsordnung Kommentar, § 113.Rn.17.

五、作为例外的客观诉讼类型

德国行政诉讼以主观诉讼为主,但这并不意味着完全没有客观诉讼的类型存在。作为例外的客观诉讼,在德国主要表现为规范审查之诉和机关诉讼之诉;此外,在一般给付之诉中,同样包含了相当程度的客观诉讼内容。这些客观诉讼虽然仅处于辅助地位,权重无法与主观诉讼相比,但仍然是德国行政诉讼的重要组成,并在相当程度上弥补了主观诉讼的缺漏。

(一) 规范审查之诉

规范审查(Normenkontrolle)是由法院对有关的法律规范进行审查,并做出相应裁判的程序。德国法上的规范审查并不仅限于《联邦行政法院法》,如前文所述,《基本法》第93条第1款第2项同样赋予联邦宪法法院可对联邦法律或州法律是否在形式上及实质上符合《基本法》,以及各州法律是否符合相应的联邦法律进行审查,但这种审查并不要求该规范侵犯了某个个体权利时始得提起,因此是独立于个案的抽象审查(abstrakte Normenkontrolle)。[1] 此外,德国行政学理同样认为,当公民因公权利侵害而依据《基本法》第93条第4a款提起基本权诉讼时,法院同样可以对所涉及的法律规范进行合宪性审查,但这种审查被置入特定案件的裁判中,因此属于具体审查(konkrete Normenkontrolle)。[2] 相比《基本法》所规定的联邦宪法法院的规范审查权,德国行政法院的规范审查权相对狭窄,规定也较为严格。这样的分工当然是基于对民主和权力分立原则的考虑(Demokratie und Gewaltenteilung)[3]。

行政法院规范审查的依据主要在于《联邦行政法院法》第47条,但该条的主体内容主要是由1976年的法律修正案引入。[4] 根据该条,并非所有的行政法院均可进行此类诉讼,享有规范审查权的只有高等法院(Das Oberverwal-

---

[1]　Maunz/Duerig u.a.,Kommentar zum Grundgesetz,Art.93,Rn.30.

[2]　Maunz/Duerig u.a.,Kommentar zum Grundgesetz,Art.93,Rn.45.

[3]　Hartmut Maurer,*Staatsrecht*,Verlag C.H.Beck,2003,S.117.

[4]　Maunz/Duerig u.a.,Kommentar zum Grundgesetz,Art.19 Abs.4,Rn.75.

tungsgericht），且审查应在高等法院的管辖范围内进行（im Rahmen seiner Gerichtsbarkeit）。除审查法院有限制外，规范审查能够涉及的法律规范同样有一定局限，这些规范首先包括根据建筑法而颁布的自治规章（Satzung），例如享有自治权的乡镇颁布的建设规范，以及根据建筑法第 246 条第 2 款颁布的法规命令（Rechtsverordnung）①；其次包括位阶上低于州法律（im Rang unter dem Landesgesetz）的规范（Rechtsvorschriften）。这类规范既可以是行政机关发布的抽象命令，也可以是自行政组织在建筑法典之外颁布的其他规章，甚至是上述机关和组织发布的具有拘束力的一般性申明和解释（Allgemeinverbindlicherklaerung），但对此类规范的审查需有相关的州法律作出规定，换言之，州法院也可排除高等法院对于此类规范的审查权限。②

《联邦行政法院法》第 47 条所规定的"规范审查"以当事人提出申请（Antrag）为前提。申请者既可以是自然人也可以是法人，但作为规范审查之诉的适法性要件，第 47 条第 2 款规定，申请人必须"证明其权利因为该规范或规范的适用而受到侵害，或在可预见的时间内即将受到侵害"。但对申请人的这一要求，德国学理并不认为是一种"诉权"（Klagebefugnis），而只是一种特殊的请求权（Antragbefugnis）。③ 而且本条中的"权利"，德国司法实践也倾向于做宽泛性解释，认为除主观权利外，所有法律所保护的利益受到损害均符合这一要求。但与其他诉讼类型一样，如果申请人只是基于舒适性、经济上的机会或发射利益受损而要求对规范进行审查，其申请资格并不会获得承认。④ 尽管在"诉的适法性"阶段，《联邦行政法院法》对申请人的请求资格进行了相应要求，但在理由具备性方面，《联邦行政法院法》对于规范审查并不做出和其他

---

① "Rechtsverordnung"在德国法中是由行政机关在法律授权下制定的法律规范，制定主体包括政府、部长和行政机关。"Rechtsverordnung"一词在译成中文时有一定困难，因为德国法律体系构成的特殊性，对其翻译如果没有考察其德文的具体内涵，而只是观察它的字面含义，就很容易造成误解。台湾学者将其译为行政命令，但在大陆地区"行政命令"从其字面含义来看，很难看出抽象性、规范性特征。如果译为"行政法规"，又与我国法律体系中的行政法规有很大出入。高家伟博士在其译著《行政法学总论》（[德]哈特穆特·毛雷尔）中将其译为"法规命令"，笔者采此译法。

② Kopp/Schenke, Verwaltungsgerichtsordnung Kommentar, §47.Rn.17.

③ Achterberg, Probleme des verwaltungsgerichtlichen Normenkontrollverfahrens, VerwA 1981, S. 163.

④ BVerwGE 31,370;69,33;NVwZ 1984,90.

主观诉讼一样的要求,即只要高等法院认为被诉诸审查的规范与上位法并不相符,就可通过判决或决定宣布其无效(ungueltig),并不需要有申请人权利受损(Rechtverletzung)的前提。① 从这个意义上说,规范审查之诉呈现出明显的客观化趋向,法院审查的目标是维护法秩序的统一,而非仅仅为了个体权利的保障;规范审查的申请人与规范制定者之间,也并非直接作为当事人彼此对立;宣告规范有效或无效的判决也不仅仅在当事人之间发生效力,而是对所有人均有效。②

同样基于上述原因,很多学者甚至认为,在严格意义上规范审查甚至不能被称之为“诉讼”(Klage),它由申请(Antrag)所引起,整体的程序也有别于传统的诉讼程序。③ 但德国学理在习惯上仍旧将其作为独立的诉讼类型,只是其具有有别于传统诉讼的客观化特征。

(二) 机关之诉

德国传统上秉承“国家不渗透”理论④,认为各种公法机构和团体均是国家的肢体,因为国家的整体协调,在这些机构和团体之间也就不可能会存在法律纠纷,这一点就如传统理论并不承认在这些机构和团体之间会存在法律关系(Rechtsverhaeltnis)一样。但事实却证明,各种公法机构和团体并非总是协调一致的整体,与国家和公民之间一样,它们之间会发生法律上的互动往来,会成立特别的法律关系,也会发生“权利”或“职权”上的法律纠纷。⑤ 与私人纠纷不同,这些纠纷同样属于“公法争议”(oeffentrechtliche Streitigkeiten),因此也就当然属于《联邦行政法院法》第41条所规定的行政诉讼的受案范围。事实上,正如前文所述,《基本法》第93条第1款就已经授权联邦宪法法院可对最高联邦机关,以及根据《基本法》或上述机关的议事规则而参加的参与者

---

① Kopp/Schenke, Verwaltungsgerichtsordnung Kommentar, § 47. Rn. 25.

② BVerwGE 56, 172, 174.

③ 参见[德]弗里德赫尔德·胡芬:《行政诉讼法》,莫光华译,法律出版社2003年版,第349页。

④ Friedrich Schoch, Der Verwaltungsakt zwischen Stabilitaet und Flexibilitaet, in: Hoffmann-Riem/Schmidt-Assmann, *Innovation und Flexibilitaet des Verwaltungshandelns*, 1994, S. 199.

⑤ Schmidt-Assmann, Die Lehre von den Rechtsformen des Verwaltungshandelns, DVBL. 1989, S. 533.

的权利义务范围的机关争议(Organsstreitigkeiten)进行裁决。顺理成章的，《联邦行政法院法》同样为其他"非宪法性质"(nicht verfassungsrechtliche)的机关争议提供了诉讼空间。

不同于我国所有的行政机关均是独立公法人的基本定位，德国法上的公法人(oeffentliche juristische Personen)原则上只有联邦、州以及享有自治权的地域性自行政组织以及功能性自行政组织。[①] 而通过行政诉讼所解决的机关争议(Organsstreitigkeiten)，主要是这些公法人团体内部的机关之间的争议，因此这种机关争议又被称为"内部机构争议程序"(innerorganschaftliche Streit-fahren)[②]。但因为要排除宪法属性的争议，因此涉及"议会法律"(Parlar-mentsrecht)的联邦和州之间的争议，联邦、州与自行政组织之间的争议，以及联邦和州内部的机关争议并不包含在此列，能够为行政诉讼所解决的机关议也就主要表现为自行政组织内部的机关和机构之间的争议，这些争议大多会涉及地方组织法(Kommunalverfassungsrecht)，据此，是否涉及自行政组织的组织法也成为判定这些争议是否属于行政诉讼受案范围的标准。[③] 德国司法实践中确认的机关之诉包括确认乡镇议会内部某个党团的成员资格、要求乡镇议会收回某种决定、要求确认乡镇议会剥夺党团发言人资格的行为违法等。[④]

事实上，就程序而言，机关之诉并不能成立一种独立的诉讼类型，它只是有关内部机关争议的各种程序的总称，而实践中对这些争议的解决也常常被纳入其他诉讼类型中。[⑤] 因为德国理论认为在这些机关之间并无做出具有外部效力的行政行为的可能，因此撤销之诉和义务之诉原则上并不适用于机关争议的解决中，而一般给付之诉、确认之诉则是常常被援用的类型，必要时还

---

① Hartmut Maurer, *Allgemeinese Verwaltungsrecht*, Verlag C.H.Beck, 2003, S.205.

② 参见[德]弗里德赫尔德·胡芬:《行政诉讼法》，莫光华译，法律出版社 2003 年版，第370 页。

③ 参见[德]弗里德赫尔德·胡芬:《行政诉讼法》，莫光华译，法律出版社 2003 年版，第372 页。

④ BVerwGE NJW 1983, 2208.

⑤ 参见[德]弗里德赫尔德·胡芬:《行政诉讼法》，莫光华译，法律出版社 2003 年版，第374 页。

可以采取特殊的形成之诉。① 与主观诉讼不同,机关之诉的目的并非为了个人权利的保护,而旨在维续客观的公法秩序,因此这种诉讼带有明显的客观化取向。但值得注意的是,德国法并不允许将机关之诉扩张为为保护公共利益所进行的民众诉讼。为此,在司法实践中,法院同样要求提起机关之诉的机关必须具有相应的资格要件,其所主张的权利必须能够归属于机关本身。相应的,德国司法实务也认为机关主观权利的来源主要是地方组织法以及自行政组织的议事规则和其他章程。② 从这个意义上说,德国的机关之诉也具有相当的"主观色彩",或者至少说经过了主观诉讼的框架性塑造。

---

① Ipsen J., Die prinzipale Normenkontrolle von Entscheidung gem § 47 Abs.5, JuS 2001, S.57.
② Ipsen J., Die prinzipale Normenkontrolle von Entscheidung gem § 47 Abs.5, JuS 2001, S.59.

第十一章　法国行政诉讼制度

　　在法国,行政诉讼的学术研究日益困难:一方面,社会生活的多样性及复杂性导致决策层出台越来越多的行政规范,另一方面,公民对自身权利的保障也有着愈发清醒的认识。因此,行政诉讼的案件数量不断膨胀:最高行政法院每年要出台数千份判决,诉讼组组长及各分组组长要出台几千份裁定,36个行政法院和7个上诉行政法院每年做出几万份判决,而《勒邦汇编》(Lebon)①所公布的(含全文刊载和摘录)案例仅是其中的一小部分,且遴选的标准更主要是基于案例本身的法律意义,而非典型性和代表性。

　　历史上,法国的公法学者们便不断尝试在纷繁复杂的行政诉讼中确立一套稳定、明确及清晰的基本原理,既能保证行政诉讼体制的内在统一性,又能消解理论及实践的复杂性。法官在行政审判中亦通过精细化的个案处理凝练出一系列行政诉讼的基本规则,与学者们的学术提升相互呼应。这套决定"行政审判如何运作"以及"行政正义如何实现"的基本原理遂成为法国行政诉讼研究的主线,影响了欧陆乃至世界许多国家,并从某种意义上讲奠定了现代行政诉讼的基础。

一、法国行政法院体系的构造

　　法国采用二元化的诉讼体制,将普通的司法诉讼和行政诉讼区分开来,并

　　① 其为法国刊载判例最为重要的期刊。

分别交由司法法院和行政法院受理及裁判。前者以法典为主要法源,后者则以判例为主要法源,这是法国司法体制极为特殊的一项设置。法国行政诉讼之所以独立于司法诉讼,这是司法发展史的产物。

大革命后,制宪会议对旧制度下的司法体制进行全面深刻的检讨,并否决了两项提议:一是拒绝将行政诉讼审判权交由普通的司法法院行使,担心法官滥权,干扰行政机关的正常运行;二是拒绝设立独立于普通司法法院和行政机构的"特别"法院,这主要是因为旧制度下的"特别法院"恶迹斑斑,早已声名狼藉。因此,行政诉讼的审判权交由行政人员(即"实际行政组织")组成的合议集体和政府行使:对于某些省、县级地方案件,由省、县政府(即合议制执行机构)审理;其余案件则交由国王主持的部长会议审理,国王是整个国家行政组织的元首(1791 年 9 月 7—11 日法律)。共和历 3 年果月 5 日宪法颁布后,其第 15 条明令废除部级集体负责制,部长自此成为行政法官,对自己主管部门的案件享有管辖权。尽管受到诸多批评,但制宪会议认为,此一做法和《1789 年人权宣言》第 16 条及孟德斯鸠所提出的权力分立思想并不矛盾,因为孟德斯鸠所论及的审判权专指对"犯罪"和"个人纠纷"进行裁决的权力(《论法的精神》第 11 卷第 6 章),而行政纠纷不应作此种理解,而应视为行政活动。

共和历 8 年,执政府以"违反最基本的公平"为由废除了制宪会议所建立的"行政官——法官"体制(administrateur-juge),但行政司法依然依附于行政组织,唯一的区别在于行政司法权由咨询性的行政组织行使,而非原先的实际行政组织。这些咨询性的行政组织不仅可以为行政部门提供咨询意见,还可以对实际行政组织行为所引起的申诉作出裁决。以此一思想为指导,法国摒弃了确立专门的行政法院或行政法庭的构想,而是成立了参事院(Conseils)作为常设的行政审判机构,国家参事院(Conseil d'Etat)负责国家层面的行政诉讼,而各省参事院(conseils de préfecture)则负责地方层面的行政诉讼。行政司法的核心理念据此得以形成,即"审判行政机关,仍是行政"。据此,法国行政诉讼的庭审法官,并非在行政领域专长的法官,而是具有行政官思维的法官,"一位意识到自己的裁决应当成为'行政活动补充'的法官"。19 世纪初的亨利荣·德庞塞(Henrion de Pansey)院长写到,"(裁决行政诉讼)仍是行政……如此一来,人们以两种方式行政……行政活动因此由两个彼此相互区

367

别的部分组成:一个是规制性的,这也是本义上的行政;另一部分是诉讼性的,是我们所说的行政诉讼"。①

"审判行政机关,仍是行政"的基本理念保留了下来,成为法国现在行政法院系统构建的主导思想。依据此一原则,最高行政法院迄今依然履行双重职能:既解决行政纠纷,也为行政部门提供咨询意见。行政法院独立于普通司法法院的基本建构也据此得以形成:一是行政法院原则上只能由国家设立,隶属于国家机关。二是行政法院分为两大类:一类是能够审理各类案件的普通行政法院。具体包括最高行政法院、7 个上诉行政法院和 36 个行政法院,以及瓦利斯和富图纳(Wallis et Futuna)行政诉讼委员会(Conseil du contentieux administratif);另一类是只能受理某一类特定的案件的专门行政法院。三是在审理方式上,行政法院通常实行合议制,由合议庭(由一名庭长和两名隶属于受案法院的助审员组成)作出裁决。四是在法院组织构架上,最高行政法院处于中心主导地位,行政法院及上诉行政法院处于隶属地位。

最高行政法院设四大审判机构:审判全会(assemblée du contentieux),系最高级别的审判机构;以审判机构形式出现的诉讼组(section du contentieux);联组会议(sous-sections réunies)以及单独的诉讼分组(sous-sections)。原则上,由一个诉讼分组预审后的案件或者由同一个分组或者由两个分组(其中包括负责预审的分组)联合作出裁决。税收诉讼比较特殊,也可能出现由三个分组联合判决的情形(称为"税收审判全会":plénièrefiscale)。如果案件疑难或者存在重大的法律或政治影响,则应在单个诉讼分组预审后,交由诉讼组或审判全会裁决。无论哪个审判机构作出判决,均以最高行政法院的名义,不得再次提起上诉。

行政法院分为三类:第一类是巴黎行政法院。巴黎行政法院设有 13 个分属各组的审判分组。第二类是其他 27 个本土行政法院。其中,马赛行政法院设有 7 个审判分组;2 个行政法院设有 6 个审判分组(里昂和凡尔赛);6 个法庭设有 5 个审判分组(塞尔日－彭托瓦兹、格勒诺布尔、里尔、莫兰、尼斯和雷恩);4 个法庭设有 4 个审判分组(蒙彼利埃、南特、斯特拉斯堡和图卢兹);6 个法庭设有 3 个审判分组(亚眠、波尔多、第戎、奥尔良、普瓦提埃和鲁昂)。

---

① M.Henrion de Pansey.,De l'autoritéjudiciaire en France,Th.Barroi,tome2,1827,pp.331-332.

剩下的 8 个行政法院仅设有 2 个审判分组(巴斯蒂亚、贝藏松、冈城、夏龙、克莱蒙费朗、里摩日、南锡和波城)。每个审判分组由三名法官组成。有两个以上审判分组的法庭可以采用特殊审判机构形式裁决。每一个法庭可以在特殊情况下采用所有审判分组参加的"全体会议"审理案件。第三类是由 8 个海外行政法院组成,包括巴斯特尔、卡宴、法兰西堡、马姆祖、圣德尼、圣皮埃尔、柏皮提与以及新喀里多尼亚(即前努美阿)行政法院。这些行政法院仅设有一个审判机构,由庭长和两名法官组成。其中一名法官可由普通司法法官担任。

专门行政法院则种类繁多,极为复杂,涉及各个领域,如社会救助法院、各省残疾人委员会等。法国共设有 30 余个专门行政法院,此处不再一一赘述。

二、法国行政诉讼的基本类型

行政诉讼的类型化系数百年来法国公法学者学术提炼的重要成果,尽管个别概念时下仍然存在争议,但相关的学术理论影响极大,值得中国学者作进一步的深入研判。

19 世纪法国著名公法学家爱德华·拉费里埃(Edouard Laferrière)在经典作品《论行政法院与行政诉讼》[1]中将行政诉讼一分为四,产生极大的学术影响:首先是"完全管辖权之诉"。行政法官在此一诉讼中享有广泛的权力,与普通司法法院的法官一样,可就行政机关与原告之间的纠纷作出各种裁判,甚至有权判处罚款。其次是"撤销之诉"或"越权之诉"。行政法官在此类诉讼中的权力仅限于撤销违法的行政行为。特别需要提及的是,撤销之诉最早为判例所创设。判例在解读 1790 年 10 月 7 日至 14 日法律第 5 条时授权国王作为行政总管受理"针对行政机关无权限的申诉",首次承认了此一类型的行政诉讼,此后 1864 年 11 月 2 日法令及 1872 年 5 月 24 日法律之后以法律的形式予以固定。再次是"解释之诉"。行政法官在此类诉讼中可依请求对某

---

① Edouard Laferrière., Traité de la juridiction administrative et des recours contentieux, 2 vol., Berger-Levrault, 1887–1888 (2e éd.1896; réimpression LGDJ 1989).

一文件的确切含义作出解释,也可依请求审查该文件的合法性。最后是"处罚之诉"。即道路违警制裁,行政法官在此类诉讼中主要处罚损害公共财产完整性或用途的违法行为。

20世纪以降,许多法国学者,尤其是莱昂·狄骥(Léon Duguit)与马塞尔·瓦里纳(Marcel Waline)提出了新的、更具影响的类型划分,即"客观之诉"与"主观之诉"。此一区分主要建立在争议问题性质的基础之上。所谓客观之诉,即指行政行为是否符合上位规范的诉讼。在法国行政法律体系下,宪法、法律、判例、国际条约以及行政法规等均是判断行政行为合法性的依据。行政行为违反这些客观法的将产生行政诉讼。而所谓主观之诉,即行政行为是否侵害了相对人的主观权利,这里主要涉及个人在行政法律体系下的权利列表,例如行政相对人是否在合同责任或非合同责任方面享有损害赔偿请求权。但如勒内·夏皮教授所言,"主观诉讼与客观诉讼在很大程度相互交叉",虽有重要意义,但在理论应用上存有瑕疵。[1]

因此,勒内·夏皮教授在前述学说以及判例的基础之上提出了更加综合的类型划分:越权之诉、完全管辖权之诉与追诉之诉。此一学说亦是时下法国行政诉讼类型化的通说。

依1950年Dame Lamotte案的判决,越权之诉可界定为"无法律明文规定也可以对行政行为提起的诉讼,其目的是依据法的一般原则保证行政行为的合法性"。越权之诉可细分为特别越权之诉、合法性判断之诉和行为不存在宣告之诉。特别越权之诉指省国家代表依1982年3月2日地方分权法第3条、第46条、第69条(1)所设立的"省国家代表控告之诉"(déféré préfectoral)权力机制,请求行政法院以违法为由撤销地方分权团体以及地方混合经济公司(依1993年2月28日的法律第82条)的行政行为。合法性判断之诉则指当事人请求行政法官对相关行政行为是否符合上位法律规范进行审查并作出裁判。而行为不存在宣告之诉则指当事人请求行政法官对行政行为并不存在的事实予以确认并作出裁判。

完全管辖权之诉,指行政法官可全权就行政机关与原告之间的纠纷作出各种裁判,并作出终局性的论断。完全管辖权之诉包括主观之诉和客观之诉。

---

　　① René Chapus., Droit du contentieux administratif, Montchrestien, 9e édition, nos 229 et s.

前者主要包括非契约责任方面的赔偿之诉及合同之诉中的确认合同权利之诉,后者则主要指当事人请求行政法官对行政行为的合法性作出肯定或否定的裁判之诉。

追诉之诉,又称为制裁之诉,指当事人为使行为违法之人受到应有的惩罚而向有管辖权的行政法院提起的追诉请求,主要包括纪律处分、行政处罚等。

概而言之,法国行政诉讼的基本类型,决定着不同的诉讼请求与诉讼程序,可谓行政诉讼理论的精髓所在。未深刻理解各种类型行政诉讼的核心要素与本质区分,便无从理解法国纷繁复杂的行政诉讼程序。

三、法国行政诉讼的运行机制

(一) 行政诉讼的基本原则

数百年来,法国立法及判例经过锤炼和总结,逐渐形成了现代行政诉讼的基本原则。比较重要的原则主要包括:

1. 合理期限原则。依《欧洲人权公约》第 6 条第 1 款之规定,各成员国有义务保证判决在"合理期限内"作出。这一规定不仅适用于普通的司法诉讼,亦适用于行政诉讼。特别需要指出的是,随着社会生活方式的转变、政府管制力度的强化以及公民权利意识的觉醒,法国行政案件与日俱增,出现了比普通司法诉讼更严重的"诉讼爆炸"现象,这也导致了立法者出台了一系列紧急审理程序,旨在提高诉讼效率,保障合理期限原则在行政诉讼中得以落实。

2. 原告确立诉讼要素原则。行政诉讼的各项要素原则上由请求人予以确定,包括被告、诉讼请求以及支持此一诉讼请求的事实和法律理由。尽管拉丁法谚云,"判法应知法"。但原告仍应向法官提供据以提出请求的法律依据,否则将承担败诉后果。

3. 诉讼不变原则。由请求人所确定的诉讼要素在启动后的程序期间不得改变。诉讼应保持前后的统一性和一致性,以确保程序可顺利进行。当然,这一原则并非绝对,在诉讼期间,原告和被告甚至第三方或法官均可提供新的事实或证据。

4. 诉讼要件齐备原则。诉讼的管辖要件、期限要件、行政决定要件以及法定的其他要件均应齐备方可启动行政诉讼。例如在管辖要件方面,原则上,如果当事人在提起诉讼时违背了管辖权分配的相关原则,则诉讼请求将因该一审法院不具有管辖权而被驳回。在期限要件方面,依 1965 年 1 月 11 日法令之规定,提起行政诉讼的期限为被诉行政决定公示或通告之日起两个月内。在一些特殊情况下,期限可能更长或较短。1983 年 11 月 28 日的法令进一步规定,行政决定的公告应载明诉讼期限及诉讼方式,否则相关的行政诉讼期限不得对抗行政相对人。在行政决定要件方面,1965 年 1 月 11 日的法令第 1 条明确规定,"行政法院仅受理针对行政决定所提起的诉讼",即所谓的"行政决定前置"原则。在这个意义上讲,无行政决定即无行政诉讼。但在理论和实践中可能存在所谓的"默式"决定,即行政机关因失职或为避免引发诉讼而对当事人的请求不予回应。对于特定的行政诉讼,法律还规定了其他要件,不再展开。

(二) 行政诉讼的运行

1. 预审程序

原则上,行政审判机关受理的案件,必须经过预审,否则不得作出判决,但"根据诉状提出的请求"、案件的解决办法"业已显示明确"的情况下不受此限。法国行政诉讼中的预审程序具有书面性、职权性以及对席性三大特征。预审程序的书面性主要表现为当事人陈述意见和理由须以书面诉状的形式提交,而预审最终的结果也以书面报告的形式作出。当然预审的书面原则并非排除所有的言辞要素,例如政府特派员、证人、当事人或律师在预审阶段亦可以口头发表意见。在司法实践中,当事人或律师的言辞往往比文书更生动和说服力,确保法官在关键问题上准确掌握己方的观点。预审程序的书面性还具有如下法律效果:其一,如果法官促成当事人和解(主要诉诸言辞),则要求在预审前的程序间隙进行;其二,如果在预审程序进行时,当事人(或律师)口头提出新的诉讼请求或新的法律或事实理由,法院仅在其诉讼请求或理由"已获得在开庭期间向法院呈交的书面诉状确认"时方才受理并有义务作出答复,否则予以驳回;其三,律师在预审程序中希望进行发言的,应获得法庭同意。预审程序的职权性主要表现为行政法官主持并主导预审程序,积极主动,当事人的作用则相对消极。行政法官可主动采取任何预审措施,当事人亦可以申请行政法官采取某一预审措施,但须经批准。预审程序还具有对席性。当事人在预审程序中处于平等地位,积极对抗,法官居中引导。依对席原则,如果预审程序中,一方当事人未有足够时间知悉对方当事人提供的、法官判决时可能考虑的诉状和证据,则不得作出裁决。同样,如果行政法官仅依自身所知悉的证据而未考虑双方当事人对席辩论的观点作出判决,亦视为预审程序违法。

预审由行政法院的"报告人"在法院书记室的配合下进行。案件报告人系由法院院长为每个案件指定的法官。在最高行政法院,报告人则由负责审理案件的分组组长指定。法院各庭或最高行政法院的分组组成案件的预审庭参加预审。无论在何种情况下,诉状和证据应在合理阶段内送达,当事人各方均应当就对方提出的事实和法律理由进行辩论。预审法官依双方的辩论以及事实和证据形成自由心证。为查证案件事实,预审法官还可以依职权或依当事人请求采取必要的预审措施,例如要求相关行政部门提供文件或资料、获取秘密文件、核实行政材料、现场调查、鉴定等等。预审结束后,法官将作出判决,并产生两种法律效果:其一,第三人在预审结束后不得再参与诉讼;其二,各方当事人不得提出新的陈述状,原告也不得撤回起诉。预审判决作出后,行政法院随即举行庭审。

2. 庭审程序

庭审程序分为两个阶段:即开庭审理阶段和评议阶段。庭审程序亦奉行职权原则,行政法官处于主导地位,组织双方当事人对案件的主要事实与法律问题进行辩论并居中裁判。如有必要,行政法官亦可以进行庭外调查。但通常而论,庭审还主要采用书面审,双方当事人可以请求发言,但一般受到限制。庭审公开进行,公众可以旁听,但涉及直接税案件及纪律惩戒案件的除外。法庭的判决应该公开宣布,并通常在判决书完成后的下次开庭时宣读。判决书和政府特派员的结论应同时刊载。判决应载明理由,但讨论中的争议事项不得公开。判定一旦确定即具有既判力,行政机关必须遵守之。[1] 特别需要指出的是,在庭审期间,诉讼当事人可以和解结案,行政法官亦可以主动进行调

---

① 参见金邦贵、施鹏鹏:《法国行政诉讼纲要:历史、构造、特色及挑战》,《行政法学研究》2008 年第 3 期。

解。《行政司法法典》第 L211—4 条甚至还作了专门规定,"行政法院可以行使调解职责"。当事人经协商达成和解的,原告可以宣告撤诉。比较特殊的是,当事人可向法官请求就和解协议内容作出肯定宣判。

3. 救济程序

与普通司法诉讼不同,行政法院一作出判决并送达,即产生执行力,当事人即便提起上诉或者提请最高行政法院复核审,原则上均不会中止执行力。这也意味着当事人执行行政法院的判决或者同意执行该判决的意思表示并不意味着其放弃上诉或提起复核审。法国行政诉讼奉行二审终审制。一审诉讼中的所有当事人包括第三人均有权对原审判决提起上诉。特别需要指出的是,对行政法院审判的中间,各方当事人包括第三人可即刻向上诉行政法院提起上诉,而无须等一审诉讼程序终结。未在上诉期限届满前对中间判决提起上诉的,则该判决具有既判力,相关当事人及第三人在对主判决提起上诉时,亦不得对该中间判决提出异议。

上诉状应寄往或提交上诉行政法院或最高行政法院的书记室,但在税收争议案件以及市镇、区选举争议案件中,上诉人可将上诉状邮寄或提交住所地的省政府或专区政府。上诉状必须详细载明理由。上诉请求仅限于"撤销或变更原判决的主文"。意即,如果上诉请求系"撤销或变更判决理由或者判决的法律依据",则不予受理。上诉期间为 2 个月,对马木祖行政法院、帕皮提行政法院以及新喀黑多尼瓦行政法院的判决提起上诉的,上诉期间为 3 个月(不含起算和结束当天)。上诉行政法院经审查后,可作出三种判决:其一,撤销原判,作出新判决。上诉行政法院认为上诉理由成立的,则全部或部分变更原审判决,并撤销一审行政法官采取的撤销或处罚措施。其二,无条件驳回上诉。上诉行政法院经审理后认为一审判决在判决内容、判决理由以及法律依据上均无错误,并宣布上诉人的主张不能成立。其三,变更理由后驳回上诉。上诉行政法院虽认为一审判决理由存有问题,但判决内容无误,在更改判决理由后宣布上诉人的主张不能成立。

当事人对一审终审或上诉审判决不服的,还可向最高行政法院提起复核审诉讼。但复核审仅限于审查终审判决的法律适用,而不会涉及实体事实及争议事项。故从这个意义上讲,复核审是法律审,而非事实审,履行的是法律监督功能,而非上诉权的保障机制。在行政诉讼的司法实践中,当事人提起复核审的案件数量并不多,胜诉的几率也极低。除此之外,当事人在法院判决确定后,如果发现新的、足以推翻原判决的事由,则可请求原审法院撤销原判决,并作出新判决。再审程序仅适用于最高行政法院的判决,且仅在法律有明文规定的情况下方可启动。例如原判决所涉及的证据系伪造或者原判决程序存在重大瑕疵等等。

4. 紧急审理程序

法国行政诉讼法上的另一个基本原则:行政行为不因提起诉讼而中止其效力:即使该行为在法官面前被质疑其合法性,行政机关仍必须继续执行该行为。因此,即使该行为被法官认为是违法的并予以撤销,但仍有救济迟延的风险。面对此情况,法国法本就存有暂时停止执行的程序,让法官在审理案件之际,被质疑的行政处分暂停执行。但由于该程序启动条件严格,实践中运用情况不令人满意。2000 年 6 月 30 日,法国对行政诉讼中的紧急审理程序进行了重大修改,极大提高了行政法官在面临紧急情况时快速作出反应的效率以及强化了对行政机关强硬推行行政措施的制约。依 2000 年的改革法,法国现行的紧急审理程序可分为两大类:一般法上的紧急审理程序和特殊紧急审理程序。一般法上的紧急审理程序又可根据是否以紧急情况为启动程序的必要条件分为特急紧急审理程序和一般紧急审理程序。特急紧急审理程序以紧急情况为启动程序必要条件,由"对紧急情况作出裁决的法官"受理,包含有三种程序,分别是:暂停执行紧急审理程序(référé-suspension)、维权(维护基本自由)紧急审理程序(référé-sauvegarde)和保全性紧急审理程序(référé-conservatoire)。其中,维权紧急审理程序是本次改革的创新,旨在"尽可能迅速地解除行政机关对个人基本自由实施的明显为非法的侵害或威胁"。维权紧急审理程序对法国行政法产生了重大影响,强化了公民宪法权利的基本保障。一般紧急审理程序也包含有三种程序,分别为查证紧急审理程序(référé-constat)、预审紧急审理程序(référé-instruction)和预付紧急审理程序(référé-provision)。此三种程序虽名为紧急审理程序,但却不以紧急情况存在为前提条件,而是因为适用了独任裁判及快速审理等类似的机制进行审理。除此之外,在法国的行政诉讼中,还存在一些特殊(仅适用于特殊领域的)紧急审理程序,主要有税收紧急审理程序(référé fiscal)、视听紧急审理程序(référé audiovisual)和缔约前紧急审理程序(référé précontractuel)。后一种程序源于欧共体法律,其宗旨是确保对不遵守公告规则及违背在签订某些合同之前应遵循的竞争规则行为能迅速进行处罚。[①]

紧急审理程序奉行共同的程序细则,包括独任法官裁判制、简易的诉讼流程、授权法官采取快捷的临时性措施等。但也应看到,紧急审理程序在很大程度上可能损及正当程序的基本原则,故在理论界及实务界仍存在相当的批评声音。

四、法国行政诉讼的核心特质

在制度构架上,法国行政诉讼在主要发达国家中别具一格,既不同于英美法系国家的行政诉讼,也有别于欧洲大陆其他国家的行政诉讼,属于较典型的"法兰西例外"。我们可将法国行政诉讼的核心特质作如下归纳:

1. 并行的行政法院体系

一如前述,在机构设置上,法国设立了完全独立的行政法院系统,与普通的司法法院系统并举,这在国际范围之列均属特殊。"审判行政机关,仍是行政"的基本理念是历史发展的产物,具有一些无可替代的优势,特别是专业的行政法官更熟悉繁芜琐碎且高度技术化的行政管理事务。但这一理念也存在一些较为遗憾的缺陷,例如行政诉讼与司法诉讼之间可能存在管辖权冲突,在一定程度上妨碍整个国家司法系统的有效流畅运作。更为重要的是,行政法院系统在行政案件审判中的中立地位受到一定的质疑。在这套独立的系统中,最高行政法院发挥着至关重要的作用,系行政裁判权的魁首。但最高行政法院的宪政地位在历史上面临多次政治危机,这也折射出行政法院系统在法国宪政框架中面临着诸多挑战。

2. 独立的判例法源

《法国民法典》第 4 条规定,"法官不得以法律未有规定、法律规定模糊或法律规定不充分为由拒绝作出裁判",而第 5 条又规定,"法官不得依一般性

---

① 有关法国紧急审理程序的改革,参见陈天昊:《公正、效率与传统理念——21 世纪法国行政诉讼的改革之路》,《清华法学》2013 年第 4 期。

376

条款及规章条例作出判决"。这两条立场迥异的规定引发了学者对判例法源的争论。对此,法国最高法院认为,之于诉讼当事人而言,司法判决不是具有强制力的法律规范;但之于下级法院而言,由于法院层级的设置,判例事实上有决定性效力。① 但在行政法院系统,布兰科案件确立了判例制度,赋予法官创法权。自此,行政法官无论是在适用法律、解释法律及弥补法律漏洞方面,抑或在更新法律、恢复法律、甚至在无视法律方面,均发挥着至关重要的作用。由此,"立法者与法官之间发生冲突的现象不可避免",判例规则效力的识别便显得尤为重要。最高行政法院在此一领域中贡献巨大,创设了一系列重要的理论及制度,在根本上指引着法国行政诉讼的建构和发展。故在法国行政诉讼中,判例是极为重要的法源,与成文法互为补充,在法典化大陆法系国家极为罕见。

3. 正当程序的理念

欧洲人权法院将行政处罚及税收、金融处罚视为刑事追诉,因此,《欧洲人权公约》也适用于法国行政诉讼。公约第6—1条所设置的正当程序条款是法国行政诉讼不可逾越的红线。例如欧洲人权法院 1995 年 9 月 28 日"Asso.Procola 诉卢森堡"案中指出,卢森堡最高行政法院在本案中有四名行政法官曾为受诉行政决定提供过咨询意见,故"在四名法官身上存在着行政职能与审判职能的混淆……,足以使法院体制上的公正性受到质疑"。法国的行政法院系统亦存在此一风险,故最高行政法院在判例中指出,此前对行政决定提供咨询意见的行政法官不得参与案件审理。除此之外,法国行政法院系统还在长期的司法实践中构建了一套事无巨细的程序规则,旨在防止公权力滥用,强化行政诉讼程序的正当性。

4. 混合式的诉讼构架

传统上,法国行政诉讼奉行职权主义的基本构架,法官在诉讼中发挥主导作用。但近年来,由于欧洲人权法院及英美法的影响,法国行政诉讼开始吸收当事人主义的一些合理要素,强化了当事人的诉讼权利保护,形成较具特色的混合式诉讼:法官依然主导审前程序及庭审程序,但事实查明与证明责任履行

---

① "L'image doctrinale de la Cour de cassation", Actes du colloque des 10 et 11 décembre 1993, La documentation français, 1994.

主要交由当事人双方,严格奉行对席原则。当然,无论职权主义,还是当事人主义,诉讼构架的核心目的还是为了保障公民的基本权利,确保公权力有序运行,两种诉讼构架之间更多仅是司法传统差异所致,并无优劣之分。

5. 公正兼及效率

长期以来,法国行政诉讼因较为冗长拖沓而受到诸多批评,而行政决定具有先行执行也被视为影响当事人诉讼地位平等的重要因素。为此,法国分别于 2000 年、2008 年引入了紧急审理程序,旨在促成公正及效率的平衡。此外,一些旨在提高诉讼效率的全新程序机制亦引入其中,包括设置多元化的非诉讼纠纷解决机制、强化行政法院判决的执行力以及推进"行政救济强制前置"。从实证效果看,这些举措在保障程序公正的同时,也极大地提升了诉讼效率。

五、法国行政诉讼与国家治理

在世界范围之列,法国行政法均可视为行政法的经典模式,影响了诸多国家。在人类法治史上,法国行政法最早构筑了对行政机关强有力的监督制度,确立了一套以"法官判例"为基础、公共服务为补充的实体法体系,成为"行政法治国"的典范。时下,法国行政诉讼在国家治理体系中担负着关键职责,无论在维护客观法秩序,抑或在保护公民基本权方面均发挥着极为重要的作用。在比较法层面,法国行政法最为重要的优势便是覆盖面极广,几乎涉及国家治理方面的核心问题,不仅包括行政行为的合法性,还包括行政责任、公共合同、行政组织、行政责任以及所有与行政活动相关的事项。法国行政法还以灵活性见长,如约翰·贝尔(John Bell)所言,"法国行政法的灵活性表现在如下几点:1. 由行政审判机关量身定做且亲自实施的行政实体法;2. 既灵活又有一定结构的判例和救济渠道;3. 由行政审判机关定制的审判程序;4. 行政活动同样受到行政法原则的约束"。[①]

---

① L.Neville Brown and John Bell,French Administrative Law,Oxford University Press,1998,p. 291.

但随着经济、社会的发展,国家治理面临着更严峻的挑战,行政行为的合法性与民主性时常无法兼容,这就要求行政诉讼吸纳更多开放、透明、协商的要素。从这个意义上讲,法国行政诉讼在国家治理中面临三大因素的影响:其一,为《欧洲人权公约》及欧盟法;其二,分权运动(Décentralisation);其三,去国家化(Désétatisation)。这三者涉及国际公约、宪法与行政法的实定法秩序,也涉及公民基本权利的保护。许多棘手的问题摆上桌面,如地方分权与平等原则的冲突。毋庸讳言,地方公共管理的多元化是根本的宪法事实,但公共管理体系的统一性和所有公民之间的平等权利也是法国公法所致力维护的核心价值。两者应作如何协调,值得进一步探索。行政法官被迫对日益增多的社会、伦理和政治等问题作出裁决,以适应复杂程度极高、变化极大的国家治理新现象。

而另一个值得特别关注的是,法国行政诉讼时下呈现了从客观法向主观权发展的趋势,以应对日益兴起的基本权利保护理念。相比于德国、英国及其他发达国家,法国行政诉讼传统上更倾向于保护公共利益,但随着欧洲人权法院及法国宪法委员会的推动,最高行政法院先后出台了一系列改革举措,如法院令、逾期罚款措施、紧急审理程序等,这些举措均旨在保护行政相对人的基本权利。以宪法诉讼对行政诉讼的影响为例。2008 年法国宪法改革后所设立的"合宪性问题先决机制(Question Prioritaire de Constitutionalité,后文简称为 QPC)"便对法国行政诉讼的程序机制提出了重大挑战:在紧急审理时,QPC 和"自由紧急审"何者为先,如何协调。法国最高行政法院在 2010 年 6 月 16 日"蒂亚科特夫人(Mme Diakité)"案的判决中创设了一套折中解决方案:当事人可在紧急审理时提起 QPC 请求,在此一情况下,即便紧急审法官认为本案并不符合"紧急性"条件,也无权依"自由紧急审"程序采取保障措施。在此一情况下,紧急审法官有权决定是否将该 QPC 争议提交到最高行政法院。如果案件由最高行政法院审理,则主审法官可以直接决定是否将 QPC 移送宪法委员会。学者又将此一现象称为"客观诉讼主观化"。而另一方面,有一些传统主观诉讼却呈客观化趋势,如在行政合同的紧急诉讼中,合同以外的利害关系人亦可申诉撤销具体行政行为。

如狄骥在《公法的变迁》中所写,"这一演进过程并没有结束;实际上,我认为它永远也不会结束。社会演进所具有的复杂性是无穷无尽的,而它的期限也是无从确定的;法律只是社会演进的保障体系。我们的前辈曾经相信他们所设想出来的形而上学的、个人主义的、主观性的法律体系是确定性、而且是终级性的。请注意,我们不应当再犯类似的错误。我们自己的这一套现实主义的、社会性的以及客观性的法律体系只是历史长河中的一朵浪花;在它尚未最终形成之际,未来的明锐的观察者们就将看到它正在迈向一种我们所未能设想到的更新的模式"。①

而这一过程显然还在继续……

---

① [法]狄骥:《公法的变迁》,郑戈译,商务印书馆 2013 年版,第 220 页。

第十二章　英国行政诉讼制度

一、司法审查的界定

　　笔者所论司法审查皆为英国法语境之下的司法审查,是指英国高等法院(英格兰、威士和北爱尔兰)及苏格兰高等民事法院所固有的普通法意义上的司法管辖权,是指法院司法程序。法官行使该程序审查公权力机关所作决定或行为的合法性。是法院监督公权力机关依法合理行为的主要方式。其司法管辖权最初由《最高法院第53号令》和1981年《最高法院法》规定,而后以判例法的形式不断充实发展,2000年实施的《民事诉讼规则》对其进行了统一规定。

　　司法审查对象是行政行为(决定)的合法性并兼顾合理性,司法审查的合法性基础决定了其审查限度,即司法审查可以撤销行政机关的决定并要求行政机关重做,但无权变更决定或代替重做。是对公权力机关在行使权利过程中的适用法律错误、程序不当、裁量权滥用及基本权利侵害等情形进行审查。但并非行政机关所有决定都接收审查,如行政合同即不在审查之列。也存在部分私人机构的决定接受审查的情形。

　　司法审查是对公权力机关所做出该决定程序的审查,而不是决定本身。司法审查不对行政机关决定的优劣进行评判,一般亦不会改变公权力机关的决定。而是通过对作出决定的程序进行审查,判断该决定是否存有程序瑕疵。审查结束后,公权力机关有可能以合法的程序继续做出相同的决定。如果希望通过司法审查改变公权力机关的决定并不明智,可以通过其他司法渠道,如上诉至高等法院。[1] 司法审查的另一重要功能是对下级裁判所和普通法院的判决进行审查,因而司法审查是上诉制的重要补充。在法定程序缺失、上诉无方或救济不能时,司法审查可以进行有效补充,形成对整个司法系统权限界分和秩序的终局把握。

在英国普通法体系中,由于司法传统和制度沿革,并没有完全等同于我国行政诉讼或公法诉讼的制度构造。唯英国法上的司法审查制度区别于民事诉讼程序,在一定的功能设计上有解决公法争议和救济之能,因此在本书中将其列为主要考察对象。英国的裁判所制度和监察专员制度在构成完整无隙的公法救济制度中也发挥了重要作用,后文中也将略有涉及。

二、司法审查的起源与发展

论及司法审查不可不提令状制度,令状制度在几百年的历史演进中无疑发生了缓慢而又不可忽视的质变。具有三件标志性的事件:第一,20 世纪初引入了私法上的宣告令与禁止令,提升了公法上的救济力。第二,2000 年年初的程序改革打通了这五类令状救济制度,无论在形式或程序上都显现出了统一而有序的制度优势。第三,自 2004 年,三类令状的名称分别由之前的 mandamus, prohibition 及 certiorari 变为 mandatory, prohibiting 和 quashing orders,昭示现代公法救济的意蕴。下文将分述各类令状的历史发展轨迹,以期窥得英国公法救济制度发展之一斑。

(一) 从历史上的调卷令到现代的撤销令,兼论禁令

早在 1280 年,调卷令就是广泛使用的司法手段,依申请方式获得,实质上是早期替代上诉的司法程序。在都铎王朝和斯图亚特王朝时期,大法官法庭通过调卷令对普通法上和衡平法上的基层法院行使实质上的监督权。因为缺乏上诉制度和其他的监督方式,14 世纪至 17 世纪中期,调卷令实际上承载了

---

① Hugh Southey QC, Amanda Wston, Jude Bunting, *Judicial Review : A Practical Guide* 2nd Edition, Jordans (2004).

诸多功能:监督下级法院,包括特别法院;依国王命令收集行政管理方面的信息;收集司法信息等等。而禁令的初始功能则是限制或者监督教会法院的权限。可以认为这两类令状是当时各种法院并存的混乱状态下,划分或界定法院权限的工具,也是国王利用王座法庭巩固其在地方权力和控制地方机构的重要手段。保护私益只是位列其次的功能,从近代才开始出现。从当时的判例也可以得此结论,在 Worthington v Jeffries 案中①,法官决定给予禁令救济的理由不是申请者权益是否受到损害,而是王室特权是否因不遵守公正司法而受到损害。

直至 19 世纪,分别通过 1835 年和 1882 年城市合作法(Municipal Corporation Acts),区郡政府才正式成立。而在此之前,各地行政管理职能由治安法官(justices of peace)承担。治安法官遍布各地,拥有宽泛管理权。但随着工业革命的产生、政府管理职能的扩张和经济的发展,新政府组织青黄不接时,王座法院只能使用特权令状制度对其行使监督之职。随后,当各类行政职务从治安法官手中分离出来之后,王座法院的监督权也自然而然及于新设立的行政机关。普通法中独立公法监督机构的缺位并未造成实质的监督空缺:凭借特权令状制度的一系列特殊规则的约束,行政机关仍然处于有力的司法监督之下。王座法庭受理了大量针对下级法院和具有半司法性质的行使公共行政职能的机关提起的撤销或禁止令的案件,成为高级行政法庭,监督地方政府行使职权,依靠调卷令和禁令保证行政机关在其职权范围内行政,依靠执行令使其履行法定义务。现代的高等法院(行政法庭)基本继承了这一司法管辖权限。依靠调卷令和禁令,17 世纪后期中央对地方实现了有效的控制。进入 19 世纪 30 年代后,调卷令和禁令进入了新的发展时期;经济发展、城镇化和民主制度推进,伴随着普通法上案例的积累,特权令状甚至可以用于对中央政府各部门及部长作出的决定进行审查。目前,是否接受审查的标准不再是机构的属性,而是行为或决定的性质。如果行为或决定涉及个人权利义务或预期利益,都会被界定为具有司法属性,应当接受调卷令和禁令的审查。

Atkin L.J.曾有一段评述对其审查范围、主体及原则进行了很好的概括:

---

① *Worthington v Jeffries*(1875)L.R.10 C.P.379.

"……任何机构拥有法定权限决定相对人权利,并有法定义务依法行使该权力,一旦超越该法定权限,必须接受王座分院对其以令状形式进行了监督管辖……"①

从该段话可以分析出令状行使之前提为请求人权利之存在,那么英国法上的权利边界究竟如何? 从历史上的案例看,包括人身安全、一般意义上的财产权、进入某行业的准入权等等。没有制定法对权利范围进行限制性规定,法院对权利拥有宽泛的裁量权。第二层面则是在法定权限内有义务依法定程序行使该权力,例如根据该原则,纪律处分、行政规划等一般被排除在司法审查之外。审查的对象最为典型的是法院②,类推至其他行使司法权的裁判所,这两类机构的管辖范围有制定法规范。而英国行政机关也多是从治安法院中分化而来,职权亦来自立法规定,也及于一般行政机关。第三个层面是,只要是行使法定权力,原则上都可以适用司法上的调卷令和禁令进行监督。调卷令与禁令自历史上就用于撤销或禁止具有司法属性的决定。如此,从历史的治安法院、地方行政机关、中央各部及各部部长和工作人员,治安法官直至现代的公共行政机关作出的决定都处于调查令和禁令的监督之下,无一例外。③

从上述内容中也可分析出,调卷令的原告资格严格要求必须为利益相关人,无利害关系人提起请求一般都会被驳回。在所有调卷令案例中都没有无利益相关人获准申请的先例。但此处的利益相关解释也是具有裁量性的,是直接相关还是间接相关,是特殊相关还是一般相关,存在个案差别。在早期,则认为"利益相关人必须在个案中有异于其他公众的特殊利益受到损害"。④在现代某些公益诉讼中,对相关性的要求就有所放松,因为相关是一个程度的概念,在没有更加相关或者合适的原告提起诉讼的情况下,出于对公共利益的保护,秩序维持或者纠纷解决的需要,原告资格并不是一个需要十分严格把控

---

① *R.v Electricity Commissioners*, *Ex P.London Electricity Joint Committee Co (1920) Ltd*［1924］1 K.B.171 CA at 205.

② 行使令状管辖权的多为高等法院,因此对处同一管辖层级的高等法院裁决一般不得提起司法审查。

③ Paul Craig, *Administrative Law*, 7th Edition, Sweet & Maxwell (2012), p.805.

　④ *R.v Nicholson*［1899］2 Q.B.455 at 471.

的概念,更多是从案件的整体进行考量。而禁令从一开始对原告的要求就不是非常严格,基于维护王室权威的目的,不是利益相关人提起的请求也可以受理,因为王权至上,任何制度都是围绕这一目的进行。在现代英国法上,禁令的申请需要进行个案分析,但一般来说不太可能对缺乏个人利益相关性的申请人给予原告资格。

经审查如法院判定符合撤销条件,则可推定原决定无效,判决由原作出决定公共机关重做。目前法院还可以在判决中对如何重新作出新的决定进行指导,确保公共机关重做决定依法有效。因此,撤销令相比之前纯粹调卷令对当事人的救济更进一步,省却了再提起其他救济程序的不便。

(二) 执行令的辉煌与没落

执行令的演变历程更为曲折,在早期国王对地方控制手段有限的情况下,通过对这一令状的使用,强化了中央对地方的控制,也为申请人提供了救济,用途十分广泛。而到后期,随着 19 世纪政府结构转型,上诉制开始发挥效用,执行令日渐式微。目前只能依据民事诉讼规则第 54 编的司法审查程序申请执行令,敦促下级裁判所依法行使其义务,保证其履行法定职责与依法行使裁量权。执行令早期的特权性质尤为突出,国王通过执行令贯彻其命令与政策,当法律无救济手段时,执行令也可以发挥作用。但 1835 年后,地方政府成立,取代了原有的郡或教区司法委员会,中央行政的控制能力加强,可以依靠审计、检查等一系列手段监督地方。有序的管理使得原有提起执行令诉讼的情况大为减少。对地方政府侵害私权利的行为,议会也赋予了当事人提起诉讼、(向中央政府)投诉和反对的权利,这样也间接减少了申请执行令的情况。执行令在现代英国法上仍有一席之地,但是相比起初始状态,重要性减弱。

最初,执行令的申请有一个重要前提,即有公共义务。可以解读为,第一,该义务具有公共属性,或来源于立法授权、特权、普通法传统、宪章、惯例或合同。[①] 第二,该义务有特定对象。君主时代是对国王附有义务,现代则是对公众负有义务。在此前提下,公共机关因为管辖权错误(jurisdictional error)怠于

---

① Paul Craig, *Administrative Law*, 7th Edition, Sweet & Maxwell (2012), p.812.

行使权力或履行义务,或行使裁量权时出现错误,如进行了不相关考虑、追求不恰当目标、政策适用过于严格、裁量权运用不当或其他滥用权力的行为都可以申请执行令审查。① 传统上,执行令的提出需要申请人明示负担机关有作出某项行为的义务,但是现代行政法似乎弱化了这项要求。

现代的执行令也属于裁量性的救济,法院一般会综合考虑以下三点因素,第一,是否有持续监督的必要性;②第二,作出判决后,公共机关的合作意愿;③第三,可能对公共机关带来的不便利与职能行使障碍。而通常不会考虑申请人的动机和需求。只在少数案件中,因为一些特殊法律条款的规定,为社区群体请求公共利益时,法院才给予支持。从这一角度而言,执行令更多是体现了客观诉讼的秩序功能。因此,如果从获得救济的目的来看,执行令不是诉讼的最佳程序之选,这使得执行令的运用范围更趋狭窄。

(三) 监督与权利保护并济的禁制令与宣告令

与普通法上的特权令状相比,衡平法上的禁制令和宣告令是更灵活和实用的司法控制手段。不需要严格遵循先例,不似特权令状那般有精细的技术要求和条分缕析的类型化要求,受案范围更宽。但是在公法诉讼发展史上这类衡平法程序的运用并不连贯,直至 19 世纪,禁制令在公法诉讼中的重要性才开始逐步显现。而宣告令虽起源于衡平法,实质上更类似于制定法。这两类令状的发展很大程度归功于法官大量创造性的案例积累。直至 1977 年程序改革才将其正式纳入公法诉讼体系之中。

禁制令和宣告令的使用非常灵活性,早期的衡平法院(Court of Exchequer)和大法官法院(Court of Chancery)都可以使用,原告与被告并不严格设定。具体而言,历史上的衡平救济有以下几种形式:

第一类,国王为原告。16 世纪时期,衡平法院(Court of Exchequer)拥有衡平法管辖权,同时也承担了财税法院(Court of Revenue)的功能。就后一职能来说,法院负责保护与实现国王对其臣民基于国家监护权(parens patriae)而产生的财产权和税收权,通常由检察总长向法院发出英语诉讼(English In-

---

① Paul Craig, *Administrative Law*, 7th Edition, Sweet & Maxwell (2012), p.813.

② *R.v Peak Park Joint Planning Board*, *Ex p.Jackson* (1976) 74 L.G.R.376 at 380.

③ *R.v Northumberland Compensation Appeal Tribunal*, *Ex p.Shaw* [1952] 1 K.B.338 CA at 357.

formation)①的形式责令法院落实,法院通常会以禁制令或宣告令形式裁判。而这可以称为衡平法上最早的公法令状形式。② 大法官法庭也同样具有上述英语诉讼的管辖权。但是这类程序规则过于偏向国王,因而在 1947 年被议会废止。大法官法院也可以受理国王的受让人或获得许可以国王名义提起的诉讼。如果臣民以个人的名义提起的诉讼涉及国王的权利,通常需要以检察总长为共同原告。

第二类,国王为被告。衡平法院对公法的一个重大贡献在于提供针对国王的衡平救济。臣民可以诉国王,由检察总长代国王应诉。如果胜诉,通常会给予宣告令救济。1873 年,衡平法院在这类案件上的管辖权正式移交给高等法院(High Court of Justice)。

第三类,检察总长为原告。在大法官法院,通常还可以禁制令的形式约束或限制各类妨害公众利益的行为。在此类行为损害公益而没有给任何个人造成特别损失时,检察总长可为原告,提起禁制令之诉。如有特别权利受损之利益相关人,检查总长也可以授权该人提起诉讼。在当时的国家理论中,普遍认为国王是国家监督人,有责任监护婴幼儿、弱智、精神病和发展相应的慈善事业。御前大臣是国王良心的守护者,也是行使这项特权的适格官员。检察总长是国王的法律代表,也是代理国王出席大法庭庭审的适格官员。如有迹象表明某个公共机构的资金来自慈善基金,则检察总长完全可以要求大法官法庭颁布禁制令来防止资金滥用。因而,检察总长有权发起请求,要求限制自治市镇违法支出的现象。因此,17 世纪时为确保对慈善事业或公共基金设立与运行的良好管理,由检察总长向大法官法院提交信息,要求颁布禁制令进行监督。此类诉讼不仅是最常见的相关人诉讼,也是最早出现的相关人诉讼,有重大历史意义。它是由检察总长发起的,基于国王是国家监督人的理念,是形形色色与公共利益密切相关的现代公益诉

---

① 参见薛波:《元照英美法词典》,法律出版社 2003 年版,第 473 页:指国王在王座法庭税收部提起的衡平法上的诉讼,这样称呼是为了区别于由国王提起的要求清偿债务、侵权损害赔偿或返还动产方面的拉丁诉讼(Latin information)。英语诉讼有四种:涨滩请求、其他土地和矿产请求、金钱索赔和根据《婚姻法》提起的诉讼。这种诉讼属纠问性质,一旦提起,即全部或部分地采用讯问形式。英语诉讼是为了给国王从其部下或他人处获取诉由或其他衡平法上的救济而提供途径,但常被作为一种压制性工具。

② 这类程序对国王有明显的程序性倾向,最终于 1947 年被废止。

讼之鼻祖。①

　　至 19 世纪,这类原则进一步明晰,检察总长可以基于受诉行为的公共影响的考虑,以本人的名义或者授予利益相关人以检察总长的名义提起衡平法上的禁制令之诉,要求被告停止损害公益行为或者宣告某类行为违法。这类诉讼的被告不一定是公共机关,也可以是企业、社会团体等组织。② 检察总长的原告资格可以认为来源于王室保护臣民的特权,作为公共利益的保护者,具体规则是借用了公共妨碍法中的相关规定。大法官法院通常会给予禁制令或宣告令的救济。

　　第四类,以各部大臣为被告。禁制令的权力来源于国王授权,传统上认为各部大臣行使的是国王的权力,因此一般不得对国王下各部大臣发出禁制令。但是伴随欧盟法对个人权利保护的影响,1988 年,在 *R v Secretary of State for Transport,ex p Factortame Ltd*(No.2)([1991] 1 AC 603)案中,经欧盟法院的裁决,上议院认定可以针对大臣发出禁制令救济措施。在随后 *M v Home Office*([1994] 1 AC 377) 案中,判决禁制令可以适用于英国法各领域。这两个判例可以视为法院对各部大臣监督权的扩张,或对个人权利保护的强化。因此,在某些令状程序中,客观秩序保护和主观权利救济似乎体现出了相辅相成的发展轨迹。

　　宣告令的发展源自于对其适用条件的立法改革。根据1852 年《大法官法庭程序法》③第 50 条规定,除非同时提起其他附带救济之诉,否则不得受理单独提起宣告令之诉的诉讼。直至 30 年之后,1873 年《司法法》④才对这条进行了修改,规定,不论是否可以或提起其他附带救济之诉,申请人都有权提起宣告令之诉。之后的 Dyson 案也确立了这一原则。⑤ 1911 年,可在普通民事诉讼中使用宣告令之诉,以检察总长的名义对抗国王。现代英国法也延续了这一做法,认为宣告令与权利救济无直接关联性,无论是否存在或是否寻求救

---

　　① 　 Harry Woolf,Jeffrey Jowell,Andrew Le Sueur,De Smith's Judicial Review,Thomson,Sweet & Maxwell,6th Edition(2007) ,pp.800—810.

　　② 　 See e.g.*Attorney General v Oxford*,*Worcester & Wolverhampton Ry*(1854) 2 W.R.330;*Attorney General v Cockermouth Local Board*(1874) L.R.18 Eq.172.

　　③ 　 Court of Chancery Procedure Act 1852 S.50.

　　④ 　 Judicature Act 1883.

　　⑤ 　 *Dyson v Attorney General* [1911] 1 K.B.410 CA.See also,[1912] 1 Ch.159.

济,法院都可以作出有约束力的宣告令。宣告令凭借其灵活,与其他特权令状相比限制少的优势得到了越来越多的运用,在 20 世纪令状发展史上尤为凸显。

宣告令虽属衡平法上的私法救济方式,但既可以视作主观救济之诉,亦可视为客观监督之诉。在前者,法院可以宣告请求人拥有何种权利,如合同约定之下的利益或土地上的权利。在后者,法院可以控制被请求方的决定。例如,宣布某计划执行的附带条件不合法。因此,宣告令双重性使得其获得空前发展。一方面,他可以通过宣告公共机关某一决定无效获得监督之效,另一方面,在合适的情况下宣告请求人的权利,获得原始的救济之功能。[1]

宣告令的适用范围从标的来看极其宽泛,包括行政决定或命令,委托(二级)立法,涉及欧盟法的一级立法,贸易权,状态确认,经济上的权利义务等等。但从司法权限来看,宣告令作用有限。宣告令可以审查管辖权错误,但是对公共机关管辖权限内的书面法律错误一般不得审查。原因是,如果存在此类错误说明原决定可撤销而非无效。

(四) 发展历程小结

从各类令状的发展历程可以分析出,现代的司法审查的长成经历了若干争论,其革新点主要体现如下几个方面:

首先是原告资格的极大拓展。1978 年司法审查制度改革之前,原告要想获得救济,必须满足各种技术性规定,受限颇多。现在,法庭为避免上述复杂情形妨害对原告的救济,方式方法也更为灵活。

其次是程序规则的统一和革新,司法审查基础的转变。现代司法审查出现之前,如上文所述,法院基于监督管辖权在授予诉讼文件案卷调取令、禁止令和执行令等特权救济的条件上限制颇多。而现在最高法庭的监督范围要广得多,管辖权的界定可以根据公共机关的权力来源,决定性质或决定是否可诉等多个标准确定。先前案例确定的救济先例现在已经没有太大实际意义。比如,我们现在需要解决的问题不是"这一裁决是否违反了案卷调取令",而是该决定是否为公共机关依法行使公共职权作出,以及它是否合法。

---

[1]　Paul Craig, *Administrative Law*, 7th Edition, Sweet & Maxwell (2012), p.816.

最后是对救济功能的重视,特权令状产生的基础决定了裁决是以维护王权,监督地方和秩序保障为使命。而随着人权理念的兴起,现在法庭颁布的救济令使案件裁决对于相对人更具有实用意义。救济的重要性和功能越加凸显,不可低估。现代司法面临首要挑战就是如何创建新型救济方式,以保障人权与自由。① 从 20 世纪后期的发展来看,司法审查的演进更多是基于中央对地方的控制与监督,并着重以司法方式控制政府权力。1977 年,司法审查程序进行了改革,兼顾了部分救济职能,《民事诉讼规则》第 54 编第 3 条第 2 款规定:"提出司法审查请求时,可以一并提出赔偿请求,但不得单独提出赔偿请求",此外,1981 年《最高法院法》第 31 条第 4 款具体规定了可以判决赔偿损失的情况。②

(五) 司法审查制度拓展的背景

14 世纪后,治安法院取代了郡法院,而各地治安法院既行使行政职能,又具有司法职能,担有地方最高司法和行政机关的角色,而国王对地方反而缺乏实质控制。司法审查最初是通过特权令状的方式申请国王救济,对治安法院的裁决进行审查,是中央控制地方的有效手段。而且在英国司法体系建立早期,长期没有发展出地方法院到中央法院的上诉制度,上诉制直至 19 世纪才得以确立。中央法院对地方法院控制是通过监督地方法院在其管辖权范围内活动得以实现的。如此,中央法院发展出了一系列基于管辖权的司法审查制度,通过调卷令、禁止令、执行令和人身保护令对地方行政及司法活动进行有效监督。"直到 1938 年之前,这三种古老的救济方式,一直称为特权令状。"③特权一词是因最初这些令状仅英王才可使用,到 16 世纪末原则上只要受害人都可以申请,不过是借用英王名义。普通法上的特权令状种类与范围皆有限,刻板的规定与有限的救济难以实现"公平与正义",因此,19 世纪末,衡平法院发展出了禁制令和宣告令两类救济方式。这五类令状制度构成了英国司法审查制度的起源。对其功能与申请、救济方式随着历史的演进有很大发展,在上文中详述。令状的运行初期,调卷令是基于管辖权的审查,对越权行为予以撤

---

① Denning, Alfred, *Freedom Under the Law (Hamlyn Lecture Series)*, Sweet & Maxwell, 1968.
② 参见杨伟东:《英国行政法教科书》,北京大学出版社 2007 年版,第 534 页。
③ 杨伟东:《英国行政法教科书》,北京大学出版社 2007 年版,第 269 页。

销,且仅对文本错误进行审查。执行令则是命令地方某一机关履行法定义务。禁止令则是对地方某一机关未来可能的行为请求加以禁止,以免行为实施后的救济不能。而衡平法上的救济手段虽然历史较短,但是因其"更少受程序技术性问题的限制,因而在某些案件中更容易申请"①。因此,禁制令多为禁止令的替代来使用。而宣告令则可依附于其他救济方式,成为实际运用最为有效的救济方式。

而自 19 世纪始,地方机构逐渐出现分化,治安法院的行政职能都移交给各类专门委员会,即行政机关。议会通过立法设立大量行政机关并赋予他们多项管理职能。19 世纪末期,英国进入行政国时代,行政机关对社会生活的干预不断扩大。而原有司法系统并没有提供有效控制这些新设立行政权力机关的机制,"法院不得不利用既有的特权令状程序加以控制"②,这种上级法院监督下级法院的制度被移植到法院监督中央和地方各级行政机关,且原有的管辖权概念也十分自然的适用于所有行政机关。因此,基于对公共行政机关与基层司法机构的监督,现代意义的司法审查制度进一步巩固并发展。这种移植之所以能得以实现,主要基于两点原因:其一,英国在传统上三权没有明显界分,历史上法院既担负司法亦有行政职能,治安法院、皇家法院等都是司法与行政合一的机关。国王治下的中央行政机关——枢密院也享有非常广泛的司法职能。机关之间的混同使得当时司法审查的重要概念"管辖权"可以灵活的适用于分化出来的行政机关。其二,英国文化中对传统的珍视使得制度的延续与发展成为可能,这也是英国政治法律制度具有很强连续性的一个表现。

由于存在程序选择的复杂与不可预测性,20 世纪 60 年代大法官大臣针对救济程序委托法律委员会进行了调查,调查结果促成了 1977 年司法审查程序的重要改革。1977 年《最高法院规则》第 53 号令,即 1981 年的《最高法院法》第 31 条,将行政法案件审理程序进行了统一,即司法审查程序。改革创新之一在于,受理法院由原来的王座法院和大法官法院统一至王座法院,但申请人仍然是从五项令状救济方式中进行选择,之二在于可以附带提起赔偿请求,避免了申请人向一个法院申请司法审查而向另一法院申请赔偿的程序交

---

① 杨伟东:《英国行政法教科书》,北京大学出版社 2007 年版,第 269 页。
② 杨伟东:《英国行政法教科书》,北京大学出版社 2007 年版,第 269 页。

叉问题。① 但英国法中实行的是主观过错/过失责任原则,只有基于主观故意的侵权或违约的赔偿请求才可以成立。

英国法传统上并没有公法与私法的明确界分,但司法审查基本可以等同于"公法诉讼制度"的概念。1983 年 O'Reilly V Mackman② 案进一步确立了司法审查作为审理公法案件的程序原则。其例外情形包括:第一,公法决定为请求私法权利的附带问题;第二,当事人双方对使用司法审查程序之外的救济方式均无异议,且有其他程序可供选择;第三,其他特殊情形。虽然学界对是否要进行公法和私法区分有过争论,反对的理由首先是英国法缺乏相关历史经验,而且也不会像法国一样设立权限争议法庭专门处理案件究竟由普通法院或是行政法院的机构。但这种争论更多是以大陆法系国家为对比,围绕机构设置或立法形式等话题。实际运作中,法院仍然将公法争议交由法院行政庭处理,采取司法审查程序进行审理,实现了实质上的区分。很多案例的判决一方面确立了程序排他性原则,另一方面通过案例鼓励法院扩大司法审查范围,解决排他性原则带来的诉讼难题,这可从司法审查原告资格、基础、原则与功能的发展窥见一斑。自 1981 年司法审查程序统一之后,司法审查起初是基于"公权力"概念,此后伴随社会行政的发展,演变为"公共行政"职能概念;从最初的"越权无效"原则(ultra vires),扩展至"法治"原则(rule of law)及自然公正原则等;从最初的管辖权审查,至合法性审查,至合理性审查,发展出了实质上针对公共行政、低层级司法系统的司法性监督与救济机制,下文将进行详述。英国没有独立的行政诉讼法,但 2000 年新制定的《民事诉讼规则》对司法审查程序规则进行了恰当的补充,很好地调和了私法与公法诉讼的程序选择困境。

三、司法审查的原告资格

(一) 法律依据

司法审查原告资格最初由 1981 年《高级法院法》第 31 编第 3 款规定③,

---

① 杨伟东:《英国行政法教科书》,北京大学出版社 2007 年版,第 270 页。
② O'Reilly v Mackman [1983]2 A.C.237.
③ Supreme Court Act 1981;see also Civil Procedure Rules.

后写入《民事诉讼规则》第 54 编第 4 款。

> "仅在满足本法规定条件下可作出准许提起司法审查之法庭许可,且法庭仅在申请人与该申请有充分利益(sufficient interest)之前提下可发出法庭许可。"
>
> ——1981 年《高级法院法》第 31 编第 3 款
>
> "无论是依照本章规定提起诉讼或案件转至行政法庭,都必须获得法庭许可方得进行司法审查之诉。"
>
> ——2000 年《民事诉讼规则》第 54 编第 4 款

确定原告资格审查原则更多具有宪法学意义,其一关涉法院管辖权的广度与深度,其二允许在公行政领域以司法治理方式的介入,其三是在私权利、公权力及公共利益之间把握适当的平衡。是以"充分利益"抑或"法定权利"为基础? 法拉兹勋爵曾认为应当检视法律是否以明示或暗示的方式授予申请人对不合法或不作为提起司法审查的权利。而事实上以权利为界分标准无益于诉讼,现实中的案例多难分辨某项权利是否存在,实体法的规定更难寻觅。[1] 因此,"充分利益"更具有实际操作意义。司法审查更多是救济相对人,体现了事后性,有限司法之治的功能。

1978 年司法审查改革之前,旧法规定,依申请救济种类对原告资格、诉讼时效和程序规则区分。例如,申请强制令所要求的利益相关度高于申请宣告令。事实证明这类区分具有误导性,原告资格从某种程度而言与申请救济种类无关。[2] 在实践中也很难在申请阶段就确定申请何种救济,从而确定原告资格的审查标准。通常原告会请求所有可能的救济,通过正式审理之后确定何种救济更为合适,从而确定申请令状类别。改革之后,调和原告资格规定的多头冲突,将其进行统一规定并从一定程度放开原告资格审核程序。过去 30 年的案例表明,"充分利益"的门槛要求已经在逐渐弱化,申请人也可以基于保护公共利益的原因提起司法审查,法院对有价值的案件也不会以原告不适格而驳回申请。法院有

---

① National Federation〔1982〕A.C.617 at 646B.

② Harry Woolf, Jeffrey Jowell, Andrew Le Sueur, *De Smith's Judicial Review*, Thomson, Sweet & Maxwell, 6th Edition(2007), p.79.

权驳回提起司法审查请求某类令状的救济申请,而在做这一判断时,最好是综合考虑各种法律的、事实的问题,而不应把原告资格剥离开来单独考虑。①

根据诉讼程序,对原告资格的审核分为二个阶段,首先为提起诉讼和受理阶段,虽然根据 1981 年高级法院法的规定申请人必须有"充分利益",从实践来看这一阶段并不对原告资格进行实质性审查,根据上议院在 National Federation 案件中确立的原则:在受理阶段除非有特别情况,是否具有"充分利益"不是审查的主要对象,这一问题待正式审理时结合法律和其他事实问题综合考虑确定。② 特别情况仅用于排除滥用司法救济和故意寻衅滋事的情形。其次为审理阶段,原告资格一般也非核心问题,经典案例多以司法审查的合法性基础为审理对象,在审理最后阶段再论及原告资格。因为几乎不可能有案例认可审查有合法性基础,而又同时宣告原告缺乏"充分利益"。因此,原告资格实质为"综合平衡之技艺"③。

(二) 原告资格的主体及分类

在英国法中,非法人组织一般不得以组织名义提起诉讼或成为被告。但依据《民事诉讼规则》第 19 章第 6 款之规定,可以由一名成员代表提起司法审查,以代表其他相同利益人的原告形式变通解决。

很多公权力组织本身也可以提起司法审查程序。根据英国法传统,总检察长可以国王的名义,作为公共利益的捍卫者提起司法审查。现代司法审查程序中,总检察长可以本人的名义提起诉讼,或者在民事法庭中基于公共利益保护的目的,在其权限范围内,同意由相对人提出以他的名义提起相关人司法审查(realtors proceeding)的申请。如检察总长拒绝以其名义提起相关人诉讼,则表明该行为不可提起司法审查之诉。但自 1978 年司法审查原告资格审查程序放开后,此类限制在公法领域已不复存在,公民均可以本人名义提起诉讼。此外,根据《1972 年地方政府法》第 222 条的规定,地方行政机关具有原

---

① Harry Woolf, Jeffrey Jowell, Andrew Le Sueur, De Smith's Judicial Review, Thomson, Sweet & Maxwell, 6th Edition(2007), p.80.

② Harry Woolf, Jeffrey Jowell, Andrew Le Sueur, *De Smith's Judicial Review*, Thomson, Sweet & Maxwell, 6th Edition(2007), p.79.

③ *R.v North Somerset DC Ex p.Garnett* [1998] Env.L.R.91 (Popplewell J.).

告资格,该法授予地方政府"出于促进或保护辖区居民利益之目的"①可以提起司法审查或者应诉。根据原告与行政决定、作为或不作为是否存在直接充分利益关系,可以将原告资格分为如下几类:

1. 当事人的原告资格

如果行政决定直接影响原告的人身权、财产权或其他公权利(public rights),则当然具有原告资格。② 如,公权力机关对相对人的竞争对手作出的某项决定,该相对人具有"充分利益"③;堂区行政委员会(parish council)对距本区域 3 英里外的规划方案具有原告资格④;因公职人员的过失或故意造成损害的相对人,对该公职人员实施处罚程序具有原告资格;⑤本地建筑师对当地的规划法规也有"充分利益",因其规定会影响到他的客户和经营。⑥

在某些情形下,立法机关设置了有别于民事程序法第 54 节有关司法审查的程序条款,相对人可对某项行政命令或决定提起上诉或申请撤销。通常这类立法条款对原告资格做具体而严格的限制,要求仅"权益受损当事人"(Persons Aggrieved)可提起司法审查。而何为"权益受损",通常由法官进行解释。⑦ 法院曾一度采一种严格的"权益受损当事人"解释标准。认为如果法律上利益受损不仅仅是对决定不满或受到歧视,而是其合法权益被剥夺或拒绝,或被课予义务。此后,随着司法审查制度的发展,这类严格的技术性规定逐渐弱化了。⑧ 通常这类原告的范围也很宽泛,不仅限于公民和社会组织,也可以是公权力机关、地方政府、总检察长或是王室。

2. 基于公共利益的原告资格

出于公共利益个人也可以提起司法审查,无需原告与该决定有相关性、对其产生特别影响或者拥有个人特殊利益,而只需他和其他社会公众享有同等

---

① Local Government Act 1972.

② Harry Woolf,Jeffrey Jowell,Andrew Le Sueur,De Smith's Judicial Review,Thomson,Sweet & Maxwell,6th Edition(2007),p.82.

③ 有多个案例支撑,如 *R.v Canterbury City Council Ex p.Springimage Ltd* (1994) 68 P.& C.R.171.

④ *R.v Cotsworld DC Ex p.Barrington Parish Council* (1998) 75 P.& C.R.515.

⑤ *R.v North Thames RHA Ex p.L(An Infant)*〔1996〕7 Med.L.R.385.

⑥ *Re Ward,Application for Judicial Review*〔2006〕NIQB 67 (application for leave).

⑦ 因此实践中法官的不同解释导致对这一规则执行并不统一,在不同案例中也缺乏标准解释。

⑧ Harry Woolf,Jeffrey Jowell,Andrew Le Sueur,De Smith's Judicial Review,Thomson,Sweet & Maxwell,6th Edition(2007),p.96.

权益即可。① 例如,泰晤士报前编辑可以基于维护宪法利益的目的对外交部长修改《欧洲联盟条约》的决定提起司法审查。②

3. 竞选或利益集团的原告资格

竞选或利益集团作为原告的司法审查案例极其有限,而且不同案例中符合原告资格的基础也相互区别。可以分为三类:③

(1)类型一:一些案例中,作为一个组织的集团利益受损或受影响,可以基于其影响和自身的相关性对决定提起司法审查。

(2)类型二:一些案例中,组织内部的一部分成员或所有成员利益受损或影响,以该组织的名义提起司法审查。

(3)类型三:一些案例中,该组织本身或其成员的利益都未受损或受影响,该组织仅出于纯粹公共利益而提起司法审查。上文曾提到个人可以基于公共利益提起司法审查,而以组织名义提起司法审查则另当别论。

类型一和类型二中,专业组织作为原告有自身的优势,他们发表意见更具分量。商会或者行业组织在其成员利益受损时做原告申诉的几率更大。与类型三相关的数据显示,以组织名义提起司法审查的原告资格有肯定也有否定的案例。由多个无"充分利益"成员的简单组合并不能增加原告的"充分利益",但是如果这类组合可以增加原告的专业度,以及代表公众发表意见的力度,也可作为适格原告。现实中,存在相对人因贫困、无知等原因无法提起上诉,而由某组织代劳,则认为他们也具有原告资格。在第三种类型中,法官会综合考虑各类因素再作出是否适格的判断。如,诉讼标的是否确有瑕疵或违法;维护法治之考量;争议是否具有重要意义;是否缺乏其他适格原告;该原告的配合程度,针对上述事项是否能提供建议、指导或协助。压力集团(pressure group)的原告资格审查目前也在逐步放开,认为对这类案件的司法审查管辖权是已经既成的且非常重要的发展方向。只要原告积极与法院配合,并严格

---

① R.(on the application f Dixon) v Somerset CC [1997] WWHC Admin 393,[1998] Env.L.R. 111 at [13] (Sedley J.).

② R.v Secretary of State for Foreign and Commonwealth Affairs Ex p Rees-Mogg [1994] Q.B.552 at 562.

③ Harry Woolf,Jeffrey Jowell,Andrew Le Sueur,De Smith's Judicial Review,Thomson,Sweet & Maxwell,6th Edition(2007),p.86.

执行诉讼时效等其他资格要件,①只要该申请人或组织有行为能力有责任心,对政府某项行为合法性提出质疑,法院不会以缺乏原告资格的理由驳回其起诉。②

(五) 小结

司法审查原告资格从最初的充分性要求,到逐渐放开的出于公共利益的非利益相关人要求,体现了司法管辖权的逐步发展。公民、组织、公权力机关都可以作为适格的原告提起司法审查。1981 年高等法院法的规定已经在案例的发展下,作出了似乎有悖于立法者原意的宽泛解释。建议增加补充条款,将公共利益诉讼的原告资格加以补充,实现双轨制。第一大类是由直接相关利益的主体提起,即有合法权益或合理可期待法律利益受到损害,或被拒绝授予某项裁量性权利。此种类型的诉讼,多具有"充分利益"和密切相关性之要求作为判定是否具有原告资格的标准。而第二类则多为公共利益类,是基于社会公众的利益受损而非个体,而由某一组织而非个人提起的司法审查之诉。③ 在这类案例中,法官通常要进行综合判断,除了上文提到的之外,可能还会包括,有限司法资源的分配,案件的判决是否能够了结现有的法律争端等。而随着一些案例的肯定判决,基本补充了法律条文的不足。双轨制已经是目前法院比较一致的针对原告资格的处理方式。

四、司法审查的被告

(一) 中央政府

英国的宪法语境没有明确的"法律意义上的国家"概念,也没有类似美国的三权划分,所以并不存在精确的"行政"或"行政权"分类。而现代社会管理职能的划分呈现出多层次,碎片化,既有中央政府、地方政府也有各类行使公

---

① Harry Woolf,Jeffrey Jowell,Andrew Le Sueur,De Smith's Judicial Review,Thomson,Sweet & Maxwell,6th Edition(2007),p.86.

② Ibid.

③ Ibid., p.98.

共职能的社会组织和承担外包公共服务内容的企业等等。因此司法审查的被告种类非常之多，从案例来看，被告可以是国家行政机关及其工作人员、地方政府、各部部长、地方法官或其他公共机关。

根据英国宪法①，政府部门首长都由国务大臣担任，行使法律授予的某项职能，并且实行部长负责制，部长对其部门的行为负责，因此也为其部门的过失负责。② 因此，国务大臣是司法审查案例中最常见的被告。不同于民事诉讼（多为请求赔偿），被告通常为该政府部门。自 20 世纪 80 年代始，中央政府部门的职能开始逐渐分化，分为政策制定和执行（含公共服务）两大类别，前者仍有各部门负责，后者则有分化或新组建的"行政部门"负责，后者的成员仍为公务员序列，实行首长负责制，与各部存在千丝万缕的联系。如果是对执行过程中的事项提起行政诉讼，通常认为以"行政部门"首长而非国务大臣作为被告。

各类非部属行使国家行政管理职能的公共机构（Non Department Public Bodys）通常也容易成为司法审查的被告。③ 如果对被告存在疑问，可以直接以司法部长为被告提起司法审查。

（二）地方政府

目前，英格兰和威尔士大约有 410 个地方政府，且仍计划扩大地方一级行政机关的政府职能。④ 每年，针对地方政府提起的司法审查大约占总案件（除去移民和难民案件）的 46%。地方政府的职能十分宽泛，包括住房、各类救济、社区福利、环境规划及教育等等。而这些都是与个人利益密切相关的公权力领域。

（三）刑事司法系统

针对刑事司法领域的违法行为提起的诉讼，但是法院的管辖权是极其有

---

① 除法律有特别规定之外。

② 由于公务员是常任且不负政治责任，当一个部门出现严重的疏忽时，部长应当引咎辞职。

③ 内阁公布的 NDPBs 名单中近年来成为司法审查被告的部门：英格兰与苏格兰农业工资委员会、审计委员会、英国广播公司、英格兰边界委员会、中央仲裁委员会、海关与税收委员会、民航总局、竞争委员会、建筑工业培训委员会、刑事案件审查委员会、刑事伤害赔偿上诉委员会等。

④ Harry Woolf, Jeffrey Jowell, Andrew Le Sueur, De Smith's Judicial Review, Thomson, Sweet & Maxwell, 6th Edition(2007), p.112.

限的,一般对皇家检察署提起或撤销指控的决定不得进行审查。在管辖权范围内,除非有明显、重大的违法事实与情况,否则不会介入检察官的调查和其他司法职能的行使过程。

(四) 行政司法领域

处理公共申诉的公权力机关也属于行政法院的监管范围,因此对裁判所、监察专员和公众质询(public inquiry)都可以提起司法审查。①

(五) 法院系统

行政法院只对下级裁判所和法院有司法管辖权,对高级记录法院,如上诉法院、高级法院和最高法院均无管辖权。管辖的方式通常是受理针对下级法院刑事或民事案件判决提起的司法审查或者上诉。针对刑事案件,检方或被告可以对治安法院(magistrate court)判决,或刑事法院(crown court)二审判决提起司法审查。2001 年之后,对刑事案件的监督管辖权大部分划归上诉法院(court of appeal),仅在其他司法救济途径不能的情况下,可以提起司法审查。尽管刑事法院是英格兰威尔士地区刑事案件最高层级的审理法院,但对它的一些判决仍可以进行司法审查。② 针对民事案件,根据 1999 年《司法法》(Access to Justice Act 1999)的规定,针对郡法院(county court)民事判决需依法定途径提起上诉,仅在极其特殊的情况下可以提起司法审查。

五、司法审查的受案范围

(一) 概念辨析

司法审查的范围到底有多宽? 行政法院的监督管辖权到底及于何处? 是否有明确的标准和界限? 简而言之,就是诉什么,哪些可诉的问题。讨论司法审查的受案范围之前,必须明确受案范围的概念内涵及其外延,分析其主要构

---

① Harry Woolf,Jeffrey Jowell,Andrew Le Sueur,De Smith's Judicial Review,Thomson,Sweet & Maxwell,6th Edition(2007),p.114.

② Ibid.,p.115.

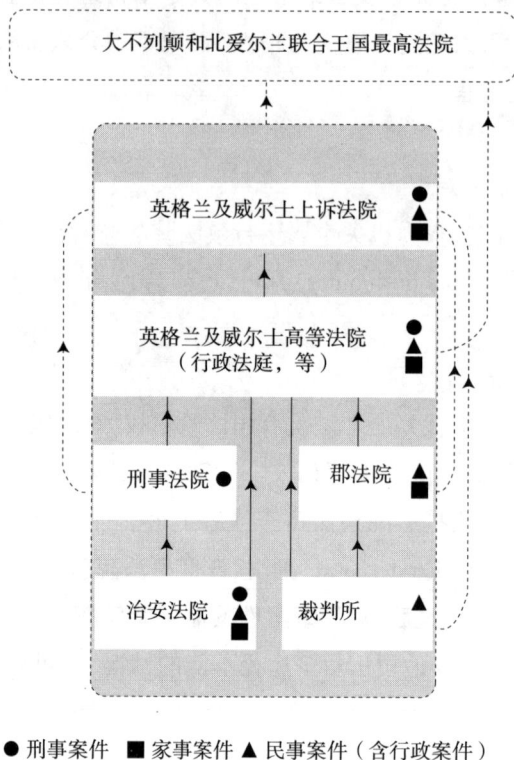

● 刑事案件　■ 家事案件　▲ 民事案件（含行政案件）

图1　根据《司法法》（Access to Justice Act 1999）绘制的法院管辖图谱

成要素,然后从英国法上分析其受案范围的历史发展与主要驱动力,曾经的争论焦点与制度突破性案例,现有受案范围的主要表述形式,与我国对比可借鉴之处何在。下文将逐一分述。

受案范围可认为取决于行政主体、行政行为形式、审理强度和司法权界限四类要素。即谁的什么行为可以进行何种方式的审理。例如,基于主体的不同区分了外部行政行为与内部行政行为,国家行政与社会行政;基于行政行为形式区分了具体和抽象行政行为,事实行为与法律行为;基于审理强度区分了对合法性与合理性审查原则,横向限定了受案范围;而司法权界限则涉及与行政权、立法权的关系,决定了是否可以将低层级立法或行政自由裁量权纳入受案范围。此外,受案范围与保护权利类型,行政行为的可审查性,立法规范方式密切相关。从保护相对人权利出发,可以区分为人身权、财产权和政治权等三类基本权利,也可以细分为财产自由流转权、受教育权、户籍迁移、劳动保护、知情权、监督权等。可审查性则排除了政策性行为和国家行为，在英国法上则排除了特权行为。而就立法规范方式而言，在中国法的语境下多有围绕受案范围表述形式的探讨，实为中国特色。行政行为有不可穷尽性，公共行政发展亦日新月异，如果采肯定列举和否定概况相结合的方式，局限性显而易见。英国法为普通法国家，其受案范围可以通过法官造法的形式加以突破，即便如此，对于受案范围亦进行原则性规定，具有一定的开放性，也为之后可能的突破预留了空间。以下便对英国受案范围的发展路径进行分析。

管辖权是英国法上的核心概念，也是受案范围讨论的缘起。上文曾提到司法审查制度起源于上级法院对下级法院的监督，然后移植至司法机关对行政机关的监督之中。因此，司法上的管辖权概念也随之适用于行政机关之上，19 世纪，行政机关从治安法院分化，或议会创设之时都是假定基于授权，行政只能在授权范围内行使职权，其职权范围就是管辖范围，超越管辖权被视为越权。因此越权无效原则构成了最初司法审查的基础，受案范围即为围绕公权力机关或下级法院的决定和裁定，依据合法性原则审查是否决定的做出是基于法定权限，是否在法定管辖权之内，是否存在案卷表面的瑕疵。只要在法定权限范围之内，对公权力机关或法院可能出现的事实判断或法律错误，都不属于司法审查的受案范围。[1] 在这点上区别于上诉审，因为上诉审可以纠正事实认定与法律错误。越权无效原则一方面构成了司法审查的法理基础，一方面又限制了其范围。[2] 因此，越权无效原则注定要被突破，学界多认为司法审查范围其实质为宪法学问题，而且经过多年的实践，实务界也认同司法审查对实现依法行政，对行使公权力机关的监督职能，认为这是司法权对行政权的有效制约机制，而在范围上应当进一步拓宽。1978 年通过的《最高法院规则》，将特权令状救济的范围进一步拓宽，可以对公权力机关的决定进行实质审查，包括管辖权范围之内的法律错误。

（二）基本确定原则

英国法在传统上仍有"立法""行政"和"司法"等概念的大致划分，并以

---

① Harry Woolf, Jeffrey Jowell, Andrew Le Sueur, De Smith's Judicial Review, Thomson, Sweet & Maxwell, 6th Edition(2007), p.178.

② Ibid.

此为据确定是否可提前司法审查。而现代英国法演进后的受案范围界定标准则是：①明确法院管辖权内的职能；②明确不受司法管辖的职能；③法院使用自由裁量权确定是否对其进行审查。① 法院管辖权是指法院可以对哪些内容进行司法审查，而裁量权则进一步明确是否提供救济，提供何种救济。法院的管辖权来源于普通法，受制于先例，受限于法条。根据 1981 年高等法院法第 29 款的规定，并结合从实践中的案例，判断法院是否具有司法管辖权取决于：①权利来源(source of power)原则：作出该行为的权力来源，是否属于法律法规授权或为特权；②权利属性(public function)原则：该权力是否具有公共属性。② 即法院首先判断做出行政决定的法律上的权力来源，如果仍不明确则转向该行政决定的实际效果或功能，藉此判定标的的可诉性。这种方式将标的问题外化为权力的可审查性，而非可救济性，因此更加突出了法院的监督管理职能，而不仅仅是提供救济解决纠纷的功能。是否可审查是法院首先明确的内容，其后才判定给予何种司法救济。

（三）权力来源原则与权力属性原则

权力来源原则即权力是否基于明示或暗示的法律授权，仅仅基于权力来源标准判断可审查性过于有限。伴随着政府管理的多元与发展，自 1987 年，法院开始适用权力属性原则作为补充，基于公共职能的决定，作为或者不作为都可提起司法审查，对其合法性进行审查。该原则于 2000 年正式写入民事程序法，并在 1998 年人权法案中亦有体现。该原则扩大了法院的管辖范围，将相当一部分社会机构纳入被告范围。诸如自治组织、慈善机构、商业公司等的行为或决定都可纳入司法审查范围。③ 在公共行政深入渗透社会各领域的时代，法院要透过繁复的细节和运作方式分析其本质，社会组织承载的是否为行政功能，是否为行政权之运作。如果是，这些机构与政府机关同样具有滥用权力的可能。

以权力属性原则来界定司法审查的边界凸显了其宪法学上的意义，司法审查首先是实现普通法对公权力的控制，通过司法审查使得法治和其他宪法

---

① Harry Woolf, Jeffrey Jowell, Andrew Le Sueur, De Smith's Judicial Review, Thomson, Sweet & Maxwell, 6th Edition (2007), p.118.

② Ibid.

③ Ibid., p.131.

原则得以实现,因此行政法院当然具有对所有行使公权力的机构,无论是政府、法律法规授权组织或其他私人组织,进行司法审查,确保其行使职能时依法合理行政的权力。① 不同于大陆法系国家公私界分清晰,公权力机关的所有活动都接受公法调整。在英国法上,公权力机关和私人机构都可以有多种职能,私人企业组织也可以行使公共职能。因此,权力属性原则灵活而又全面地涵盖了司法审查必要的范围,也扩大了对公权力的监督和对个人权利的保护领域。司法审查的介入深度与救济程度也许不如私法,但就审查范围而言,达到了私法无法企及的广度。

(四) 特别提出:行政合同的审查原则

现代公共行政广泛采用合同,职能外包方式履行行政职能,从劳动聘用合同,到采购合同等各类商业合同,合同在现代行政和国家治理中举足轻重。首先需要探讨的是公权力机关是否具有缔约的权力,缔约权来源何在? 不同类型合同是否适用同样的审查标准? 根据英国法,绝大多数公权力机关都具有缔约能力,与其职能相关的合同缔约权均来自制定法授权。如 1997 年《地方政府合同法》,明确规定地方政府制定合同的相关内容。中央行政机关(包括法律法规授权组织)缔约权可来源于某项法律,或者王室特权在普通法传统中的独立法人资格(corporate sole)。社会组织如果为法人组织,如有限责任公司等,其缔约权由内部规章调整。如果某公权力机关无权缔约,则其签署的合同属私法调整,并不具有公法上的强制力。② 一般情况下,不纳入司法审查的受案范围。

此外,如果某机构行使的可能具有公共属性的职能来源于合同委托,一般也不得适用强制令或禁令。而不将其纳入的原因并不是机械刻板的排除,而是通常这类情况下该类案件无太多"公法"特征,而且多具有私人或内部事务特质。因此,法院一般会进行个案审查,确定争议焦点问题的本质再来判断是否可以纳入司法审查范围。③

---

① Harry Woolf, Jeffrey Jowell, Andrew Le Sueur, *De Smith's Judicial Review*, Thomson, Sweet & Maxwell, 6th Edition(2007), p.133.

② Ibid.

③ Paul Craig, *Administrative Law*, 7th Edition, Sweet & Maxwell (2012), p.806.

（五）不得提起司法审查的领域

行政法院的管辖权十分宽泛,被誉为"统领性机构",法院驳回审查的申请多基于以下两个原因:①有更合适的其他法院程序;②行政法院系统之外有更合适的救济手段,如裁判所、监察专员等。从英国宪法传统来看,有些内容不适合审查,目前仍是禁区。根据英国法规定,某些特定领域的公共职能不属于法院管辖范围,不得提前司法审查。如下:与英国议会内部程序相关的决定不得审查,反映了议会特权的宪法原则;关于议会通过的法律中某条款的合法性的决定不得审查,反映了议会至上的宪法原则。但目前此项规定有所改变,根据欧盟法规定,法院有义务根据 1998 年人权法第 4 款的规定,作出与其不一致的宣告判决;仅对英格兰、威尔士地区下级法院和裁判所判决进行司法审查,对上级法院判决不得提起司法审查。刑事法院例外,有部分判决可以进行审查;行政法院管辖地域范围之外的事项不得审查;其他法律明文限制或排除的事项;某些有皇家总检察长作出的决定也不得审查;与国际法解释有关的内容,除非与法院确定国内法某条款适用有关联,否则不属于英国法内容,不属于法院管辖范围。[①]

（六）非正式行为、无法律后果决定或系列行为的可诉性

当公权力机关以非正式的方式做出决定,或决定无法律后果时,是否应当接受司法审查? 对公权力机关寻求以法律规定方法之外的手段解决问题,实质上扩大了权力范围,仍可认为应当接受审查。而对无法律后果的决定,法院目前也采取更宽泛的方式,放开对这类决定的审查权。如公权力机关作出了一系列决定,哪个具体决定可作为审查对象? 现实中要对作出决定的各个阶段进行分析,区分关键时期,进行个案分析,找出关键性决定,并无规律或整齐划一的标准。[②]

（七）法律法规的可诉性

司法审查经历了从行政行为(administrative actions)到行政立法的多范围

---

① Paul Craig, *Administrative Law*, 7th Edition, Sweet & Maxwell (2012), p.806.
② Ibid.

监督管辖权。对地方政府和普通行政机关制定的条例(byelaw),各部制定的法规(statutory instruments)及议会通过的决议都可以提起司法审查。司法审查的所有原则都适用于对二级立法的审查,法院不仅可以作出宣告令还可以做撤销判决。① 在 Attorney General of HongKong V Ng Yuen-Shiu② 案及 R.v Secretary of State for the Home Department③ 案中,法官认为并无理由因为带有立法色彩而排除对公共机关制定法规的审查权。Buxton L. J. 曾做过精到表述:

"……依法行政的迫切需求使得对立法的合法性审查显得尤其重要,只有做出有普遍约束力的撤销判决并为公共行政树立标杆,而不是只纠正一个违法决定,才能真正实现依法行政……"④

虽然法院能作出撤销判决,但是囿于裁量权的节制,法院往往也无法给予申请人更多救济。⑤ 因此,司法审查的功能更多是体现对公法秩序的维持,对依法行政的监督。

议会至上仍是英国宪法基本原则之一,因此法院不得对一级立法进行审查。但是由于《欧洲人权法案》的要求,2000 年以后,法院的审查权以有限的方式已经介入到议会一级立法层面。根据欧盟法,欧盟各成员国法律法规如与欧盟法律存在冲突,则必须废除该法律或某个条款。1998 年人权法案第四节也明确授予法院作出不一致宣告的权力。目前,英国的最高法院可以对一级立法进行审查,但仅具有做出不一致宣告的权力。

(八) 工商业管制行为的可诉性

工商业管制增加和公共采购市场的扩大,造成商业司法审查案例数量激

---

① *Middlebrook Mushrooms*,[2004]EWHC 1447 at[90].On severability,see 5-135.

② Attorney General of HongKong v Ng Yuen-Sh iu[1983] 2 A.C.629.

③ R.v Secretary of State for Social Services,Ex p.Association of Metropolitan Authorities[1986]1 W.L.R.1 QBD.

④ Paul Craig,*Administrative Law*,7ᵗʰ Edition,Sweet & Maxwell (2012),p.809.

⑤ R.v Secretary of State for Health,Ex p.United States Tobacco International Inc[1992] Q.B.353 DC.

增。这类案件多对公法决定（public law decisions）或规范提出异议，如欧盟准则、与欧盟法存在冲突的初级立法规范、法定或非法定规制机关的决定。这类案件中司法审查对象可以是行为也可以是低层级立法规范。

此类案件提起司法审查主要基于以下考虑：1. 公权力机关决策（管制政策或条例，限制性立法或采购决定）可能对商业领域有重大影响，无论提起司法审查结果如何，都值得一试；2. 相比私法救济，司法审查程序更具效率；3. 在司法审查许可阶段，对事实进行初步调查时基本可以断定是否要继续下去；4. 在许可阶段可能促成与相关公权力机关进行协商，提高纠纷解决的几率；5. 费用低廉，尤其考虑到程序加速可能带来的利好，无自动信息披露和对证人的口头询问等程序优势。①

六、司法审查的管辖

从严格意义上谈，管辖探讨应当涉及地域、案件程序适用、上下级法院之间及法院与行政机关之间。因此下文对司法审查制度的管辖也是从以上四方面来进行。

（一）地域管辖

英国有三个独立的司法区，分别是英格兰与威尔士、苏格兰和北爱尔兰，一般情况下，只受理辖区内的案件。且各司法区在受理时间、原告资格与受案范围上的规定也互不一致。此外，受理其他司法区案件更是属于宪法问题。部分案例显示，出现管辖异议时，行政法院会进行个案审查，根据与各司法区的紧密度判断管辖归属。只在移民事务领域，《移民与庇护法》全英统一规定，高级法院可受理针对该地区下级司法机关提出的移民案件司法审查申请。

因笔者仅探讨英格兰与威尔士地区的司法审查制度，因此单一司法区的地域管辖只以该地区为例。根据《民事诉讼法》第 54 编规定，目前英格兰与

---

① R.v Secretary of State for Health, Ex p.United States Tobacco International Inc［1992］Q.B. 353 DC.

威尔士受理司法审查申请的行政法庭共有五所,分别位于伦敦、伯明翰、威尔士、利兹和曼彻斯特,属于高级法院内设法庭。

根据《实施指南 54D—行政法院审判地》中的相关规定,一般以与原告有密切关系的所在区域行政法院作为受理法院。法院也可以基于一方当事人申请或自主将案件移交另一法院受理,案件移交可以根据以下理由作出:①

1. 一方当事人基于某种理由指定某一审判地;

2. 被告、或被告相关的办事处或部门位于该地;

3. 原告法定代表人位于该地;

4. 审理的难易程度与费用;

5. 其他出席庭审替代手段的可行性与适当性(如视频连接);

6. 在某区域进行庭审,媒体的关注程度;

7. 在一定期限内作出决定的必要性;

8. 是否需要根据最初受理法院的案件量、能力、资源及工作量考虑变更另一区域法院;

9. 是否申请案件争议焦点与另一案件类似,可以一同受理,或依照此前审理方式进行;

10. 案件是否涉及扩大自治权事项,基于此在伦敦或卡迪夫审理更合适。

但无论基于以上何种理由做出的变更受理法院的决定都是一项司法决定。②

(二) 程序管辖

根据英国法程序规则,如果是对行使公权力作出的决定、行为或不作为提起的合法性审查,或者是对法律法规的合法性审查,都必须适用司法审查程序。

根据《民事诉讼程序》第 54 编——司法审查与法律审第 2 条的规定:③

---

① *Practice Direction 54D—Administrative Court* (*Venue*) , www. justice. gov. uk, last visited 18 Feb,2014.

② Practice Direction 54D—Administrative Court (Venue) , www. justice. gov. uk, last visited 18 Feb,2014.

③ Civil Procedure Rule Pt 54.

原告申请下列救济方式的,必须提起司法审查时,适用司法审查程序:

1. 强制令;

2. 禁令;

3. 撤销令;

4. 根据 1981 年《最高法院法》第 30 条规定的禁制令(限制某人非经授权在任一机构作出某行为)。

原告申请下列救济方式的,可以提起司法审查,适用司法审查程序:①

1. 宣告令;

2. 禁制令。

自 2000 年《民事诉讼规则》实施后,英国法上公法救济都是"必须适用"司法审查程序原则。在历史上也经历了程序不统一的混乱时期,曾有过是否要进行"程序排除规则"的探讨,是否诉讼当事人对行政决定的合法性审查之诉只能适用司法审查程序,或可基于其他程序规则提起诉讼?"程序排除规则"的合法性何在? 在《最高法院法》适用期间,并未对程序进行严格界分和限制,但因为司法审查程序与民事或者刑事诉讼程序上存在区别,双方当事人容易趋利避害进行选择,争端颇多。上议院 Diplock 法官在 *O'Reilly v. Mackman* 案中就论及"程序排除规则"的必要性:

"……现在,公法保护的权利受到侵犯时都可以通过司法审查得到救济,司法保护的权利受到侵犯时(如果其中涉及公法保护的权利),他可以通过此途经获得救济。但我认为,一般情况下,个人通过普通诉讼寻求法庭判决公权力机关构成对自己合法权益的侵犯,并依此规避第 53 条令关于对公权力机关保护的相关规定,是违反公共政策的,也是对法庭程序的滥用……"②

《民事诉讼规则》第 54 编第 2 条虽多承自《最高法院法》第 53 条的条文,但明确了公法救济的程序管辖排除性原则。此外,《民事诉讼规则》第 54 编

---

① Civil Procedure Rule Pt 54.

② O'Reilly v Mackman〔1983〕2 A.C.237.

司法审查程序与第7、8编民事诉讼程序的区别也大大减少,主要是诉讼时效的区别:司法审查必须是在决定作出后3个月内提出,而民事诉讼则可在3、6或12个月内提出。① 仅在以下情形下,可以在其他程序中提起司法审查之诉:第一,公法与私法决定密切相关;第二,公法争议时附带于民事争议部分;第三,私法问题是争议的焦点问题;第四,原告将公法争议的合法性作为民事诉讼的辩护手段。仅在以上四类情形下,可以不适用司法审查程序。

(三) 管辖的客体

行政法庭对行政机关、下级司法机关都拥有管辖权,根据《民事诉讼规则》第54编第7条规定,对下级裁判所裁决不服向上级裁判所提起上诉,而上级裁判所拒绝受理的,可以针对上级裁判所的拒绝行为提起司法审查。司法审查也可对下级法院的判决进行审查。因为上诉权为法定权,在法律无明文规定情况下,高级法院依然可以使用司法审查程序对下级法院的裁决进行审查,因此也被视为最后的救济手段。例如,禁令(prohibition)就曾是王座分院运用管辖下级专业法院或教会法院的重要武器。经常有报道关于王座法院法官如何纠正下级法院公正行使职权。② 而早在1882年的国王诉地方行政委员会③的案例就可以看出,禁令等特权令状在控制大量基层行政机关方面发挥了积极的作用。④

七、司法审查的审理与救济

(一) 偏重客观的司法审查之诉

司法审查因为起源于国王对地方的监督,即使后期可以为相对人所用,但直至1981年前后才可同时提起赔偿请求,但在请求赔偿权、举证责任及过错认定等原则上仍然适用于民事诉讼即普通法上的侵权责任原则。此后的案例

---

① Harry Woolf, Jeffrey Jowell, Andrew Le Sueur, *De Smith's Judicial Review*, Thomson, Sweet & Maxwell, 6th Edition(2007), p.167.

② Paul Craig, *Administrative Law*, 7th Edition, Sweet & Maxwell (2012), p.804.

③ *R.v Local Government Board*(1882)10 Q.B.D.309.

④ Paul Craig, *Administrative Law*, 7th Edition, Sweet & Maxwell (2012), p.804.

虽然有所拓展,因为主体地位的不平等,举证规则及赔偿责任等方面案例有所拓展,与普通民事诉讼稍有区别。"……但政府的决定越权,并给当事人造成了损失,政府是否应当给予赔偿,极富争议……"①。因为,公法诉讼还应当体现对公共利益的保护与公法秩序的保障,在 X v. Bedfordshire County Council 案例中,Browne-Wilkinson 勋爵作出如下判决:"……假若判决地方当局承担赔偿责任'将有损于保护处于危险之中的未成年人的法律制度',并由此使本地方当局已'十分微妙'的任务变得更加复杂化,可能造成地方当局'以更为审慎和带有保护性的方法对待其承担的义务'……"。该案判决于 1995 年,可见即使赋予当事人赔偿请求权,但审理时仍然充分考虑了行政机关的利益与职能行使,保持着秩序维护,公共利益保护和监督职能的客观诉讼特点。从公法诉讼与私法诉讼相区别的角度论述,英国法司法审查作为公法诉讼更加注重对公法秩序的维护,而在公权力运行过程中对侵犯私权行为的特别保护方面则略显回应不足。下文将从加入公法因素的侵权责任类型及历史发展轨迹进行分析。

英国法上的公法诉讼更多体现的是平衡之术,如何给予当事人适当的救济,又不至于对公共机关行使职能造成阻碍或消极影响。如何保护公共机关在法定职权内的自由裁量权而又限制其可能出现的滥用。在此引入英国法上的一对特殊概念"政策性"决定与"实施性"决定,一般认为"政策性决定"司法机关无权干涉,公共机关拥有完全的自由裁量权,因此排除因"政策性"决定可能造成的侵权行为的赔偿请求权。而在某些案例中,这两类概念界分并不十分清晰,因此颇受诟病。

针对"实施性"决定或行政不作为,公共机关的侵权类型可以划分为:第一,过失;第二,违反法定义务;第三,公务不法行为引发侵权责任;第四,妨害行为。② 这类侵权之诉特点如下,首先,原告需承担举证责任;其次,公法诉讼在司法推理过程中的特殊性一开始并未得到特殊体现;再次,四类侵权类型的构成要件都各不相同,与原告资格、受案范围及审理方式等其他诉讼构成要件并无特殊关联性;最后,赔偿诉讼无论是在司法审查或是普通法程序中提出,

---

① 杨伟东:《英国行政法教科书》,北京大学出版社 2007 年版,第 545 页。

② 参见杨伟东:《英国行政法教科书》,北京大学出版社 2007 年版,第 562 页。

察专员处理。

　　对公共机关的侵权责任在上文中有详细论述,可参考。需要补充的是公共机关是否需要为公职人员与职权无关、超出职责范围的行为承担替代责任(vicariously liable)? 一般认为不需要。公共机关的替代责任范围仅限于公职人员行使职权时的不当或违法行为时承担。此外,对政府外包或以合同形式委托社会组织形式的公共职能是否需要承担侵权责任? 一般认为,如果社会组织独立行使该职能则政府无须承担替代责任(法律另有规定的除外),但如果受委托社会组织无独立法人资格则仍需承担责任。最后,因为司法机关也是司法审查的被告,是否也可以提起赔偿之诉? 一般认为司法机关及其人员有民事责任豁免权,因为"如果一千个法官中有一个在其职权范围之内对某方当事人作出了有违道义的行为,我们对其放任不加管束,也好过剩下 999 个法官在正当行使职权时免受诉讼困扰"①。当然,这种制度选择更多来自于一种司法自信,表面为价值判断,实质是英国良好司法秩序的反映。

八、现代英国法上的公法救济与行政法院概况

(一) 司法审查的功能

　　上文探讨了英国司法审查制度的发展历程,以及如何成为英国法上的公法救济制度(无论是临时性救济和终局性救济),以及法庭在哪种程度上可以发挥自由裁量权。可以总结如下,1981 年颁布的《最高法院法案》(高级法院法案)是现代公法救济制度从成熟走向规范的标志。根据该法规定,目前行政法院可以作出的临时性救济包括临时性禁制令、诉讼延缓和临时性宣告令。同时规定,终局性救济的主要形式有:禁止、强制或撤销令,禁制令和宣告令,这些形式的救济可以单一或同时授予。② 在侵权责任方面,如因非法行政行为造成侵害,可以要求受偿权利、恢复原状或做出赔偿,但前提是此类行为具备民事侵权行为的所有要件(渎职、违反法定职责和滥用公权力)。实际操作

---

① *Re McC*[1985]1 A.C.528 at 541.

② Supreme Court Act 1981.

中,赔偿诉讼或其他形式的金钱性救济通常是公法争议解决之后,单独进行庭审确定的。此外,1998 年《人权法案》对公法救济制度的发展也起到了积极的推动作用,尤其是关于不一致判决和人权侵权赔偿的内容,拓宽了英国公法诉讼可以给予的具体救济的范围和其他权利主张。欧盟法所规定的一系列其他救济形式,英国法也需要遵守,赋予相对人受共同法保护的各项权利。

正式确立后的司法审查制度,在 2000 年写入《民事诉讼规则》,基本上吸纳了原有 1981 年《最高法院法案》主要内容,并将衡平法上的禁制令和宣告令吸收,并统一了程序规则。配合《民事诉讼规则》的还有高等法院首席法官为履行职责而制定的《实践指南》、形形色色的实践说明、司法审查诉前议定书,以及行政法庭办公室的司法审查申请指南等等,都为有意申请司法审查者铺开道路。

司法审查在《民事诉讼规则》第 54 编的规范下,发挥了重要作用,不仅受案数量增长,案例也推进了行政法原则的发展。如无特殊情况,如诉讼争议的焦点为公法问题则必须适用《民事诉讼规则》第 54 编的司法审查规则,而非《民事诉讼规则》第 7 编的民事诉讼规则。而司法审查规则异于民事诉讼规则的特别之处从文本分析最明显之处在于:其一,必须申请获得许可方可适用司法审查规则;其二,诉讼时效为 3 个月,远远少于民事诉讼最长期限 6 年,有稳定和维护行政机关依法行政的考虑。但司法审查程序规则的重要目标在于保证双方当事人处于平等地位,基于案件重要程度在双方投入财力最小的情况下化解纠纷。

从司法审查的历史起因就可以窥见其客观诉讼的基础,即使在后期因人权理念的兴起与发展,司法审查功能的发展开始侧重于救济与利益保护,可谓客观与主观并济。但司法审查的功能并不仅限于对公共机关决定和行为的审查,公法争议的解决。它同时是司法救济的最后一道屏障。虽然目前根据制定法的规定,下级裁判所(First Tier Tribunals)、处于基层的治安法院(Magistrates Courts)或地方政府可以法定程序分别向上级裁判所(Upper Tribunal)、皇家法院(Crown Court)或郡法院(county court)提起上诉。这类上诉通常限于法律问题(points of law),少数涉及裁量合理性的问题。一般情况下要按照制定法设定的上诉渠道寻求救济,这也是对议会立法的尊重。只有在上诉救济不能或不恰当的情况下,寻求司法审查救济,并且也可以对这些法院的判决提起司法审查,从这个层面讲司法审查是行政秩序的守夜人也是司法秩序的守护者。如果因为侵权责任相对人需要申请赔偿,多适用民事诉讼的侵权责任规则,其主观救济功能似乎并非主要功能。因此,我们可以断言英国的司法审查更加偏重客观秩序之维护。

而这一构造的前提是英国发达的行政裁判所制度,着力于救济当事人,解决纠纷,以高效、便捷与专业化为制度设计目标,为司法审查的良好补充。因此,司法审查可以保持其客观公允,仅处理法律争议的专业性司法功能。

(二) 行政法庭(Administrative Court)①

行政法庭于 2000 年 10 月成立,前身是高等法院王座分院的组成部分,其管辖事项范围很广,且有几项不在笔者研究的范围内。行政法庭在皇家法院拥有五个分庭,分布在伦敦、曼彻斯特、卡迪夫等五地。现在大多数司法审查申请都是由一名法官单独审理,但在有些情形下(尤其是涉及"犯罪事项"的申请)会由两到三名法官组成分庭审理。案件审理还有可能在英格兰各个中心进行。根据规定,2006 年《威尔士政府法案》引起的司法审查申请,凡涉及权力下放的,行政法庭在威尔士开庭审理;与威尔士国民大会、威尔士议会政府或威尔士任何其他公共机关(包括地方政府)相关的司法审查申请,无论是否涉及权力下放,也在威尔士开庭审理。庭审时,可以使用威尔士语。

行政法庭的法官全部来自高等法院,由首席大法官提名,从 1981 年的 4人增至 2007 年的 37 人。他们绝大多数是王座法院(Queen's Bench Division)的法官,但也有来自家事法院(Family Division)和大法官法院(Chancery Division)的法官。最高法院暂委法官(即最高法院临时指派的经验丰富的巡回法官和其他执业律师)可以获得处理行政法庭相关事务的权限,但审理权也受到限制,不得审理与中央政府相关的案件和涉及 1998 年《人权法案》的案件。除非是临时性司法审查申请,否则行政法庭庭长对司法审查案件的裁决没有普通管辖权。

行政法庭的首席法官由首席大法官任命。获得提名的法官并非全职处理

---

① http://www.justice.gov.uk/courts/rcj-rolls-building/administrative-court, last visited 18 March, 2014.

行政法庭的事务(通常包括八位独立法官和一场分庭庭审,但每三周变动一次)。和最高法院的其他法官一样,他们还巡回审理或在伦敦审理其他民事和刑事案件。这种安排其实是对英国法传统的一种妥协:承认公法领域需要专业法官,同时也让英国传统得以存续,保证所有人,无论是公共机关还是公职人员,都处于普通法庭的管辖之下。

第十三章　日本行政诉讼制度

本章结合实定法中的行政诉讼类型规定和若干典型判例,对日本行政诉讼制度进行解析,以期对"行政诉讼构造"的教义学意义有所明确,为我国的相关讨论提供一个参照系。

一、"标准行政诉讼观"及其背后

(一)"标准行政诉讼观"

日本行政诉讼的构造被表达为"标准行政诉讼观"——田中二郎、兼子一博士等所代表的通说。按照小早川光郎教授的整理,其要点有三。[①]

第一,"作为司法的行政诉讼"。

行政诉讼不是行政上的权限监督手段,它与民事诉讼相同,是基于法院之司法裁判权而运作的制度。所以,在行政诉讼中,行政(作为行政作用之主体的国家、公共团体或其机关)是作为一个纠纷当事人,与相对一方私人处于对等立场,服从于司法裁判权。

"作为司法的行政诉讼"观念的一个重要归结是,行政诉讼与民事诉讼有共通的分母——司法与诉讼。由此,在立法上准用民事诉讼有关规定被认为是当然的事情,在实务运用上对按照民事诉讼培养的法官的能力和经验加以

---

① 参见[日]小早川光郎:《行政诉讼的构造分析》,王天华译,中国政法大学出版社 2014 年版,第 228 页以下。

广泛利用也获得了前提。

第二,"以法治主义为基准的裁判"。

行政诉讼中的裁判基准被认为仅是行政活动是否符合法律或依法律行政原理(法治主义)。这一观念一方面以法治主义作为行政的防波堤,另一方面对法官的法律创造以及具体的妥当性判断加以抑制。

第三,"行政诉讼中的权利法定主义"。

这是仿照"物权法定主义"而提出的说法,将前述"作为司法的行政诉讼"和"以法治主义为基准的裁判"两个观念巧妙地结合在一起。由此而产生的必然归结是:行政诉讼的对象也与普通的民事诉讼一样,是权利纠纷;私人利用行政诉讼制度的可能性被限定于与法治主义对行政所课予的拘束同一的范围。

(二)"标准行政诉讼观"的背后

笔者曾经将日本行政诉讼制度的"基本理念"概括为四点:行政诉讼的独立性;撤销诉讼中心主义;主观诉讼原则;司法权的界限。[①] 这一概括是从更为微观的视角对日本行政诉讼构造的一种把握,与上述"标准行政诉讼观"相比,不同之处在于更多地强调了行政诉讼的特殊性;共通之处则在于:都将日本行政诉讼理解为一种权利救济制度;且将行政诉讼权利救济属性的导出,置于其与民事诉讼共同的"分母",即司法与诉讼。

将司法、诉讼作为行政诉讼与民事诉讼的共同分母,既满足了"行政诉讼构造"概念的体系性要求,又体现了使私人利用行政诉讼制度的可能性变得更为确实,同时避免行政诉讼成为纯粹的监督制度这样的实践性志向。而这两者都可以上溯到日本行政诉讼法对德国法的借鉴与继受。[②]

而德国行政诉讼制度的设计、运作与解释学说,在 G.耶利内克以降的公法权利理论的影响下,在较早的时期就确立了实体法观念。[③] 基本法制定后,

---

① 参见王天华:《行政诉讼的构造:日本行政诉讼法研究》,法律出版社 2010 年版,第 18 页以下。

② 参见王天华:《行政诉讼的构造:日本行政诉讼法研究》,法律出版社 2010 年版,第 13 页以下。

③ 详细分析见[日]小早川光郎:《行政诉讼的构造分析》,王天华译,中国政法大学出版社 2014 年版,第 3—102 页。

更将无漏洞权利救济作为行政诉讼的目标,以行政诉讼制度的概括主义为基础,在判例和学说中展开了深刻而精密的实体法思考。"有权利必有救济"这个法谚,的确可以最为精到地表达这种实体法思考的基本思想。

二、"有权利必有救济"的意味

例如,德国学者门格尔在20世纪50年代就曾指出:①

"在今日之法治国,国家通过裁判所提供的权利保护,与宪法或诉讼法中的实定法规定是否明示容许裁判救济完全无关。毋宁说,那些规定在性质上并非法的创设,而只是法的确认。……包罗性地形成权利保护是法治国的本质要素。所以,国家的诸法规设置了现代权利保护,并将其扩大至今日之范围。这是现在的法治国得以诞生的发展过程的一个部分。但是,在法治国成为既存之后,那些法规已经失去法之设定功能。……上述观点也适用于《基本法》第19条第4款所宣示的原则。"

从这段著名的阐述来看,与"有权利必有救济"相表里的实体法观念,不仅仅是一个在逻辑上区别于诉讼法(程序法)的范畴,还包含着当然的价值要求(若不能满足这些要求,则不能认为"实体法观念"已经成立):

第一,拒绝诉讼法列举主义。——"受案范围"表达的就是诉讼法的列举主义,所以,对于实体法观念而言,"受案范围"是一个本不应该出现的概念。

第二,拒绝实体法列举主义。——"权利"既不能委于"司法裁量",也不能委于诉讼法的立法者,甚至还不能委于各个行政实体法的立法者("立法裁量")。

质言之,"有权利必有救济"与"有救济则有权利"有着原则性区别。前者

---

① C.F.Menger, Zum staatlichen Rechtsschutz gegenüber kirchlichen Rechtshandlungen, *MDR*, 1955,S.512。转引自[日]小早川光郎:《行政诉讼的构造分析》,王天华译,中国政法大学出版社2014年版,第55页。

所谓的"权利",是一个独立于诉讼法的范畴,甚至与某种意义上的自然法思考相通连。① 而后者所谓的"权利",不过是实定行政诉讼法所赋予的诉讼权能的影子而已。

三、实体法观念下的行政诉讼类型

以德国法为范本的日本法,看起来也应当有上述与"有权利必有救济"相表里的实体法观念。因为,《行政事件诉讼法》已经采用了概括主义。问题是该法还规定了详细的行政诉讼类型——甚至比德国还要繁杂,给人以权利救济限于诉讼法所列举的"管道"的印象。这不免令人生疑:它是否属于另一个意义上的(诉讼法)列举主义?

(一)行政诉讼类型

《行政事件诉讼法》规定了下述之详细的行政诉讼类型(见图)。

下述行政诉讼类型中,民众诉讼与机关诉讼属客观诉讼,"只能在法律规定的情形下由法律规定的人提起"(《行政事件诉讼法》第 42 条)。② 其中,民众诉讼是"以选举人资格或者其他与自己法律上的利益无关的资格提起的,请求对国家或者公共团体机关的不符合法规的行为加以纠正的诉讼"(同法第 5 条),如地方自治法上的住民诉讼、公职选举法上的选举诉讼。机关诉讼是"国家或者公共团体机关相互间发生的,关于权限的有无或者行使的纠纷的诉讼"(同法第 6 条),如地方自治法上的地方公共团体首长与议会之间的诉讼。客观诉讼是立法政策的产物,③并非行政诉讼的本体。作为主观诉讼的抗告诉讼和当事人诉讼才是行政诉讼的本体。

而作为行政诉讼的本体,抗告诉讼是指"对行政机关的公权力行使不服

---

① 在德国行政诉讼实体法思考中占据要冲地位的"一般自由权"概念,集中体现了这种特质。参见[日]小早川光郎著:《行政诉讼的构造分析》,王天华译,中国政法大学出版社 2014 年版,特别是第 150 页以下。

② 塩野宏「行政法Ⅱ 行政救济法(第四版)」(有斐閣、2008 年)239 页。

③ 塩野宏「行政法Ⅱ 行政救济法(第四版)」(有斐閣、2008 年)第 240 页。

```
行政事件诉讼 ┬─ 抗告诉讼 ┬─ 撤销诉讼
            │          │
            │          └─ 其他抗告诉讼 ┬─ 确认无效等诉讼
            │                          ├─ 确认不作为违法诉讼
            │                          ├─ 课予义务诉讼
            │                          ├─ 禁止诉讼
            │                          └─（无名抗告诉讼）
            │
            ├─ 当事人诉讼 ┬─ 形式当事人诉讼
            │            │
            │            └─ 实质当事人诉讼（特别是确认诉讼）
            │
            ├─ 民众诉讼 ┬─ 请求撤销处分或者裁决的民众诉讼
            │          ├─ 请求确认处分或者裁决无效的民众诉讼
            │          └─ 其他民众诉讼
            │
            └─ 机关诉讼 ┬─ 请求撤销处分或者裁决的机关诉讼
                       ├─ 请求确认处分或者裁决无效的机关诉讼
                       └─ 其他机关诉讼
```

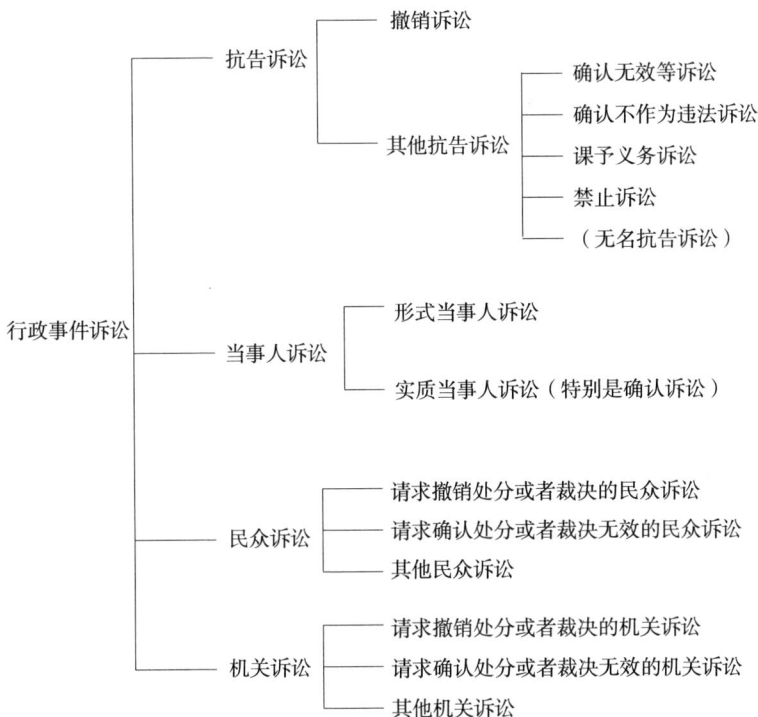

图 2　日本的行政诉讼类型①

的诉讼"(《行政事件诉讼法》第3条),包括行政处分的撤销诉讼、无效或不作为违法确认诉讼、课予义务诉讼、禁止诉讼等。当事人诉讼是指"对确认或者形成当事人之间的法律关系的处分或者裁决提起的,根据法令规定以该法律关系的一方当事人为被告的诉讼,和关于公法上的法律关系的确认之诉,以及其他关于公法上的法律关系的诉讼。"对于中国人来说,比较难解,这里只能简要说明。② 简言之,当事人诉讼针对的是国家与私人之间的对等关系的诉讼(实质当事人诉讼,如国籍关系、服务行政关系等),或者虽然针对的是国家与私人之间的权力关系,但在法律技术上,以对等关系之另一方当事人(而非国家)为被告的诉讼(形式当事人诉讼,如行政征收、征用过程中,被征收征用

---

① 参见園部逸夫・芝池義一编集『改正　行政事件訴訟法の理論と実務』(ぎょうせい,2006年)24頁(市村陽典執筆)。

② 详介见王天华:《日本的"公法上的当事人诉讼"——脱离传统行政诉讼模式的一个路径》,《比较法研究》2008年第3期。

人以开发人为被告提起的诉讼等）。显然，我国目前既缺少当事人诉讼以之为前提的实体法教义（将国籍关系等理解为对等关系），又缺少相关的法律技术（以形式当事人诉讼争议行政行为）。对于我国目前而言，"行政诉讼"基本上仅指抗告诉讼。

（二）实体法观念的存在

上述行政诉讼类型背后，存在着实体法观念。理由有三：

1. **"法定外抗告诉讼"（无名抗告诉讼）的存在**

"法定外抗告诉讼"或无名抗告诉讼是指《行政事件诉讼法》第 3 条所明确规定的抗告诉讼类型之外的抗告诉讼。这一概念的存在本身意味着，同法第 3 条所规定的抗告诉讼是一种不具有排他性的列举。换言之，"救济路径不能局限于法定诉讼类型"[①]是这一概念的意味。这是以实体法观念为前提的一种法律思想。关于此点，《行政事件诉讼法》立法者的解说有重要的提示意义："这里对行政事件的种类进行了规定。但这种规定，不过是将比较典型的诉讼形态明确出来，并加以定义而已。其意旨并非此外的诉讼不允许提起。……其他诉讼形态是否容许以及在何种程度上容许，被委于判例的发展"。[②]

就"法定外抗告诉讼"的类型而言，《行政事件诉讼法》立法过程中所预想者主要有：行政处分违法确认诉讼、课予义务诉讼、禁止诉讼（预防性不作为命令诉讼）（此两者在 2004 年同法修改时得以法定）、行政处分变更诉讼、请求法院代替行政机关作出行政处分之诉、积极性形成诉讼、公法上的义务确认诉讼、行政处分存在确认诉讼、起诉前行政处分失效时的处分违法确认诉讼、关于法令之效力的诉讼等等。[③] 关于这些预想中的抗告诉讼的容许性，学说中有各种观点的对立，[④]但在司法实践中有些判例采取了积极的态度，尽管这种判例在总体上数量有限。如，关于行政义务确认诉讼，有判例认为："根据

---

① ［日］大貫裕之「行政訴訟類型の多樣化と今後の課題」ジュリスト1310 号（2006 年 4 月 15 日）29 頁。

② 座談会「行政事件訴訟法特例法改正要綱試案をめぐる諸問題」における杉本良吉発言、ジュリスト209 号 38 頁。

③ 杉本良吉「行政事件訴訟法の解説」（法曹会、1963 年）10 頁。

　　④ 参見緒方章広「無名抗告訴訟の問題点」明治大学大学院紀要第 8 巻 157 頁以下。

《宪法》第 76 条、《裁判所法》第 3 条以及《行政事件诉讼法》第 1 条的规定,公法上的权利或法律关系显然属于裁判事项。所以,私人就其存否提起确认诉讼,并不违反宪法采用的三权分立原则"。① 又如,关于纳税义务不存在确认诉讼,有判例认为:"即使是在行政处分作出之前,只要就公法上的权利关系存在法律纠纷,有必要解决该纠纷,换言之,只要有确认的利益,就必须认为法院有责任确定该权利关系的存否,以解决纠纷、提供司法救济。"②再如,关于预防性不作为命令诉讼,有判例认为:"剃头一旦实施则不可能恢复原状,在此意义上,属于不认可事前禁止则无法恢复之损害。在现行法上,除了事前请求禁止,也别无其他合适的救济方法。"③所以,原告(受刑人)以刑务所长为被告提起的预防性不作为命令诉讼(非属必要则不得强制剃头)应获容许。

从上述列举之判例来看,法定外抗告诉讼之容许性,是以权利救济的必要性为判断基准的。也就是说,只要有权利救济的必要性,法定外抗告诉讼就是被容许的。这是判例的基本态度。"权利"独立于诉讼法,"权利"救济的可能性独立于诉讼法规定的诉讼类型。在此意义上,其背后存在着实体法的观念。如果说此等判例在数量上极为有限,那么必须认为,它不是源于实体法观念的阙如,而是源于实体法解释上"权利"成立要件之严格性。

2. 法定诉讼要件的意味与功能

还有一个问题需要讨论:《行政事件诉讼法》对各诉讼类型特别是抗告诉讼的诉讼要件进行了明确而具体的规定,这些诉讼要件与实体法观念是什么关系呢?

首先应予讨论的是所谓"撤销诉讼中心主义"。"撤销诉讼中心主义"是这样一种法律思想:在所有的行政诉讼类型中,抗告诉讼处于中心地位;而在众多的抗告诉讼类型(包括"法定外抗告诉讼")中,撤销诉讼处于中心地位;所以在各种行政诉讼类型中,撤销诉讼处于中心地位。

但是,"撤销诉讼中心主义"实际上有两个面相,一个是形式上的,另一个是实质上的。形式上的"撤销诉讼中心主义"是指《行政事件诉讼法》的总体内容安排。如,该法分五章,共 45 条。从内容的比重关系来看,抗告诉讼有关

---

① 　福島地判昭 29・1・25 行集 5 卷 1 号 150 頁。
② 　東京地判昭 30・5・26 行集 6 卷 5 号 134 頁。
③ 　東京地判昭 38・7・29 行集 14 卷 7 号 1316 頁。

规定无疑是其中的中心(第 8 条至第 38 条)。而抗告诉讼有关规定中,撤销诉讼有关规定又是中心(第 8 条至第 35 条)。此种内容安排的意味可能只是,在撤销诉讼的要件规定中对抗告诉讼的一般性要件进行了规定。即,这是一种立法技术上的处理而已。实质上的"撤销诉讼中心主义"则是指《行政事件诉讼法》实际上通过上述内容安排以及各个行政诉讼类型的诉讼要件规定,对各类型进行了"分流"。其反面是其他行政诉讼类型对于撤销诉讼而言的补充性——即只要撤销诉讼能提供实效性权利救济,原则上就不能利用其他诉讼类型。这两个面相对于这里讨论的实体法观念的存否而言具有不同意义,需要分别讨论。

首先,就形式上的"撤销诉讼中心主义"而言,撤销诉讼的诉讼要件——作为抗告诉讼要件的"代表"——要者有五:原告适格(《行政事件诉讼法》第 9 条)、撤销理由的限制(同法第 10 条)、被告适格(同法第 11 条、第 15 条)、管辖(同法第 12 条)、起诉期间(同法第 14 条)。这五个诉讼要件中,被告适格表达的是一种法律思维:在地方自治的制度框架下,公权力的权利归属原则上属于国家或(地方)公共团体。通过表达这种法律思维,《行政事件诉讼法》减轻了原告(确定适格被告)的诉讼负担。所以,基本上与实体法观念无关。管辖与起诉期间几乎是任何诉讼制度都必须解决的技术性问题,也可以说是纯粹的诉讼法问题。剩下的是原告适格和撤销理由的限制。关于原告适格,《行政事件诉讼法》第 9 条规定:原告请求撤销行政行为,必须有"法律上的利益"(第 1 款);而"法院对处分或者裁决相对一方以外的人判断其是否具有前项规定的法律上的利益时,不能仅根据该处分或者裁决所依据的法令规定的文本,还应当对该法令的宗旨和目的以及应当在该处分中进行考虑的利益的内容和性质进行考虑。对该法令的宗旨和目的进行考虑时,存在与该法令目的共通的相关法令的,还应当对该相关法令的宗旨和目的加以参酌;对该利益的内容和性质进行考虑时,还应当对该处分或者裁决违反其所依据的法令作出时受到侵害的利益的内容和性质以及该利益受到侵害的态样和程度加以斟酌"(第 2 款)。显然,该条所表达的是"保护规范说",其实质是指引法官通过解释行政法律规范的保护意图来确定原告是否适格。尽管"利益的内容和性质""侵害的态样和程度"等表述似乎已将法官暗引至实定法之外,但从法条

的总体以及以往的司法实践来看,其基本定位仍然是前述之"标准行政诉讼

观"下的"权利法定主义"。无论如何,根据该条规定,行政诉讼的原告适格的判定基准已经脱离实定行政诉讼法,在此意义上,其背后存在着实体法观念。撤销理由的限制规定——"在撤销诉讼中,不能以与自己法律上的利益无关的违法为理由请求撤销",直接而言表达的是行政诉讼的主观诉讼性:行政诉讼所追究的不是行政行为的客观违法性本身,而是对于原告而言有意义的违法。但其背后的思考方式却无疑也是一种实体法思考:"行政行为的违法"必须是纠纷解决规范平面上的概念,其作为撤销行政行为的要件,必须是在与特定纠纷的关系中有意义的违法,不能将之与单纯的行政秩序规范(拘束行政的规范)的违反相等置。①

其次,就实质上的"撤销诉讼中心主义"而言,其思想实质是对"行政行为"概念的重视。因为,正如原田尚彦教授所指出的,撤销诉讼并非以权利之有无为直接对象的"权利诉讼",而是争议行政机关发动公权力与否的"行为诉讼"。② 如果《行政事件诉讼法》通过各个行政诉讼类型的要件规定,将权利救济的途径主要疏导至撤销诉讼,那么斋藤浩教授的批评③——其他行政诉讼类型对撤销诉讼的"补充性"("撤销诉讼中心主义"的反面)类似于商事活动中的强买强卖,可能违反日本宪法所规定的"受裁判权"(第32条)——看起来就是有一定道理的。重要的是,这种分流或疏导(或曰"强买强卖")是实定行政诉讼法作出的!

但是,当我们将目光投向撤销诉讼以外的行政诉讼类型的诉讼要件,会发现其背后仍然存在着实体法观念。如,无效等确认之诉的原告适格是:"无效等确认之诉,只能由对以该处分或者裁决的存否或者其效力的有无为前提的现在的法律关系提起诉讼不能达到目的的,可能因该处分或者裁决的后续处分而蒙受损害者,及其他对请求确认该处分或者裁决无效等具有法律上的利益者提起。"法条本身较为难解,但其核心思想是显著的:只要有其他救济方法,原则上不能提起无效等确认诉讼。从这一核心思想来看,《行政事件诉讼法》的态度毋宁说只是:法院应审慎宣布行政行为带有重大而明白的违法,自

———————

①　参见[日]小早川光郎:《行政诉讼的构造分析》,王天华译,中国政法大学出版社 2014 年版,第 109 页以下。

②　原田尚彦「行政法要論全訂第 6 版」(学陽書房,2005 年)353 頁。

③　斎藤浩「行政訴訟類型間の補充性について」立命館法学 2011 年 4 号(338 号)1 頁。

始不发生效力。这种态度背后,包含着对司法——行政关系的特定考量。又如,关于课予义务诉讼,同法第37条之二规定:"课予义务之诉只能在不作出一定的处分会造成重大损害,且为避免该损害别无适当方法时提起";"法院对前项规定的重大损害是否发生进行判断时,应当考虑到损害恢复的难度,还应对损害的性质和程度以及处分的内容和性质加以斟酌"。由于课予义务诉讼在2004年《行政事件诉讼法》修改前已有充分的讨论,在司法实践中也有一些尝试,所以准确理解本条规定的法意需要上溯到之前的问题状况。① 基本而言,本条规定与行政机关的首次判断权教义有关,同样包含着对司法——行政关系的特定考量。但是,上述两种诉讼类型的诉讼要件中包含着对司法——行政关系的特定考量,并不意味着其与实体法观念无关。因为我们仔细推敲上述法条,特别是结合学说与判例的积累就会发现,这种对司法——行政关系的特定考量是与权利救济的必要性("重大损害""损害恢复的难度""损害的性质和程度"等)勾连在一起的。换言之,如果权利救济的必要性足够大,那么司法可以通过这些诉讼类型"强力介入",宣布行政行为无效或者突破行政机关的首次判断权、课予其特定义务。在此,我们看到的是权利救济的指标意义。

更为重要的是,以权利救济的必要性对不同行政诉讼类型的这种分流,尽管是诉讼法所规定的,但其实质考量其实也可以翻译为实体法话语。也就是说,对司法——行政关系的特定考量,通过与权利救济必要性("重大损害""损害恢复的难度""损害的性质和程度"等)的勾连,而获得了与纠纷解决规范而非行政秩序规范的亲和性;如果说诉讼法所规定的这些诉讼要件是对法官的指引,那么可以说,其将法官引向了作为纠纷解决规范的行政法律规范,上述勾连在一起的对司法——行政关系的特定考量与权利救济的必要性是其题中应有之义。② 而行政法规范本身通常在规范逻辑上首先只是行为规范——立法者对执法者的行为指引,在此意义上,大贯裕之教授的下述指摘是极为正确的:《行政事件诉讼法》之所以规定行政诉讼类型,是为了将尚未成

---

① 参见王天华:《行政诉讼的构造:日本行政诉讼法研究》,法律出版社2010年版,第194页以下。

② 关于课予义务诉讼的诉讼要件中所蕴含的举证责任规范,参见王天华:《行政诉讼的构造:日本行政诉讼法研究》,法律出版社2010年版,第199页。

熟的行政实体法与裁判救济相对接。①

3. 抗告诉讼与当事人诉讼的相对化

抗告诉讼是"行为之诉",而当事人诉讼是"关系之诉",包括那些已经有行政行为介入的"关系之诉"。② 这意味着两者的关系如何调整是一个问题。若固执撤销诉讼中心主义,则存在着一个当事人诉讼对撤销诉讼的补充性问题。

但是,《行政事件诉讼法》第 4 条只是对当事人诉讼下了一个定义,并无诉讼要件规定。学说中有人认为,当事人诉讼对撤销诉讼的补充性尽管并无法律的明确规定,但实质上是存在的,且已固定下来。③ 但如果我们着眼于其他学说,会发现两者的关系并非如此简单。如,深度参与了 2004 年《行政事件诉讼法》修改的桥本博之教授指出:"法院应当在诉讼过程中对原告的主张加以准确汲取,对具体案件中纠纷的成熟性予以准确把握,并在此基础上选择最符合个案纠纷解决的诉讼途径,尽可能地提供司法救济。这样才能保证国民的权利得到有效的司法保障。要言之,法院不能将抗告诉讼与当事人诉讼作为相互排斥、互不相容的两种诉讼"。④ 盐野宏教授也指出:本次修改所立足的是"开放的抗告诉讼观",抗告诉讼与当事人诉讼之间存在的"诉讼上的壁垒"被显著削低。⑤ 如果着眼于这些学说以及其所可能意味的《行政事件诉讼法》的立法意图,那么可以认为,抗告诉讼与当事人诉讼之间的关系已经相对化,且这种相对化背后是一种实体法思考。

就司法实践而言,笔者曾经收集过 2004 年以来的典型判例,并对之进行过梳理。⑥ 笔者的结论是,当事人诉讼的确已经发挥了一定的对抗告诉讼的替代性功能。此点在最近的判例中也可以得到确认。如,在 2010 年的一个当

---

① 大貫裕之「行政訴訟類型の多樣化と今後の課題」ジュリスト1310 号（2006 年 4 月 15 日）、25 頁。

② 关于公法上的当事人诉讼的概念与类型,参见王天华著:《行政诉讼的构造:日本行政诉讼法研究》,法律出版社 2010 年版,第 241 页以下。

③ 斎藤浩「行政訴訟類型間の補充性について」立命館法学 2011 年 4 号（338 号）15 頁。

④ 橋本博之「解説改正行政事件訴訟法」弘文堂 2004 年、88 頁。

⑤ 塩野宏「行政事件訴訟法改正と行政法学——訴訟類型論から見た」民商法雑誌 130 巻 4＝5 号 608 頁。

⑥ 参见王天华:《行政诉讼的构造:日本行政诉讼法研究》,法律出版社 2010 年版,第 265 页以下。

事人诉讼判决中,东京地方法院判示:原告因为一个行政规则(薬事法施行规则等の一部を改正する省令)的出台,而不再能够通过互联网销售特定种类的医药;争议该行政规则的合法合宪性也可以通过传统方式,即以违反本规定的形态从事经营,待接受停业处分或吊销执照处分后,再就这些行政处分提起抗告诉讼;"但这种方式对于经营者的事关营业自由的法律利益救济而言是迂远的",所以本件当事人诉讼具有容许性。① 可以认为,抗告诉讼与当事人诉讼的相对化在司法实践中已经蔚为可观。

四、主观诉讼中的司法审查

将行政诉讼的目的设定为权利救济、将行政诉讼的性质理解为主观诉讼,是许多中国学者所担心的。因为那样可能会导致"抽象行政行为的可诉性"之议落空。事实上,这种担心背后的志向,是强化司法审查以推动依法行政,无可非议,笔者甚至亦有所共鸣。问题是行政诉讼客观化主张真的已经提出了一整套周延而有说服力的制度设计与教义体系了吗? 真的已经对行政诉讼作为主观诉讼的客观功能有准确的把握了吗? 甚至,真的已经在概念上划清主观诉讼与客观诉讼的疆界了吗?

在《行政事件诉讼法》2004 年修改前,日本行政诉讼作为主观诉讼基本上不会将司法审查及于"抽象行政行为"。这是事实。因为那时尽管已经在制度上确立了"公法上的当事人诉讼",且已经为"法定外抗告诉讼"预备好了法律空间,但法院囿于撤销诉讼中心主义、行政机关的首次判断权教义等法律思想,同时也由于各种司法体制上的原因,"行政诉讼"的确基本上仅是"行为之诉"(行政处分之事后审)。② 但是,《行政事件诉讼法》2004 年修改后,情况发生了非常大的变化。

---

① 東京地判平 22・3・30。

② 根据日本最高法院的判例(最大判昭 27・10・8 民集 6 卷 9 号 783 頁),"抽象的规范统制(abstrakte Normenkontrolle)"不属于《日本宪法》第 76 条和《法院法》第 3 条所规定的法律上的纠纷的裁判。通说也认为,"抽象的规范统制"会导致法院过度地介入国会所进行的立法权行使,有违宪嫌疑(小早川光郎『行政法講義下Ⅱ』(弘文堂、2005 年)122—123 頁)。

（一）法令的司法审查

首先是当事人诉讼对法令的司法审查。本次修改过程中，"内阁总理大臣答辩书"写道:希望确认诉讼(当事人诉讼)在行政立法、行政计划、行政指导等本身不能成为抗告诉讼对象的行政活动引发公法上的法律关系纠纷时能够得到积极利用。[①] 从这一表述来看,当事人诉讼在法条上的形式性修改其实是被寄予厚望的,至少可以说,司法审查范围的扩张——包括我国所谓的"抽象行政行为可诉性"——被作为当事人诉讼的一个重要使命。

关于此点,有两个判例(皆为最高法院大法庭判决)有典型意义。

1. "旅外日本公民选举权确认请求案"最高法院大法庭判决[②]

原告为旅外日本公民(居住于日本国外且在日本国内无住所的日本公民),按照《公职选举法》(公職選挙法、昭和 25 年 4 月 15 日法律第 100 号。最终改正:平成 19 年 6 月 16 日法律第 86 号)的规定,他们无法参加选举(1998 年本案起诉后,该法进行了修改,但修改后旅外日本公民仍然只能参加一部分选举)。原告以其选举权的行使未获保障违宪为由,向法院起诉,请求确认(修改前以及修改后的)该法未保障其在过去的选举中行使选举权构成违法(主位请求),请求确认其在下届选举中有选举权(预备请求),同时请求国会对立法不作为(未及时修改《公职选举法》)所造成的损害(原告未能参加选举)承担国家赔偿责任(赔偿请求)。

日本最高法院以请求确认过去的法律关系对于直接且根本解决现存法律纠纷而言不具合理性和必要性,缺少确认的利益为由,驳回了原告的主位请求,但认定其预备请求作为"公法上的当事人诉讼"合法,并以《公职选举法》中将"在外选举制度"的对象暂限于两议院比例代表选出议员选举的部分(附则第 8 项)违宪无效为由,认可了其预备请求,同时还部分认可了其赔偿请求。

关于确认诉讼的要件(确认的利益),该判决判示:

选举权作为一种权利,如果不能行使就没有任何意义。所以,受到侵

---

① 内閣衆質 159 第 69 号。

② 最大判平 17・9・14 民集 59 卷 7 号 2087 頁("在外日本人選挙権剥奪違法確認等請求事件")。

害就无法恢复权利行使的实质是选举权的特殊属性。从选举权的重要性来看,就具体选举中是否具有行使选举权的权利存有争议,请求法院对该权利予以确认的,只要这种确认是有效合理的手段,就应当肯定其确认的利益。本件预备请求作为公法法律关系的确认之诉,具有确认的利益。

值得注意的是,本案二审判决①认为,原告所主张的是抽象和普遍的法令等的违宪性或违法性,不属于"法律上的纠纷",不应予以受理。两审判决对"法律上的纠纷"的认定存在如此大的差异到底意味着什么,是否与 2004 年《行政事件诉讼法》的修改有关,进一步而言,是否与实体法观念(特别是选举权的性质)有关值得玩味。

2."婚外子国籍确认请求案"最高法院大法庭判决②

本案原告是日本公民(父)和菲律宾公民(母)之间的婚外子,出生于日本,且已为其生父所认知,但其向法务大臣申请确认已取得日本国籍(国籍取得届け)时遭到了拒绝。于是原告起诉,请求法院确认其具有日本国籍。对原告的起诉,日本最高法院没有就确认的利益(确认诉讼的诉讼要件)进行判断,③径直以下述理由,认定《国籍法》(国籍法、昭和 25 年 5 月 4 日法律第 147 号。平成 20 年 12 月 12 日法律第 88 号改正前)第 3 条第 1 项违宪,判决原告胜诉。

> 判旨 1:《国籍法》第 3 条第 1 项规定,出生时父亲为日本国民、母亲非日本国民,出生后为其生父所认知的子女,只有在其父母结婚从而获得嫡子身份的情况下才能取得日本国籍。这一规定造成了此类子女与其他婚外子女之间的差别(本件差别)。
>
> 判旨 2:由于这一规定是以血缘主义为基调的,规定自然人只有在满足证明其与日本有密切关系的一定要件的情况下才能在出生后取得日本

---

① 東京高判平 12・11・8 判夕 1088 号 133 頁。
② 最大判平 20・6・4 民集 62 卷 6 号 1367 頁。
③ 本判决之所以没有就确认诉讼的诉讼要件进行判断,可以推测的理由是:原告提出的国籍取得申请已被行政机关(法务大臣)驳回,"法律上的纠纷"已经成熟。另外,从"公法上的当事人诉讼"的观念来看,国籍关系向来是其"固有领地"。

国籍,在立法目的上有合理根据。同时,规定出台当时(1984年)将父母的结婚视为与日本的密切关系也有其相应的理由,故而该要件与立法目的也有合理关联。

判旨3:但是,从其后家庭生活及亲子关系有关意识的变化和实态的多样化来看,这一要件已经不适合于今天。各外国都在努力,通过法律修改等措施,消除对婚外子女的法律歧视。也就是说,时至今日,已经难以认为该要件与立法目的之间有合理关联。

判旨4:必须认为,这一规定在今天已经明显超出与立法目的的合理关联,成为一个造成不合理差别的规定。至迟在原告于2003年向法相提出国籍取得申请的时间点,这一差别已经成为一种不合理差别。即使考虑到立法机关的裁量权。《国籍法》的规定在彼时已经违反宪法第14条第1项。

判旨5:《国籍法》的基本原则是父母双亲的血缘主义。从血缘主义来看,将父母的结婚从此类婚外子的国籍取得要件中排除出去,可以合理、合宪地对《国籍法》的规定加以解释,可以消除不合理的差别、纠正违宪状态。……这一解释只是将造成不合理差别的过剩要件予以排除,并不意味着法院实施立法作用、创设新的要件。所以(本院判定),原告因向法相提出国籍取得申请而已取得日本国籍。

之所以将上述判旨详列出来,并不是为了对日本国籍法的变迁展开讨论,而是为了证明本判决中司法审查的强度,我们甚至可以看出日本最高法院的司法积极主义。尤其是判旨5,在这个判旨里,法院并未停留于宣布系争法律规定违宪,而是更进一步地,以法律解释的方式进行了"法的续造"①——纠正了法律的违宪状态,径直判定原告已经取得日本国籍。此点从本判决中甲斐中辰夫和堀笼幸男两位法官的反对意见亦可察知。这两位法官的反对意见认为:"《国籍法》所规定的要件不充足,意味着取得国籍有关事项处于空白状态。就婚外子而言,意味着处于立法不存在、立法不作为的状态。……违宪状

---

① 关于"法的续造"的概念,参见卡尔·拉伦茨:《法学方法论》,陈爱娥译,商务印书馆2003年版,第246—247页。

态的纠正由国会的立法措施来完成是宪法原则,多数意见已经超越法律解释的边界"。

3. "藤泽市收集垃圾义务确认请求案"一审判决①

除了上述两个宣布法律违宪的最高法院大法庭判决,"藤泽市收集垃圾义务确认请求案"一审判决也是一个实施"抽象行政行为司法审查"的适例,其所审查的是"地方性法规"的合法性。

按照日本《废弃物处理法》的规定,一般废弃物(其主体是生活垃圾)的处理是地方公共团体的责任,而地方公共团体一般是以税金作为废弃物处理的资金来源。藤泽市比较特殊,该市在 2006 年修改了本市的废弃物处理条例(藤沢市廃棄物の減量化、資源化および適正処理に関する条例),开始导入垃圾收费制度。按照这一制度,居民需缴纳一定的费用才能取得专用的垃圾收集袋,只有装入这种专用袋的垃圾,才会被收走。部分市民对此非常不满,因为这增加了其生活支出,他们以藤泽市为被告,提起了"公法上的当事人诉讼",以该条例无效为由,请求法院确认,藤泽市负有免费收集其所排出垃圾的义务。法院判决驳回其诉讼请求。

判旨 1:原告如果不使用被告所指定的专用垃圾袋,其所排放的所有垃圾都将得不到处理。所以原告提起的确认诉讼对于本件纠纷的处理而言是妥当的,原告对本诉具有即时确定的现实利益。

判旨 2:不能因为一般废弃物的处理是地方公共团体的责任,就认为地方公共团体必须无偿地处理一般废弃物。地方公共团体对使用了指定专用垃圾袋的垃圾加以收集、处理,意味着该地方公共团体对特定人提供了特定服务,并就此收取了服务费用。换言之,享受服务者(排放垃圾者)负担了服务费用。这符合《地方自治法》第 227 条的规定。②

---

① 横浜地判平 21・10・14(藤沢市ごみ収集義務確認訴訟、判決集未登載)。
② 日本《地方自治法》第 227 条规定:"普通地方公共团体可以在其事务处理中对特定人征收手续费"。"手续费"(手数料)的典型定义是,为了筹集对特定人提供服务所需之经费,或者作为对特定人提供服务所收取的代价,而收取的金钱(松本英昭『新版逐条地方自治法(第一次改訂版)』(学陽書房、2002 年)692 頁)。

从判旨 2 来看,原告败诉了,系争"地方性法规"被法院判断为合法。但这是司法审查之后得出的结论。而判旨 1 是关于确认诉讼要件的判示,即对"地方性法规"展开司法审查之条件,其潜台词是:抗告诉讼无法提供充分的救济,①所以应当认可当事人诉讼,即以当事人诉讼展开司法审查。——其背后仍然存在着实体法的观念。

(二) 行政计划的司法审查

2004 年《行政事件诉讼法》修改后发生的变化,还不止于当事人诉讼的活用所带来的。抗告诉讼的司法审查范围也有显著的扩张,典型例为对行政计划的司法审查。

1. 判例变更:"上岛车站周边土地区划整理事业案"最高法院大法庭判决②

抗告诉讼是"对行政机关的公权力行使不服的诉讼",所以,系争行政活动是否属于足以成为抗告诉讼对象的"公权力行使"实际上构成为一个诉讼要件("行政处分性"要件)。就行政计划的行政处分性而言,日本最高法院的态度是:重视纠纷的成熟性和权利变动的具体性,原则上不认定阶段性行为具有行政处分性;但实定法规定可以就该阶段性行为提起行政不服审查的,认定该阶段性行为具有行政处分性。如,对行政机关依据《土地区划整理法》(土地区划整理法、昭和 29 年 5 月 20 日法律第 119 号)制订的"土地区划整理事业计划",日本最高法院认为:事业计划本身只是一个蓝图,虽然它可能伴随着建筑规制等效果,但并不当即导致建筑限制,故而不属于行政处分;行政相对人在其他具体处分作出时起诉即可(所谓的"青写真判决"——"蓝图判决")。③ 再如,对依据《都市计划法》作出的"工业地域指定"(一种都市计划),日本最高法院认为:尽管这种指定会导致建筑规制等法律效果发生,但这种法律效果的对象是不特定的,当事人在随后提出建筑申请而被拒绝时,再就建筑申请拒绝行为提起撤销请求完全可以得到权利救济,故而该指定本身

---

① 如果本案原告提起抗告诉讼,那么何为"行政处分"是一个基本问题。"地方自治体职员不将其所排放的生活垃圾收走"显然是难以解释为"行政处分"的。

② 最大判平 20·09·10 民集 62 卷 8 号 2029 页。

③ 最判昭 41·2·23 民集 20 卷 2 号 271 页。

尚不具有行政处分性。① 而对于《土地改良法》规定的事业计划和事业施行认可,日本最高法院则以其可以提起行政不服审查等为由,认定其有行政处分性②。

而在 2008 年,《行政事件诉讼法》修改后四年,日本最高法院以下述理由对上述"蓝图判决"进行了变更,认定"土地区划整理事业计划"是行政处分,属于抗告诉讼的对象。

判旨 1:市町村施行土地区划整理事业时,必须制定施行规程和事业计划(《土地区划整理法》第 52 条第 1 款)。事业计划制定后,市町村长必须立即将施行者名称、事业施行期间、施行地区以及国土交通省令规定的其他事项予以公告(同法第 55 条第 9 款)。该公告作出后,至换地处分公告之日,施行区域内可能妨害土地区划整理事业施行的土地形质的变更或建筑物及其他构筑物的新建、改扩建,以及政令规定的不易移动物件的设置或者堆积,必须经都道府县知事许可(同法第 76 条第 1 款)。对违反该规定的人或其继承人,都道府县知事可以令其恢复该土地的原状等(同条第 4 款)。对违反该命令的人,可以课以刑罚(同法第 140 条)。同时,对施行区域内的宅基地有所有权以外的权利但未登记或曾登记但登记失效的人,必须以书面将该权利的种类与内容通报给施行者(同法第 85 条第 1 款)。若无通报,施行者可以视其为不存在,作出假换地指定或换地处分等(同条第 5 款)。……

判旨 2:施行区域内的宅基地所有人等,因事业计划决定而被置于按照伴随着上述规制的土地区划整理事业程序,接受换地处分的地位。在此意义上,其法律地位受到了直接影响,不能认为事业计划决定仅仅发生一般性、抽象性法律效果。……

判旨 3:当然,接受换地处分的宅基地所有人等或者在此之前接受假换地制定的宅基地所有人等,可以以该换地处分等为对象提起撤销诉讼。但是,在换地处分等作出的阶段,实际上工程已经开始,换地计划也已具

---

① 最判昭 57・4・22 民集 36 卷 4 号 705 页。
② 最判昭 61・2・3 民集 40 卷 1 号 1 页。

体地确定。在此时点以事业计划违法为由撤销该换地处分等,可能会给事业整体带来显著混乱。所以,宅基地所有人等尽管可以在换地处分等撤销诉讼中主张事业计划违法,但其主张即使得到认可,也很可能被作出情况判决(《行政事件诉讼法》第 31 条第 1 款)。换言之,尽管可以在换地处分等作出的阶段以之为对象提起撤销诉讼,但该撤销诉讼对宅基地所有人等所提供的救济是不充分的。……

判旨 4:综上,市町村施行之土地区划整理事业的事业计划决定给施行区域内宅基地所有人等的法律地位带来了变动,发生了足以成为抗告诉讼对象的法律效果。认可以之为对象的抗告诉讼,从实效性权利救济的观点来看,也具有合理性。所以,上述事业计划决定属于《行政事件诉讼法》第 3 条第 2 款规定的"行政机关的处分及其他属于公权力行使的行为"。

判旨 5:与上述异旨的最大判昭和 41·2·23 民集 20 卷 2 号 271 页以及最三小平 4·10·6 裁判集民事 166 号 41 页皆应予以变更。

我们看到,该判例变更所追求的是"实效性权利救济",这也是 2004 年《行政事件诉讼法》修改的宗旨之一。尽管该判例变更原则上仅及于"土地区划整理事业计划"的行政处分性,但其中所表明的最高法院的态度,在事实上会有一个波及效应。典型者如下述判例。

2. "林业试验场森林公园案"最高法院判决①

"林试之森"是东京的一个巨大的森林公园,因其曾为前"林野厅"之林业试验场而得名。该公园属东京都管理,同时被指定为避难场所。东京都(被告)作为管理者,为了建设其南门并将其与市道相连,计划征收原告的土地(私有土地)。而原告主张邻近的公务员宿舍所用土地(国有土地)尚可利用,被告的行政计划存在裁量权的逸脱滥用,请求法院将之撤销。

一审原告胜诉,二审原告败诉。日本最高法院在三审中以下述理由判决废弃原判、发回重审。东京高院重审过程中,被告决定放弃征收原告的土地,改向国家请求转让上述之国有土地。随后,原告撤诉。

---

① 最判平 18·9·4 判时 1948 号 26 页。

判旨1：旧《都市计划法》没有规定在决定都市设施有关都市计划时，如何确定都市设施的区域。没有理由认为，将民有地用于都市设施的区域，只能限于利用公有地无法达成行政目的的情况。但是，都市设施在其性质上必须对土地利用、交通等现状以及将来的发展加以考量，以合适的规模、配置于必要的位置。这样才能确保和谐的都市活动，保持良好的都市环境。所以，都市设施区域的确定应当有合理性，以保证该都市设施以合适的规模配置于必要的位置。如果可以放弃利用民有地转而利用公有地，那么此节亦可作为判断上述之合理性的一个考虑要素。

判旨2：建设大臣（被告）认为，为了保全树木，南门的位置维持现状较为理想。为了评价这一判断的合理性，需要对变更南门的位置、将本件国有地而非本件民有地作为本件公园用地，是否会对林业试验场的树木造成不良影响，若有不良影响，是否可以通过移植树木来回避该不良影响等，进行判断。原审并未确定足以进行上述判断的具体事实。仅凭原审所确定的事实，无法认定将南门的位置维持现状是必要的，也无法认定建设大臣将本件民有地而非本件国有地作为本件公园的区域具有合理性。

判旨3：综上，原审未就变更南门位置是否会对林业试验场的树木发生不良影响等进行充分的审理，……明显违法。

该判决沿袭了20世纪70年代就已出现的对行政计划的"判断过程审查方式"，①但就其审查的具体内容而言，似乎已经超出"成本效益分析"的范畴，而体现了一种更为积极的审查姿态。

（三）公益诉讼

中国学者对作为主观诉讼的行政诉讼的担心，除了"抽象行政行为的可诉性"，还有公益诉讼。在这些学者看来，强调行政诉讼的客观诉讼性，可以使得那些事关公共利益的行政活动成为司法审查的对象，作为主观诉讼的行政诉讼无法完成这一任务。果真如此吗？请看下述两个判例。

---

① 参见王天华：《行政裁量与判断过程审查方式》，《清华法学》2009年第3期。20世纪70年代的著名判例是所谓"太郎杉事件控诉审判决"（東京高判昭48·7·13行集24卷6=7号558頁）。附言一句，本案审查的是土地征收征用中的"事业认定"，大致相当于我国的"立项"。

1. 判例变更:"小田急高架事業認可取消訴訟案"最高法院大法庭判决①

本案是铁路事业(小田急线)认可处分和附属道路事业认可处分撤销诉讼,原告为本件铁路事业预定地周边居民,被告最初为建设大臣(1994年当时),后由其业务继承者国土交通省关东地方整备局长充任,东京都知事为参加人。

一审认定部分原告为适格原告,并经审查认定1993年的都市计划变更决定存在裁量逸脱,判决撤销本件事业认定。② 二审认为铁路事业认可撤销诉讼的原告适格限于对该事业预定地的土地有权利者,否定了所有原告的原告适格,判决驳回起诉。③ 本判决为最高法院第一小法庭受理本案原告上诉后,将案件移交给大法庭,大法庭就本案原告适格部分所做判决。本案之本案判决(司法审查的结论)以不存在裁量权的逸脱滥用为由,判决驳回上诉。④

关于公共工程(铁路事业)之原告适格,日本最高法院大法庭判示如下。

判旨1:《行政事件诉讼法》第9条所谓"有法律上的利益者"是指"自己的权利或法律上受保护之利益因该处分而受侵害,或者必然将受侵者"。"如果规定了该处分的行政法规将不特定多数人的具体利益作为其所归属之各个人的个别利益加以保护,而非将之吸收、解消于一般公益之中,那么此种利益也属于此处所谓的法律上受保护的利益。因该处分而此种利益受侵害或必将受侵害的人,对该处分撤销诉讼有原告适格"。

判旨2:就处分相对一方以外的人而言,判断其是否有上述之法律上受保护的利益时,不能仅依据该处分所依据的法令规定的文本,还应考虑到该法令的宗旨、目的以及该处分应予考虑之利益的内容和性质。在对该法令的宗旨和目的进行考虑时,若有相关法令与该法令有共通目的,那么还应参酌该相关法令的宗旨与目的;对该利益的内容与性质进行考虑时,还应斟酌该处分违反其根据法令作出时所侵害的利益的内容、性质以

---

① 最大判平17·12·7判時1920号13頁。
② 東京地判平13·10·3判時1764号3頁。
③ 東京高判平15·12·18判自249号46頁。
④ 最一小平18·11·2判時1953号3頁。

及其侵害的样态与程度(参照同条第2款)。

判旨3:《都市计划法》规定,根据同法规定接受同法第59条规定之认可等的都市计划设施整备有关事业为都市计划事业(第4条第15款),该事业的内容符合都市计划是认可基准之一(第61条第1项)。……关于公害防止计划的这些(《公害对策基本法》的)规定,其宗旨、目的在于就那些健康或生活环境可能因相当范围之噪音、振动等而遭受显著侵害的地域,采取综合治理,防止侵害发生。而《都市计划法》第13条第1款规定,都市计划必须符合公害防止计划。从这一规定来看,都市计划的决定或变更应当照顾到上述之《公害对策基本法》有关公害防止计划的规定的宗旨与目的。

进一步地,东京都制定了《环境影响评价条例》。该条例的目的是,"对可能显著影响环境的事业对环境所造成的影响进行事前调查、预测和评价,并就其结果履行公布等程序,以期事业之实施充分地考虑到公害的防止,确保都民之健康、舒适的生活。……可以认为,这些规定的宗旨、目的亦在于,通过环境影响评价等程序,确保都市计划的决定或变更正确地考虑到公害防止等事项。"

综上,《都市计划法》关于都市计划事业认可的有关规定,其宗旨和目的在于防止事业所伴生的噪音、振动等给事业地周边居民的健康或生活环境造成侵害,以确保健康而文明的都市生活,保全良好的生活环境。

判旨4:都市计划的决定或变更违反上述《都市计划法》或相关法令,都市计划事业之认可以该违法计划为基础作出时,其所引发的噪音、振动等所直接侵害的是事业地周边地域一定范围内的居民,居住地距离事业地越近,其侵害的程度越高。同时,居住在这种事业地周边地域的居民,由于其持续性居住而反复、持续地受害的,其所受侵害可能演变成健康或生活环境的显著侵害。

《都市计划法》有关都市计划事业认可的规定,从其宗旨和目的来看,就是要保护事业地周边居民不受违法事业所引发的噪音、振动等所造成的这种健康或生活环境的显著侵害。从上述居民所受侵害的内容、性质和程度等来看,这种具体利益难以吸收、解消于一般公共利益。……所以,都市计划事业之事业地周边居民中,因该事业之实施而可能直接蒙受噪音、振动等所造成的健康或生活环境的显著侵害者,对撤销该认可有法律上的利益,对该撤销诉讼有原告适格。

判旨5:最高裁平成8年(行ツ)第76号同11年11月25日第一小法廷判决·裁判集民事195号387頁与上述抵触,在此限度内将之变更。

本判决是《行政事件诉讼法》修改后第一个关于行政处分第三人之撤销诉讼原告适格的最高法院判决,其最大意义在于变更了之前的最高法院判决,认定都市计划事业认可撤销诉讼中,事业预定地外的居民有原告适格。其重要特征在于,对行政处分所依据的法条的宗旨目的进行判断时,还对东京都《环境影响评价条例》等进行了参酌。对于部分中国学者而言,恐怕本案属于"公益诉讼"。问题是如此一来,上述之复杂的法律解释操作,以及该操作所指向的"依法裁判"、公民的"受裁判权"恐怕都将失去用武之地。

2. "鞆(bing)浦填埋许可交付禁止请求案"一审判决①

"鞆浦"是濑户内海中部的一个著名景点,日本现存最早的诗集《万叶集》对它就有所称颂,当代世界著名动漫导演宫崎骏也曾将其绘入自己的动画作品(「崖の上のポニョ」)。但是,当地政府为了满足交通需要,自20世纪80年代开始就计划要在"鞆浦"填海造地,以兴建停车场、修建栈桥。这对于"鞆浦"的景观而言是一种破坏,所以当地居民一直反对,中央政府也一直要求当地政府慎重处理。在这种氛围下,"鞆浦"的填海造地一直是一个悬而未决的问题。本案中,原告请求法院禁止被告(广岛县知事)对广岛县以及福山市("鞆浦"归其管辖)交付填埋许可,并取得胜诉。这对于"鞆浦"填海造地问题的解决无疑具有重要意义。

"鞆浦填埋许可交付禁止请求案"一审判决的要点②有三:①"鞆浦"的景观不仅具有美学价值,还具有历史和文化价值,是国民财产,邻近地域居民所具有的景观利益在法律上值得保护;②填埋许可一旦交付,可能对居民的景观利益造成重大损害;③周边道路需要改善,但是是否必须以牺牲景观为代价有疑问,填埋许可的交付是逸脱裁量权范围的违法行为。从逻辑上看,上述三点

---

① 鞆(とも)の浦埋め立て差止請求事件、広島地判平成21年10月1日(判例集未搭載)。
② 参见読売新聞2009年10月1日。

中①是关键。如果①不成立,那么②乃至③缺少前提。而关于①,广岛地方法院判示:

> 判旨1:与景观利益有关的法律有《公有水面填埋法》《濑户内海环境保全特别措置法》特别是《景观法》。《景观法》的目的是,为了促进我国城市、农山和渔村形成良好的景观,……培育优雅美丽的国土风格、创造优裕润泽的生活环境(第1条)。""为了促进良好景观的形成,地方公共团体有责任按照当地的自然和社会诸条件,制定并实施相关方针政策(同法第4条)。"

> 判旨2:鞆浦是"历史所形成的港湾与商业都市",还是重要的"观潮港"。该市拥有被指定为"国家重要文化遗产"的著名建筑,还有保存完好的近代良港以及有历史意义的街市,鞆港整体被指定为"濑户内海国立公园"。……

> 判旨3:"景观为人们提供了良好的历史和文化环境,成为其优裕之生活环境的一部分。在这种情况下,它已经具有客观价值。居住在有着客观价值的景观附近的人,日常性地享受着景观的恩泽。他们对于景观的客观价值所受侵害有着密切的利害关系,其所享有的享受良好景观之恩泽的利益(景观利益),在私法关系中受法律保护。"所以,享有景观利益的人对阻止本件填埋许可有法律上的利益,居住于鞆町之人有原告适格。

在判决中,广岛地方法院不仅援用了首次将景观利益作为法律上值得保护的利益的"国立公寓诉讼"(国立マンション訴訟)最高法院判决①,还对《公有水面填埋法》《濑户内海环境保全特别措置法》等相关法规进行了体系解释,从而得出了"《公有水面填埋法》及相关法规包含着将享受鞆浦景观的利益作为个别利益加以保护的意旨"的结论。这一解释方法坚持了日本判例一直以来在"保护规范理论"下所确立的原告适格认定方法,同时汲取了《景观法》的制定等实定法走向,值得高度注意。

---

① 最判平 18·3·30 民集 60 卷 3 号 948 页。

　　重要的是，一个广受关注的案件一旦被定位为"公益诉讼"，那么是否受理、如何审查恐怕就被顺水推舟给了"司法裁量"。只有将之作为主观诉讼，以法律解释确定原告适格才获得了一个确实的平台，"依法裁判"才具有了确实的前提。"公益诉讼"之议只有看清此点，才能避免"懒学"之嫌（将行政诉讼原告适格问题所蕴含的也许复杂难解的法律解释学，一股脑推到"公益诉讼"）。

　　本章对日本行政诉讼构造的上述介绍和分析可以凝练为如下命题：以实体法观念为前提，行政诉讼的目的被原则性地锁定于权利救济；为了将尚未成熟的行政实体法与裁判救济相对接，实定行政诉讼法规定了行政诉讼类型；行政诉讼类型的功能主要体现为（对诉的）分流与（对法官与当事人的）指引，它是权利救济的手段而非限制；为了实现无漏洞权利救济，日本行政诉讼作为主观诉讼实际上可以发挥且现实发挥着相当强劲的监督行政合法性、维护"公共利益"的功能。简言之，第一，实体法观念是关键；第二，诉讼类型有助益；第三，主观诉讼可以发挥客观诉讼都未必能发挥的监督和"公益"功能。这一认识对于我国目前的有关争议当有一定的冲击力。

　　当然，不能否认，日本行政诉讼中的司法审查扩张现象，主要是在2004年《行政事件诉讼法》修改后发生的。在此之前，它仅仅停留于法律上的可能性，没有在行政裁判实务中变成现实。但这并不意味着此次修改有多重大。司法审查范围的扩张与其说源自行政诉讼法的修改，不如说源自启动于1999年的司法改革。本次司法改革是与政治改革、行政改革、地方分权、"规制缓和"等经济构造改革同时推进的，这一系列改革被定位为继"明治维新"（1867年）、"战后改革"（1945年）之后的，日本近现代史上的"第三次改革"。① 就行政诉讼而言，其直接影响是"司法消极主义"向"司法积极主义"的转向。实际上，2004年《行政事件诉讼法》修改在条文上的变动是极为有限的，如果没有向"司法积极主义"的转向，司法审查范围的扩张是无法想象的。

　　所以，我们从"日本经验"可以获得的启示是：如果说强化司法审查（以保证行政诉讼的监督和"公益"功能）是各种对立观点的"共同目标"，那么这一

---

　　① 　参见［日］高木光「行政訴訟改革の現状·展望（2004（平成16）年3月4日追記）」，http://www.kuniomi.gr.jp/togen/iwai/aussicht.html，2014年6月20日最后访问。

"共同目标"的实现既不能寄托于强化行政诉讼的客观诉讼性,也不能完全寄托于《行政诉讼法》本身的完善。扎实地强化行政诉讼的权利救济性能(确立实体法观念、克服各种列举主义、明确规定行政诉讼类型),同时积极地推进司法改革包括"行政审判体制改革",方为长远之计。

后　记

　　2014 年 11 月 1 日,十二届全国人大常委会第十一次会议表决通过关于修改行政诉讼法的决定,备受瞩目的行政诉讼法首次大修,终于尘埃落定。修改后的行政诉讼法于 2015 年 5 月 1 日起施行。本书作为研究修法的成果,旨在为中国行政诉讼制度的发展提供理论参考。

　　行政诉讼制度是现代国家治理法治化的重要环节,对于维护权利、监督权力、保障秩序具有重要功能。中国行政诉讼制度伴随市场经济改革建立,在国家民主法治建设进程中发挥了重要作用。但同时,市场经济、民主政治的快速发展,使得行政诉讼制度日益呈现出滞后性,难以有效回应高涨的权利诉求和公法秩序保障需求。司法实践中,行政诉讼陷入"立案难、审理难、执行难"困境,司法的功能极为有限。在这种背景下,行政诉讼法的修改,承载了诸多期许。

　　围绕着行政诉讼法的修改,法学界展开了积极热烈的探讨和研究,为修法建言献策。但总体上看,由于缺乏对行政诉讼制度功能、目标和架构的整体性研究,具体对策性探讨容易陷入碎片化困境,难从根本上回应社会对修法的诉求。党的十八届三中全会明确提出,"推进国家治理体系和治理能力现代化"。这要求我们从国家治理现代化的层面来审视和设计行政诉讼制度,根据时代需求提升行政诉讼法的品质。基于此,我们围绕国家治理现代化与行政诉讼制度发展这个主题,组织宪法和行政法专业的老师和博士研究生成立课题组,立足时代背景、现实问题和域外经验,从整体上对中国行政诉讼制度进行全面反思与重构。呈现在读者面前的这本书,就是最终的研究成果。

　　本书着眼中国改革转型的时代需求,既讲求理论研究的前瞻性,又强调制度建构的现实针对性。具有以下特点:一是突出中国问题意识。本书从中国转型时期权利和秩序保障存在的现实问题出发,系统梳理中国行政诉讼制度发展面临的社会挑战,无论是对行政诉讼制度功能目标的定位,还是对行政诉讼具体制度建构的探讨,都围绕着解决中国问题这个出发点,带有鲜明的时代特征和本土意识。二是强调理论制度创新。本书在传统行政诉讼制度价值功能研究的基础上,站在国家治理现代化的层面,审视并重新检讨中国行政诉讼制度的功能、目标,强调在缺乏宪法诉讼的背景下,应当积极扩展行政诉讼公法秩序保障功能,以推进公共行政的法治化转型。同时以"主观诉讼"和"客观诉讼"为分析工具,对行政诉讼制度内容结构进行分析和建构。三是回归域外本真研究。吸收借鉴域外经验是中国行政诉讼制度发展的重要路径,但由于当初我们对域外制度经验研究不系统、不深入甚至理解有误,容易造成借鉴上出现偏差。本书选取主要代表性国家,从制度的历史演进、基本现状、社会背景、主要效果等方面进行深入研究,尤其是注重从整个国家的法律制度大框架中分析,探求其制度发展的现实逻辑。

本书的基本思路和结构由薛刚凌教授提出,并负责修改定稿。最高人民法院、劳动关系学院以及中国政法大学法学院的老师及部分博士生参加了撰写工作。具体分工如下(按撰写章节先后为序):

引论:薛刚凌(行政诉讼法基本问题之思考)

第一章　傅达林(行政诉讼制度的社会基础)

第二章　王霁霞(行政诉讼制度的功能定位)

第三章　杨欣(行政诉讼类型的发展)

第四章　张国庆(现行规范的分析)

第五章　范志勇、梁凤云(现行制度的困境)

第六章　傅达林(行政诉讼制度改革的目标)

第七章　赵宏(主观诉讼的完善)

第八章　杨科雄(客观诉讼的拓展)

第九章　梁凤云(行政审判体制的改革与完善)

第十章　赵宏(德国行政诉讼制度)

第十一章　王蔚(法国行政诉讼制度)

　第十二章　刘筱娟(英国行政诉讼制度)

第十三章　王天华（日本行政诉讼制度）

本书在行政诉讼法修订前开始写作，行政诉讼法修正案通过后，又根据最终的法律文本对书中内容进行了修改完善。尽管如此，肯定还有许多不足之处，敬请各位读者批评指正。

本书的出版得到了我的学生、人民出版社编辑张立的支持，在此表示感谢！

薛刚凌
2015 年 3 月 25 日

责任编辑:张　立
责任校对:张红霞

图书在版编目(CIP)数据

法治国家与行政诉讼:中国行政诉讼制度基本问题研究/薛刚凌等 著.
　-北京:人民出版社,2015.8
(人民法学文存)
ISBN 978－7－01－014772－7

Ⅰ.①法…　Ⅱ.①薛…　Ⅲ.①行政诉讼-司法制度-研究-中国
　Ⅳ.①D925.310.4

中国版本图书馆 CIP 数据核字(2015)第 074205 号

法治国家与行政诉讼
FAZHI GUOJIA YU XINGZHENG SUSONG
——中国行政诉讼制度基本问题研究

薛刚凌等　著

人民出版社 出版发行
(100706　北京市东城区隆福寺街 99 号)

北京市大兴县新魏印刷厂印刷　新华书店经销

2015 年 8 月第 1 版　2015 年 8 月北京第 1 次印刷
开本:710 毫米×1000 毫米 1/16　印张:28.25
字数:460 千字

ISBN 978－7－01－014772－7　定价:70.00 元

邮购地址 100706　北京市东城区隆福寺街 99 号
人民东方图书销售中心　电话 (010)65250042　65289539